国家社会科学基金项目成果

城市居家老人数字化媒体服务场景建构

盖龙涛 著

中国社会科学出版社

图书在版编目(CIP)数据

城市居家老人数字化媒体服务场景建构/盖龙涛著. ——北京：中国社会科学出版社，2024.9
ISBN 978-7-5227-3553-5

Ⅰ.①城… Ⅱ.①盖… Ⅲ.①数字技术—应用—养老—社会服务—研究—中国 Ⅳ.①D669.6-39

中国国家版本馆 CIP 数据核字(2024)第 090889 号

出 版 人	赵剑英
责任编辑	陈肖静
责任校对	赵雪姣
责任印制	戴 宽

出　　版	中国社会科学出版社
社　　址	北京鼓楼西大街甲 158 号
邮　　编	100720
网　　址	http://www.csspw.cn
发 行 部	010-84083685
门 市 部	010-84029450
经　　销	新华书店及其他书店
印　　刷	北京明恒达印务有限公司
装　　订	廊坊市广阳区广增装订厂
版　　次	2024 年 9 月第 1 版
印　　次	2024 年 9 月第 1 次印刷
开　　本	710×1000　1/16
印　　张	25
插　　页	2
字　　数	362 千字
定　　价	99.00 元

凡购买中国社会科学出版社图书，如有质量问题请与本社营销中心联系调换
电话：010-84083683
版权所有　侵权必究

目 录

前言 ……………………………………………………………（1）

第一章 绪论 ………………………………………………（1）
　第一节　研究背景及研究目的和意义 …………………………（1）
　第二节　老年人的数字化媒体使用行为研究现状 ……………（6）
　第三节　数字化媒体介入居家养老环境的研究现状 ………（20）
　第四节　研究内容和研究方法 ………………………………（49）

第二章 交互服务场景建构的理论框架 …………………（54）
　第一节　核心概念界定 ………………………………………（54）
　第二节　基本理论剖析 ………………………………………（62）
　第三节　城市居家老人居住环境的交互空间构成 …………（72）
　第四节　基于两类交互空间的数字化媒体服务场景 ………（78）
　第五节　城市居家老人交互服务场景建构的指导原则 ……（86）
　第六节　本章小结 ……………………………………………（94）

第三章 三网融合背景下城市老人媒介使用行为调查 …（97）
　第一节　调查问卷的设计与实施 ……………………………（97）
　第二节　调查对象的基本特征 ………………………………（106）
　第三节　电视服务的传统化使用行为 ………………………（115）

· 1 ·

第四节　电脑上网服务的多样化使用行为 ……………………（125）
第五节　手机服务的针对性使用行为 ……………………………（137）
第六节　基于三网融合的协同服务需求 …………………………（146）
第七节　基于使用与满足理论的媒介场景建立 …………………（150）
第八节　本章小结 …………………………………………………（156）

第四章　影响城市老人使用数字化媒体的场景因素分析 ………（158）
第一节　影响老年人电视使用场景的主要因素 …………………（158）
第二节　影响老年人电脑上网场景的主要因素 …………………（175）
第三节　影响老年人手机使用场景的主要因素 …………………（193）
第四节　影响老年人使用三种媒介的场景因素模型构建 ………（205）
第五节　本章小结 …………………………………………………（216）

第五章　基于宅内空间的数字化媒体适老交互服务场景建构 ………………………………………………………………（218）
第一节　基于宅内空间的新型电视适老服务定位 ………………（218）
第二节　以客厅为中心的家庭媒体适老服务场景建构 …………（223）
第三节　以电视服务机构为核心的服务场景实施策略 …………（233）
第四节　三网融合驱动的电视平台涉老内容服务策略深化 ……………………………………………………………（259）
第五节　本章小结 …………………………………………………（271）

第六章　基于社区公共空间的数字化媒体适老交互服务场景建构 ………………………………………………………………（274）
第一节　基于社区公共空间的网络媒介适老服务定位 …………（274）
第二节　以网络化社区媒体为中心的居家养老服务场景建构 ……………………………………………………………（282）
第三节　以社区服务机构为依托的服务场景实施策略 …………（294）
第四节　本章小结 …………………………………………………（324）

参考文献 ···（328）

附录 ···（357）
   附录1 城市老人电视使用情况调查问卷 ················（357）
   附录2 城市老人电脑上网情况调查问卷 ················（369）
   附录3 城市老人手机使用情况调查问卷 ················（383）

前　言

　　数字化生存时代，作为国家社科基金项目"三网融合背景下老年群体媒介诉求与满足策略的实证研究"成果，本书以建筑学和传播学的交叉融合视角，通过引入"媒介场景"，将物质地点与信息系统作为构成场景的两个维度统筹考量，以"场所→需求→服务"为框架，探究了城市老人对于电视、电脑和手机的使用特征、服务需求及影响因素；面向宅内空间和社区公共空间，提出了基于家庭媒体和网络化社区媒体的适老交互场景服务模式、组成要素、网络模型、内容构成和实施策略；为城市居家老人建立了虚实融含的精神赡养场景和生活支持服务体系，助推其基于不同空间尺度的交互体验提升。

　　本书的主要创新点包括：

　　1. 论证了数字化生存时代的场景建构由主体要素、媒介要素、时空要素、行为要素、体验要素构成；揭示了"三网融合"背景下城市老人对电视、电脑和手机的使用行为特征，建立了其对于三种媒介的使用场景模型；通过分析用户要素、媒介要素、环境要素对其使用行为、服务体验的影响，分别建立了影响城市老人使用三种媒介的场景因素模型；提出了实施适老服务的关键举措。

　　2. 论证了"三网融合"技术驱动的家庭媒体服务场景是由观看式场景、互动式场景构成和重塑家庭媒介空间功能的建构指导原则；构建了以电视为中心的家庭媒体服务适老模式和网络模型，建立了联结个人、家庭和城市的交互场景及服务内容；提出了惠老化的视听娱乐场景、多功能的居家生活辅助场景、虚实结合的社会活动场景三个方面的实施策略，涉及软硬件设计、空间配置、多终端互动、跨平台服务等，建立了家庭媒体的智慧养老服务方案。

3. 论证了"三网融合"技术驱动的社区媒体服务场景是由单向性交互、互动性交互、位置性交互场景构成和培育社区共同体的建构指导原则；构建了以网络化社区媒体为中心的居家养老服务模式和网络模型，建立了信息流、关系流和服务流构成的交互场景及服务内容；提出了建立联系的社区资讯即时分享场景、促进交互的社区居民虚实交往场景、增进依附的社区生活智慧养老场景三个方面的实施策略，包括线上平台的总体设计和实体空间在资讯传播、交往促进、互助发生、活动支持、照料提供五个方面的交互场景植入方案。

老龄化、智能化是城市发展的双轨进程，本书以多学科交叉融合视角，聚焦"三网融合"背景下城市居家老人的交互场景建构，构建基于不同物理环境尺度的智慧养老实施方案，旨在推进宅内和社区公共空间、软硬件产品体系和智能化服务场景的适老，提升城市老人在媒介化居住环境中的空间生活质量，助推坚持传统服务方式与智能化服务创新并行的"智慧助老"社会建设。

第一章 绪论

第一节 研究背景及研究目的和意义

一 研究背景

2010年1月13日,时任国务院总理温家宝在主持召开国务院常务会议时指出:推进电信网、广播电视网和互联网融合发展,实现三网互联互通、资源共享,为用户提供话音、数据和广播电视等多种服务,对促进信息和文化产业发展,提高国民经济,社会信息化水平,满足人民群众日益多样的生产生活服务需求,拉动国内消费,形成新的经济增长点,具有重要意义。以上几句话,可用来理解"三网融合"的关键所在:1)"三网融合"并不是指"三网"的物理融合,是以互联网为核心,实现手机、电视、电脑等媒介的"终端融合",即任一终端均可实现其他终端的主要功能;2)"三网融合"支撑的社会领域是信息和文化,兼顾社会与经济发展;3)"三网融合"的本质意义在于惠民,是为满足多个层面和构成部分的人民群众日益增长的信息服务需求。

人口老龄化是我国最突出的社会问题之一,也是"三网融合"为实现惠民所面临的主要问题。面对紧迫的人口老龄化形势,我国将老年宜居环境建设上升到国家战略。2016年10月9日，国家发展改革委在《关于推进老年宜居环境建设的指导意见》中正式提出了老年宜居环境建设理念，涉及居住空间、交通空间、养老服务设施空间、公共开放空间四大空间体系，以及适老居住环境、适老出行环境、适老健康支持环境、适老生活服务环境、敬老社会文化环境五大板块的建设任务。基本覆盖老年人日常活动的所有场所，促使社会各界围绕老年宜居环境建设开展了诸多理论研究、标准制定和项目实践。未来应在特色化和体系化建设的基础上进一步加大研究力度，注重多学科融合、多维度探索和多样化建设，并争取养老政策、服务、产品等内容的支持[1]。

  针对城市老人的养老模式，世界各国普遍提出居家养老。国外常用"Aging in Place"或"Home-based Care"描述，意为"在地安养"。1982年，第37届联合国大会通过了《老龄问题维也纳国际行动计划》，指出社会福利服务应以社区为基础为老年人提供范围广泛的预防性、补救性和发展方面的服务，以便使其能在家和社区中尽可能过独立的生活，并继续成为参加经济活动的有用公民。因此，居家养老并不是简单回归家庭，家庭和社区均应成为重要载体且定位不同，家庭为基础载体，社区为保障载体，由家庭和社区组成的居住环境对保持居家养老的完整性、可持续性具有重要作用[2]。城市老人的生理心理、生活方式都有着特殊性，必要性的养老服务支持是其享受晚年生活的重要需求，涵盖了物质与精神，从个体、家庭到社会的层次性，对应着居住环境应提供的多种功能。也可以说，居家养老之所以成为我国城市老人的主要养老模式，更多是鉴于城市老人对原有居住环境的熟悉度、依赖性，对家庭关系、邻里关系的认同感、归属感。

  交互空间是指支持人与人交流、人与物互动的场所，且人们对于不同场所的"感觉"决定着交互行为的性质。丹尼斯·麦奎尔（Denis Mc Quail）曾用"扰乱的家"来形容电子媒介和数字化媒体对城市中公共空间、私人空间造成的普遍的、翻天覆地的影响；媒介变迁不仅会影响个人生活的节律，也会促进空间的功能产生变化，带来空间边界的交汇与突破[3]。数字化生存时代，数字化媒体成为构建居住环境的要素，使"家"越发成为"交互中心"，支持人与人交流、人与物互动和不同空间之间的联系，"家"的边界更易被渗透，空间功能得到延展。"三网融合"背景下，新型电视、电脑、手机等媒介已走进城市老人的宅内生活和社区生活，使其交互行为越发受到不同媒介的影响。因此，城市居家老人的居住环境建设需回应其在宅内空间和社区公共空间中的媒介化交互需求，基于不同的空间尺度，通过场所属性的分析、网络环境的配置、服务内容的提供、交互需求的满足等，建构基于新型电视、电脑、手机等媒介的数字化媒体交互场景，实现场所语境与媒体服务适配，营造与城市居家老人不同的空间生活紧密关联的"在场感"。

学者以往对适老居住环境的研究多从空间、形式、功能等传统视角出发，往往忽略了隐形于现场的，由数字化媒体承载的信息流、关系流和服务流。部分相关研究通常仅关注技术植入框架，忽视了数字化媒体介入适老居住环境的本质意义——满足其个人化、家庭化、社会化的交互服务需求。"三网融合"的驱动下，城市居家老人的居住环境建设正朝着信息化、网络化、智慧化发展。然而大多数老年人由于上网技能欠缺、媒介素养较低，往往选择机会被剥夺、交互服务需求被忽视，严重影响了其在数字化生存时代的空间生活质量。因此，如何促进城市居家老人从实体空间的传统生活方式，向虚实空间融合的媒介化生活方式延伸，基于数字化媒体构建紧密而崭新的虚实场景共融，促进线上线下双重生活合轨，为其提供独立生存并与社会保持交互的更多可能性，成为值得关注的重要课题。

二 研究目的和意义

本书拟将居住环境、媒体服务进行统筹考量，针对城市居家老人的宅内空间和社区公共空间，基于在"三网融合"技术驱动下电视、电脑、手机三种媒介的主要功能和服务内容变革，探究满足其不同层次交互需求的数字化媒体服务场景建构，为其建立虚实融含的精神赡养和生活支持体系，实现居家养老、媒介场景和场所营造的有机统一。研究目的主要包括以下四个方面。

第一，揭示城市老人对三种媒介的使用过程概貌，剖析使用行为特征与服务需求侧重。本书将通过实施较大规模的问卷调查，探究"三网融合"背景下城市老人对电视、电脑和手机三种媒介的使用情况；分析使用原因、使用活动、使用评价、使用需求的主要特征；建立城市老人对于三种媒介的使用场景模型；挖掘城市老人与三种媒介的新型供求关系。

第二，分析影响城市老人使用三种媒介的主要要素，论证三种媒介实施适老服务的关键举措。本书将基于调查数据，从用户要素、媒介要素、环境要素三个方面分析影响城市老人使用电视、电脑、手机三种媒介的核心因素及程度差异；建立针对三种媒介的城市老人使用行为影响因素模型；解析三个影响因素模型对三种媒介实施适老服务的指导意义和关键举措。

第三，基于城市老人的宅内空间，提出以客厅为中心的家庭媒体交互服务场景建构模式及实施策略。电视媒介一直是家庭媒体系统的核心。本书将通过分析电视媒介在宅内生活中的重要地位、发展趋势、服务场景演变和空间功能，结合城市老人对新型电视的使用特征及影响因素，论证基于宅内空间、满足城市居家老人多层次交互需求的家庭媒体服务适老定位、影响要素、网络模型、内容构成；提出以电视服务机构为依托的交互服务场景建构策略。

第四，基于城市老人的社区公共空间，提出以网络化社区媒体为核心的交互服务场景建构模式及实施策略。社区媒体对培育社区共同体具有重要作用。本书将通过分析社区媒体的构成、发展趋势、场景演变和空间功能，结合城市老人对网络媒介的使用特征及影响因素，论证基于社区公共空间、满足城市居家老人多场所交互需求的网络化社区媒体服务适老定位、组成要素、网络模型、内容构成；提出以社区服务机构为依托的交互服务场景建构策略。

"三网融合"背景下，本书通过揭示城市老人对电视、电脑、手机三种媒介的使用特征、影响因素及核心需求，在一定程度上创新开展了面向其宅内空间中家庭媒体和社区公共空间中社区媒体的交互场景建构研究，依托原有居住环境的空间功能和文化优势，使城市居家老人便捷地享受虚实融含的多场景交互服务，拥有双重的精神赡养和生活支持保障，也是助推其跨越"数字鸿沟"、享受智能化空间生活体验的有益举措。研究意义主要体现在以下三个方面。

第一，通过揭示城市老人对三种媒介的使用过程概貌、使用细节特征与服务需求侧重，探究影响其使用行为的核心因素，论证实施适老服务的关键举措，能为解决人口老龄化带来的诸多养老服务问题提供思路、方案和创新的可能，缓解其中最重要且相对薄弱的设施空间需求、可及性、服务效率和成本等问题，提高居家养老服务的网络化、专业化、智能化水平。

第二，随着我国城市家庭结构的变化、年轻人压力大，空巢老人、"老漂族"逐渐增多，统筹考量城市老人的居住环境和媒体服务，构建基于不同空间尺度的适老家庭媒体和社区媒体的交互服务场景，提出不同服务场景的建构模式、实施策略和智慧养老方案，能助推城市老人在宅内空间中愉悦感、亲情感和安全感，在社区公共空间中充实感、归属感和便利感的提升，提高其精神赡养水平和空间生活质量，革新传统养老观念、方式和效果。

第三，通过构建适配的家庭媒体和社区媒体服务平台，让城市老人开启线上与线下合轨的居家养老生活，满足其在宅内空间中和社区公共空间中不同层次的交互需求，能使其更好地适应并融入智慧家庭和智慧社区的建设。同时，本书的调查数据和研究成果将为相关部门、组织制定相应发展规划、建设决策，为相关学者开展同类研究提供一定的参考。本书的调查对象也会涉及未来将步入老年期的中年群体，在研究视角上体现了一定的前瞻价值。

数字化媒体是指利用数字技术、网络技术、移动技术等手段，通过广播电视网、互联网、通信网等传输渠道和电视、电脑、手机等媒介终端,提供信息服务的设施平台和内容形态。本书将数字化媒体服务于城市居家老人的交互空间维度分为宅内空间和社区公共空间两个尺度,主要围绕以电视为中心的家庭媒体以及依托电脑、手机等终端的网络化社区媒体开展交互场景建构研究。因此,以下将从老年人的数字化媒体使用行为研究、数字化媒体介入居家养老环境的研究两个方面,对国内外相关的研究文献进行梳理、分析和归纳。

第二节 老年人的数字化媒体使用行为研究现状

老年人的信息获取渠道总体表现为多样性、传统性,往往复合使用多种媒体,使用习惯较理性,以维系有规律的生活为基础[4];关注的信息类型主要涉及基本生活、社会保障、情感、自我实现等,并对健康、新闻、娱乐内容需求较强烈[5]。针对媒体使用偏好及情境差异,丁卓菁等发现老年人对传统媒体的使用频率高于新媒体[4];Lin 等发现老年人喜欢在闲暇时看电视和使用手机,并规律性在客厅看电视,选择性使用计算机[6];Niemela 等发现老年人的常用媒体依次是电视、广播、报纸、杂志、互联网等,主要使用情境包括日常活动、认知任务、与人交流等[7]。

一 老年人的数字化媒体使用特征研究

(一)老年人对电视的传统使用习惯及特征

国内外学者均主要围绕传统的收视功能,研究了老年人的收视目的[8,9]或经常看电视的原因[8-11]、收视时段和内容偏好[9,10,12]。总体发现获取信息、得到放松和娱乐是老年人看电视的主要目的,收视时间一般较长,有着特定时段、内容形式或类型偏好。如 Goot 发现老年人喜欢新闻、问答、情感类节目内容和怀旧元素，在其适应社交网络缩小过程中，电视扮演了重要角色[10]。针对老年人常看电视的原因，既形成一些共识又存在些许争议，涉及人口特征、身心状态、生活方式等。一是因为通过电视获取信息容易，对老年人各方面的要求均较低[11]；二是低教育水平等特殊人口特征以及社区式生活、较少外出等特殊活动方式与老年人长时间收视有关[12]。职业背景、经济条件、是否独居、健康水平等因素仍有待探讨。

国外学者还发现老年人特殊的身心状态会影响其接受个别的电视服务内容和收视体验。如图1-1所示，活动能力局限和孤独感会促进老年人接受电视购物[13]；搭配字幕、改善电视人物讲话的易理解性会改善老年人的收视效果[14,15]。对于以有线数字电视、IPTV（Interactive Personal TV）、网络电视机顶盒等为代表的新型电视平台，仅有个别学者探究了我国发达地区老年人的电视使用习惯是否发生了变化，发现其仍主要使用传统收视功能，但部分老年人也开始尝试少数新功能或新服务[16,17]。并没有就老年人对这些新功能或新服务的使用行为特征展开进一步研究。

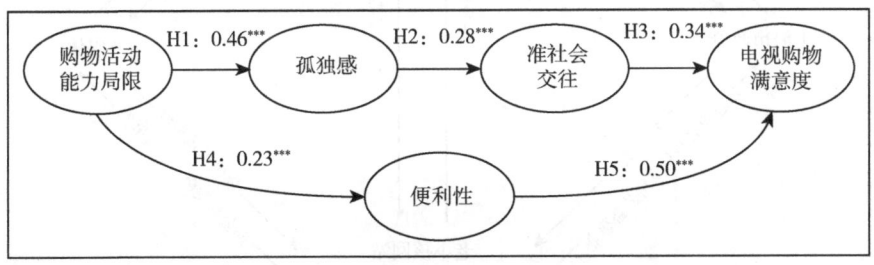

图1-1 老年人接受电视购物服务的主要原因[13]

（二）老年人使用电脑上网的习惯及需求

我国学者主要关注老年人使用电脑上网的目的和活动偏好，并初步研究了其信息检索行为、在线社交行为、社会参与行为。如丁卓菁等发现获取信息、维系社交、查询资料、休闲娱乐是老年人上网的主要目的，偏好网络新闻、网络聊天、搜索引擎、收发邮件、观看视频等活动[4]；吴丹发现老年人检索信息时具有工具依赖和思维定式，如依赖习惯的搜索引擎，构造检索式时常跟随系统提示的下拉列表选择关键词，基本只查看靠前的检索结果，缓慢地选择目标链接和重复访问同一网页等[18]；Xie调查了老年人使用不同网络通信工具与获得的社会支持类型之间的关系，发现语音聊天室适合陪伴，在线论坛主要用于信息支持，情感和有帮助支持的交流最有可能通过即时消息平台[19]；洪建中、吴欢等指出老年人的社会参与行为表现为线上线下两种形式，线上主要与熟人联系，通过邮箱、QQ、微博等工具[20]；线下多呈现为依托固定的组织，寻求一种社会归属感，以公益性为主要诉求，重视社会关系网络的建立与拓展，如图1-2所示[21]。

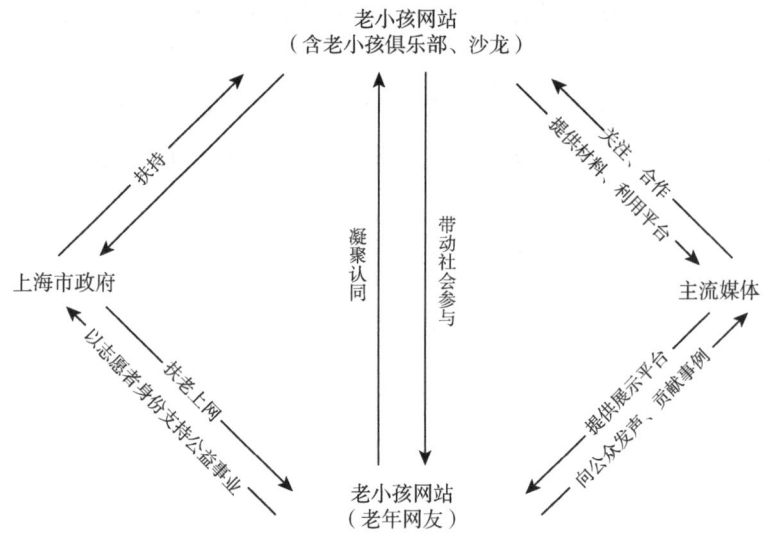

图1-2 老小孩网站带动老年网民进行社会参与的方式[21]

国外学者的研究相对具体或深入，除了关注老年人通过电脑上网的主要目的和活动偏好[22-24]，指出互联网通过帮助老年人人际沟通、寻求信息、获得商业和娱乐服务，成为支持其自我独立和社会生活的一项重要技术[22]；健康管理、培养专业兴趣、维护及扩展社交网络、欣赏过去和享受休闲是老年人主要的上网活动偏好[24]；还总结了其上网活动规律和普遍性质，发现老年人更倾向寻找专门网站和寻求感兴趣的信息，而不是浏览大众化的网站[25]；常从事与个人、社会或学习有关的积极上网活动，往往不违反道德[26]。

国外学者着重研究了老年网民的健康信息检索行为[27-29]、网络社交行为的特点[30-32]以及与年轻网民相比的上网行为差异[33-37]。健康信息检索方面，如Flynn等发现患病的老年人看完医生后更有可能上网搜寻健康信息[27]；Cresci等发现很多老年人对使用友好的健康门户网站存储和访问健康类信息很感兴趣[28]。网络社交方面，如Meiler等指出老年人从事网络社交的主要动机是寻找老友或同事、交流知识或生活经验、缩小代沟等[30]；Pfeil等发现能够相互交换个人信息和谈论个人问题是吸引老年人长期使用在线社区的主要功用；长期活跃于在线社区的老年人更可能为其他成员提供支持，而刚加入在线社区的老年人更倾向提供个人信息和倾诉个人问题[31,32]。上网行为差异方面，一是关注信息搜索行为的差异，如Tullis等发现老年人观察网页内容和导航区域的时长均会长于年轻人[33]；Bergstrom等发现老年人使用网站导航时比年轻人的操作准确率低，经常查看屏幕中间，较少注视屏幕左侧[34]；二是关注网络社交行为的差异，如Pfeil等发现青少年比老年人有更多的网络朋友，且青少年的网络朋友多在自己的年龄范围内，老年人的网络朋友往往有多样的年龄分布[35]；Siriaraya等发现在线社区中青少年的沟通行为比老年人更私人化，而老年人倾向从事更正式的沟通[36]。另外，还有个别学者关注老年人的网恋行为[38,39]、网络购物行为[40]等。

从国内外学者的研究成果还可以看出，我国老年人对上网获取新闻资讯更感兴趣，而欧美国家的老年人对上网获取健康信息、与人交流及拓展社会关系更感兴趣，即后者的上网活动及上网需求更丰富。

（三）老年人对手机的使用习惯及需求

国内外学者均主要关注老年人的手机功能偏好及设计需求。首先均发现多数老年人只使用基本功能,如电话、短信、闹钟、拍照摄像等,习惯避免复杂功能,使用目的有限[4,41]。有学者发现部分老年人已开始接触一些新功能,包括定制天气预报、下载歌曲、查询方位等,前提是操作简单、资费合理[16]。因此,Kurniawan 将老年人视为消极型手机用户,因为他们对使用高级的手机功能较犹豫,更多视手机为便利的通信工具、安保工具,还会担心有损健康、成瘾、减少面对面交流、粗心使用时会导致意外等副作用[42]。Plaza 等进一步将老年人对手机的功能需求归纳为通信、安全保障、活动辅助、行动自如、享乐、回忆等,如图 1-3 所示[43]。还有学者强调老年人很重视手机的健康监测类功能,尤其是一键 SOS[44]。

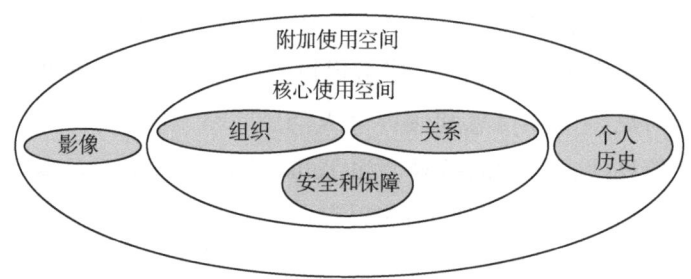

图 1-3　老年人的手机使用空间模型[43]

针对老年人的手机设计需求,国内外学者的发现涉及外观、功能、操作三个方面。一是实用胜过美观,如偏爱醒目颜色以便识别,偏好翻盖式以便接听[42];二是认为电话、日历、记事本、快速拨号、提醒、紧急呼叫等简单实用的功能较重要[45,46];三是希望按键、屏幕和字体大[47],按键少、规则、突出和易确认操作是否完成[46],简化菜单和操作,充分利用形象记忆和意义理解构建交互界面[47],采用语音式命令和应答[48]等。因此,Massimi 认为老年人不愿使用手机高级功能的主要原因是硬件和操作设计不当,提出了"老人手机"设计的注意事项,一是较大的按钮、字体,清晰明亮的屏幕,音量范围大,表面粗糙、轻便等,二是具有跳至首页的按键、操作帮助功能、多种输入方式、程序或命令名称易理解等[45]。Stamato 还发现老年男性往往偏好智能手机等复杂或创新型产品，老年女性往往仅视手机为维系家庭和人际关系的工具；对"老人手机"的改进建议包括低技术含量、简化功能或为老年人定制专属功能、增加电池容量等[49]。

可以看出，维持社会关系、提高生活能力是老年人使用手机的主要目的，为其提供交流便利、辅助生活、紧急状态的呼叫保障；他们偏好简单实用的功能，设计需求往往与身体机能老化导致的功能障碍有关，力求操作容易、携带轻便，并存在一定的消极使用心态和性别需求差异。

二 影响老年人使用数字化媒体的因素研究

（一）影响老年人使用电视的因素

除了影响老年人经常收看电视的人口特征、身心状态、生活方式等群体特征因素，我国学者鲜有研究影响老年人其他电视使用行为的因素。主要是采用技术接受模型（Technology Acceptance Model，TAM）对影响老年人接受电视宽带服务的因素进行了研究。TAM主要用于解释用户接受信息系统时的决定因素，如图1-4所示，感知有用性（Perceived Usefulness）是指用户认为使用该信息系统对工作业绩的提高程度；感知易用性（Perceived Ease of Use）是指用户认为使用该信息系统的容易程度；想用态度（Attitude Towarding）是指用户使用该信息系统的积极或消极感受；外部变量（External Variables）是指该信息系统的设计特征、用户特征、专门培训等。其中，感知易用性由外部变量决定，感知有用性由感知易用性和外部变量决定，想用态度由感知有用性、感知易用性决定，使用意向由想用态度和感知有用性决定，实际使用（Using）由使用意向决定。

例如，Chen等基于技术接受模型建立了老年人对电视宽带服务的认知模型，发现主观规范（Subjective Norms，是指老年人易被社会的共同信念和普遍接受的行为驱使）、产品特性（Product Features）对感

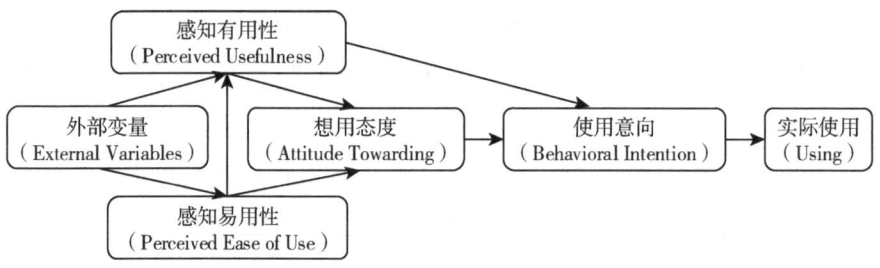

图1-4 技术接受模型

知易用性、感知易用性、主观规范、刺激好玩（Mind-stimulating Playfulness）、产品特性对感知有用性，主观规范、网络效应（Network Externality，即用户规模）、感知易用性、感知有用性对使用意向均具有显著的积极作用，说明好奇心理、功能或服务是否有吸引力、宣传或促销、亲友的使用或建议会促进老年人接受电视宽带服务[50]。

针对电视服务的交互化趋势，国外学者主要从老年人的功能障碍、界面设计等层面探究了影响其使用服务的主要设计因素，发现操作工具、交互规则和信息呈现是否简单等因素具有显著影响，源自老年人身体机能老化、认知能力下降和欠缺经验。如 Carmichael 等发现老年人对一组交互式电视服务的使用经历没有对其操作其他服务产生积极影响，主要原因是各类服务缺乏明确的信息导航和统一的操作规则[51]；Boyle 等通过建立老年人对交互式电视服务的需求分析框架，如图1-5所示[52]，发现视力、听力、灵巧度老化会影响老年人操作遥控器和软件，指出信息超载、技术困惑、简化导航及遥控器的设计是要关注的问题。Obrist 等发现老年人操作交互式电视服务的障碍主要与不熟悉信息呈现或导航规则有关，界面设计应考虑老年人认知、知觉和身体局限，导航规则和颜色选择是要重点考虑的问题，如老年人完成新的交互任务需要更多的目标定位时间，适合强烈的颜色对比和大字体；老年人可能没有相关经验，对于来自其他产品的导航隐喻使用应保持较小限度；视觉提示要清楚，避免被老年人忽略等[53]。

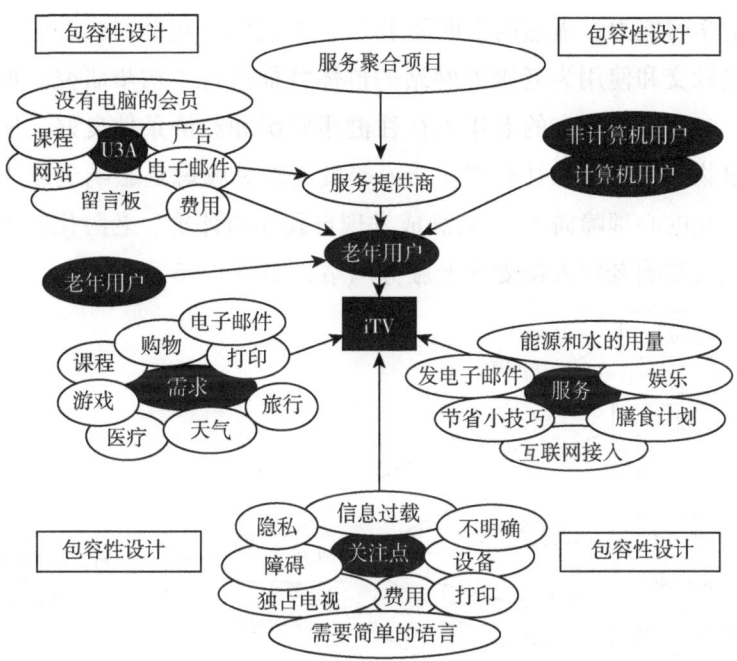

图1-5 老年人对交互式电视服务的需求分析框架[52]

（二）影响老年人使用电脑上网的因素

为了促进老年人使用电脑上网，国内外学者开展了大量研究工作。我国学者主要从老年人的群体特征、家庭或社会的环境条件等层面对影响其触网意愿、上网过程和持续态度的主要因素进行了研究。

群体特征主要涉及年龄、职业、经济条件、健康状况、心理状态、媒介素养等。我国学者着重研究了群体特征对老年人触网意愿的影响。如郭晓芳认为老年人接触互联网的主要困境是健康劣势、经济制约及信息素养较低，学习键盘输入是首要难题[54]；吴玉韶提出文化水平低、身体机能老化、不愿尝试新事物、科技畏惧心理、了解信息技术不多会制约老年人接触网络产品[55]；张硕发现最先接触互联网的老年人一般是男性，年龄较低，文化水平较高，退休之前更可能是干部身份[56]；Yang等发现参与电脑学习的老年人往往有积极的电脑态度，较好的学习能力，强烈的上网需求[57]。个别学者还针对影响老年人参与网络社交和使用为老服务网站的群体特征进行了初步研究。如吴欢发现，参与网络社交的老年人往往健康状况和经济条件良好，愿意接触新事物和渴望融入社会[58]；Xie 等发现隐私顾虑是影响老年人接受网络社交的心理障碍[59]；刘满成发现自我能力评价、老龄化态度和身体机能会影响老年人接受为老服务网站，如图 1 - 6 所示[60]。

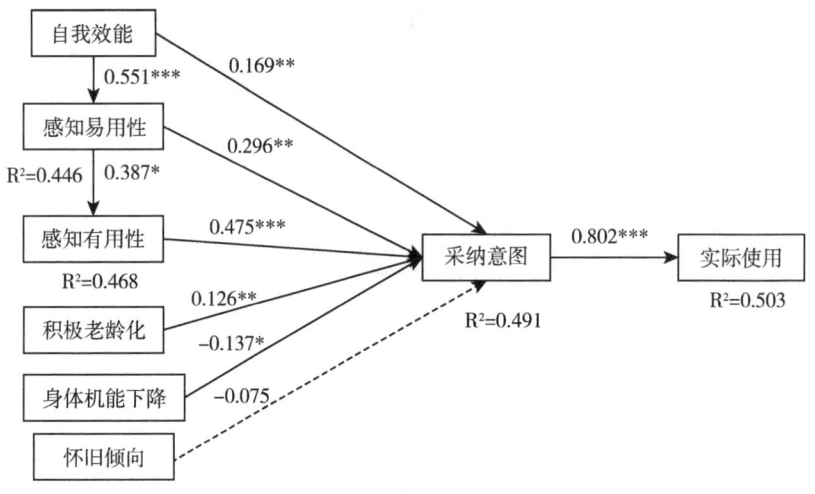

图 1 - 6　为老服务网站的采纳模型[60]

环境条件主要涉及社会氛围、亲友协助或影响、是否拥有电脑等。如郭晓芳认为为了摆脱社会歧视、减少代沟和知识鸿沟，互联网普及和网民数量增长也是老年人接触互联网的主要原因，缺乏家庭和社会的支持是最大障碍[54]；张硕发现最先接触互联网的老年人往往在家中拥有设备[61]；刘炜发现如果亲友都在使用和适当辅导，老年人会愿意接受网络社交服务[62]。

另外，我国学者对影响老年人上网过程，尤其是持续态度的因素研究不足，并主要关注群体特征的影响。在上网过程方面，如宫晓东指出以身体机能老化、信息素养低为代表的因素会影响老年人操作信息产品[63]；吴丹等发现健康状况、网络熟悉度、信息信任度是影响老年人检索网络健康信息的主要因素[64]。在持续上网态度方面，我国学者仅是基于技术接受模型进行了初步研究，主要关注易用性、有用性、满意度等因素的积极影响。如刘勋勋等发现老年人的计算机焦虑会通过感知易用性影响使用满意度，期望不确认会影响感知有用性和使用满意度，使用满意度、感知有用性和感知有趣性会影响其持续上网态度，与子女同住、身体机能下降并没有产生直接作用[65]。

与我国学者类似，国外学者亦主要关注群体特征对老年人触网意愿的影响，但主要是围绕"数字鸿沟"现象展开研究，提出了一些独特的观点或发现。"数字鸿沟"是指信息工具拥有者与非拥有者相比的差距，存在于不同地区及其内部的不同阶层、民族或年龄等人群之间。首先，从老年人与年轻人的差异来看，国外学者一般认为是知识、心理、经济、身体机能老化等群体特征因素导致了"数字鸿沟"[66-69]。如Loges等认为"数字鸿沟"不仅是代际效应问题，年龄增长带来的生活追求减少往往让老年人以较少的目的性接触互联网[66]；Tomczyk等又发现心理因素（设备恐惧、缺乏信心、害怕尴尬）、经济因素（使用和培训的费用）、欠缺知识会影响老年人接触互联网[68]。但Gilleard等发现在调节了收入、教育、职业背景和健康因素时使用互联网的年龄差异仍存在，调节了信息技术的参与度因素时差异则减弱，即认为是信息技术对不同代际群体的"可及性"（Accessibility）差异引起了"数字鸿沟"[70]；Olphert等也指出，以往的促进措施往往假设老年人一旦接受互联网就会保持，但实际上很多老年人选择中途放弃，主要原因是网络服务不够关注老年人的实际需求，即"数字鸿沟"源自"信息福利"不平等[71]。因此，部分学者认为提供面向老年人的网络资源或工具会吸引他们接触互联网，如发现为了获取健康信息或远程照料服务，部分老年人会主动学习上网[72]。Chou等还发现具有较好的社会保障和健康水平的老年人更易于接受远程照料服务；对人际关系和生活环境具有较好感受，认为远程照料服务有益于解决健康问题的老年人也有意愿接受上网，但使用成本会阻碍使用意愿[73]。

部分国外学者还通过分析老年网民与非网民的差异来解析"数字鸿沟"。如Cresci等发现老年网民往往年轻、健康和活跃，受教育程度和收入较高，更可能仍在工作或积极参加社团活动[74]；Jung 等发现是否存在计算机焦虑或是否自信、是否存在老化焦虑等心理因素会影响老年人参加免费的上网培训[75]；Choi 等发现缺少接触机会和财力、残疾或疼痛等原因会限制低收入老年人接触互联网[76]。

可以看出，国外学者同样认为老年人主要因身体机能老化、知识或收入水平有限而难于接触互联网，并存在技术焦虑、生活追求少等消极心态，影响了触网意愿。更有学者认为主要是网络服务对不同代际群体的惠及度差异导致了"数字鸿沟"，即缺少接触机会、辅助条件和适合的服务内容。对此，Tomczyk 进一步将老年人学习电脑上网的目的分成实用型（获得有用的生活技能，解决困扰，融入信息社会，收集、处理、发送、存储、呈现和组织数据）、发展型（跟随技术进步、获取知识技能、确认和增强自尊心）、社会型（结识同龄人、联系亲友）三种[68]。因此，帮助老年人跨越"数字鸿沟"不应止于促进其接触，还要使网络服务内容真正满足老年人的上网目的，促进其主动接触和持续使用。

另外，除了对身体机能老化会影响老年人的上网过程展开研究，国外学者还对满足上网需求是否促进老年人持续上网展开研究，将以"效用"（Usefulness）为代表的满足程度因素纳入分析范畴。如图1-7所示，Nayak 等发现想用态度、健康状况是老年人上网水平（时长）的预测因子，想用态度、效用、健康状况、性别是老年人上网偏好的预测因子[77]。

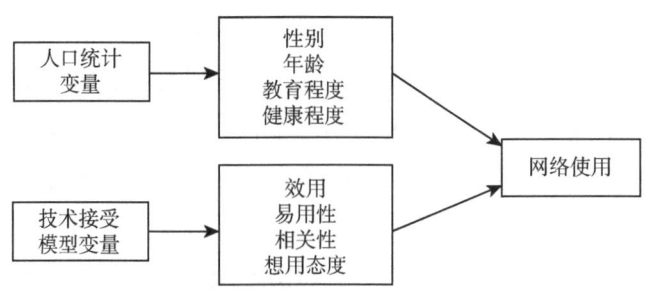

图1-7　老年人使用互联网的技术接受模型[77]

（三）影响老年人使用手机的因素

国外学者主要基于技术接受模型研究了影响老年人接受手机的因素[78-80]。如 Biljon 等较早建立了老年人的手机采纳模型，指出用户情境（社会影响、人口特征、身体机能）、感知有用性、使用意图是客观因素，促成条件（拥有手机、使用成本）、尝试和探索、确认有用、学习和使用的容易性是过程因素，各因素关系如图 1-8 所示[78]。随后 Conci 等又结合行为学理论建立了老年人的手机接受模型，将感知安全、自我实现、享乐作为内在因素，社会影响、手机支持作为外在因素，发现感知安全对感知有用性，自我实现对享乐、享乐对感知易用性均有显著影响，社会影响对感知有用性、使用目的，拥有手机对使用意图、感知易用性也发挥了作用，即内在因素具有重要影响，子女或亲友也有促进作用[79]。因此，国外学者认为使用目的是促使老年人采纳手机的主要因素，其次是环境条件。

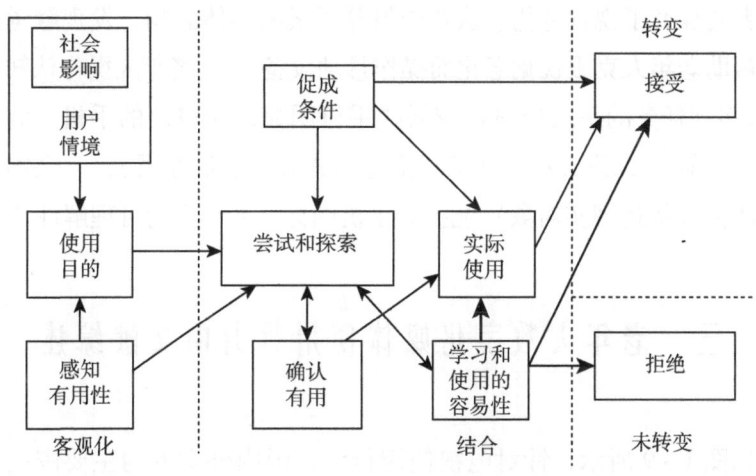

图 1-8　老年人的手机接受模型[78]

除了基于技术接受模型，国外学者还调查发现老年人的知识背景或相关经验、传统习惯、家庭结构、生活方式、专门需求等因素也影响其接受手机[81,82]，均可归为 Biljon 提出的用户情境或促成条件因素。

如 Mori 等发现多成员的家庭结构（尤其是与年轻人共同生活）有助于老年人采纳手机[81]；Stamato 等发现仍在工作，其他信息产品的使用经历，需要维系与年轻人、亲友的关系也是促成因素[49]。

相比之下，我国学者对影响老年人接受手机的因素研究相对欠缺，仅有个别学者基于技术接受模型，研究了影响老年人接受移动医疗服务的因素。如 Xue 等发现感知效力（Perceived Efficacy，对使用能力的自我评价）、主观规范、感知易用性、感知有用性、兼容性（Compatibility，与用户需求及其生活方式的协调性）依次对使用意图具有不同程度影响[83]；Guo 等发现老年人的技术焦虑、抵制变化的情绪会对感知易用性、感知有用性产生影响[84]。

针对老年人的手机使用过程，国内外学者主要关注视觉老化、灵巧度下降等功能性障碍因素的影响。由于认知局限，老年人对手机菜单的操作效率、对手机图标的理解能力也较低。如皋琴等指出老年人操作手机的主要困难是字符、屏幕或键盘小，功能太多或菜单结构复杂[85]。国外学者还探究了视觉老化、认知局限等因素的具体影响，发现触觉反馈可以帮助老年人克服视觉老化而操作移动设备[86]；老年人操作认知难度（完成多项任务的平均步骤）较低的手机明显好于较高的手机，效率与年轻人类似[87]；语义密切（信息描述形式和功能联系紧密）、文本标签和具体化（描述现实对象）能提高手机图标对老年人的可理解性[88]。

三　老年人数字化媒体使用行为的文献综述

如图 1-9 所示，针对电视使用行为，国内外学者均主要围绕传统收视服务就老年人的收视目的、内容偏好和经常收视的原因展开研究，发现其长时间的收视习惯与特殊的人口特征、生活方式有关；较少就老年人对具体内容的收看行为及收视体验的影响因素，尤其是对新型电视的使用行为、服务需求和影响因素进行深入探究。国外学者虽从功能性障碍、软硬件层面探究了影响老年人使用交互式电视服务的设计因素，仍欠缺对其他因素的研究。随着交互式电视（IPTV）、智能电视（Smart TV）、互联网电视（OTT TV）等新型电视的普及，探究我国城市老人对新型电视的使用行为、服务需求、影响因素及其适老服务模式具有重要意义。

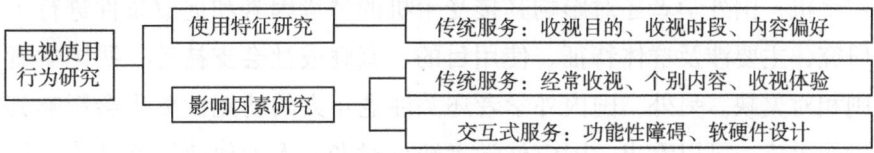

图1-9　老年人电视使用行为的主要研究议题

如图1-10所示，针对上网行为，国内外学者主要探究了老年人的上网目的、活动偏好及检索信息、参与社交的基本特征；国外学者还分析了老年人与年轻人相比的信息检索、线上社交等行为差异。为促进老年人上网，国内外学者主要从群体特征、家庭或社会条件层面对影响老年人"触网"的因素进行了研究。国外学者的研究更深入，主要从"数字鸿沟"角度，对老年人与年轻人、老年网民与非网民相比在学习电脑、上网态度等方面的差异进行了深入分析，提出了一些独特观点或发现，如"数字鸿沟"源自"信息福利"的不平等；将满足老年人的上网需求（效用）视为促使其主动"触网"和持续上网的关键。而对于我国老年人的上网需求，影响其上网过程、持续行为的因素和适老服务模式仍有待探究。

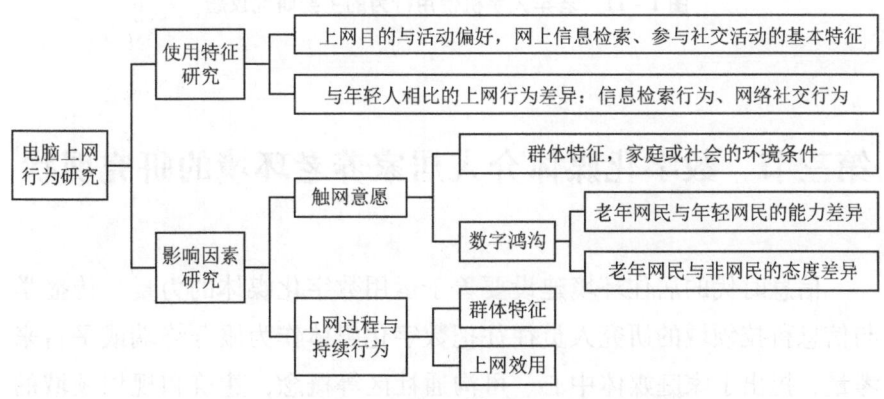

图1-10　老年人电脑上网行为的主要研究议题

如图1-11所示，针对手机使用行为，国内外学者主要关注老年人的功能偏好及设计需求，往往将其视为消极用户，主要从简化功能、简化操作等方面探讨了"老人手机"的特殊设计。为了促进老年人使用手机，国外学者还对影响其接受手机的情境因素和促成条件进行了研究，主要涉及群体特征、使用目的、家庭或社会支持等；我国学者则相对欠缺。另外，国内外学者还关注老年人的功能性障碍会影响其操作手机。可以看出，国内外学者缺少对老年人如何使用移动信息服务的关注，以及衍生的服务需求、影响因素和服务模式等议题。如何发挥手机媒介的便捷性优势，及时服务于我国老年人的移动信息需求是有待研究的问题。

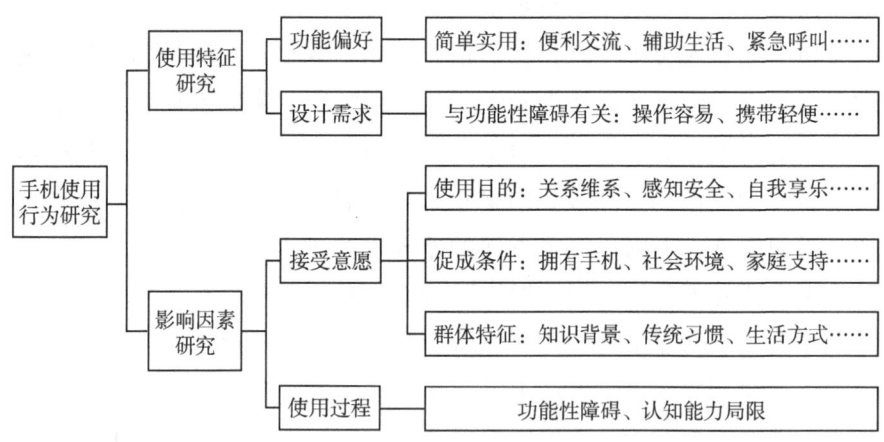

图1-11 老年人手机使用行为的主要研究议题

第三节 数字化媒体介入居家养老环境的研究现状

信息时代的居住环境建设要善于运用数字化媒体的力量。传播学与信息科技领域的研究人员往往把数字化媒体作为服务终端或平台来考量，提出了家庭媒体中心、可沟通社区等概念，建筑和规划领域的研究人员则侧重于其在空间功能延伸、居民行为转变、生活圈重构等方面的影响。数字化媒体带来实体空间与虚拟空间交互融合,一方面会使空间呈多元状态,空间的界定、组织和结构可变,与人的意愿、情感及发生的事件交互增强,空间功能将由人的行为决定[89];另一方面会使空间的内容被强调、地点被消解,造成"地方性"丧失。对此,如图1-12所示,张若诗等指出建成环境正从功能提供者向情感依赖者转化,导致了对人与建成环境交互并形成场所认同及情感关联的机制进行解释的典型命题、经典框架、工具方法面临挑战,提出以情感关联为价值诉求的研究框架是解决问题的关键,通过激发积极的场所依恋,将价值导向转为观照"人场"的研究逻辑[90]。鉴于人的行为越发受到数字化媒体支配,王瑞等也指出建成环境的传统意义在消逝,导致通过物质形式提供行为线索的场景建构方法开始变得无效,提出应将数字化媒体作为物质环境的组成部分,统筹考虑其与建筑作为整体环境的场景与行为变化[91]。

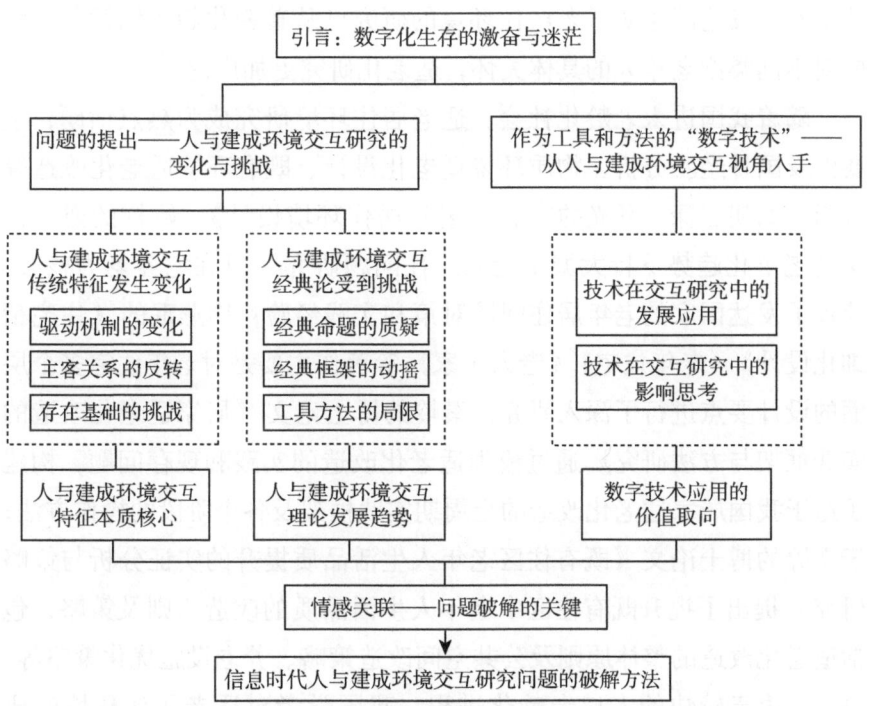

图1-12 "情感关联"于信息时代交互研究价值凸显的逻辑框架[90]

由于进入老龄化社会较早、过渡时间较长，发达国家对适老居住环境的研究由来已久，通过探索适合老年人的设施类型、居住条件、服务配套等问题积累了大量的理论和实践经验，并根据国情和文化差异有着不同侧重。西方发达国家较注重养老机构建设和服务设施配备。如美国已形成多元系统的适老住居体系，包括普通独立住宅、面向不同对象的老年公寓、持续照料退休社区（Continuing Care Retirement Community）等，主要以基于无障碍、适应性的通用设计或包容性设计理论为基础，倡导服务于不同年龄和机能的个体。相比西方发达国家，日本进一步通过划分老年人介护等级而细化了养老设施类型，并注重传承家庭理念和居住文化，致力于发展"长寿住宅"、建设标准和多代混居养老。即提倡住宅要尽可能满足终生需求，运用潜伏性设计方法使老年人的需求"隐藏"，以便后期有需要时进行改造，并配制多功能、小规模的社区服务设施，建立层级化的居家养老支持体系。总体来看，发达国家对适老居住环境的研究已从普遍化趋于细微化，转向对不同类型老年人的具体关怀，适老化研究更加广泛[92]。

随着我国进入老龄化社会，适老居住环境研究成为热点话题，主要涉及国外经验分析、物质环境适老化设计、既有环境适老化改造等方面。如胡仁禄、马光的专著《老年居住环境设计》，姚栋的博士论文《老龄化趋势下特大城市老人居住问题研究》以在宅养老为核心，梳理了发达国家的老年居住问题对策和实践经验；周燕珉的《住宅精细化设计》《老年住宅》《老人·家》等著作主要是对老年住宅多个层面的设计要点进行了深入研究；秦岭的博士论文《居家适老化改造的实践框架与方法研究》通过梳理适老化改造的实践和现存问题，构建了适于我国居家适老化改造的全周期实践框架及各个阶段的操作方法；于文婷的博士论文《既有住区老年人生活品质提升的实证分析与策略研究》提出了提升既有住区中老年人生活品质的改造原则及策略，包括适老化改造的整体原则及公共空间改造策略、养老设施优化策略等。总之，由于较快的人口老龄化进程，我国学者对适老居住环境的研究不断增多，在物质环境适老化方面的研究已较为成熟，近年来多关注居住空间的适老化改造，在适老化交互层面的研究尚处于起步阶段。

迅速发展的数字科技使老年人的居住环境和生活方式向着信息化、网络化、智能化发展，不仅减少了其生活依赖性，促进保持独立自主性，还将构建更适合其生存、虚实融合的交互空间。国内外学者对数字化媒体介入老年人居住环境的研究目的主要体现在两个方面：一是优化宅内生活环境和社区活动环境，为居家养老提供多种便利，改善居家老人的环境舒适度、生活安全性、社会交互性等，构建符合家庭结构转变的居家养老模式；二是缓解老龄化社会的公共服务压力，通过现代技术手段提供信息化、网络化、智能化的养老服务，保障居家老人日常生活的衣食住行，包括远程医疗、实时监控、在线护理和智能化助老设备等。

一 数字化媒体介入宅内环境的研究

（一）信息时代宅内空间的功能转变与适老

住宅在传统意义上是承担居住功能和家庭活动的场所。随着宅内空间的互联网连接性增强，越来越多的社会活动可在家进行，促使居住、工作、游憩等空间功能在网络层面交互融合，使其由单一功能空间变为多功能复合空间，成为社会交往场所及要素流动的连接点。如章光日指出，信息时代的住宅既是休闲中心也是学习中心，看电视、上网已成为人们主要的消遣娱乐方式，提供了无尽的知识和信息；数字化空间将改变生活空间的构造方式，使空间与时间、环境、人出现了"取消语境"的现象，具有反中心、自组织特征，成为人类理想的生存和社会交往空间[93]。如翟青指出家已成为信息时代居住空间的基本构成单元，多功能社区成为信息社会的基本空间载体，如图1-13所示，联系各种功能的信息网络在居住空间构建，作为网络节点和信息终端，家是联系城市新功能、新服务的重要场所，参与到虚实空间的互动融合[94]；汪靖通过分析住宅在信息家电、自动控制等方面的智能化趋势，指出信息时代的住宅需要兼容兼顾新型家居及电器、电子产品的布置，网络弱电系统管线的布置要与住宅空间的灵活利用密切相关，提供高效的信息化服务和安全、舒适、健康、可持续发展的室内生活环境[95]。

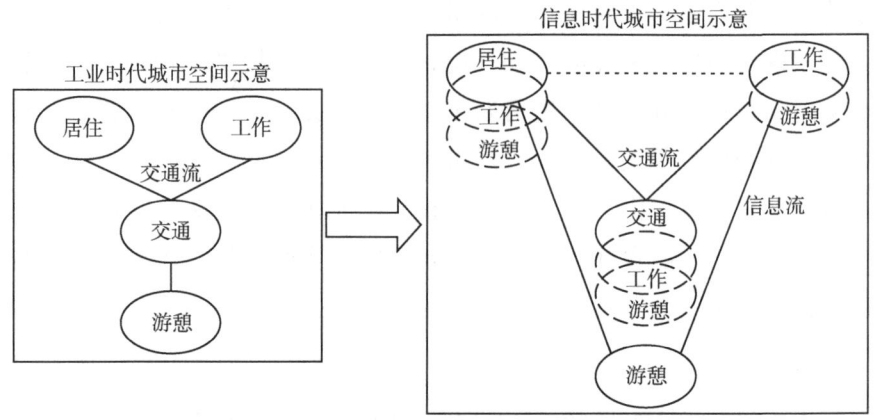

图1-13 城市空间构成要素的功能内涵变化[90]

国内外学者还对一些具体的宅内行为转变现象展开了研究[96-104]，涉及交友、购物、办公、教育、医疗等远程活动。尤其是近年来，人们对手机的普遍使用进一步促进了时空分离和重组。学者们一方面基于手机使用数据探究了人们的活动特征和时空关系变化[105-109]；另一方面分析了人们在不同场所的手机使用特征及其对宅内媒介使用行为的影响。如李慧娟等发现宅内是人们使用移动互联网程度最高的生活空间，且卧室为碎片化接触，客厅为密集型接触；无论通过手机还是电视，客厅均是收看视频比例最高的场所，边看电视边用手机上网已成为大多数家庭用户多任务媒介行为的常态；宅内的私人空间功能正在改变，过渡到半开放、半社会化的空间性质；家人在一起时往往沉迷于"掌心世界"，造成"疏远的陪伴"。周亚东进一步分析了从电视到社会化媒体的家庭空间转变现象，指出电视的公共属性虽在侵蚀家庭空间，却无法完全"剿灭"私人领地，尤其是其非移动性，能让家庭的隐私空间得以存留，而社会化媒体使电视时代的家庭经验发生了"挪移"，"流动性"开始统治家庭空间，人们可以轻松地在社会化媒体上随时进入和抽离不同的关系场景，在家庭内部创造一个持续流动的空间，即家庭作为相对私人的空间正遭受社会化媒体的全面入侵[110]。

植入智能化技术、产品和系统是将老年人的宅内空间引向社会化交互的重要途径。智能家居是指以住宅为平台，利用综合布线、网络通信、安全防范、自动控制、音视频等技术，构建高效的住宅设施与家务管理系统，提升住宅的安全性、便利性、舒适性、艺术性和节能性，是信息时代家居设施的物联化体现[111]。发达国家一直注重智能家居在老年住宅中的研究和应用，早期主要推出了一些实验型房屋，如美国的知道屋（Aware Home）[112]、英国的辅助交互住宅（Assisted Interactive Dwelling House）[113]和长寿屋（Millennium Home）[114]、日本的福利科技屋（Welfare Techno-Houses）[115]等，主要将智能家居与居家老人的健康、安全等特殊需求有机结合，最大限度辅助其独立生活，提供舒适、无障碍的环境及监测、照护、医疗等远程服务。如知道屋通过情景感知设备、交互系统，保持老年人和子女的联系、帮助其寻找和管理物品、感知和识别危机情况；辅助交互住宅通过门窗控制、水暖调节、安保、活动监测等设备，改善居家老人的生活条件和整体环境；福利科技屋通过床上和浴缸中的心电监护、基于马桶的体重和排尿监护等系统，构建了居家老人健康护理的自动监测环境，如图1-14所示。Demiris等通过综述既有的老年人智能家居项目发现，适用的智能化技术可分为六类，活动监测占比71%（活动监视器、地板传感器、床上传感器等），安全监测与辅助占比67%（水温、厨灶传感器和自动灯光等），生理监测占比47%（血压、呼吸、心电图等），认知或感官支持占比43%（物体定位、识别辅助、服药提醒等），安防监测（入侵警报）占比19%，社会化交互辅助占比19%（信息门户、智能手机等）[116]。

近年来，国外学者对老年人智能家居的研究主要关注隐私、能耗、

◇◆◇ 城市居家老人数字化媒体服务场景建构

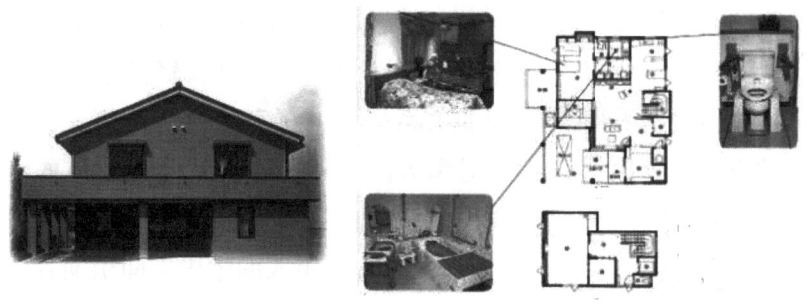

图1-14 位于日本高冈的"福利科技屋"概观[115]

妨碍性、可用性、可接受性、成本、产品间的网络通信和兼容、环境智能等问题[117,118]。如 Rocher 等设计了基于 RFID 技术的居家老人活动识别方案,具有使用简单、价格便宜、坚固便携的优点,可在任何地方重复使用[119];Portet 等基于"Sweet Home"项目发现,相比其他更具侵入性的交互方案,语音界面能更好地被老年人接受,在简化日常生活方面具有很大潜力,可提高其使用智能家居的能动性和接受度[120,121];Suryadevara 等建立了低功耗、鲁棒性好和灵活便捷的智能家居系统,通过监测家用电器的使用数据预测老年人的健康状况[122]。总体来看,老年人智能家居项目可分为智能辅助产品型、"终端+服务中心+平台"型、居家环境智能系统型。西方发达国家较注重为老年人提供远程医疗服务、安全监护系统和可穿戴监测设备,并建立电子档案分析老年人的健康状况;德国还注重发展环境辅助生活系统（Ambient Assisted Living）,通过集成智能化产品帮助老年人保持独立性,并积极推进护理型机器人的研发。日本更强调以人为本的智能养老建筑,通过各类传感器自动控制室内环境,在智能护理产品、陪伴式机器人等方面比较领先。

目前,我国学者对智能化适老住宅的研究分布于控制工程、工业设计、信息科技、建筑设计等学科,涉及的场景包括安防、睡眠、卫浴、餐厨等,旨在解决老年人宅内生活的安全健康、舒适便捷等问题。在设计研究领域,学者们一方面通过论述智能化适老设计的优势、主要问题和发达国家经验，提出智能化系统的适老服务策略或集成体系。如王春彧等通过分析我国养老设施智能化应用的现存问题，提出了智能化系统的适老构成要点，如运用智能定位系统支持老年人活动自由、运用智能照料系统减轻护理人员工作压力、运用智能康复系统保证老年人活动需求、运用智能娱乐系统避免老年人孤独[123]；陈玉婷借鉴日本经验建立了基于物联网的智慧养老建筑体系，智慧监测包括健康监测系统、行为监测系统和情绪监控系统，智慧管理包括移动端APP和网络云平台，智慧决策包括智能家居系统、智能环境系统和智能安防系统、智能照护系统，如图1-15所示[124]。

图1-15 智慧养老建筑体系的应用层构成[124]

另一方面，基于老年人的身心特点、行为习惯和需求特征，提出智能家居产品的适老设计原则或应用策略，并通过设计或改造实践进行理论验证。如许晓云等通过分析居家老人的生活要素，提出实用性、标准化、易用性、人性化、可靠性的适老智能家居设计原则,并提供家电控制、安全监控、环境调节、动作响应、活动提醒、信息互联等服务[125];卜霞论证了信息时代老年居住空间的优化策略,一是完善住宅环境和辅助设施,控制和创造适宜的私密空间、开敞空间。二是改善空间组织方式和功能设计,秉承无障碍、互动、灵活的原则,更加安全、舒适和便利。三是完善智能化社区的养老服务体系,建立呼叫中心等[126];邢晨等论证了适老智能家居的功能设计要求,包括安全性、无障碍和易操作、情感及社会交往,阐述了智能化技术及设施在空间改造中的应用[127];孙小翔分析了智能设施对老年人住宅的优化细节,包括出行安全、居家舒适、休闲便捷、医疗及时等[128]。

与发达国家相比,我国学者对智能化适老住宅的研究处于起步阶段,以养老机构为主要面向,以学位论文居多,以某一产品或系统的适老服务策略、设计原则和功能开发为主,如表1-1所示,相关成果仍在积累中。同时,近年来我国家电及互联网公司已开始布局智能家居市场,如海尔的"Uhome"、美的的"1+1+1"战略、小米的"米家"、阿里的"智能云"、京东的云服务智能硬件管理平台等,已处于世界领先水平,但提供的服务还没有普遍在我国的老年人住宅中良好衔接,成为常态化的一部分,主要受到使用复杂、价格昂贵、实用性不足、配套服务不够完善、老年人的传统观念和能力局限等因素的制约。

表1-1　　　　我国智能化适老住宅设计研究的学位论文统计

题目	作者	单位	时间	主要研究内容
石家庄市老龄人居住室内的智能化	于玲	河北科技大学	2008	智能化对室内环境的影响:空间划分、声光、气候、陈设
适合老年人的智能家居设计研究	张进	北京理工大学	2015	适老智能家居特点:实用性、可扩展性、人性化,手环设计实践
基于用户体验的居家养老智能产品设计研究	赵黎畅	北京邮电大学	2015	居家养老智能产品的设计方法与智能茶几设计实践

续表

题目	作者	单位	时间	主要研究内容
基于场景的老年人智能家居设计研究	杨迎春	北京理工大学	2016	睡眠场景下老年人智能家居产品设计策略及设计实践
信息时代的城市老年居住空间研究	卜霞	长春工业大学	2016	居住空间优化策略：空间环境、辅助设施、空间组织、空间功能
居家养老空间的软装饰设计应用研究	王美琪	吉林大学	2017	软装饰产品的智能化改造：智能茶几、可移动墙体、智能马桶等
智能技术在居家养老住宅中的应用研究	李佳	中南林业科技大学	2018	智能技术在居家养老住宅室内外环境中的设计应用
居家养老模式下的住宅空间改造研究	段奇敏	大连工业大学	2018	改造原则：无障碍、便捷、经济系统植入（安防、保健、管控等）
老年人智能厨房设施的适老性设计研究	张培	青岛理工大学	2018	适合老年人使用的厨房智能设施的设计方法和设计实践
老年人卧室设施的适老性智能化设计研究	陈燕	青岛理工大学	2019	智能设施在老年人卧室中的应用、设计原则和床头柜设计实践
智慧居家养老模式下老年人住宅环境优化研究	孙小翔	大连理工大学	2020	智能设施的优化细节：出行、居家、娱乐、休闲、医疗等

（二）基于家庭媒体的交互服务系统设计

"家庭媒体中心"（Home Media Center）的概念是由比尔·盖茨提出的，开启了"未来之家"的建设道路，诺基亚也曾推出名为家庭媒体中心的装置，可将多种视听设备的管理功能组合，并接入多种IP网络，支持多种内容格式和终端设备。鉴于电视机是最普及的家庭娱乐终端、最易用的家用电器设备，再加之家庭媒体中心、家庭网络环境和其他终端就构成了"数字家庭"，可实现视频内容接收、网络信息应用、家庭或个人媒体资源的整合，集视听娱乐、信息服务、家居控制等功能于一体，建立起宅内与外部空间的社会化交互系统。因此，"机顶盒+电视机"一直是典型的家庭媒体系统研发框架。

国内外学者对家庭媒体系统的早期研究主要关注家庭网络环境中的网关通信问题[129,130]。如 Cabrer 等研究了交互式电视机与其他家用终端的通信技术，基于 MHP 标准和 OSGi 协议实现了电视程序与家用电器控制器的自然交互[129]。我国学者还探讨了电视在家庭媒体系统中的定位，主要认为应发挥屏幕大、更适于家人共用的优势，定位于"家庭信息数码港"，不仅成为家庭成员与外界信息源进行交互的桥梁，还可与各种家用信息设备组成不同的功能模块，在技术上成为家庭内个人媒体的集成平台[131]。随着网络终端日益丰富、大带宽网络入户推广和物联网技术发展，"数字家庭"正逐步向"智慧家庭"演进，实现了家庭信息服务的智能化提供、人们与家居设施的智能化互动，作为"智慧城市"理念在家庭层面的体现。智慧家庭系统一般基于智能电视、智能手机或平板电脑等终端构建，以"有屏有服务"为理念，由影音娱乐、智能控制、智能安防、社区物业等子系统构成，实现家庭与社会及家庭之间的互联互动，构建安全、舒适、便利的高品质居家生活[132,133]。

智慧家庭从技术角度涉及三个层面，一是连接，通过家庭网关下连家庭内部网络，上连通信网、互联网、物联网、广播网；二是智能终端，即联网的通信、娱乐、家电、穿戴式产品等；三是来自本地或云端的服务与应用。国内外学者对这些具体的技术问题均进行了研究[134-139]。如金桦等提出了一套基于 Zig Bee、Z-Wave 通信的智慧家庭系统，用户能通过客户端和互联网远程访问家庭中的所有设备，对每个设备进行单独或对多个设备进行组合操作，如图 1-16 所示[134]；Kim 等指出智能电视机顶盒可成为智能家居解决方案的多端口转发器（HUB），提出了一套家电控制框架，并设计了网关软件模块，使用户能通过安装驱动程序在任何地方控制家用电器[135]；Kang 等还针对智能电视较易受到的安全入侵问题，与 LG 电子共同研发了智能电视的通用标准 EAL2 认证[136]。

随着5G时代的到来，运营商、设备商均开始以家庭终端为入口，构建5G应用平台。如卢迪提出"家庭大屏终端+超高清视听服务"的家庭媒体系统发展模式，一是促进家庭信息传播环境从单一的电视跨越到个人终端与家庭终端、不同终端之间的互联互通，形成多模式并存的家庭信息传播体系，为家庭用户提供多样化的增值服务；二是家庭大屏的超高清视听服务是电视与移动互联平台竞争的核心优势，要创新超高清视频应用的产品形态，打造家庭视听服务的"软实力"[140]。

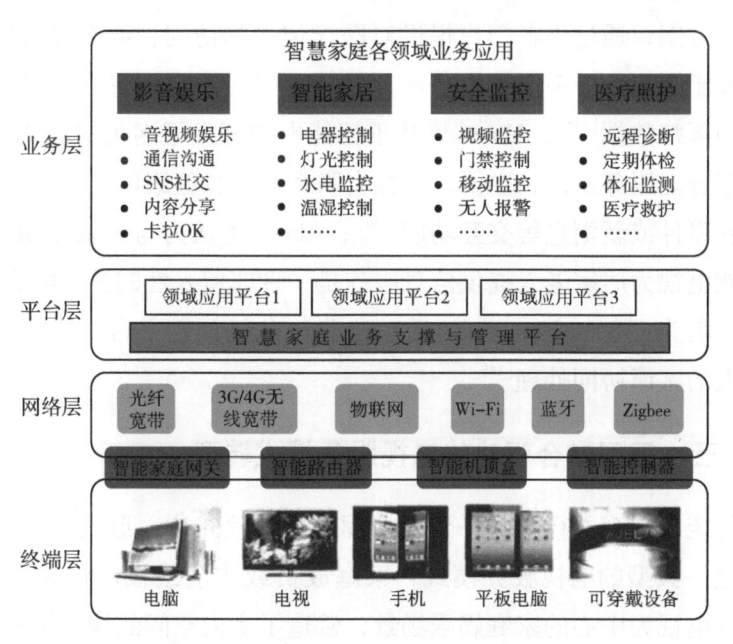

图1-16 智慧家庭的技术体系架构[134]

依据老年人的身心特点和居家生活需求，构建基于智能电视的居家养老娱乐及信息服务平台也是家庭媒体系统研究的热点。但我国的相关研究较少，仅少数专注软件系统的交互设计[141-144]。如雷尚仲通过分析空巢老人的核心需求，构建了基于智能电视的居家养老服务系统，包括资讯、交流、娱乐、服务四个功能模块，对交互原则、交互方式、交互界面、硬件产品进行了原型设计[141]。另外，焦泽栋还借助物联网技术设计了一套以智能音箱为控制中心的居家养老系统，通过连接手环、电视、手机等生活设备，满足老年人在听声音、居家锻炼、吃药提醒、安全监测等方面的服务需求，并对智能音箱的色彩、造型、材料等要素进行了原型设计[144]。

相比之下，国外学者更侧重传感技术与相关设备在居家老人远程照料、远程医疗、在线社交等领域的针对性功能实现与平台搭建，拟建立由智能电视、平板电脑、传感器等设备及相应软件所组成的专门服务系统[145-149]。如 Dragic 等指出医疗市场已充满不同的信息通信技术解决方案，通过患者门户提供对医疗记录的访问，但不够适应老年人，鉴于老年人习惯电视设备而开发了家庭健康电视平台，帮助老年人访问医疗数据[145]；Macis 等基于智能电视开发了名为"HEREiAM"的居家养老服务系统，主要提供社会联系、自我健康监测、查看警报、获知新事件或新消息等交互功能[146]；Abreu 等认为与传感器相比，基于智能电视为居家老人提供信息服务是一种非侵入性的技术解决方案，设计了名为"SecurHome"的活动监测与危机预警平台，能及时通知老年人的亲属协同处理[148]。

（三）三网融合驱动的电视服务模式转型

传统电视观看行为的一致化、固定化、仪式化，形成了"家庭剧院"这一典型的电视服务模式，家庭成员或主动或被动地共处客厅，共享以电视为中心的家庭娱乐场景，营造了宅内空间的核心场所精神。随着"三网融合"推进，基于机顶盒的客厅收视环境、基于电脑的网络视频服务、基于手机的移动收视行为共存。一方面使人们的宅内媒介使用行为呈现分散化、私人化的趋势，相互讨论、共享话题的家庭式观看被"自娱自乐"取代，造成电视媒介从核心地位走向了边缘，视听内容的主要获取渠道从电视变成网络；另一方面带来电视传播的终端革命、内容革命、应用革命，即高清的画音效果、便捷的多屏联动、海量的视频和信息资源、多样的应用软件和智能服务使电视正成为家庭娱乐中心、家庭信息中心、家庭应用中心，丰富了基于客厅环境的信息消费行为。我国传播学者对此主要从家庭性回归和场景化建构两个层面，探讨了电视媒介的传播模式转型问题。

家庭性回归层面，赵曙光指出电视媒介应基于集体使用和强关系的特征构建家庭社交中心，包括强化内容优势，围绕节目娱乐形成家人互动中心和优化交互方式，成为购物、教育、游戏等家庭生活的互动中心[150]；祁媛认为电视在空间上的存在是家庭沟通纽带的象征，尤其对空巢家庭更有意义，已隐喻为家庭成员，应从电视与家庭日常生活的融入性着手，思考其未来发展[151]；李素艳提出了5G时代电视媒介的回归方向，包括以"一老一小"的核心观众拉动整体家庭收视，研究适合全龄观众阖家共赏的内容，推进家庭观念的重塑；提供超高清视频，运用新技术手段包装内容与传播形式，以连接电视与线下的方式完成交互体验，加强多平台联合运作等[152]；谭辉煌提出了要重塑电视媒介的家庭媒体中心地位，不仅要通过多种互动方式打破手机场景与电视场景的孤立和隔膜，还要积极采纳新技术实现观看场景的升级，增强电视观看场景的现场感、参与度和互动性[153]。

场景化建构方面，邓向阳等指出互联网电视可弥合移动媒介引起的客厅分化、重拾家庭欢聚与互动、拓展电视特性及功能、逆转电视观众的被动化与仪式化，建构家庭娱乐中心场景[154]；冯哲辉一方面提出居家场景模式，以客厅为依托建设智慧家庭生态中心，完成电视媒介的计算机化和互联化，成为连接所有智能家居的枢纽，并利用移动设备、穿戴设备和社交媒介与用户进行数据分析、信息沟通和情感互动；另一方面提出了移动场景模式，通过伴随式的生活服务与用户建立持久稳固的连接，基于定位系统和用户数据对内容、服务、硬件进行升级，满足移动场景中多样性系统性的服务需求[155]；杨明品指出电视媒介的主战场在于智能终端与家庭互联，优势在于专业化内容、权威性信息、公信力背书及智能精准的场景服务[156]；李岭涛认为电视媒介要建立起"一拖多"的多屏生态，通过由小屏到大屏的通道与用户互动，适应用户场景的多元化、移动性；充分利用人工智能、5G、VR等技术手段、传播渠道和娱乐方式，积极参与智慧家庭建设[157]。

目前，针对面向老年群体的电视服务模式，我国学者侧重于论述涉老内容的创作，欠缺结合"三网融合"的技术背景，结合家庭性回归、场景化建构等新的发展理念，提出相应的适老场景建构模式和服务内容体系。

二 数字化媒体介入社区环境的研究

（一）信息时代社区公共空间的重构与适老

信息时代，网络化的远程活动与物质形态的服务设施共存于居住空间，城市的社会化服务也转向由互联网支持的服务体系，使居住空间增加了许多社会性的功能，代替了很多实际的空间活动和用地需求；社区成为集居住、工作、娱乐、教育、医疗等功能于一体的复合体，规划新型住区或是重建已有社区应充分考虑人们的行为变化，有效支持其多功能复合的生活模式[158]。对此，我国建筑和规划领域的研究人员首先对网络技术影响下的社区服务设施布局、影响居民使用社区信息化服务设施的主要因素等问题进行了研究。

社区服务设施布局方面，主要关注交往空间和社区商业。如胡玉佳指出信息时代的社区交往空间将以中际空间（实体与虚拟融合）为主导，结合一定的开敞休闲空间、运动空间、商务空间共同组成，各功能空间的选址与布局应根据居民需求和距离要求合理分布[159]；尹子潇发现网络社会对住区规划具有瓦解与补充的双重作用，一是社区自组织力量空前强大，促进了资源共享与公共空间活力提升，二是社区服务设施分布和数量变化灵敏反映着居民需求，推动了居住用地与其他空间功能融合，三是增强了住区内服务设施的可见性、公共性，为更多符合市场需求的服务内容提供了土壤，弥补了规划初期基础设施分配的不足[160]；丁盼发现网络兴起使居民购物行为的时空分布呈"碎片化"，更愿实现多目的出行，对社区商业在业态数量上产生促进与替代并存的影响，在空间布局上产生进一步聚集与进一步分散并存的影响，形成了多中心聚集与多方向扩散的网状趋势[161]。

影响因素研究方面，主要关注社区信息化建设对社区服务忠诚度、满意度和生活圈的影响。如尹秋怡发现信息化建设满意度、居民网络活动水平对社区服务忠诚度有促进作用，信息化建设满意度、社区社会资本、社区服务实体环境通过对社区服务交互质量、社区服务价值的正向影响最终影响服务忠诚度，居民网络活动水平对社区服务价值和忠诚度具有正向影响[162]；陈卉发现社区信息平台通过扩大居民的社会网络、提升社区服务满意度从而提升社区满意度，且线上的促进效果强于线下[163]；牛强等通过调查武汉居民对可线上化社区服务设施的使用情况及影响因素，提出了"线上线下社区生活圈"的概念，是指线上服务与线下实体设施有机融合、灵活高效地满足居民需求的社区生活空间，线上完成信息咨询、服务预约、行程规划、费用支付等操作，线下提供到店或到户的实物配送与人工服务，达到提升服务效率、增强服务体验和节约成本的目的，分为线上服务圈层、5分钟生活圈层、15分钟生活圈层和30分钟生活圈层，如图1－17所示[164]。

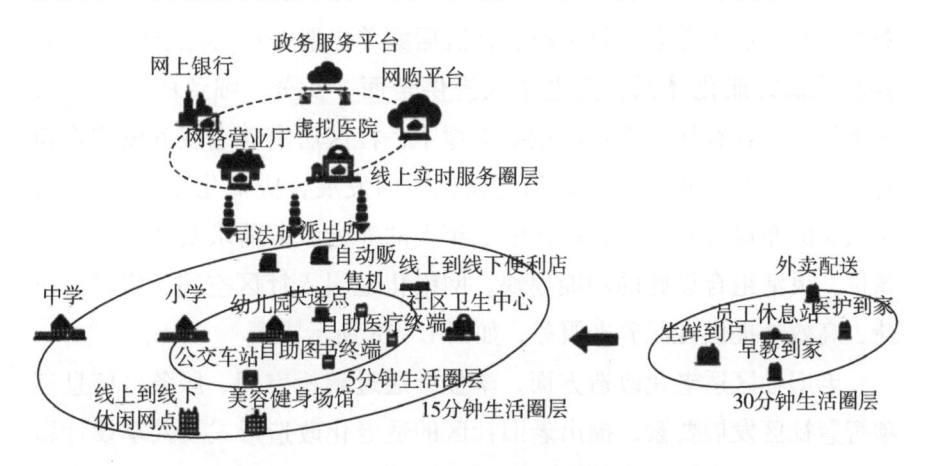

图1－17 线上线下社区生活圈布局模式示意图[164]

智慧社区是基于信息化、网络化、智能化管理与服务的新型社区，能为居民提供便捷安全、舒适高效的居住环境，并通过与各社会主体的交互，更强调信息资源共享，涉及设施、治理、服务、生活四个维度的建设[165]。申悦等认为居民是智慧社区的核心要素与服务对象，提出人本导向的智慧社区构建策略,包括基于居民数据和需求实现社区规划智慧化,提供智能化一站式服务实现管理信息化,提供面向居民的移动应用实现服务个性化,利用社交网络实现社区交际线上线下融合,重构社区精神[166]。信息时代,适合老年人的社区居住环境建设要综合考虑其多种需求,通过网络化平台进行服务资源整合与配建,打造更具包容性的养老环境,营造更具交互活力的老年人生活。对此,我国建筑和规划领域的研究人员主要对社区养老服务体系的构建、老旧社区的适老化改造等问题进行了探讨。

社区养老服务体系构建方面,王瑞芳指出信息时代的社区养老设施将由信息服务中心、生活照料中心、医疗服务中心、休闲活动中心和商业服务中心组成,可通过信息化平台叠加为局部和整体的服务网络[167];张旭针对老年人的智慧社区环境建构提出了建立专业管理服务团队、数字治安系统、老年人电子健康档案、远程监控管理平台、老龄事务信息化服务体系等策略[168];邢健提出建立社区居家养老服务站、社区居家养老照料中心、社区居家养老服务中心三层级递增的养老设施智能化体系,为老年人提供全面、安全、细致的服务[169];王芳等认为在智能化平台的重要支撑下,社区居家养老服务设施将朝着社会化、专业化、小型化和连锁化方向发展,应优化传统集中型、层级化的布局方式,依据社区中老年人的养老服务需求及社区的现状条件,灵活组合设施的功能模块,网络化地嵌入社区空间,实时、快捷、高效地提供社区养老服务,如图1-18所示[170]。

老旧社区适老化改造方面,李佳维通过解析空间、服务、信息三项智慧社区发展要素,提出老旧社区的适老化改造形式及共享设计思想,空间共享设计是指实体服务平台的选址及规划设计,服务共享设计是指社区服务的网格化管理体系建设,形成更开放的服务圈,信息共享设计是指社区公共信息的适老化APP服务系统设计,旨在实现医疗、养老、物业等方面的智能化管理,如图1-19所示[171]。陈卉等还发现相比建成环境,来自社区的社会支持对老年人生活满意度的影响占主导地位,使用信息技术更频繁、多元化的老年居民,其在社区内的社会关系网络更为强化，如何合理运用信息技术将老年居民的社会交往、情感归属、社会资源与社区进行多维度结合，是未来社区建设与养老值得重点关注的研究方向[172]。

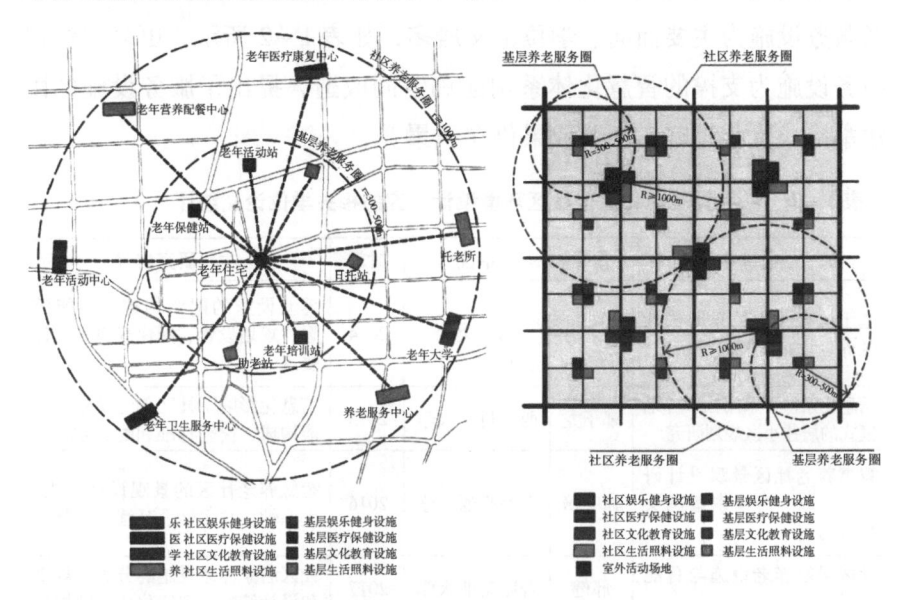

图1-18 城市社区居家养老服务设施的体系构成与布局模式[170]

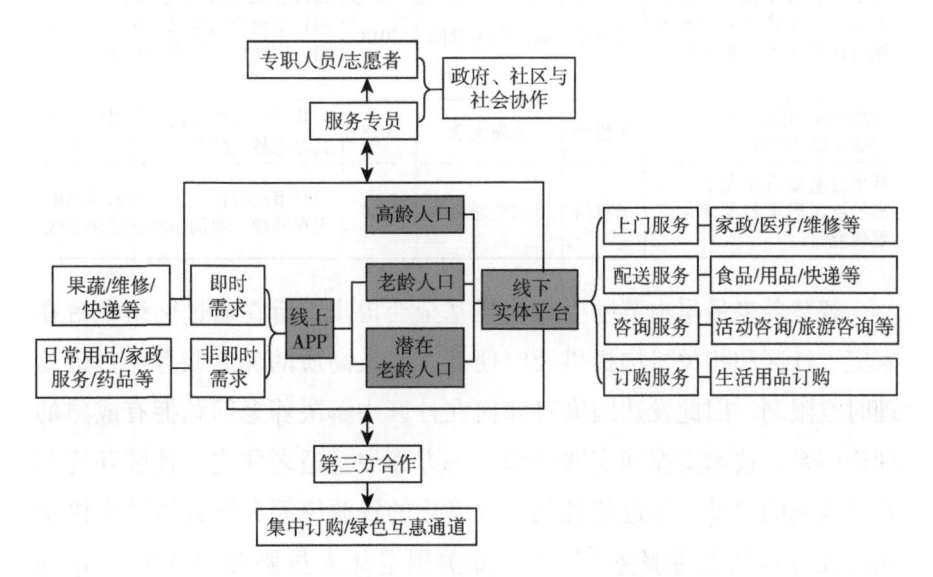

图1-19 武泰闸社区适老化改造方式图解[171]

总体来看，针对信息时代的社区公共空间重构与适老问题，我国建筑和规划领域的研究人员主要关注网络化平台对居家养老服务设施的功能配置、规划设置或配建规模的影响和设计要点，以社区居家养老服务设施为主要面向、学位论文居多，如表1-2所示，更多关注以服务设施为支撑的智慧化体系构建和空间改造，提出了服务设施的配建举措或优化策略，相关成果仍在积累。

表1-2 我国智慧化适老社区环境设计研究的相关学位论文统计

题目	作者	单位	时间	主要研究内容
基于信息技术的互助式社区养老设施规划设计研究	王瑞芳	郑州大学	2014	养老设施的网络构建、功能配置、规划设置、配建规模和设计要点
信息化条件下采用社区养老模式的居住小区规划研究	鄢子龙	西南科技大学	2015	信息化影响下社区养老设施的功能构成、配置标准和配置方式
智慧养老社区景观设计研究——以上海浦东南码头社区为例	林晓薇	上海交通大学	2016	智慧养老社区的景观设计原则：生态性、技术性、延续文脉等
社区居家养老设施与智能化研究	邢健	合肥工业大学	2017	社区居家养老设施的分类、规划和设计策略，智能化体系的构建
智于人，寿于能——基于未来智能化趋势下的重庆城市社区养老服务中心设计研究	吕奥伦	四川美术学院	2018	社区养老服务中心的智能化应用：空间功能管理、物理系统控制、生理行为管理、心理行为服务
老龄化进程中社区公共空间的交互设计研究	张智程	苏州大学	2018	公共空间的交互设计发展趋势及其对老龄化的意义、设计实践
新型智慧城市建设中兰州高校社区居家养老优化发展研究	杨雅倩	兰州交通大学	2020	兰州市高校社区智慧居家养老的现存问题、案例借鉴、优化实践

智慧养老最早由英国生命信托基金会提出，旨在通过网络平台在家庭、社区和相关机构提供及时便捷、有效高质的养老服务，打破物理时空限制。因此发达国家对如何在社区中解决养老问题拥有成熟的理论体系、技术支撑和实践经验。一方面注重适老住宅、社区环境和养老设施的建设，通过信息化、网络化的资源统筹和配置体系提供全面合理的养老支持服务[173-176]。如美国退休人员协会的 AFC（Aging Friendly Community）提供了标准化的养老基础设施和套餐式服务，已

建有 77 个社区[175]；以综合性支持体系为核心的适老社区已在日本推行，通过相应半径的生活圈提供全面的养老服务[176]。另一方面基于无线传感器、可穿戴设备、环境智能设施，侧重发挥信息科技的互联互通和需求感知作用，使社区养老服务达到智能化水平，满足不同老年人的差异化需求，兼顾生理和心理层面[177-183]。

（二）智慧养老理念下的社区媒体系统设计

社区智慧化建设要融入传统社区的发展根基，将技术应用充分融入其传统发展框架，注重社会性因素的相互作用，才能达成社区综合发展的目标[184]。社区媒体是为居民提供社区资讯，服务居民生活和交往、社区管理和建设，促进社区共同体形成的多种媒介形式，包括文化墙、公告栏、电子屏等户外媒体，也包括社区广播、楼宇电视、社区论坛等信息平台，更具地方性和参与性，强调共享和认同。近年来，社区媒体发展呈网络化趋势，以社区论坛、微信群、APP 为代表的网络化社区媒体逐步兴起，带来社区传播的互联化、移动化，助推了社区服务的智慧化和居民交往的紧密性，对建设社区居家养老环境具有重要辅助作用。我国研究人员对基于社区媒体的养老服务系统研究集中在管理与服务平台的架构、软硬件产品的交互设计和服务内容等方面，旨在打造集信息管理、生活照料、医疗保健、文体娱乐、精神慰藉、紧急救助等功能于一体的网络化居家养老服务模式。

在管理与服务平台架构方面，郑世宝基于"家庭—社区—机构"三个层次提出了智慧养老服务平台的架构模式，下层是实时数据采集设备，即各种互联网和物联网终端，中层是网络服务层或云服务层，包含基础设施、智能计算、智能服务、数据存储备份等，上层是服务者，通过物联网技术、智能终端为老年人提供线上或线下服务[185]。陈玉婷等提出了基于云服务的智慧社区养老系统设计方案，首先利用传感器、互联网及云计算技术，开发面向老年人和社区、机构的信息平台，为老年人建立服务档案及数据库；其次建立综合服务系统，将医疗机构、服务商、老年人、家庭有效连接，提供生活、医疗、娱乐和关爱服务；最后构建以云计算为手段的信息反馈机制，实现数据动态更新[186]；何平等具体将社区居家养老系统分为社区网络系统、监护与求助系统、综合信息和服务系统、能耗监管与环境监测系统[187]；王波等从信息化与实体空间两个方面构建了"就地养老"智慧系统，使居家养老服务从传统的老年人寻找帮助服务转变为通过信息化平台的精准定位，形成引领老年人发现内在需求的智慧化服务体系，如图1-20所示[188]。

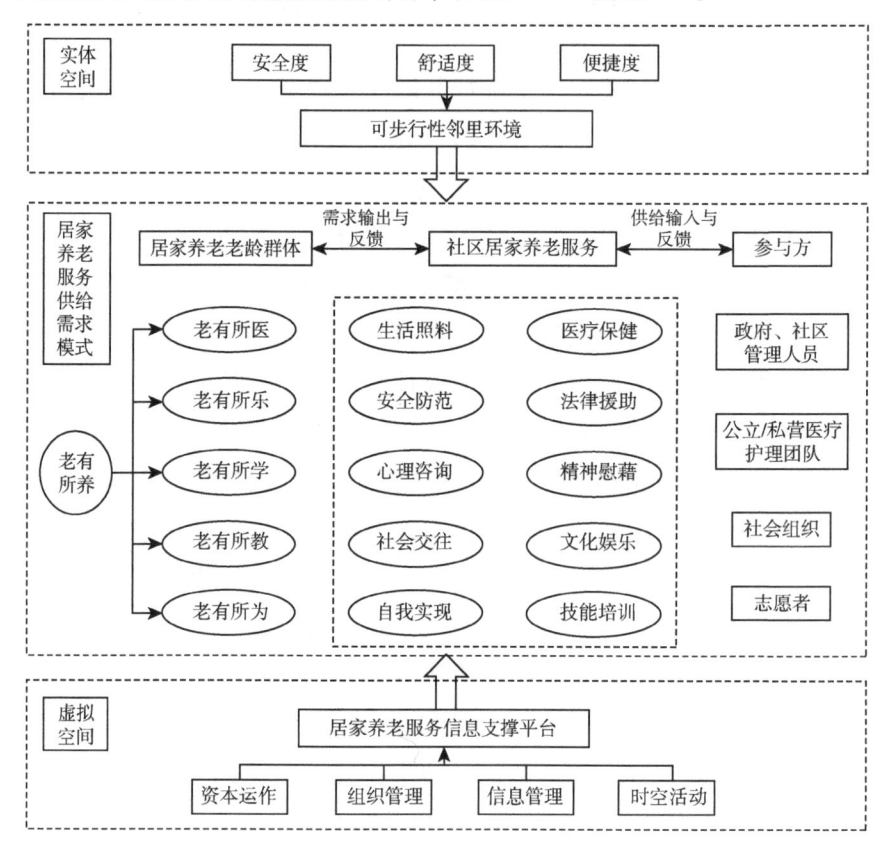

图1-20 就地养老（包括家庭养老与社区养老）的智慧系统[188]

相比之下，国外学者还结合老年人的机能老化、功能性障碍、照护需求问题，更关注为老年人提供智能辅助服务，支持其日常居家活动和参与社区活动，保持安全独立、身心健康和生活质量[189-194]。如Dasgupta等为独居老人设计了辅助其服用药物和管理日常活动的手机应用"eSeniorCare"[190];Monteriu 等开发了监测老年人生理参数的系统,通过分析所采集的行为数据和环境信息对老年人的健康状况进行分类和实施服务[191];Chansophonkul 等构建了"WECARE"老年人跌倒救助平台,由家属、志愿者和救护机构组成了应急响应协同体系,能在跌倒事故发生时以最快速度实施救助[192]。个别学者还将智慧城市、智慧社区等技术与适老设计共同研讨,尝试了一些超前的研究。如 Kim 等考虑到移动增强现实技术有望扩大人们在虚拟世界中的互动,使住区居民的关系可持续发展并产生集体智慧,提出了在不同设施和人物场景中的适用技术和服务,构建了"智能社区模型",如图 1-21 所示,包

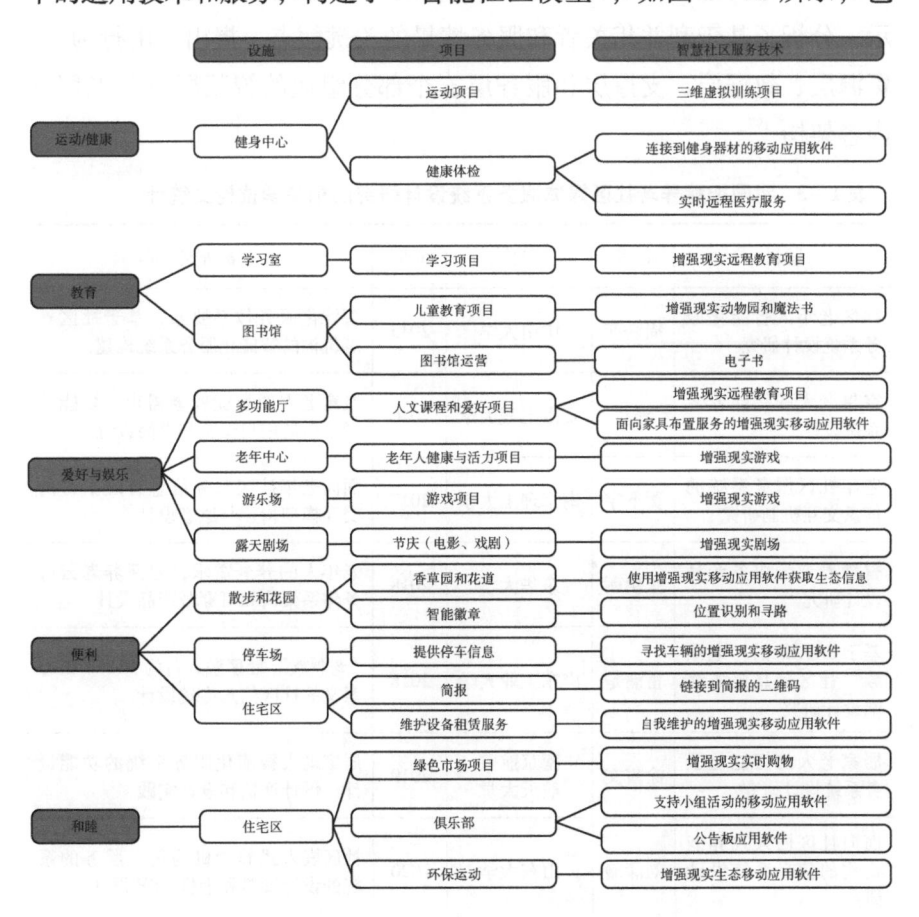

设施	项目	智慧社区服务技术
运动/健康	健身中心	运动项目	三维虚拟训练项目
		健康体检	连接到健身器材的移动应用软件
			实时远程医疗服务
教育	学习室	学习项目	增强现实远程教育项目
	图书馆	儿童教育项目	增强现实动物园和魔法书
		图书馆运营	电子书
爱好与娱乐	多功能厅	人文课程和爱好项目	增强现实远程教育项目
			面向家具布置服务的增强现实移动应用软件
	老年中心	老年人健康与活力项目	增强现实游戏
	游乐场	游戏项目	增强现实游戏
	露天剧场	节庆(电影、戏剧)	增强现实剧场
便利	散步和花园	香草园和花道	使用增强现实移动应用软件获取生态信息
		智能徽章	位置识别和寻路
	停车场	提供停车信息	寻找车辆的增强现实移动应用软件
	住宅区	简报	链接到简报的二维码
		维护设备租赁服务	自我维护的增强现实移动应用软件
和睦	住宅区	绿色市场项目	增强现实实时购物
		俱乐部	支持小组活动的移动应用软件
			公告板应用软件
		环保运动	增强现实生态移动应用软件

图 1-21 基于移动增强现实技术的智能社区模型[192]

括向住区的老年人和儿童发放"智能徽章",帮助他们了解自己的位置和方向;在老年人社区中心提供 AR 游戏等[195]。

在软硬件产品的交互设计和服务内容方面,以学位论文居多、为老年人提供专属服务为主,如表 1-3 所示。如雷潇楚通过提取"老漂族"融入社区的行为,基于"行为—意义—对象"的映射分析,设计了方便"老漂族"融入社区生活的信息终端,终端设置在社区广场,从其需要了解的社区资讯、社区活动、建立社交圈等方面进行了功能设计[196]。刘和山等通过引入服务设计思维,组织了由家庭圈、社区圈、城市圈构成的居家养老生活环境和主要行为活动,如图 1-22 所示,分析了基于利益相关者和服务情景的关键触点,提出了由行为层、资源层、数据层、支撑层和服务层五个部分组成的智慧居家养老服务内容架构[197]。

表 1-3 我国智慧养老社区媒体服务系统设计研究的相关学位论文统计

题目	作者	单位	时间	主要研究内容
社区老年人智能化服务系统设计研究	周眣菲	中南大学	2013	智能化服务体系要素,基于社区养老机构的智能化服务系统构建
空巢老人的智能养老系统设计	程欢	安徽工程大学	2016	空巢老人的智能养老需求,智能养老平台的用户体验和界面设计
老年社区服务系统的信息交互机制研究	贾卜宇	南京理工大学	2017	面向老年社区服务信息管理平台的交互模型构建与原型设计
智慧养老云服务产品设计研究	张伊丽	东华大学	2018	老年人的养老需求,智慧养老云服务体系架构和可穿戴产品设计
基于 SAPAD 的"老漂族"社区信息服务终端设计研究	雷潇楚	广东工业大学	2018	"老漂族"社区融入行为,基于核心意义的社区信息终端设计
居家老人的智能化服务系统设计研究	涂雪文	南京航空航天大学	2019	居家老人智能化服务系统的功能设计、设计评估和设计实践
面向社区嵌入式养老机构的信息系统设计研究	刘蒲瑜	山东大学	2020	社区嵌入式养老机构信息服务的系统的设计策略和手机 APP 设计

相比之下,国外学者更侧重基于"媒介社区"的老年人生活服

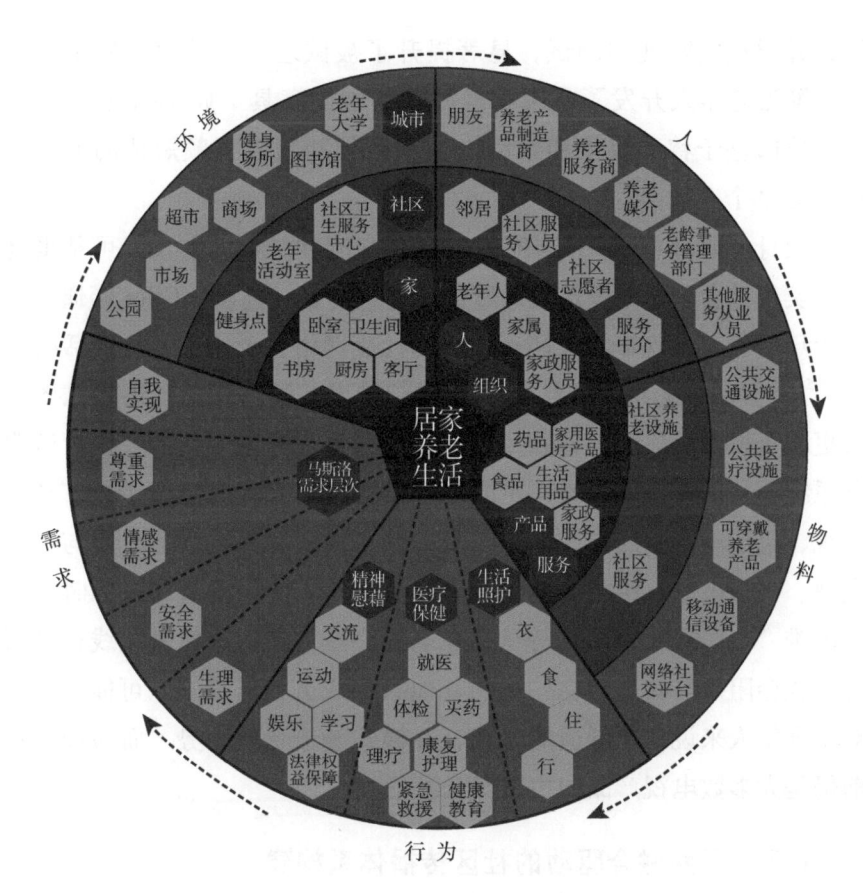

图1-22　居家养老服务生态[197]

务系统开发和功用研究[198-204]。"媒介社区"与"社区媒介"成因不同，"社区媒介"是基于地缘关系的，相对封闭，而"媒介社区"的形成是媒介作用的结果。由于对"媒介社区"提供的内容或服务有着共同兴趣，会使人们在网络上聚集，产生交流，形成群体认同感、归属感和依赖感，典型代表是在线社交平台。如 Ordonez 等为老年人开发了促进其参与城市文娱活动的手机移动应用，会根据其填写的个人兴趣推荐相关活动[201]；Wannatrong 等为老年人开发了在线社交软件，使他们能发图片、写博客，与医生、老年教育机构的教师、老年福利部门的工作人员沟通，阅读相关机构提供的新闻资讯、健康知识和其他老年人的博客，参与民意调查，从事二手商品交易等，并通过实际使用测试，显著提升了被试老年人的生活质量[202]；Viel等为老年人开发了从事在线社交的辅助工具"GhostWriter"，使他们能够基于移动媒体和新型电视平台便捷地以视频短片的形式创作和分享个人故事[204]。

投身"媒介社区"，与家人、朋友交流和结识新朋友，可帮助老年人实现社会融合，满足被人珍惜和尊重的精神需求。Giles等通过为期十年的研究发现，如果拥有广泛的社交网络，老年人更可能活得更久[205]。但由于老年人往往难于使用新技术，国内外学者还均试图通过更易于操作的终端设备和用户界面为老年人开发专门的在线社区服务系统。从已有文献来看，主要终端设备分为平板电脑或手机、新型电视、笔记本电脑或台式电脑三类，且多数研究都将服务系统与新型电视、平板电脑、手机设备整合，避免老年人使用键盘和鼠标时的输入困难[206]。不过，Syeda等认为在电视终端为老年人植入在线社区服务系统会阻碍与其生活在一起的其他家庭成员的居家娱乐可能性，且对于老年人来说，更舒适的电视交互模式是语音或手势，而遥控器目前仍是大多数电视产品的主要交互设备[207,208]。

（三）三网融合驱动的社区传播体系构建

我国学者对社区传播的研究由来已久。张艳红曾对我国社区传播存在的主体缺位、内容匮乏、媒介断链、受众陌生化、效果效力低等问题提出构建社区传媒平台的设想，将多元化的社区媒介整合成为交融性的信息传播环境，满足居民及相关社区组织在城市化进程中日益增长的信息需求；平台以媒介整合为主线，以信息共享为目标、人际交融为宗旨，数字化与网络媒介系统为核心，包括数字化与网络媒介、交往媒介、平面媒介、通信媒介、视听媒介六大系统，由居民所有、居委会管控，采用非营利模式[209]。随后，有多篇学位论文基于某一城市社区的社区媒介建设现状和居民使用行为调研，探讨了整合网络媒介的社区传播体系构建，涉及服务定位、平台构成、服务内容、运营机制等，旨在通过"可沟通型社区"方便居民生活，促进其交流和参与社区治理，营造归属感。如陈红认为一是明确社区媒介定位，回归媒介的服务本质，对各类居民进行分众传播，二是注重平台建设，量身定制不同的社区媒介形态并与平台对接，三是树立新媒体运营思维，完善反馈机制，并深挖基于线上到线下（Online To Offline，O2O）的服务潜力[210]。

近年来，以微信公众号、微信小程序为代表的移动网络社区媒体是研究人员关注的热点，如何促进居民互助更成为移动互联时代社区媒体发展的另一方向。然而我国学者对老年人与社区传播的相关研究很少，蔡鑫钰在博士论文中也指出这个问题[211]。究其主要原因，王胜源等认为是老年人的社区传播活动仍主要依靠人际传播[212]。仅李金娟等提出运用网络媒介搭建社区为老服务平台的基本思路，如重视软硬件产品的社会化功能和精神文化服务功能设计，促进老年人群的交流和互动，为他们提供咨询和教育服务等[213-214]。对如何促进老年人接受和使用网络化社区媒体，如何拓展网络化社区媒体服务于居家老人生活的多种非物质可能性，虚实协同地解决其生活不便、社会交往、情感归属等问题，仍缺少更加具体的研究。

三 数字化媒体介入居家养老环境的文献综述

如图1-23所示，在数字化媒体介入宅内环境的研究方面，随着网络媒介进入城市家庭，宅内环境已开始在空间功能、媒体系统、家庭内部及对外交流等方面表现出与以往不同的特点。首先，宅内空间的功能得到充分延伸，居家活动发生显著转变，居家娱乐、居家购物、居家办公等行为打破了诸多活动与实体场所的传统对应关系，对住宅空间的设施布置和灵活利用提出了新要求。近年来手机的普及进一步促进了人们的空间活动重组，改变了宅内媒介使用行为和交流方式，但客厅仍是人们收看视频的重要场所。合理植入智能家居是将老年人的宅内空间引向社会化交互的重要途径。主要方式是最大限度辅助其独立生活，提供舒适、无障碍的环境及满足其特殊需求的远程监测、远程照护、远程医疗等服务。我国学者一方面提出智能化系统的适老服务策略或集成体系，另一方面提出智能家居的适老设计原则或应用策略，研究尚处于起步阶段，以养老机构为主要面向、学位论文居多，以某类产品或系统适老服务策略、设计原则和功能开发为主。

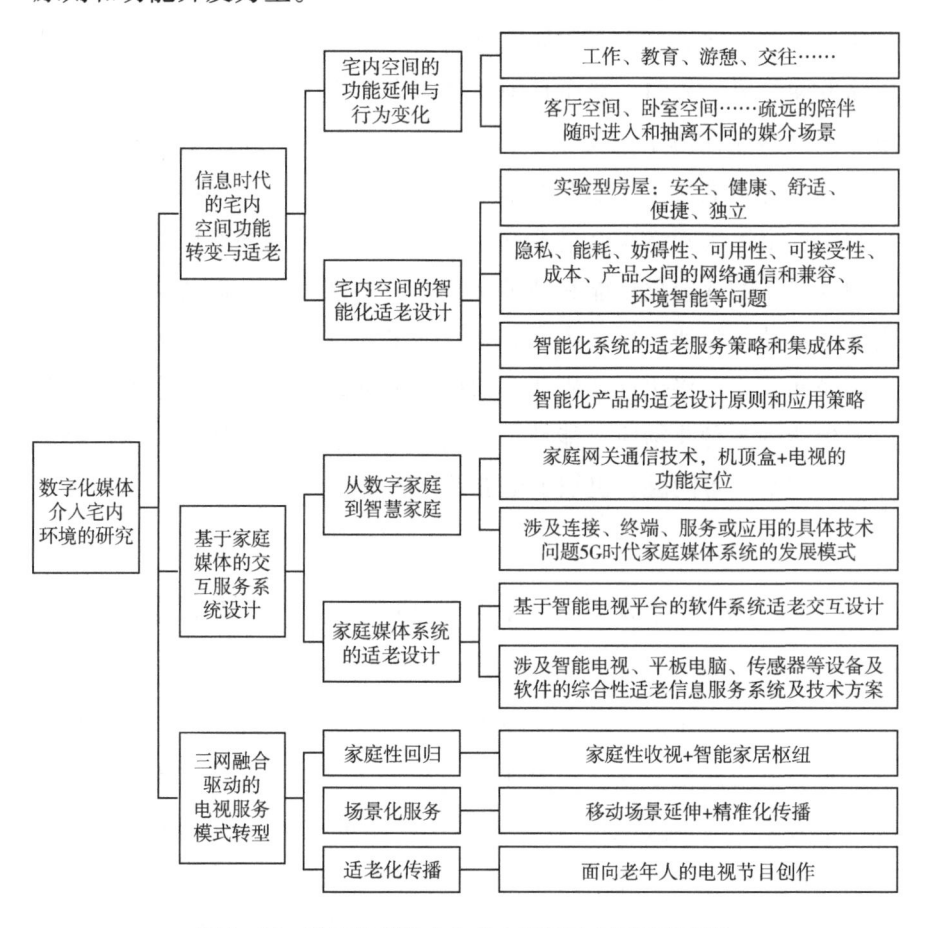

```
数字化媒体介入宅内环境的研究
├── 信息时代的宅内空间功能转变与适老
│   ├── 宅内空间的功能延伸与行为变化
│   │   ├── 工作、教育、游憩、交往……
│   │   └── 客厅空间、卧室空间……疏远的陪伴随时进入和抽离不同的媒介场景
│   └── 宅内空间的智能化适老设计
│       ├── 实验型房屋：安全、健康、舒适、便捷、独立
│       ├── 隐私、能耗、妨碍性、可用性、可接受性、成本、产品之间的网络通信和兼容、环境智能等问题
│       ├── 智能化系统的适老服务策略和集成体系
│       └── 智能化产品的适老设计原则和应用策略
├── 基于家庭媒体的交互服务系统设计
│   ├── 从数字家庭到智慧家庭
│   │   ├── 家庭网关通信技术，机顶盒+电视的功能定位
│   │   └── 涉及连接、终端、服务或应用的具体技术问题5G时代家庭媒体系统的发展模式
│   └── 家庭媒体系统的适老设计
│       ├── 基于智能电视平台的软件系统适老交互设计
│       └── 涉及智能电视、平板电脑、传感器等设备及软件的综合性适老信息服务系统及技术方案
└── 三网融合驱动的电视服务模式转型
    ├── 家庭性回归 ── 家庭性收视+智能家居枢纽
    ├── 场景化服务 ── 移动场景延伸+精准化传播
    └── 适老化传播 ── 面向老年人的电视节目创作
```

图1-23　数字化媒体介入宅内环境的主要研究议题

以电视为核心的家庭媒体系统呈现出数字化、网络化、智能化的发展趋势，在人们的居家生活中发挥着越来越重要的作用，不仅扩展了宅内环境的信息来源和对外交流途径，还可以通过家庭信息服务的

便捷提供、家庭成员与家庭设施的智能互动，建立安全、舒适、便利的高品质居家生活。"三网融合"背景下，电视媒介在家庭媒体系统中的发展定位和服务模式亦引发了部分学者的思考，均认为高清视听服务是电视媒介的核心优势，提出家庭性回归、场景化建构等电视服务模式的转型方向。然而，针对老年人的家庭媒体系统研究，国内外学者均主要是热衷于探讨居家养老照护平台的开发问题。对于电视媒介如何融入智能时代居家老人的宅内生活，如何结合"三网融合"的网络环境、电视服务模式转型和我国的家庭文化，面向老年人在宅内空间中的多种交互需求，建立相应的服务模式、服务场景和内容体系，仍有待研究。

如图1-24所示，在数字化媒体介入社区环境研究方面，随着城市的社会化服务转向由互联网支持的线上辅助体系，社区空间成为集多种功能于一体的复合体。研究人员首先对信息化影响的社区服务设施布局、影响居民使用社区服务设施的因素问题进行了研究。随着智慧社区建设的推进，一方面对智慧社区居家养老服务体系的构建、老旧社区的适老化改造展开了研究，提出了居家养老服务设施的网格构建、运营策略、服务层级或改造举措；另一方面基于社区媒体，探讨了智慧社区居家养老管理与服务平台架构，以及服务平台的基本层次、系统设计方案、设备构成和核心功能。拟通过互联网、物联网、云计算等技术将老年人、社区、养老设施联结，实现空间与服务统一，提高养老服务的质量和效率。国外学者还进一步针对老年人的机能老化、功能性障碍和诸多特殊照护需求，围绕服务于老年人生活的环境辅助技术，设计开发了在日常服药与活动管理、生活环境及健康状况监测、紧急救助等方面的服务支持系统，旨在促进老年人安全、独立和健康地生活。

我国部分研究人员还对基于"社区媒介"软硬件产品的交互设计和服务内容进行了研究，满足老年人在社区资讯、社区服务等方面的获取需求。国外学者更关注"媒介社区"，侧重通过为老年人"量身定制"在线社区交流平台，促进他们积极参与社会活动，

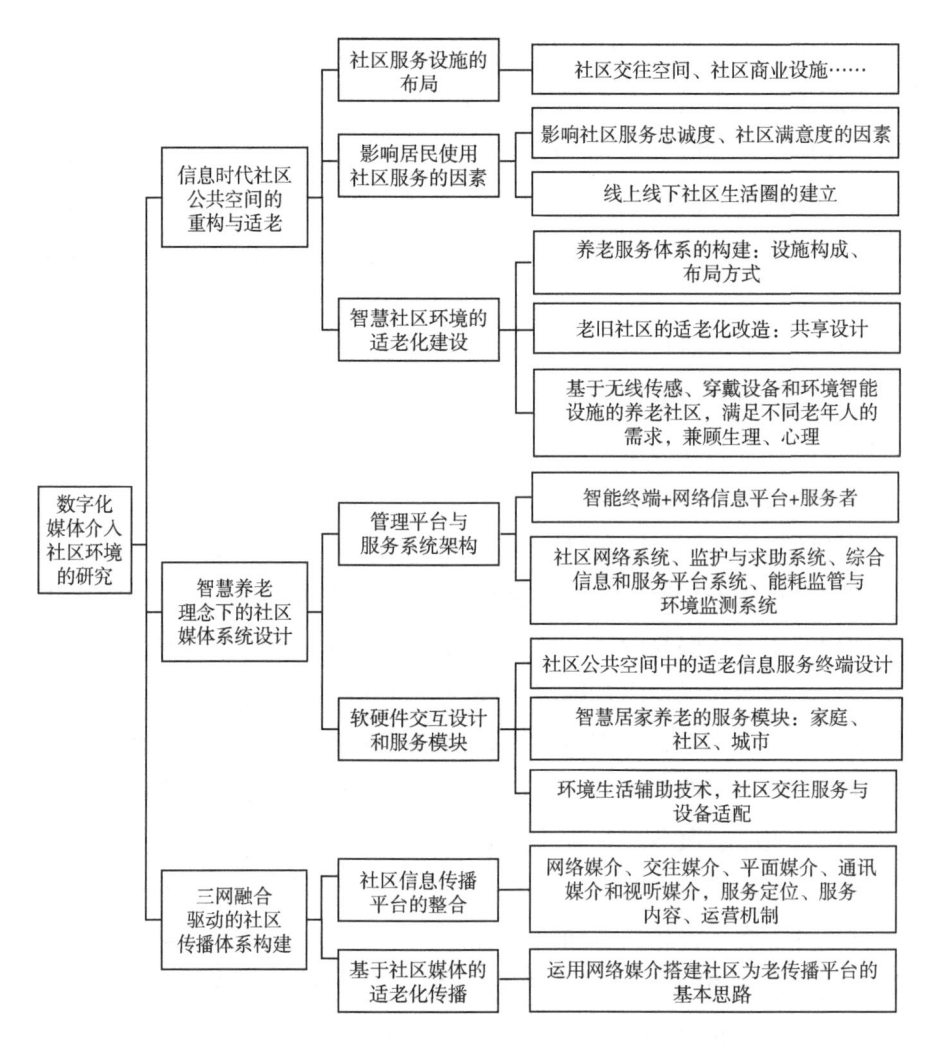

```
                                    ┌─社区服务设施的布局──社区交往空间、社区商业设施……
                    ┌信息时代社区    ├─影响居民使用   ┌─影响社区服务忠诚度、社区满意度的因素
                    │公共空间的      │社区服务的因素   └─线上线下社区生活圈的建立
                    │重构与适老      │                ┌─养老服务体系的构建：设施构成、布局方式
                    │                └─智慧社区环境的 ├─老旧社区的适老化改造：共享设计
                    │                  适老化建设     └─基于无线传感、穿戴设备和环境智能设施的
                    │                                   养老社区，满足不同老年人的需求，兼顾生理、心理
数字化              │                ┌─管理平台与     ┌─智能终端+网络信息平台+服务者
媒体介入──┤智慧养老        │服务系统架构     └─社区网络系统、监护与求助系统、综合
社区环境            │理念下的社区    │                   信息和服务平台系统、能耗监管与环境监测系统
的研究              │媒体系统设计    │                ┌─社区公共空间中的适老信息服务终端设计
                    │                └─软硬件交互设计 ├─智慧居家养老的服务模块：家庭、社区、城市
                    │                  和服务模块     └─环境生活辅助技术，社区交往服务与设备适配
                    │                ┌─社区信息传播   ┌─网络媒介、交往媒介、平面媒介、通讯
                    └三网融合        │平台的整合      └─媒介和视听媒介，服务定位、服务内容、运营机制
                     驱动的社区      │
                     传播体系构建    └─基于社区媒体的──运用网络媒介搭建社区为老传播平台的基本思路
                                      适老化传播
```

图1-24 数字化媒体介入社区环境的主要研究议题

与社会服务人员沟通，乃至投身社会事务和广泛结交朋友，实现自我发展；还发现基于平板电脑或手机平台的在线社区服务系统更适于老年人操作。相比之下，我国学者的研究相对不足，仅把网络化社区媒体视为老年人提供社区资讯的中介，欠缺进行社会交往、情感归属、养老资源等多维度结合的研究视野。尤其是对于网络时代的社区传播研究，虽然在服务定位、平台构成、服务内容、运营机制等层面进行了诸多探讨，但对老年人与社区传播的研究非常不

足，面向老年人的网络化社区媒体服务模式与交互场景建构问题有待研究。

第四节 研究内容和研究方法

一 研究内容

"三网融合"驱动下，城市居住环境承载的媒体服务已发生变革。本书并不是关注居住环境中可度量的物理因子，而是引入了"媒介场景"，将物质地点、媒体设施或系统作为构成场景的两个维度统筹考量；以"场所→需求→服务"为框架，通过探究城市老人对电视、电脑、手机的使用特征及影响因素，基于宅内和社区公共空间，结合由主体需求、活动行为、媒介终端、目标体验构成的场景建构要素，从"适老定位→组成要素→网络模型→内容构成→体验营造"的逻辑关系出发，论证基于多层次交互空间的家庭媒体和社区媒体适老机理，提出交互服务场景的建构模式和实施策略，实现场所语境与媒体服务适配，满足居家老人虚实融合的交互需求，助推功能性、精神性的场所体验提升。研究内容包括以下五方面。

（一）交互服务场景建构的理论框架

界定研究涉及的核心概念，包括阐释城市老人的需求、数字化媒体支持居家养老的优势、网络时代的场景维度延伸等。梳理需求理论、媒介场景理论、场所营造理论的研究脉络，剖析对于研究工作的指导意义。分析城市老人居家环境的交互空间构成，论证宅内、社区公共空间的交互功能及场景建构要素。解析"三网融合"驱动的家庭媒体、社区媒体发展趋势，提出基于两类空间的交互服务场景构成。论证面向家庭交互的家庭媒体、面向社区交互的社区媒体之主要空间功能，结合相关适老信息服务理论，提出城市居家老人交互服务场景建构的指导原则。

（二）三网融合背景下城市老人媒介使用行为调查

结合需求理论和媒介场景理论，分别就"三网融合"背景下城市老人对电视、电脑、手机三种媒介的使用情况实施覆盖六城市的较大规模问卷抽样调查。分析其使用原因、使用活动、使用评价和使用需求。通过扩展使用与满足理论的基本过程模型，建立城市老人对三种媒介的使用与满足模型。揭示城市老人对三种媒介的使用过程概貌，剖析城市老人对三种媒介的使用行为特征、服务需求侧重和新型供求关系。

（三）影响城市老人使用数字化媒体的场景因素分析

结合使用与满足理论的基本过程模型及网络时代的场景建构要素，针对城市老人对电视、电脑、手机三种媒介的使用场景，采用相关性分析与多元回归分析结合的方法，从用户要素、媒介要素、环境要素三个层面，探究影响城市老人对于数字化媒体服务的接触水平、评价水平和需求水平的核心因素及程度差异。建立城市老人对于三种媒介的使用场景影响因素模型，论证影响因素模型对于三种媒介实施适老服务的指导意义和关键举措。

（四）基于宅内空间的数字化媒体适老交互服务场景建构

结合城市老人对三种媒介的使用特征及影响因素，论证基于宅内空间的电视媒介适老定位，提出其核心服务和辅助服务。结合家庭媒体服务场景建构的指导原则，提出以客厅为中心的家庭媒体适老交互服务场景建构模式，包括影响要素、网络模型、内容构成等。进而从惠老化的视听娱乐场景、多功能的居家生活场景、虚实结合的社会活动场景三个层面，结合相关的适老信息服务理论，提出以电视服务机构为核心的场景建构实施策略，拟建立全屋配置的家庭媒体智慧养老服务方案，提升宅内空间的交互活力。

（五）基于社区公共空间的数字化媒体适老交互服务场景建构

结合城市老人对三种媒介的使用特征及影响因素，论证基于社区公共空间的网络媒介适老定位，分别提出传统和移动网络媒介的服务侧重。结合社区媒体的服务场景建构指导原则，提出以网络化社区媒体为中心的居家养老交互服务场景建构模式，包括组成要素、网络模型、内容构成等。进而从建立联系的资讯即时分享场景、促进交互的居民虚实交往场景、增进依附的智慧养老生活场景三个层面，提出以社区服务机构为依托的场景建构实施策略，建立虚实空间关联、线上线下协同植入、智能化交互的社区居家养老服务方案，培育养老共同体。

二　研究方法

（1）文献归纳法。通过中国知网、科学引文索引等平台，对老年人的数字化媒体使用行为研究，数字化媒体介入家庭居住环境、社区居住环境和老年人居住环境建构研究的文献进行全面收集，涉及传播学、计算机科学、建筑学、规划学、设计学、社会学、心理学等多个学科领域。对已有的研究成果进行整理分析，采用归纳综述的方式，总结国内外学者的研究现状、研究不足以及对本书研究工作的借鉴意义，获得前期理论积累。

（2）抽样调查法。为探究"三网融合"背景下城市老人对电视、电脑和手机的使用情况，在我国六个城市实施了较大规模的问卷调查。调查实施工作均得到当地老年大学的大力支持，对老年学员采用分层式随机抽样的方法，最大限度确保调查数据的科学性和可靠性。基于调查数据，分析城市老人对于三种媒介的使用特征、服务需求侧重及影响因素。

（3）统计分析法。基于调查数据，统计分析了城市老人对于三种媒介的使用原因、使用活动、使用评价和使用需求，分别揭示了他们在三种媒介场景的不同供需关系。通过多元回归分析，探究了影响城市老人使用三种媒介的核心因素，建立了影响其使用三种媒介的场景因素模型。分析方法是先通过相关性分析确定影响因素，再通过多元回归分析预测关系模型，明确核心影响因素及程度差异。其中相关性分析的原则是，定序变项或定类变项与定类变项的相关性使用 Pearson 卡方检验，定序变项与定序变项的相关性使用 Gamma 系数检验，二分定类变项与定序变项的相关性使用 U 检验，二分以上定类变项与定序变项的相关性使用 H 检验及事后 Nemenyi 检验。

（4）案例分析法。调研"三网融合"驱动下国内外数字化媒体服务于老年人精神赡养、生活支持的具体实例，包括基于电视平台的涉老内容服务现状、主要不足和可鉴经验，基于互联网平台、线上线下结合的养老服务机构，数字化媒体服务于智慧家庭、智慧社区建设中的典型助老设施或产品等，为本书提出相应的交互服务场景建构模式、实施策略提供佐证。

三 研究框架

结合研究内容阐述，本书各个章节的具体内容及关系如图 1-25 所示。

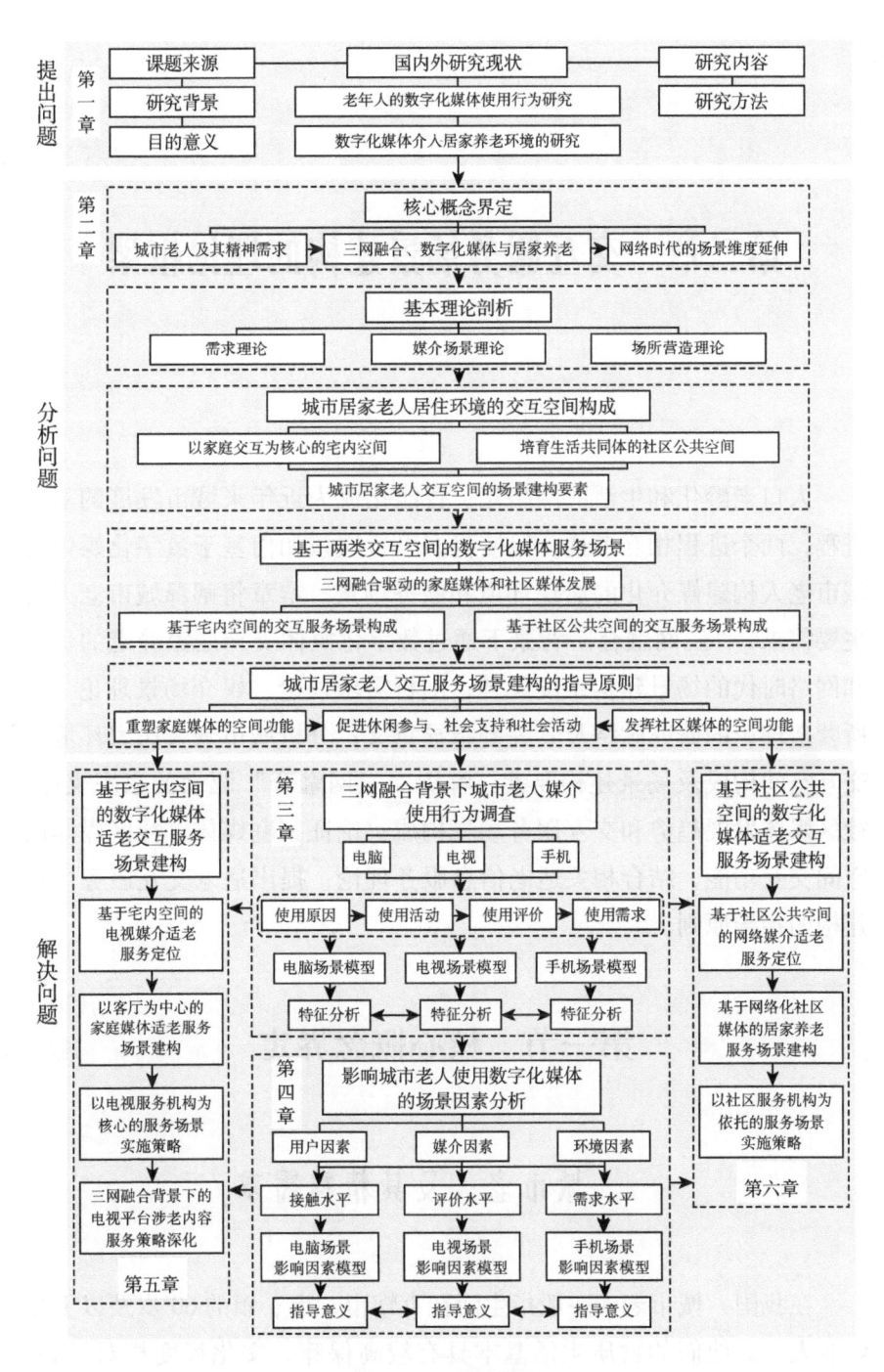

图 1-25 研究框架

第二章　交互服务场景建构的理论框架

人口老龄化和生活的网络化、智能化成为近年来城市发展的双轨进程，两个进程相互渗透，促使我们思考应该如何基于数字化媒体为城市老人构建媒介化的居住环境和服务场景。本章将阐释城市老人的主要需求、"三网融合"背景下通过数字化媒体支持居家养老的优势和网络时代的场景建构维度延伸；剖析需求理论、媒介场景理论、场所营造理论的研究脉络及其关键指导意义；分析城市老人居家环境的交互空间构成及场景建构要素；解析"三网融合"驱动的家庭媒体、社区媒体发展趋势和交互服务场景构成；论证家庭媒体、社区媒体的空间交互功能，结合相关适老信息服务理论，提出适老交互服务场景建构的指导原则。

第一节　核心概念界定

一　城市老人及其精神需求

在我国，城市老人一般指生活在直辖市、市、镇的60岁及以上非农业人口。他们的物质生活基本具有较高保障，文化程度相对较高，更易接受新事物，思想更开放。随着家庭规模缩小，子女的生育观改变和工作繁忙,"空巢"现象屡见不鲜,使城市老人往往缺乏亲情慰藉。由于人口流动加剧和社交方式改变,邻里、人与人之间的关系变得更加淡漠,进一步导致了城市老人的精神生活存在不同程度问题,易陷入孤独寂寞、彷徨无助、缺乏安全感的状态。如何提升城市老人精神生活质量,使其"老有所养""老有所乐""老有所用",成为城市建设亟须关注的问题。目前,学者们一般认为物质方面可采取完善老年人的医保制度,改善居住环境,提升居家养老服务水平等措施;精神方面可采取重视老年人休闲娱乐,组织丰富的集体活动,提升社会支持度等措施[215]。因此,兼顾物质层面和精神层面的高品质生活,将成为我国城市老人的现代养老方式。

老年人的精神需求源于衰老和社会环境变化而产生的主观心态失衡,是为维持和恢复主观心态平衡,实现充实、满足和尊严而引发的一种渴求状态[216]。老年人的精神需求一般包括感情需求、娱乐需求、求知需求、交往需求和价值需求五方面[217]。虽然具有一定的个体化差异,但总体上具有以下特点。

(1) 渴望跟上时代步伐。退休后,城市老人的社会角色和生活重心均产生了变化,从以工作为中心转换为以家庭为中心。由于接受社会信息、学习知识、与人交流的机会相对减少,会使其感到思想和观念逐渐滞后,不够适应新的事物,希望可以跟上时代发展的步伐、与时俱进。

(2) 渴望拥有亲情和理解。亲情慰藉是老年人最强烈的精神需求。现代城市的生活节奏使子女越发忙碌,小型化、核心化的家庭结构更使城市老人缺少子女的日常陪伴与情感交流,"儿孙绕膝"的晚年生活渴望难以实现,造成了城市老人的亲情慰藉缺失问题逐渐凸显。

(3) 渴望老有所学和老有所为。工作历程是人们获得充实感和满足感,实现自身价值的重要途径。退休让城市老人从职业角色转入闲暇角色,弱化了成就感。但多数城市老人仍渴望有所作为,丰富的阅历和充足的时间更使其有着关心公共事务的热情。为城市老人提供自我提升和继续对社会有所贡献的相关支持,也能在一定程度上缓解人口老龄化带来的养老服务压力。

（4）渴求健康快乐和生命质量的提高。随着生理机能的日渐衰退和原有生活方式被打破、社会活动范围不断缩小，城市老人往往渴望健康的生活习惯和快乐的生活状态，经常会计划如何健康、快乐地度过晚年生活，更期待丰富的社会活动和高品质的生活。特别是其中的知识型老人、技能型老人和自强型老人，往往认为晚年生活应是健康的身体与充实的精神世界并存。

综合上述分析，可将"精神赡养"界定为关注老年人的精神需求，在信息、娱乐、情感、教育、交往、参与、自我实现等方面尽力给予满足，使其能够身心健康地度过晚年生活，处于最佳的心理状态。其中，情感支持和交往支持是提高城市老人精神赡养水平的重要途径，需要家庭和社会的共同参与[218,219]。

二 三网融合、数字化媒体与居家养老

"三网融合"并不是指广播电视网、互联网、电信网的物理融合，而是以互联网为核心，在业务应用、服务内容等方面实现电视、电脑、手机等媒介终端的"终端融合"。即各种终端都可以实现其他终端的主要功能（看电视、上网、打电话等）。具体表现为技术上趋向一致、网络上互联互通、资源上实现共享、业务上相互渗透、应用上使用统一的 IP 协议，实现某一终端的全业务承载和一种业务的多终端互动，形成"你中有我、我中有你"的发展格局。

数字化媒体是利用数字技术、网络技术、移动技术等手段，通过广播电视网、互联网、通信网等传输渠道以及电视、电脑、手机等媒介终端，向用户提供信息服务的平台和内容形态。居家养老是指以家庭为核心，以社区为依托，以专业化服务为依靠，为居家老人提供以解决日常生活所需为主要内容的社会化服务。由家庭和社区所组成的居住环境对保持城市老人居家养老的完整性、可持续性具有重要作用，

有利于满足其对亲缘关系和地缘关系的熟悉感、认同感和归属感[2]。"三网融合"背景下，合理运用数字化媒体可以使城市老人不必脱离原有的居住环境即可享受来自外界的多种服务，再结合居住环境自身的功能和文化优势，会让其拥有双重的精神赡养和生活支持保障。

总体上，如图2-1所示，基于数字化媒体实施居家养老服务的优势包括：1）宅内空间是城市老人寄托情感和日常活动的核心场所，也是通过数字化媒体提供亲情慰藉和生活支持服务最有现实意义的空间；2）依托社区公共空间为城市老人提供数字化媒体服务，能使其便捷地获得来自社区的公共资源和社会交往支持。当子女不在身边时，通过提供替代性的生活照料、精神赡养等服务，可使老年人较少感到孤独寂寞、彷徨无助，弥补子女在日常照护、亲情慰藉等方面的不足；3）基于数字化媒体为城市老人构建媒介化的居住环境，不仅能使其"空巢化"的生活转变为互联互通的家庭化生活，还可以使一家一户的家庭化生活转变为互联互动的社区化生活，助推其在宅内空间中愉悦感、亲情感、安全感，在社区公共空间中充实感、归属感、便利感的提升；4）社会资源可以将更多的精力集中到为城市老人提供专业化的线上和线下支持服务方面，即基于O2O（Online to Offline）的协同模式实现更好的居家养老服务效果。

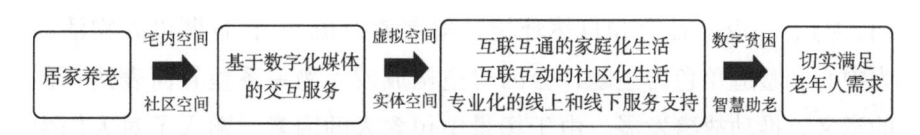

图2-1 基于数字化媒体实施居家养老服务的优势

由于缺乏经验或知识，老年人在数字信息获取、技术应用等方面处于"数字贫困"，无法充分享受数字化媒体带来的各种便利。"数字贫困"源自"数字鸿沟"。"数字鸿沟"指的是不同条件的社会主体拥有和使用信息技术的差距。信息基础设施、信息技术掌握程度、信息服务需求、信息网络运用程度是影响"数字鸿沟"的重要变量。"数字贫困"是指处于"数字鸿沟"劣势一端的社会主体状态，某类人群在数字信息供给、数字信息获取、数字信息运用分别或均处于缺乏状态，即处于"数字贫困"。我国老年人的"数字贫困"现象非常普遍，已成为基于数字化媒体实施居家养老服务需要解决的主要问题。2020年12月，全国老龄办下发了关于开展"智慧助老"行动的通知，通过开展志愿服务、强化技能培训等措施，为老年人跨越"数字鸿沟"提供更多的教育支持。不过，帮助老年人跨越"数字鸿沟"不仅要提升其对信息技术的掌握程度，还要研发适合其使用的信息产品，尤其是服务内容要切实满足老年人需求，才能促进其主动学习和持续使用。

三 网络时代的场景维度延伸

（一）场景的概念

空间是建筑的本质，也是人们的行为、体验发生的场所。场景是场所中即将发生的"故事"的表达，是唤起人们场所感的一种途径，作为一种有温度的存在承载着人们的日常生活[220]。场景的概念源于戏剧影视，指文学、戏剧、电影中的场面或情景，是特定时空中发生的人物行为或因人物关系构成的具体生活画面；由人物、时空、事件（行为）、环境（社会和自然环境）等要素组成[221]；强调以人物活动为中心、塑造角色为主题，会因时空构成或人物关系差异而表达不同的意义，推动故事发展。由于场景中包含人的因素，融入了对人们生活方式和交往行为的理解，也被其他领域广泛引用扩展。社会学领域，戈夫曼（Erving Goffman）将场景理解为以地域为界限的物质地点，提出"拟剧论"，认为人们的社会行为会根据场景变化而切换。城市学领域，克拉克（Terry Clark）指出场景是生活娱乐设施的组合和功能、文化、价值的集合体，建立在客观结构和主观认识两大体系之上。传播学领域，梅罗维茨（Joshua Meyrowitz）将场景定义为超越地域的信息系统，提出"媒介场景"的概念，指出地点和媒介共同为人们构筑了社会信息的传播和交往模式。设计学领域，场景是关于用户活动的故事，通过抽象与分类，提供多种类型和数量的细节，帮助设计人员理解用户需求并开发产品。

如图 2-2 所示，从强调物理属性的空间场景，到纳入信息系统的媒介场景，再到分析用户需求的服务场景，场景从来都不是一个固定概念。无论哪种诠释，本质上都在讨论人们基于场所的行为和关系。综合多学科视角，本书将场景界定为具有一定精神价值取向，能满足人们生活和交往需求的，物质地点与信息系统或设施结合的特定空间。也可理解为人们在特定时空环境中与物理或虚拟空间发生交互的情境（Situation）。理解场景要把软硬件要素放在一起，既包括地理时空、信息设施等硬要素，也包括人的行为、信息系统、氛围体验等软要素。软要素会依赖于硬要素并反作用于它[222]。

空间场景 物理属性 → 媒介场景 +信息系统 → 服务场景 +用户需求

图 2-2　场景概念的演变

（二）媒介场景的提出

经过不同时期的嬗变，媒介场景具有不同含义。早期学者们认为媒介是单向传播通道，仅用来传递信息。但英尼斯（Harold Adams Innis）和麦克卢汉（Mashall McLuhan）提出媒介可作为环境的一部分。英尼斯将媒介研究从内容为核心转换到媒介本身为核心，一方面指出人可作用于媒介，媒介也反作用于人；另一方面提出媒介存在权利使用及时空偏向，时间偏向是指能被长时间保存的媒介，空间偏向是指方便运输和传播的媒介，且传播媒介从偏倚时间向偏倚空间演进。麦克卢汉则进一步将"感官平衡"补充到媒介时空观，提出"媒介即人的延伸"，即不同媒介是对人类不同感官的延伸，拓宽了感知世界的范围；还提出"地球村"的概念，意指电子媒介为人们交流提供了不受时空限制的平台，呈现出部落时代直接交往的特点。麦克卢汉在人对媒介感知的关系中诠释了无形、虚拟的环境，认为媒介能够使人感受到超越地理意义的空间感并使之延伸,揭示了媒介技术的空间生产能力,为梅洛维茨提出"媒介场景"的概念提供了思想基础[223]。

20世纪80年代,梅罗维茨将戈夫曼的"拟剧论"与以往的媒介技术理论相结合,提出了作为信息系统的媒介场景观。指出以电视为代表的电子媒介已通过信息系统取代物质地点而重新定义了场景,通过改变社会环境而影响人的行为;新媒介能造就新场景,新场景能产生与之适应的新的社会行为;信息的流动模糊了物理空间和媒介空间的界限,地点和媒介共同为人们构筑了社会信息的传播模式和交往模式[224]。梅罗维茨把场景的内涵从物理空间拓展至加之信息系统共同形成的综合环境,认为影响人们行为的关键因素并非物理环境,而是信息流动的形式,使场景研究从注重"硬要素"向"软要素"转移,如何满足人们的场景服务需求开始成为媒介研究的关注点。有学者还将媒介场景进一步分为共性场景与个性场景,共性场景是指多数用户对信息系统的共同需求、基本性质,个性场景体现着用户个人的服务期望、使用偏好或体验经历等[225]。

(三) 网络时代的媒介场景

电子时代,以电视为代表的媒介构建的媒介场景是一种再现"遥在"现实且单向传播的信息系统,人们的观看及交往行为往往发生在宅内空间中。互联网的出现和普及使媒介场景得到了延伸,从跨越地域的单向传播信息系统发展到多向传播的信息系统,已渗透到人们的工作、学习、娱乐、购物等诸多日常活动中,改变了社会交往行为,使人们生活在虚实结合的"混合空间",重塑了人们与空间场所的活动关系。与电子时代的媒介场景相比,网络时代的媒介场景可以让人们根据需求自主检索、选取和传递信息,具有较强的连接性和黏合力,能够把分散在不同物理时空的事物有机联成一体,具有较强的互动性、使用场所的灵活性,具有明显的"去地方化"趋势,也提高了人们的媒介使用行为能动性。信息的即时性、海量性、互动性成为竞相追逐的目标,人们不再关心身体是否在场,而痴迷于消解了时空的、虚拟的网络空间[226]。

随着以手机为代表的移动网络媒介崛起，媒介场景转变为"流动"的"在地联结"信息系统。移动网络媒介往往与人的身体共存于同一物理空间，使人们能基于自身所在的位置向外传播信息，接收到的信息也往往与所在物质地点及周边环境关联。导致人们对于时空环境的感知及信息传播的形式有了新的认识。场景不再是固定的物质地点或纯粹的虚拟空间，而是能够制造和提供信息服务的具体情境。也可以说，移动互联时代的媒介场景实现了虚拟世界向物理空间的回归，不仅增强了人们在物质地点的媒介化生活体验，激活了具体场所的物理维度价值，成为人们与物理空间实时交互的重要中介；还具有明显的社会服务属性，促进了人们线上线下双重生活的合轨，即开启了基于"混合空间"和"流动空间"的，虚实融含、人地交互的全新媒介化生活方式。

综上，如图2-3所示，移动互联时代的场景不仅要营建独特的物理空间，还必须考虑数字化媒体与人们所在物理空间、具体场所之间的关系，为其提供适配的信息服务和交互支持，形成紧密的人与媒介的共存关系及虚实融含的双重生活体验。对此，有学者将场景进一步分成了现实场景、虚拟场景和现实增强场景，现实场景基于现实生活空间，包括为人们提供体验、交流和服务的公共空间、私人空间或个人空间等；虚拟场景是通过互联网为人们提供线上服务，主要是指社交网络组成的虚拟空间；现实增强场景是上述两种场景相结合的产物，即通过虚拟场景的内容有效增强现实场景内容的表达强度与呈现效果，提升人们对现实场景的感知与认同，为人们的生产生活带来便利[227]。

电视时代的媒介场景	网络媒介 →	电脑时代的媒介场景	移动媒介 →	手机时代的媒介场景
• 把场景的内涵从物理空间概念拓展至加之信息系统共同形成的综合环境 • 一种再现遥在现实且单向传播的信息系统		• 涵盖多维度、多因素的社会交往空间 • 人们不再关心身体是否在场，而是痴迷于消解了时空的、虚拟的网络空间		• 流动的在地联结信息系统，实现了从虚拟世界向物理空间回归 • 开启了混合、流动的，虚实融合、人地交互的全新生活方式

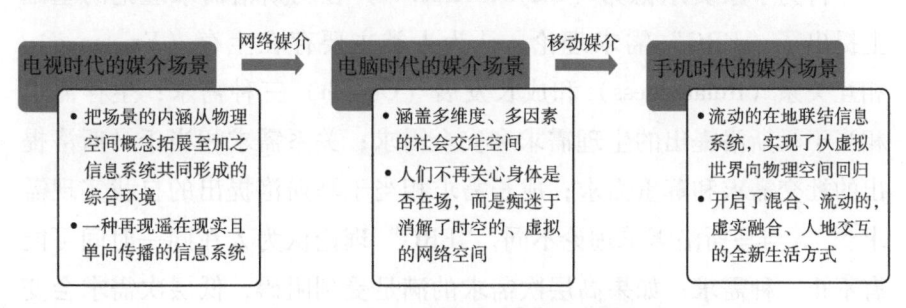

图2-3 媒介场景的发展与技术特点

第二节 基本理论剖析

一 需求理论

(一) 需求层次理论

心理学家马斯洛（Harold Maslow）提出著名的需求层次理论，从低到高依次是生理、安全、社交、尊重和自我实现[228]。生理需求是人类最原始最本能的需求，是其维持生存的基本保障。安全需求是指人类往往需要稳定和安全的生活、生命不受到威胁、避免疾病或财产的损失等。社交需求涉及爱与归属，爱的需求是指人类个体之间的关系融洽和情感忠诚；归属需求是指个体希望融入群体和谐相处而获得的集体归属感。尊重需求可分为内外两个层面，内部层面是指自尊，往往体现为独立自主；外部层面是指希望得到他人尊重；满足尊重需求时，一个人将充满信心和热情。自我实现需求是指尽可能将个体能力发挥出来，完成其尽最大努力做到的事情，实现自我抱负与理想，是人类最高层次的需求。马斯洛的需求理论揭示了人类的不同欲望及其行为背后的共同本质，认为某一层次的需求在被满足后才会产生更高层次的需求。

行为学家奥尔德弗（Clayton Alderfer）在马斯洛需求理论的基础上提出了"ERG"需求理论，认为人类主要存在生存（Existence）、相互关系（Relatedness）和成长发展（Growth）三种需求；生存需求相当于马斯洛提出的生理需求和安全需求；关系需求相当于马斯洛提出的社交需求和尊重需求；成长需求相当于马斯洛提出的自我实现需求[229]。与马斯洛需求理论不同，"ERG"理论认为人在同一时间可能有不止一种需求；如果高层次需求的满足受到阻碍，低层次需求会变得更加强烈，体现了"受挫→回归"的思想。同时，"ERG"理论并不认为各类需求的层次是固定顺序，即低级需求的满足并不是追求高级需求的前提。当低级需求得到了满足，人们可能追求高级需求，也可能停留在这一需求阶段；低级需求的渴望程度还有可能增加，体现了"满足→加强"的思想，如图2-4所示。

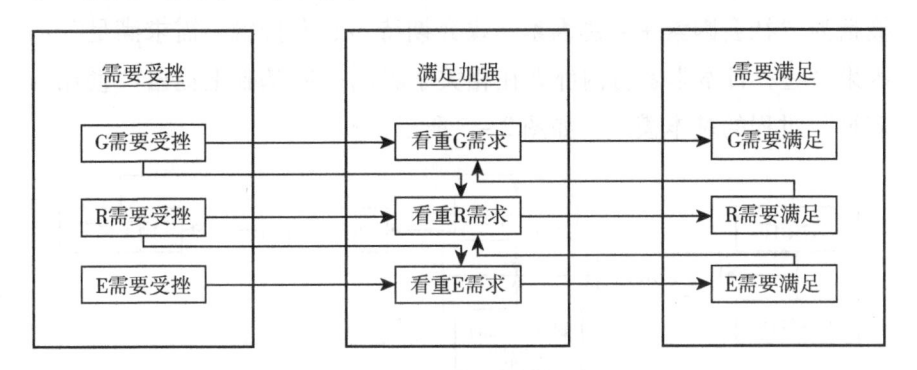

图2-4 ERG需求理论的模型[228]

随着生活重心由工作岗位回归家庭，城市老人的需求也随之改变。生理需求方面，更加注重膳食健康和营养搭配；安全需求方面，医疗和护理是其最基本的要求，还包括生活环境要有一定的舒适性和便利性；社交需求方面，不仅对亲人的情感依赖较强，还希望参与更多娱乐活动和社会活动，可以与朋友相互关心、相互照顾；尊重需求方面，希望其丰富的阅历和经验得到他人认可，还可能通过继续学习不断提高自身修养；自我实现需求方面，有的想为家庭贡献力量，有的会积极投身社会公益，继续实现自身价值。不同的城市老人可能只停留在强烈的低层次需求，也可能同时渴望多种需求的满足。

（二）使用与满足理论

社会学者卡茨（Elihu Katz）提出了使用与满足理论（Uses and Gratifications），认为人们使用媒介是为满足特定需求，分为认知、情感、个人整合、社会整合、缓解压力五类，并将需求视为自变量、媒介接触视为因变量。传播学者施拉姆（Wilbur Schramm）将该理论喻为自助餐厅，即人对媒介的选择类似在自助餐厅根据口味挑选饭菜。

使用与满足理论的主要价值在于打破了传统的媒介效果研究范式，认为人们是基于社会和心理因素的原动力产生需求，激发了其通过媒介及其他渠道获得满足的期望，开始接触不同媒介，实现原本需求的满足和其他预料外的结果[230]。卡茨等人还提出使用与满足理论的框架，概括为"社会因素＋心理因素→媒介期待→媒介接触→需求满足"的因果过程；日本学者竹内郁郎在相关学者的研究基础上提出"使用与满足"过程的基本模式，如图2－5所示[231]。

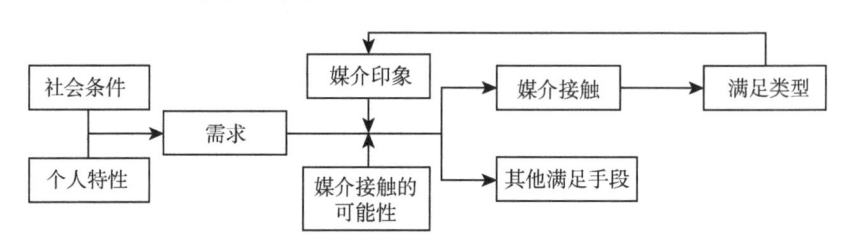

图2－5　"使用与满足"过程的基本模式[230]

理解使用与满足理论可从五个方面展开[232]：1）人们使用媒介的目的是满足自身需求（有目的、主动、理性地接触媒介），且需求与社会因素、个人心理因素有关；2）人们使用媒介的两个条件是接触媒介的可能性和媒介印象，媒介印象是人们对于媒介的需求满足程度评价，形成于过去的使用经验；3）人们选择特定媒介开始使用；4）使用后的结果有两种，满足或未满足需求；5）无论满足与否都将影响以后的媒介选择和使用行为，即人们会根据满足结果修正媒介印象，在不同程度上改变着人们对于媒介的后续使用期待。

互联网的出现和普及是传播媒介发展的重要转折点。内容的海量化、高度的交互性、服务的个人化等特质，大幅度提升了人们使用网络媒介的选择权和主动性。即使用网络媒介需要使用者具有一定的使用能力，尤其是对于老年人而言，往往需要一定的主动意愿和学习过程。因此，相比过去只能被动地接收信息，当主动接触成为人们媒介使用行为的关键促使因素时，使用与满足理论便体现了强大的解析工具作用，有助于勾勒出人们对网络媒介的使用行为概貌。使用与满足理论强调使用媒介的个人需要、使用条件、理性选择、内容偏好、需求满足以及使用期待，也能更好地解释网络信息服务的诸多特点。对此，诸多学者认为使用与满足理论是所有媒介行为理论中最适合解析以计算机为中介传播（Computer-mediated Communications）的研究框架[233-235]。

二 媒介场景理论

媒介场景理论主要探讨媒介如何塑造场景的问题，源自梅罗维茨所著《消失的地域：电子媒介对社会行为的影响》（*No Sense of Place: The Impact of Electronic Media on Social Behavior*）。媒介场景理论主要建立起"新媒介→新场景→新行为"的研究框架，意指随着新媒介的技术发展，其自身特质和新的传播特性塑造了新的社会环境，衍生出人们新的社会行为。

（一）电子媒介时代的理论确立

20世纪60—80年代，随着电视媒介的兴起，传统的媒介理论已无法阐释其带来的新的社会行为，梅罗维茨对此进行了有力回应。他一方面继承发展了"拟剧论"中基于物质地点、面对面交往的场景理论，认为社会环境不应止于地域，忽略了基于电子媒介的交往；另一方面又融合了"媒介时空偏向""媒介即人的延伸""地球村"等媒介技术观思想，将电子媒介的特征与人们的社会行为联系在一起，形成了动态发展的"媒介场景"理论，即场景是连接媒介与社会行为的桥梁，通过改变社会环境而影响人们的交往方式。

首先，梅罗维茨重新定义了场景，摆脱了场景对物质地点的依赖。他认为，影响人们交往的关键因素并非物理时空，而是信息流动的形式。如不同物质地点的人们共同观看同一电视节目时是处于同一场景；观众只要切换频道就可以转换不同的场景，而不是通过物理时空的转换。从此，场景不再局限于固定场所、被地理位置区隔，而从物理意义上的空间拓展至由电子媒介创造的媒介空间，称为媒介场景或信息系统。连接了不同地理位置的信息系统创造了新的场景——媒介场景，物理场景和媒介场景是场景的两种形式，媒介场景已成为建构社会环境和社会行为的重要因素。也可以说，梅罗维茨对于场景理论研究的最大贡献就是在作为物理空间的场景概念中加入了媒介空间。

其次，梅罗维茨认为场景是融合与变化的，体现了电子媒介对于空间的塑造能力，随之而来的结果便是"地域消失"。一方面，电子媒介对日常生活的介入和展现，驱动着人们采取一种适应新场景的新行为，基于媒介的交往行为；另一方面，电子媒介又促使物质地点和信息环境分离，物质地点创造的是一种基于现场交往的场景，而电子媒介创造了许多其他类型的场景，使人们的交往不再被面对面的形式所局限，能够实时"接触"到远距离的人和物，在"这里"与在"那里"的差异在缩小，例如看电视会让观众与电视人物的关系更亲密，跨越物理距离成为"朋友"[223]。至此，梅罗维茨完成了"作为环境的媒介"和"作为媒介的环境"的统一，使场景延伸为"实体+虚拟"的空间。

（二）传统网络时代的理论发展

随着互联网的普及，媒介的信息传播形式产生了显著变化。为了区分面对面交往和基于媒介交往的研究差异，梅罗维茨进一步拓展了场景的内涵：认为场景（Situation）主要是用于限定物理环境的行为，对于限定媒介行为存在一定的不妥之处；将场景延伸为"语境"（Context），并分为"地域语境"（Place-Context）和"媒介语境"（Media-Context）；阐释了媒介作为语境的特征，即通过自身特性来限定语境边界而"纳入或排除人们"[236-238]。

梅罗维茨改用"Context"而非"Situation"，源自于"超链接"是网络媒介的核心技术。"Context"更强调信息环境中的前后关系或上下关联，而"超链接"的本意也是将不同形态的网络文本进行连接。

从连接、关系的角度来理解"场景"是梅罗维茨的本意。彭兰教授也指出,传统媒体时代人们看重的媒介要素是内容与形式,而互联网时代社交成为媒体的核心要素,成为内容生产的动力,人们的关系网络成为信息传播渠道[239]。网络时代的媒介场景在性质上是一种社会化产物,会使人们越来越习惯于"宅"的生活,不再积极制造种种物理场景,而是向媒介场景索要生活[240]。网络媒介成为构成场景的重要因素。"Situation"与"Context"虽然在语义的表述上不同,但均是指信息传播环境,故本书仍采用"Situation",旨在保留其源于场所的本意。

(三)移动互联时代的理论延伸

如果说以电视为代表的电子媒介是用信息系统取代物质地点而定义场景,将同样的信息传播给所有人,失落了地域,那么以手机为代表的移动媒介则让场景变成了"流动"的信息系统。一方面可实现物质地点和信息系统的匹配,使地域语境成为媒介语境的基础,形成根植于物质地点的多种信息系统,体现物质地点的价值回归;另一方面又使人们可根据自身需求进行信息的选择,并在技术赋权下不断强化这种选择,即媒介或平台会将特定信息推送给用户,打造的媒介空间精准而狭窄,造成场景的空间分隔再次出现[223]。

罗伯特·斯考伯(Robert Scoble)、谢尔·伊斯雷尔(Shel Israel)合著的《即将到来的场景时代》(*Age of Context*)是对移动互联时代媒介场景理论的补充。指出基于移动媒介的场景使人的行为具备了线上与线下、跨场景连接的属性;移动设备、定位系统、传感器、社交媒体、大数据是五个要素,称为"场景五力";通过移动设备普及、定位系统跟随、传感器连接、社交媒体互动、大数据收集分析及联动效应构建的场景将帮助个体获得与日常生活及个人紧密关联的在场感;场景体验无处不在,人本身成为场景的重要媒介,移动应用是各个场景的入口,将广泛的社会行为串联起来,满足人们多样化的生活、工作、娱乐等需求[241]。我国学者对此也开展了研究。

如图2-6所示，彭兰指出移动互联时代的场景由空间与环境、生活惯性、实时状态、社交氛围四要素构成；移动传播的本质是基于场景的服务，即情境的感知及信息适配，完成信息流、关系流、服务流的形成与组织；社会化媒体的兴起使"时间信息流"日渐普及，对移动媒体来说，新的"空间信息流"正在出现，即在特定的地理位置产生或与某一空间有关的所有信息汇聚[239]。孙玮教授还提出"移动场景"的概念，指出一个人可同时置身于多个场景，场景会随人而移动、交织、拼贴、融合，充满即刻的互动，展示的是多种场景并置、多重关系同时展开的空间关系[242]。

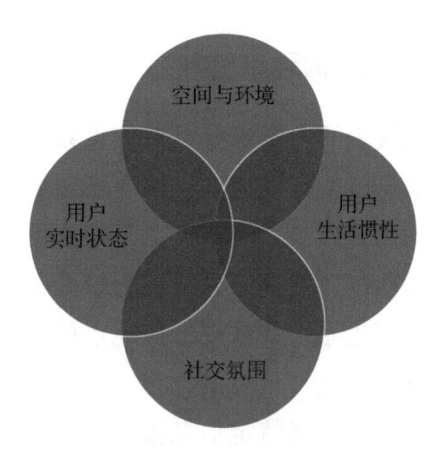

图2-6 移动时代构成场景的基本要素[238]

可以看出，国内外学者对媒介场景的研究已突破单纯的信息系统视角，关注数字化媒体在特定空间中的服务模式或应用价值，认为网络化媒介通过"实体+虚拟"协同的场景建构，影响或适应着人们的崭新空间生活方式和交往行为。网络化的媒介场景也势必将激发城市老人新的媒介使用行为和服务需求。因此，如何基于城市老人的宅内空间和社区公共空间建构适配的数字化媒体服务场景，满足不同空间尺度和交互层次的养老需求，提升城市居家老人的空间生活质量和虚实融合的场所体验，是本书研究工作的基本目标。

三 场所营造理论

（一）场所营造的传统观点

建筑空间的核心价值在于营造场所，促进人的交流、激发人的行为乃至产生叙事和意义[243]。场所由地理位置、物质形式及拥有的价值构成，体现了特定空间中人们的生活方式及环境特征，反映了行为与环境的相关性。因此，场所营造应基于人们的空间需求，以其依存和享受环境为目的，不仅提供适宜的物质条件，还应满足人们的心理、精神、感知等需求。场所营造理念源于现象学，海德格尔（Martin Heidegger）在《筑·居·思》中针对现实社会中人类存在感的缺失，提出把生存本质视为居住的观点，强调"家"的扎根性与本地性，试图重新建立人类自有建筑行为以来一直存有的筑造、居住与存在的关系；受海德格尔启发，诺伯舒兹（Norberg-Schulz）的《场所精神：迈向建筑现象学》是场所营造理论的重要著作，提倡任何场所都是有精神的，建筑师的职责是守护和延续这种精神[244]。

同时，部分学者还提出了"场所感"的概念，是指人在特定环境中的经历所构成的对于一个场所的感觉结构，满足其建立普遍情感联系的基本需要[245]。"场所感"包含两方面含义，一是场所精神（Spirit of Place），即场所本身一系列特征的集中表现，将会为某一场所赋予特有的情感或个性，可被人们感知；二是场所依附（Place Attachment），即人与场所的情感联结及依赖认同，可分为场所依赖（Place Dependence）和场所认同（Place Identity）两个维度。场所依赖是指人对场所的一种功能性依附，是场所的物质因素能满足个体或群体特定需求的属性；而场所认同是一种精神性依附，旨在借由情感因素达成对场所的依恋和归属感。人们还会通过感觉意识的建构来增进场所的独特性，使之具有象征意义，在心理上表达他们对场所的集体依附[246]。因此，如何将场所从抽象空间变为蕴含情感和意义的所在，一直是场所设计的研究焦点。

(二) 网络时代的场所营造

段义孚认为，作为物理空间的场所由个人维度、社会维度、文化维度、物理维度构成；个人维度是指个体的记忆、联想及其对于场所价值的认识；社会维度是指人在场所中的行为表现和社交；文化维度是指场所的行为准则和文化属性；物理维度是指实体空间的物质属性[247,248]。网络技术的发展及其提供的丰富信息服务打破了实体场所的空间区隔，使网络空间与物理空间产生交互，扩展了作为物理空间的场所维度——媒介维度，使人与城市空间、建筑场所的关系发生了根本转变。这一转变涉及诸多社会生活领域，使工作、娱乐、学习、社交等活动都能在虚拟场所中进行。即多维度平行的空间系统指向一个建立于真实与虚拟交织的场所，多元化的交互行为使实体场所和虚拟场所产生了全面融合，场所被赋予了新的意义，其媒介属性得到进一步凸显[248]。

场所维度的媒介化延伸、虚拟化扩展使场所营造的方式发生了转变，促使学者们开始思考媒介场景与场所营造结合的不同方式。即数字化媒体如何契合特定场所支持人们的虚实活动行为，满足其在个人维度、社会维度、媒介维度等层面的空间交互需求和综合体验。如悉尼大学的马丁·托马斯教授（Martin Tomitsch）从社区场所（Community Placemaking）、奇观场所（Spectacle Placemaking）、公共设施场所（Infrastructure Placemaking）三个类别论述了数字化场所的营造方法，第一种方法强调对于有重要意义的领域必须围绕居民需求和欲望进行数字化媒体服务设计，为促进集体参与提供多种途径；第二种方法是使用数字化媒体在城市公共空间创建临时终端，与路人或周围环境互动；第三种方法是出于艺术景观或更务实的目的，使用数字化媒体改善城市基础设施[243,249]。目前，我国学者对数字化场所的营造研究集中在公共设施。如常志刚从公共艺术角度指出"数字化场所营造＝场地＋数字化事件＋精神意义"，场地涵盖了数字化的载体，数字化事件是指数字化的足迹、互动和感知,见图2-7[243]。汤子馨则从公共设施角度指出空间和交互可解释为交互系统的设计,核心在于人与空间、装置、系统之间的交流互动,引入社会性的活动对于数字化场所的营造具有重要的体验提升作用[248]。

场所营造＝　　　　场地　　　＋　在场地上发生的行为　＋　意义
　　　　　　　　　　↓　　　　　　　　↓　　　　　　　　　↓
数字化营造＝数字技术 媒体载体　＋　数字足迹 互动感知　＋　发生事件

数字化场所营造　　＝　场地　　＋　数字化事件　　　　＋　精神意义

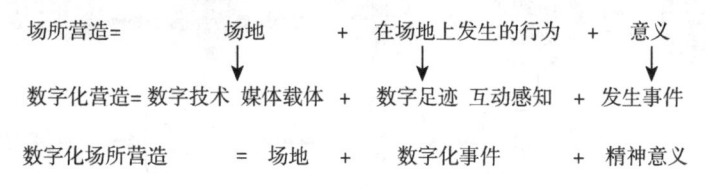

图2-7　面向公共艺术的数字化场所营造[243]

线上活动的极大丰富正侵蚀着实体空间的功能性,使空间带给人的体验性相比空间本身的功能性更重要;传统的仅基于线下交互的场所营造方式已不能很好地满足数字化的生活方式和需求,会造成人与空间的交互较少,空间活力不足[250]。也可以说,网络时代场所感的单调多是由于实体场所的个体与虚拟场所缺乏交互,与相关共同体缺乏联系所致。场所营造不能只进行物理空间的建造,更要以"物境"为依据,借助网络媒介构建"实体+虚拟"的场所融含与交互空间,支持人与人交往、人与物互动,促进情感联结和场所体验提升。因此,网络媒介介入城市老人居住环境的场所营造可基于不同的物理空间建立适配的服务场景,支持个人、家庭、社会等多个层面的信息交互和情感联结,提升居家老人功能性、精神性的具体场所体验。

综上,本书涉及的核心概念、基本理论及其相关关系如图2-8所示。不同尺度的物理空间和网络媒介构建的虚实场景承载着城市老人的生活。结合需求理论和媒介场景理论,探究城市老人对数字化媒体的使用与需求情况,揭示其中的影响因素,可基于不同的媒介终端、空间层级和需求层次,提供适配的信息交互服务和情感联结支持。以"实体+虚拟"的场所营造,助推城市居家老人在宅内空间和社区公共空间中场所体验的提升。对此,本书将在第三章研究"使用与需求"问题，在第四章研究"影响因素"问题，在第五章和第六章分别研究基于宅内空间和社区公共空间的"交互服务场景建构"问题。

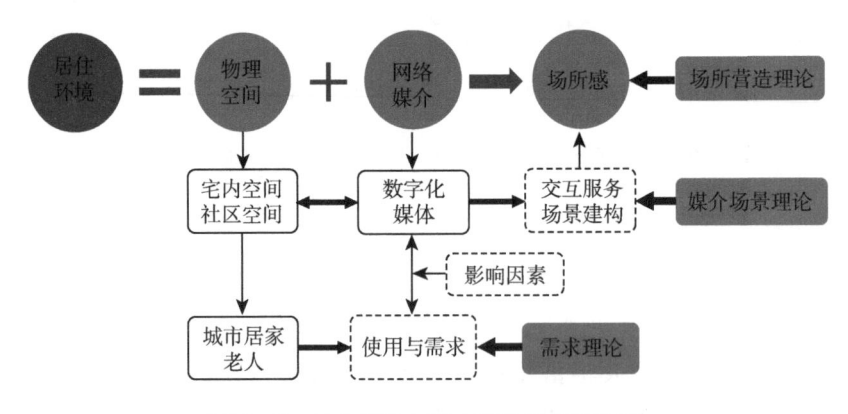

图 2-8 核心概念与基本理论的相互关系

第三节 城市居家老人居住环境的交互空间构成

居住环境是指囊括居住者生活各要素的一种综合性空间，包括空间中的设施条件、公共服务、社会环境等[251]。目前，我国学者对于老年人居住环境的研究可分为两个角度，一是以住房为主题，将老年人居住环境等同住房，涉及室内居家空间、室内公共空间和社区公共区域；二是以居住环境为主题，分为室内环境和室外环境，一方面基于室内空间研究在宅养老的老年人居住环境建设，另一方面从家庭、邻里、社区三个层面提出以社区为单位的老年人居住环境建设体系[2]。《现代汉语词典》将"交互"解释为"交流、互动"，因此，可以将"交互空间"界定为支持人与人交流、人与物互动的场所，人们对不同场所的"感觉"决定交互行为的性质。本书主要关注城市居家老人的宅内空间和社区公共空间，探究如何基于数字化媒体为其建构适配的交互服务场景。

第二章　交互服务场景建构的理论框架 ◇◆◇

一　以家庭交互为核心的宅内空间

家庭空间是家庭活动涉及的空间范围和位置，可描述为家庭成员活动发生，与情感互动相关的各种实在物构成的地理场域及想象空间，涉及家庭物理空间、家庭心理空间、家庭行动空间三个层面；按照行为动机又可以分为以利己行为为主的家庭个人空间、以利他行为为主的家庭公共空间[252]。因此，情感互动是家庭成员在宅内空间中的重要需求，并受到家庭个人空间中的个体特质和基本需要、家庭公共空间中的家庭关系和互动方式、家庭物理空间中的环境营造等多因素的综合影响，赋予了宅内空间以形式、功能和文化意义。

家庭交互空间是指家庭成员彼此交流或情感互动行为发生的空间。家庭交互行为的呈现场景集中在家庭公共空间。家庭公共空间中，客厅是支持家庭成员互动的主要宅内空间，也是宅内空间中面积最大，活动时间最长、最为频繁的多功能复合空间，支持着会客、娱乐、餐饮、家务等多种行为。也可以说，客厅是利于家庭成员情感互动的典型家庭交互空间，不仅服务于自娱自乐，更支持着亲情交流和社会交往。强调个人消费、享乐生活的现代社会观念使人与人的关系逐渐疏离，家庭交互空间的缺失或单一化将导致宅内空间活力低下、情感互动匮乏。因此，激发城市老人宅内空间的交互活力不仅要完善个人交互场景的构建，还要构建与家庭成员的"共生"场景和丰富情感互动形式，并加强与社会空间的信息交流，满足其在宅内空间中的多层次交互需求。

网络时代，除了以客厅为代表的宅内空间，广义的家庭交互空间还包括基于网络媒介的家庭交流平台。因此，家庭交互空间已延伸为家庭物理空间和线上家庭交流平台的功能属性结合，建立协同关系的多维空间形态，不仅能够通过虚实空间的信息传递，满足家庭个体的空间交互需求，还丰富和便捷了家庭成员的交流方式。也可以说，承载家庭交互行为发生的实体场所和虚拟场所都可以称为家庭交互空间。随着互联网和移动终端的普及，基于网络媒介的家庭交流平台已成为支持城市老人家庭交互的重要途径。如何针对支持家庭交互的网络媒介场景实施服务，以促进城市老人与子女、亲友的情感互动，弥合正在产生"断裂"的家庭关系，已成为数字化媒体实施适老化服务的重要方向。

二 培育生活共同体的社区公共空间

社区空间即社区所在的地域范围，社区居民在此范围内进行社会交往，能够形成特定的组织结构和心理认同[253]。可分为实体空间、非实体的虚拟网络空间和社会空间。实体空间是社区居民生活的公共空间，涉及公共服务设施、公共活动场所、道路交通系统等。社会空间是社区文化和社区居民关系所构成的依附感、归属感和认同感，属于社区空间的精神层面。《共同体与社会》一书中，滕尼斯认为一个社区应至少满足三个条件：一是目力可识或心理可感的特定地域，二是特定人群，三是社区居民之间有着共同的利益、意志和紧密的社会联系，是一个地域共同体和生活共同体[254]。因此，共同体精神是社区空间的核心价值[255]。而提供适宜社区居民交往的公共服务设施和虚实场所，促进社区居民参与公共事务，是培育社区共同体的重要路径。

"社区交互空间"是社区居民日常交往和活动聚集、传递信息和联络感情的开放场所，不仅包括广场、绿地、活动室等实体公共空间，还包括支持居民交流及从事其他活动的虚拟网络空间，有利于打破相对封闭的家庭生活，建立和睦的邻里关系、组织结构和社区文化，培育生活共同体。也可以说，社区的人文活力主要由社区交互空间的运转状态来体现。网络时代，社区居民的交互行为已不仅通过面对面的形式，还更多发生在虚拟网络空间。2017年6月，《中共中央 国务院关于加强和完善城乡社区治理的意见》指出要实施"互联网+社区"行动计划，加快互联网与社区治理及服务体系深度融合，运用社区论坛、微博、微信、移动客户端等新媒体，引导社区居民密切日常交往、参与公共事务、开展协商活动、组织邻里互助，探索网络化的社区治理和服务的新模式。因此，社区信息设施或平台将成为社区资讯和公共服务集成供给，促进居民交往和社情民意汇集，培育生活共同体的重要社区交互空间。

近年来，我国城市社区的老年人口主要呈现出三个特征，对适于居家养老的社区交互空间提出了新的要求。一是思想解放，相对年轻、健康和活跃，追求高品质生活和实现自我价值的"新生代老人"增多[256]。特别是其中的知识型、技能型和自强型老人，往往对互联网、数字终端和智慧化服务有较高的接受度；二是空巢老人增多，存在缺少亲情关怀、无人照顾等现状，如何给予亲情慰藉和社会参与支持、照护和便利其日常生活、应对突发紧急情况是主要问题；三是为支持子女事业、照顾第三代而来到子女工作所在城市的"老漂族"增多，对新的生活环境较为陌生，面对诸多不便和不适应，生活圈集中在社区周边。

我国城市社区的信息设施或平台主要面向中青年群体，进入深度老龄化社会，暴露出许多与老年人需求不匹配的问题。专门的养老服务设施也存在数量不足、分布不够准缺、未能充分满足需求等问题，仍处于逐步构建完善的阶段。多年来的政策支持和项目实践证明，加强面向老年人的网络信息服务平台建设，让养老设施和服务突破时空限制，实现资源共享和有效供给，满足老年人的切实需求，是提高社区居家养老水平的重要途径。网络技术的发展使社区信息设施或平台从信息型过渡为服务型，在资讯传播、居民交往、事务参与、生活服务等方面具有虚实互补的空间功能优势，可以引导老年人对社区环境中信息、关系和服务的有效感知，促进其获取社区资讯、参与社区交往、共享社区资源的传统方式向媒介化方式延伸，使不同的老年人均能够更好地融入社区共同体并产生充实感、归属感和依附感，满足高质量的社区居家养老服务需求。

三 城市居家老人交互空间的场景建构要素

传统意义上的交互空间包含两个维度——物质性载体和社会化互动。物质性载体是指活动发生的场所，社会化互动是指人与人之间的交往及距离。结合场景维度的媒介化延伸，网络时代的交互空间可界定为协同数字化媒体，建构满足人在特有场所中活动发生和交往需求的服务场景，通过物质和非物质形态要素共同营造虚实融含的交互体验。因此，面向城市居家老人的交互场景可诠释为通过数字化媒体，建构满足其在宅内和社区公共空间中活动发生和交往需求的服务场景，助推个人生活、家庭情感、社区共同体等方面场所体验提升。其中"媒介场景"在此主要包含两层含义，一是依据居家老人对于电视、电脑、手机等媒介的使用需求、影响因素和在不同空间中的"惯常"活动，提供适配的个人化信息服务；二是实现与居家老人在不同空间尺度的生活具有关联的家庭要素、社会要素连接，提供满足其家庭交互需求和社区交互需求的社会化信息服务。

如图2-9所示，数字化媒体为支持城市居家老人交互所建构的场景可进一步分为内容场景、媒介场景、服务场景三个递进层次。内容场景是指内容产品营造的交互场景，属于"故事"的组成部分。媒介场景除了内容场景，还包括终端、关系、体验三个要素，关系要素又可分为信息连接、情感连接（家庭情感互动和社会化情感互动）。服务场景是交互行为发生的具体地点，包括主体要素（人）、时空要素、媒介要素、活动要素和体验要素。

主体要素服务场景的核心，包括居家老人、亲友邻居及服务的提供者、管理者，构成场景的人物关系。挖掘居家老人的服务需求，场景才能"动"起来，也会激发老年人的能动性。时空要素是服务场景的约束条件。时间维度描述了居家老人使用服务设施或平台的时间，

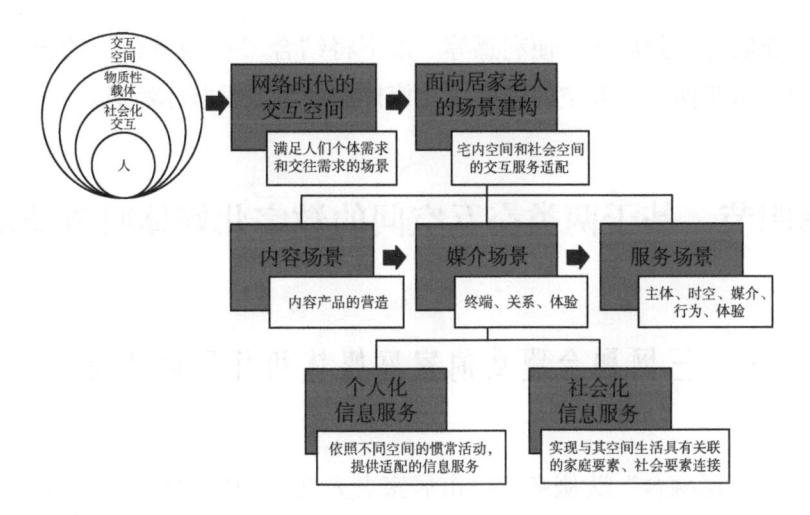

第二章 交互服务场景建构的理论框架

图2-9 城市居家老人交互空间的场景建构要素

可是一个时间点或时段；空间维度描述了居家老人使用服务设施或平台的地点，包括宅内和社区公共空间中的具体场所。媒介要素建立了人与物、人与信息、人与人的沟通桥梁，将根据老年人的交互需求，结合时空要素和其他主体要素，提供适配的服务设施或平台。居家老人通过不同的媒介终端、关系连接方式与内容场景交互，形成不同的内容产品及组织方式。行为要素是指居家老人使用服务设施或平台达到目的的过程，也是场景实现价值的过程，行为数据还是场景建构的驱动力。体验要素是服务场景的建构目标，上述四类因素都为了优化居家老人的特定场所体验。达到体验目标是一个过程，一是居家老人预期需求的满足程度，二是其在满足需求过程中的其他感受。

从场景建构要素的分析可看出，本书拟建构的交互场景是将各要素统筹考虑的数字化媒体适老服务方案。以"场所→需求→服务"为框架，挖掘老年人对数字化媒体的使用特征、影响因素和服务需求，基于宅内空间、社区公共空间及居家老人在其中的活动和交往需求，实现数字化媒体设施或平台的服务适配。通过发挥虚实融含的空间功能满足居家老人在信息、情感、生活等方面的家庭化和社会化交互需求，优化基于不同空间尺度的场所体验，包括愉悦感、亲情感、安全感、充实感、归属感、便利感等。以下将结合"三网融合"的技术驱动分析基于两类交互空间的数字化媒体服务场景及技术特点。

第四节 基于两类交互空间的数字化媒体服务场景

一 三网融合驱动的家庭媒体和社区媒体发展

"三网融合"为服务于城市居家老人交互的家庭媒体、社区媒体开辟了新的发展空间,尤其使电视媒介完成了向网络媒介的转型。智能化系统的植入更使得任一终端都能通过软件安装支持居家老人交互所需的功能应用和服务内容,促进其宅内生活和社区生活朝着信息化、网络化、智慧化方向发展。

(一) 家庭媒体系统的构成及数字化趋势

居家娱乐是宅内家庭成员独自或共同参与的情感活动,具有放松休息、交流感情、增长知识、陶冶情操、增进关系等功能,受到家庭成员构成、生活习惯、关系氛围、经济条件等因素的影响。家庭媒体系统以居家娱乐为主要服务目标,历经有声时代、图像时代、影院时代、数字时代四个发展阶段。有声时代以收音机为代表,使家庭成员从面对面沟通扩展至借助媒介获得愉悦感。图像时代以电视机为代表,看电视已成为居家娱乐的主要形式,还影响人们的居家生活模式和社会行为。影院时代旨在使人们在客厅中获得影院般的视听体验,由电视机、放映机、音响等产品构成。数字时代以数字化娱乐产品和网络为代表,分为数字家电(新型电视、游戏机等)、多媒体电脑、数字摄影摄像设备(数码相机、数码摄像机等)、便携影音产品(手机、音乐播放器等),呈现影像高清化、设备轻薄化、互联化和智能化,多样新颖的人机交互方式等发展趋向,见图2-10。

有声时代 ➡ 图像时代 ➡ 影院时代 ➡ 数字时代 ➡ 以数字电视为核心，影像高清化 设备轻薄化、互联化和智能化 更多样新颖的人机交互方式

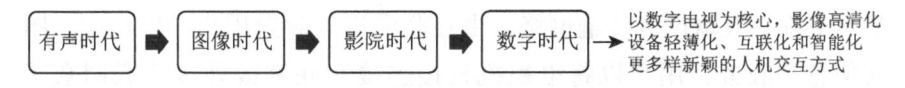

图 2-10　家庭媒体系统的发展趋势与技术特点

家庭媒体系统由家庭成员、媒体产品、使用空间、使用行为四个要素组成。家庭媒体系统的服务对象是家庭成员，不同成员有不同的身心特点和需求特征。家庭媒体系统涵盖的产品及技术相对庞杂，包括硬件和软件两个方面，涉及网络环境构建、传感器、多通道交互、个性化服务定制等多种技术。家庭媒体系统的主要使用空间是客厅，人文化、亲密化的情感互动是家庭成员关注的使用体验；使用行为是家庭成员使用家庭媒体系统的具体行为及系统给予的反馈，好的反馈能让家庭成员产生使用兴趣，能便捷舒适地使用，获得更好的愉悦体验。目前，我国城市家庭中的家庭媒体系统多是围绕某一终端提供的综合性视听娱乐与信息交互服务，一般以电视机为核心，尚未建立较完备的适老服务模式。

随着有线数字电视（Cable Digital TV）的发展，交互式个人电视（Interactive Personal TV，IPTV）、智能电视（Smart TV）、互联网电视（Over the Top TV，OTT TV）等新型电视终端或内容平台正造就着新的家庭媒体系统[257]。有线数字电视进入我国城市家庭较早、普及率较高，由广电运营商负责，通过电视机顶盒（Set Top Box）和有线电视网络提供服务，同时开展基本节目、付费节目、图文资讯、视频点播、宽带接入等多种业务。交互式个人电视由移动运营商负责，基于宽带网络和 IP 机顶盒实现了视频接收及多种信息交互业务，如宽带接入、视频点播、远程教育、网络游戏等。智能电视集影音、娱乐、数据等多种服务于一体，一般从智能平台、智能应用、智能操控三个方面衡量，智能平台是指搭载了开放式的操作系统，具备较强的硬件性能并能连接互联网；智能应用是指用户可自行安装和卸载各类应用软件，持续对原有功能进行扩充和升级；智能操控是指拥有多种操作方式，如语音交互、多屏互动、内容共享等。互联网电视是以电视机为

显示终端、互联网为传输网络，由互联网运营商向用户提供视频、图文信息等服务，用户以将电视机直接连接互联网或外接互联网盒子（如小米盒子）的方式，点播来自互联网的丰富视频内容和使用其他信息交互服务。

可以看出，历经了技术数字化、系统智能化、内容互联化的发展演进，电视媒介已不仅仅是节目输出设备，还提供了视频点播、互动游戏、上网等多种视听娱乐活动和信息交互服务。相关厂商还开发了许多应用软件供用户安装，赋予了电视媒介以新的功能及意义，改变了家庭成员对于客厅作为典型家庭交互空间的原有功能认知。人们不仅可通过电视从事娱乐、健身、社交、家居管理等多种活动，还能结合多终端互联和投屏技术，将智能手机、平板电脑等终端的内容在电视上呈现，使电视成为视听影音投放的客厅显示大屏，聚集了人们共同参与居家娱乐的欢乐时光，也促进了家庭成员、家居设施、家庭空间与外部空间之间的信息交互，改变着人们的居家生活方式和需求。

（二）社区媒体的主要形式及网络化趋势

"社区媒体"是为居民提供社区信息，服务于居民生活和交往、社区治理和建设的信息设施或平台。即社区媒体并不是单一的媒介形式，而是各类媒介用于社区资讯传播和交互空间构建的整体情况。与国家媒体和大众化信息服务相比，社区媒体既不以宣传功能为主导，也不是为了获取高额利润，更多是公共服务和自我管理的功能，更具有地域性和参与性，强调信息共享和地方认同。社区媒体在满足社区居民生活的信息需求方面具有重要作用，并通过加强社区居民的日常沟通，促进社区居民参与公共事务，赋予社区居民表达个人意愿的权利等方式，提高社区治理的民主化和居民关系的紧密性。

互联网普及之前，社区媒体的主要形式是声画媒体，包括社区公告栏、社区文化墙、社区报刊等平面媒体，社区广播、社区视频等视听媒体。与口耳相传的传统信息传递形式相比，提升了居民获取社区信息的速度和效率，但普遍是集中的内容、被动式的通知，居民的参与性和互动性较低。尤其使居民不必通过面对面交流就能获取社区信息，导致邻里之间的交互途径逐步被割断，生疏感和距离感渐渐加剧，有碍于培育社区共同体，使得恢复和促进社区居民的密切交往成为社区媒体发展的新方向。随着传统的单位制社区被商品房社区所取代，自治化的社区管理模式对社区媒体的建设提出了新的要求。一方面应提供公共信息和公共服务，发挥作为公共平台的传播作用，另一方面需要提升社区居民的参与度、归属感，实现作为自治平台的管理作用。进而在与之配套的社区信息设施与服务平台建设中，借助"三网融合"的技术驱动发展出网络化社区媒体，并分为传统网络社区媒体和移动网络社区媒体两种形式，见图2－11。

平面社区媒体 → 视听社区媒体 → 传统网络化社区媒体 → 移动网络化社区媒体 促进了实体空间的信息流动、非实体空间的信息交流、实体空间与非实体空间的信息交互

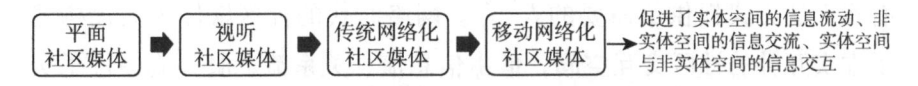

图2－11　社区媒体的发展趋势与技术特点

传统网络社区媒体依托传统互联网技术，与居民生活相关的各种信息和服务资源都能在互联网上供给，达到便利居民需求的目的。除了在社区公共空间中的一些焦点位置或特定场所设置网络化的信息设施小品，社区管理部门主办的社区网站是其主要形式，功能上更接近政务网站。如北京市社区信息服务网主要分为消息板块、生活板块、公益板块和交流板块，消息板块提供社区动态、政策文件等，生活板块提供网上办公、流程指南等，公益板块提供心理咨询、养老资讯等，交流板块支持社区居民与政府部门在线沟通。传统网络社区媒体另一主要形式是非政府组织的社区网站或论坛、QQ群，主要为居民提供生活资讯和交流服务，一般由商业机构或居民自发创建，前者往往是以社区商务服务为重点，以盈利为主要目的，后者在邻里沟通、业主维权、活动组织等方面的功能较强。

近年来，智能手机的普及使移动网络社区媒体成为社区媒体的发展趋势。由于开发成本、技术支持等条件约束，多数移动网络社区媒体是微信群的形式，让居民及时了解社区中的最新消息，对新鲜事、相关通

知或活动进行分享，可与其他居民随时交流等。手机 APP 是移动网络社区媒体的另一重要形式，一般由开发大型商业社区的地产公司投放，如万科地产的"住这儿"、龙湖地产的"龙湖社区通"、好屋中国的"考拉社区"等，一般集物业通知、居民聊天、生活服务等功能于一体，服务目标和项目往往大同小异，旨在整合社区信息和服务资源，引入各类商家和服务机构，实现社区资讯及时发布，提供商品订购、快递收送、场地预约和家居修缮等一系列生活服务，进而以 O2O（Online To Offline）的方式为居民搭建线上线下协同的社区信息空间及交互平台。

"信息空间"最早由建筑学家、TED 大会的发起人沃尔曼（Richard Saul Wurman）提出，研究城市环境的信息如何被收集和组织，以有意义的方式提供给需要的人[258]。网络时代的社区媒体为居民构建了虚实互补的社区交互空间，借由信息流、关系流、服务流促进了实体空间的信息流动、非实体空间的信息交流、实体空间与非实体空间的信息交互，通过扩展社区媒体功能，为居民获取信息、相互联系和从事各类活动创造便利条件，促使居民之间、居民与社区公共空间的交互增加，提升了归属感。也可以说，社区交互空间已成为空间、资源和服务的有机结合体，空间是基础，包括实体空间和虚拟空间，资源是保障，包括物质资源和信息资源，服务是目的，包括信息服务、交往服务、生活服务，需要相关机构、组织和个人协作不断提高供给能力，满足居民网络化的公共生活方式和活动需求。

二 基于宅内空间的交互服务场景构成

对于电视来说，场景具有特别的意义，从诞生开始，电视就是一种场景化的媒介，场景化传播也是其固有优势和生命力[155]。近年来，电视的服务模式发生了从家庭式观看到个人化使用的渐变。家人在客厅共同看电视正变成一人一台各看各的，围绕其形成的家庭交互空间变为个人化的娱乐空间。随着年轻人更乐于使用电脑和手机，对基于客厅的电视服务场景产生了解构,父母子女共同看电视已是较少呈现的家庭娱乐场景。面对上述现象,电视在重塑其作为家庭媒体服务场景的吸引力和凝聚力,如图 2 – 12 所示。

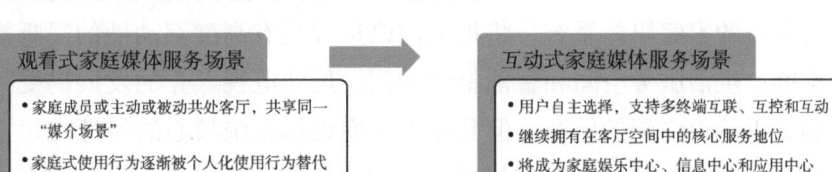

观看式家庭媒体服务场景	互动式家庭媒体服务场景
• 家庭成员或主动或被动共处客厅,共享同一"媒介场景" • 家庭式使用行为逐渐被个人化使用行为替代	• 用户自主选择,支持多终端互联、互控和互动 • 继续拥有在客厅空间中的核心服务地位 • 将成为家庭娱乐中心、信息中心和应用中心

图 2 – 12　家庭媒体的交互服务场景演变

(一) 传统时代延续的观看式服务场景

电视确立的观看场景范式及信息流动模式趋向于将场景进行融合[153]。首先表现在打破了不同社会群体的时空分离,纳入共同的媒介场景,内容呈现也类似日常生活再现;其次使人们大范围同时获取信息成为现实,实现信息共享,也使家庭成员拥有共同话题;最后倾向将个人场景融入公共场景,各种内容都在不同程度的呈现个人生活。目前,观看式服务场景的突出问题是年轻观众减少、老年观众比例不断提高。空间固定又不具备交互元素的传播方式已不能满足年轻人在流动化生活形态中的信息服务需求。总之,电视的观看式服务场景提供了固定、一致、单向的居家娱乐形式,使家庭成员或主动或被动地共处客厅,共享着电视收视内容建构的同一"媒介场景"。随着多种媒介终端入驻城市家庭,相互交流、共论话题的家庭式电视观看行为逐渐被个人化的多种媒介使用行为替代。

(二) 网络技术支持的互动式服务场景

近年来,网络运营商、终端企业和互联网行业竞相进入家庭媒体系统,通过丰富视频资源、提升画音质量、支持互动点播和个性化定制等方式,升级了电视的观看式服务场景,还扩展了功能和业务,提供游戏、社交、教育、购物、健身等多种适合居家生活的在线交互服务，更能实现家电控制、家居安全、社区服务等多种智能化应用，满足了人们在宅内的多场景需求，也支持和扩展了宅内空间的原有功能，有助于促成一种愉悦、健康、安心的居家生活体验。也可以说，以电视为核心的家庭媒体系统，将把宅内改造成具有高度互动性的视听娱乐空间、生活服务空间和智能枢纽空间。虽然电视媒介的发展仍受到电脑、手机等终端的侵蚀，但其作为家庭媒体系统核心的特性在短期内仍不会改变，并将以丰富权威的内容、多样化的功能，成为宅内空间的娱乐中心、信息中心、交流中心和应用中心，继续拥有以客厅为中心的重要服务地位。

三 基于社区公共空间的交互服务场景构成

历经时代发展和"三网融合"的技术驱动，不同形式的社区媒体建立了不同的社区交互空间。依据信息空间的基本组成要素——信源、信道、信宿，可以将基于不同交互行为的社区媒体服务场景分为以下三种，如图2-13所示。

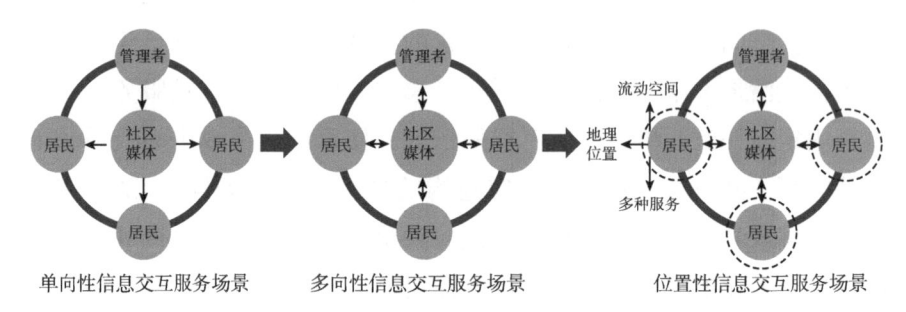

图2-13 社区媒体的交互服务场景演变

（一）单向性信息交互行为的服务场景

通过平面社区媒体、视听社区媒体等声画社区媒体传递信息时，信源（媒体管理者）通过视觉或听觉信道将统一的信息无差别传达给所有信宿（居民），信宿获得信息时不能直接反馈。在这类信息交互服务场景中，信源与信宿的交互行为并不体现在信息传达的过程中，而是信源先要确定信宿需求，再确定声画社区媒体呈现的信息。因此，声画社区媒体与社区居民的交互是隐形、"一对多"的关系，即信息交互行为是单向的，由媒体管理者指向所有居民，居民是被动、直接接收集中化的信息。目前，声画社区媒体一般被置于社区公共空间中居民活动的必经场所，如社区的出入口、楼栋底楼或电梯间等，凭借其直观的信息传达特性被众多广告商青睐，媒体管理者一般会选择对居民有利、有价值的信息作为内容基础。

（二）互动性信息交互行为的服务场景

在面对面的信息交互场景中信源与信宿主要是"一对一"的关系，信源通过语言和表情动作传达信息，信宿可当面进行反馈，信息交互行为是双向的，易于接受和理解信息。在基于传统网络社区媒体的信息交互服务场景中，信源与信宿是"多对多"的关系，交互行为是直接、任意向的。媒体管理者和居民都能作为信源，居民可自主发起信息传递的过程，其他居民接受信息后也可以直接反馈或据此发起新的信息传递过程。因此，信源与信宿不再是固定的角色和数量，而是能互换角色，形成较为复杂的信息交互网状结构。媒体管理者往往作为发布主流信息的角色。也可以说，网络化社区媒体使社区信息的传递变为多人之间的任意向活动，信息在其中自由流动，建立起基于地缘关系的虚拟社交网络，可进一步发展为线下的实际交往关系。

（三）位置性信息交互行为的服务场景

移动互联时代，移动终端和位置感知技术使信息媒介从一种"再现"现实和征服时空的中介，转变为"流动"的空间"连接"工具[259]。移动终端能为使用者提供与所处地理位置及周边环境相关的信息，增强了人们对于物理空间的数字化感知，提升了人们基于地理位置的信息空间体验，推动了从虚拟世界回归现实、线上线下合轨的崭新生活方式。近年来，基于地理位置的移动服务成为智能手机的基本功能，衍生出信息推送、移动社交、商业搜索等业态，使手机媒介从便携的沟通工具变成基于位置的信息服务平台。

对社区媒体而言，如果说传统网络社区媒体偏向社交属性并兼有服务属性，移动网络社区媒体则因手机媒介的便携性并与地理位置联姻，能够完全实现服务属性。一方面，媒体管理者可以随时向居民推送信息，居民也能即时反馈并发起信息传递过程，促进了社区信息的实时分享和交流的便捷；另一方面，移动网络社区媒体的信息服务可以按照地理位置进行组织，居民不仅能基于位置选择社区公共空间中及周边的服务资源，提高了获取服务资源的指向性，还能够随时随地反映社区中的事件、问题和需求，调动了参与社区治理的积极性。位置性的信息交互行为助推了居民对于社区环境的熟悉度和归属感。也可以说，移动网络社区媒体构建的信息交互服务场景，是网络空间中地理标识与实体空间中位置数据的有机结合，建立了服务于社区信息交互行为的"空间图谱"，使居民线上与线下生活的联系更为紧密。

第五节 城市居家老人交互服务场景建构的指导原则

一 重塑电视作为家庭媒介的空间功能

（一）作为家庭媒体系统中心的电视

电视一直是家庭媒体系统的主角，使家庭成员一起欣赏节目，成为促进家庭团聚、共享信息、凝聚情感的"家庭媒介"。客厅是典型的家庭交互空间，电视的"家庭媒介"特性彰显了其与客厅的紧密关联。一是看电视往往是家庭成员共同参与，使电视成为客厅中的公共媒介；二是由于屏幕大，电视与观看者的距离是一定的，在一定距离之外就不能形成舒适的观看体验，成为塑造客厅视听空间的重要因素；三是画音的瞬时性要求观看者想要了解完整的信息必须集中注意力，不想关注的则不必集中注意力，即看电视并不等同于投入关注度，是促成"仪式化"家庭互动体验的重要因素。因此，电视本质上有着让家人共聚的特性，一直作为家庭成员在客厅沟通交流的纽带[260]。把电视称为"家庭媒介"，是将其纳入信息技术与内容消费的家庭文化之中，构建一种契合客厅的居家生活场景服务模式。

多年来，看电视已成为人们的居家生活习惯和家庭活动缩影，陪伴老年人的日常生活、儿童的休闲时光，更成为一家人消除疲劳、补偿集体活动的放松方式。鉴于电视的重要地位，没有任何一种媒介能获得如电视般的礼遇，一直占据多数客厅的中堂之位，成为最明显的摆设和必不可少的家用电器[261]。学者们也一直在研究电视对家庭关系的聚合作用，如为家庭交流提供了同一话题，促进了客厅的核心行为——家庭团聚，影响甚至规定了家庭成员的集体生活模式[262]。互联网的普及丰富了家庭成员的交流途径，不再受限于居住形式；但也使家庭交互与个人空间出现分化，不仅让子女与父母在一起时往往沉迷"掌心世界"，降低了沟通频率和交流质量，还加剧了老年人家庭角色的弱化或缺失，成为"技术难民"，造成亲子关系疏远。如何结合电视媒介数字化、互联化、智能化的发展趋势，为老年人构建作为"家庭媒介"的多场景服务模式，将是本书关注的主要问题。

（二）智能时代电视的场景危机和破解

2013年12月，北京大学陈刚教授在《中国传媒科技》发表文章指出，电视媒体的悲剧时代刚开始。主要依据在于以乐视、小米等为代表的互联网电视终端或盒子式产品撼动了电视机构在家庭媒体系统中的内容服务地位，家庭媒体系统开始以互联网内容为中心，电视正成为呈现各种内容的显示屏，迫使电视机构在内容形态、传播方式等方面亟待创新。同时，电视也不再是人们收看视频的唯一工具，更不是年轻人的主要选择。先天技术劣势使其在争夺智能家居枢纽的过程中落后于手机。然而电视并未被淘汰。对此，祁媛将其归因于电视媒介的客体性使然，不仅包括其作为物质载体的外观属性，也包括其技术特征与内容合而为一的媒介文化特性[151]。明显表现就是电视对居家生活的融入性，既是一个打扰者，也是一个抚慰者，成为必不可少的一员。人们可长时间不看电视，但它必须存在，它的存在往往作为家庭情感纽带的象征。尤其对于空巢家庭，电视上播什么并不重要，存在的本身更有意义，老年人往往将其隐喻为家庭成员，成为认知社会与抚慰情感的中心。因此，电视在居家生活场景中的融入性是其尚未被其他媒介完胜的深刻内因之一。无论时代如何变迁，重视家庭文化仍会是中国社会的主流文化。电视用了几十年的时间发展为扎根中国家庭的"家庭媒介"，占据客厅空间的重要位置，其服务价值仍无可替代，是中国家庭文化的重要组成。电视也是多数居家老人获取新闻资讯、影视娱乐等服务不可或缺的媒介。

（三）电视娱乐服务对居家老人的重要性

老年人的居家娱乐可理解为其在宅内空间中为了自我享受、自我调整、亲情交流、社会交往而进行的娱怀取悦活动，主要能满足其在文化娱乐、知识学习、情感交流、社会参与等方面的精神需求。老年人拥有大量的休闲时间可支配，但居家娱乐活动往往较单一，最主要的形式就是看电视。不仅与电视服务进入中国家庭时间较早、普及面很广有关，也是由于老年人的"数字贫困"现象明显，对其他数字化娱乐产品的拥有率和使用率较低。

同时，电视之所以在老年人的居家娱乐中占据重要服务地位，也与其信息的传播方式和老年人的使用需求有关。相比报纸、书籍和广播，电视有着丰富多彩的动态影像、富有感染力的声音，对用户理解能力的要求较低，甚至在老年人生活的某些方面已成为子女"娱亲"的替代品。随着我国人口老龄化的加剧和子女异地而居的家庭结构日趋普遍，空巢家庭比例不断上升，导致来自宅内子女的精神赡养功能不断弱化。加之老年人退休后的生活重心改变、社会圈子缩小，缺少宅内空间的传统天伦之乐易使老年人的居家生活单调寂寞、孤独悲观，往往感受不到来自子女和社会的关爱，导致很多老年人寄托于电视，希望能从电视服务中得到相应的情感抚慰和精神支持。

历经技术数字化、系统智能化、服务丰富化，老年人对电视的功能认知也正发生改变，将为其提供超越"看电视"的更多服务可能。一方面，技术的数字化使电视媒介的画音质量、收视内容明显提升，突破观看式服务场景的传统局限。除了能点播自己钟爱的视频，满足个性化的收视需求和高清大屏体验，老年人还可以在教育、购物、医疗等领域获得多种在线服务支持，拓展了宅内空间的传统功能。另一方面，系统的智能化使电视媒介实现了人性化的交互方式、可扩展性的软件安装、与其他信息终端的协同运作。老年人不仅能便捷舒适地操控电视，还可使用手机、平板电脑等终端与电视终端、电视内容互动，通过应用软件与亲友在线交流、互动娱乐，建立跨域物理空间的家庭交互平台；更可以结合家庭网络环境实现电视与其他家居设施的互联互控，体验智能家居的安全、便利和乐趣，形成基于电视的智慧化生活场景和居家养老模式。客厅对居家老人将不再仅是看电视、休憩、会客的空间，会借助以电视为中心的家庭媒体系统提供更多功能。

二 发挥网络化社区媒体的主要空间功能

基于单向性、互动性和位置性的信息交互服务场景，网络化社区媒体可在建构社区交互空间的过程中主要发挥以下四个方面的功能。

（一）支持即时分享的社区资讯传播

传播社区资讯是社区媒体最根本的空间功能。与大众媒体的信息服务不同，社区媒体传播的资讯更具地缘性、亲切感，包括社区通知、周边动态、活动推介等，与居民生活息息相关，强调信息共享和地方服务。相比声画社区媒体，网络化社区媒体集文字、图像、视频等多种内容形式和传播的即时性于一身，不仅使居民能获得更丰富的信息，社区资讯的发布效率及获取速度也显著提升。尤其是以微信群、微信公众号、手机APP等为代表的移动网络社区媒体，不仅使居民可随时随地获知和转发社区资讯，还能成为社区资讯的来源和传递过程的发起者，主动参与到社区资讯的即时分享和实时跟进，改变了声画社区媒体被动、集中、单向的信息交互场景，也使居民对社区媒体的内容建设有了更多参与权。

（二）促进虚实融合的社区居民交往

社区居民主要是基于地缘关系生活在一起，一般不存在亲缘关系。现代城市生活的快节奏、流动性等趋势造成"见面不相识"的现象普遍存在。因此，依托不受时空限制和广而告之的平台优势，支持居民线上交流和线下活动，促进基于邻里关系的情感依赖和归属感，是网络化社区媒体另一重要空间功能。一方面，居民通过线上平台能问候调侃、分享经历、讨论爱好、咨询求助，还可以发展为现实的交往行为，建立更亲密的邻里关系，弥补社区实体空间中日常交往的不足和声画社区媒体的功能欠缺。另一方面，网络化社区媒体可将居民的需求转化为具体的社区活动，基于共同的兴趣、话题、期望等关联因素发布活动信息、提供线上或线下的活动场所，促进居民广泛参与活动和提升社区空间的人文活力。

（三）实现协商共治的社区公共治理

社区治理需要政府、基层组织和居民共同参与，可分为基于实体空间和基于非实体空间的参与。声画社区媒体号召居民参与公共事务时主要通过口耳相传，只有居民共同在场才能形成有力的话语权，是基于实体空间的参与。网络化社区媒体打破时空障碍，为相关主体提供线上沟通渠道，是基于非实体空间的参与，能充分发挥协商功能，促进问题解决。居民可通过网络平台对社区事务发表观点，集中高效地反映诉求，敢于与相关部门交换意见，商讨解决方案。相关部门也能及时掌握居民的共同意愿而有效整改。因此，网络化社区媒体可促进居民的集体发声，培养和建立社区的民主意识，增强居民对社区事务的交流，消除现代居住方式带来的居民协商障碍，具有优化社区治理的重要空间功能。

（四）提供智慧便捷的社区生活服务

网络化社区媒体还能作为综合性的社区生活服务平台，合理整合相关信息资源供居民选择。首先，同一社区的居民往往有相似的生活需求和消费能力，可依据不同社区的具体情况实施服务的针对性推送。尤其是很多网络化社区媒体的建设需要商业支持，商家会对居民开展各种消费推广活动，也有助于居民获得符合自身需求的优质服务。例如新冠疫情期间兴起的社区购物就满足了居民足不出户获取周边商家信息、线上购物和送货上门的需求，打通了线上与线下，形成"社区媒体＋智慧购物"的发展模式。近年来，很多网络化社区媒体还成立了线下服务中心或驿站，从服务中介走向服务前台，由信息发布者变为服务提供者，使居民在线下实体空间中直接享受多种便民服务。如"国安社区"是一个基于本地生活的社区O2O服务平台，依托移动客户端和线下网点为居民提供餐饮、购物、家政、文体空间等多种服务，打造了线上与线下互动的生活体验，覆盖全国10余个城市，拥有近500家门店，移动客户端注册用户达200多万，标志着我国社区媒体的发展进入了新阶段，实践着新的空间功能和服务延伸。

三 促进休闲参与、社会支持和社会活动

基于家庭媒体和社区媒体建构的适老交互场景，拟结合不同空间尺度的功能和文化优势，为居家老人提供适配的信息服务，使其拥有双重的精神赡养和生活支持保障。因此，有必要选择具有支撑作用的信息服务理论，本书选择了休闲参与理论、社会支持理论和社会活动

理论，作为服务内容的基本目标。

（一）助力居家老人的休闲参与水平

法国学者杜马哲迪尔（Joffre Dumazedier）将休闲定义为从工作、家庭和社会事务中摆脱出来，为了休息、转换心情、增长知识而自发参与的，可以自由发挥创造力的活动总称；指出休闲具有相互贯通的三个要素，放松、娱乐、个人发展[263]。心理学家纳什（Nash J. B.）还把人们利用闲暇时间的形式分成了几个层次，参数为一的是旁观活动，参数为二的是情绪参与的活动，参数为三的是积极参与的活动，参数为四的是创作活动[264]。旁观活动是跟随多数人的活动，属于被动地参与，以消磨时间为主；情绪参与的活动是指当某些活动触碰到内心感受或牵连到有意义的经验时产生了情绪共鸣；积极参与的活动是指从不明白到熟练掌握，或具备一些基础想进一步了解，借由参与活动而获得自身满足；创作活动主要是从个体的人生经验或感官印象中获得灵感[265]。

老年人的大部分时间都可以称为闲暇时间，接触各类媒介往往是他们的重要休闲活动。不过大多数老年人一般以单纯地看电视、浏览网页为主，以打发多余的时间或获得情感陪伴为主要目的，虽然可获得一定程度的精神抚慰，但更多是属于旁观、情绪参与的低参数休闲活动。因此，如何让老年人通过使用媒介提高休闲活动的参数水平，从被动参与转变为积极参与，从放松、娱乐迈向促进个人发展，满足高层次的休闲需求就显得比较重要。例如，为老年人提供的服务内容可满足其在生活技能、爱好培养、社会参与等方面的发展需求，鼓励其树立积极心态，愿意凭借以往经验和继续学习在家庭或社会中实现自我价值，促进在知识提升、家庭角色、社会角色等方面的发展。即接触媒介对老年人而言可作为一个自我提高的过程，通过提供相关的信息服务增强其生活信心与个人能力，不断有新的追求和生活动力。

（二）增进居家老人的社会支持水平

老年人往往处于一种原有社会联系逐渐减少的生活状态。李菲从信息面向的角度，阐释了老年人的"社会隔离"现象，指出"社会隔离"是指老年人与外界缺乏信息交流和沟通，对老年人是一个很大的风险因素，不仅会导致认知和智力功能下降，还对抑郁症、痴呆症等疾病具有助推作用，强调让老年人与外界保持联系和交往，让其能感受到自身价值，建构自己的精神世界[266]。汪剑琴也认为，老年人要想拥有良好的心态和社会适应能力，就应保持与他人或社会事物的联系[267]。有的会通过维系与亲友的关系来满足，有的会通过养宠物、看电视、网络聊天，甚至种植物来满足，即老年人需要某些形式的社会交往以保持其智力功能和社会功能。同时，老年人对于做贡献的感受也存在一定差异，有的贡献显而易见，如在社区中提供志愿服务，而有的贡献界定起来则比较微妙，例如种花养草、照顾孙辈、保持家中卫生、上网等。

社会支持理论认为，每个人都有着与他人建立有效且有助于自身关系的需求[268]。社会支持是促进老年人生活满意度和良好情绪的重要因素，在帮助他们顺利过渡角色转换期、适应各种生活变化等方面具有重要作用。尤其是来自家人朋友的关心与爱护能帮助老年人抵御很多变故带来的一系列挑战[266]。被认为是成功的老年人往往会积极保持与亲友的联系和交往，有支持和照护自己的人，并全身心投入到其认为有所贡献的活动中，对自己的生活具有比较清楚的定位和规划。社会支持理论揭示了来自家人朋友的支持是老年人生活的重要一环。有学者将社会支持定义为一种信息，指出面向老年人的信息服务应包括关心和爱护他们的信息，使老年人相信自己有尊严和有价值的信息，使老年人相信自己属于团体成员和产生归属感的信息[266]。

（三）提升居家老人的社会活动水平

社会活动理论源于心理学家哈维格斯特（Robert Havilguest）对美国堪萨斯市300位身体健康、年龄在50至90岁之间的中产阶级白人历经6年的跟踪调查[269]。主张中年和老年阶段个人与社会的关系仍要紧密相连，变化的只是关系的紧密度及活动速度和节奏；大部分老年人仍有对各种活动的强烈参与意愿，不应因年龄增加而减少原本各类角色的比重，要根据个人能力适应不同的角色与义务；如果非强制性角色的来源越多，就不会因失去了强制性角色而情绪低落[265]。社会活动理论主要认为老年人应尽可能保持中年阶段的生活习惯与方式，积极地面对角色转换引起的各种不适应，用新的角色把自身与社会的距离压缩到最低；活动水平高的老年人要比活动水平低的更易对生活产生满足感，更易适应社会[270]。

现代城市生活中，老年人往往会因失去一些角色而导致活动范围变小、活动程度降低，无论是活动数量还是质量都明显下降，使他们对自身的存在价值产生迷茫。如一些老年人想要发挥余热，却得不到相关支持或机会。所以有必要通过补偿性的活动或角色来维持老年人的社会及心理适应[271]。一方面，老年人应通过积极参与各类活动主动寻找新的角色来弥补因丧失原有角色形成的失落感，认识到自己仍有潜在的"可塑性"和实现自我价值的空间；另一方面，有价值的活动对老年人尤为重要，应成为其生活的中心。因此，交互服务场景应通过线上线下结合的方式为老年人参与各类活动、寻找新角色、实现自我价值提供支持，通过分享自己的阅历、经验和专长，在一定程度上减轻老年人的角色转换压力，得到他人和社会的认可，推动老年人从家庭生活走向组织生活、公共生活。

第六节 本章小结

本章主要对研究涉及的核心概念进行了阐释，对依托的基本理论进行了梳理和剖析，论证了城市老人居家环境的交互空间构成、场景建构要素及相应的数字化媒体服务场景支持，提出了交互服务场景建构的指导原则。

第一，如何提升城市老人的精神生活质量是现代城市建设亟须关注的问题。情感支持和交往支持是提高老年人精神赡养水平的重要途径。依托宅内和社区的空间功能和文化优势，建构满足城市居家老人交互需求的数字化媒体服务场景，可使其拥有双重的精神赡养和生活支持保障。综合多学科视角，网络时代的场景可以界定为物质地点与信息系统结合的特定空间。信息系统也称为媒介场景，已与物理空间共同为人们构筑了新的社会信息传播和交往模式。网络时代的场景不仅要营建独特的物理空间，还需考虑数字化媒体与人们所在物理空间、具体场所之间的关系，提供适配的信息和交互服务支持，形成紧密的人与媒介的共存关系及虚实融含的双重生活体验。

第二，基于特定场所和居家老人需求构建适配的媒介场景，营造虚实融含的场所体验是本书的主要研究目标。通过阐释需求层次理论，剖析了老年人在生存、归属、发展方面的主要需求。通过解析使用与满足理论的研究框架、核心要义，指出其可作为研究老年人数字化媒体使用行为的工具。通过梳理媒介场景理论的发展，提出了网络时代的媒介场景将激发老年人新的行为，可基于宅内空间和社区公共空间建构相应服务场景，满足其不同层级的交互需求，提升精神赡养水平、空间生活质量和场所体验。通过解析场所维度的媒介化延伸，论证了场所营造要借助数字化媒体构建多层面的交互场景，形成"实体+虚拟"的场所融含，支持个人、家庭、社区等层面的信息交互和情感联结，提升居家老人功能性、精神性的场所感。

第三，针对城市居家老人的家庭交互空间和社区交互空间进行了界定。家庭交互空间是家庭成员情感互动发生的场所，主要包括以客厅为核心的宅内空间和基于网络媒介的家庭交流平台。社区交互空间是居民日常交往和活动聚集、传递信息和联络感情的开放场所，包括实体公共空间和支持居民交流及从事其他活动的网络空间，以培育社区共同体。提出了"三网融合"背景下面向城市居家老人的数字化媒体服务场景建构可诠释为基于电视、电脑、手机等媒介，建构满足其在宅内空间和社区公共空间中交互需求的场景，助推家庭情感互动、社区生活共同体等方面的场所体验提升。场景建构具体分为主体要素、时空要素、媒介要素、行为要素和目标体验要素，是将各要素统筹考虑的数字化媒体适老服务方案。

第四，结合"三网融合"的技术驱动分析了家庭媒体、社区媒体的主要构成及技术发展趋势，前者将促进家庭成员、家居设施、宅内与外部空间之间的信息交互，后者将使社区交互空间成为空间、资源和服务的结合体，可满足社区居民综合性的生活需求。提出了"三网融合"背景下，以电视为中心的家庭媒体服务场景由观看式场景、互动式场景构成，是宅内空间的娱乐中心、信息中心、交流中心和应用中心；社区媒体服务场景由单向性、互动性、位置性的信息交互场景构成，将使社区居民线上交互与线下生活的联系更为紧密。

第五，提出了面向城市居家老人建构数字化媒体交互服务场景的指导原则，一是重塑电视作为家庭媒介的空间功能，促进家庭团聚、共享信息和凝聚情感，融入居家老人的生活场景，重点发挥情感抚慰和精神支持作用，拓展宅内空间功能和提供智慧生活；二是发挥网络化社区媒体主要空间功能，包括即时分享的社区资讯传播、虚实融含的社区居民交往、协商共治的社区公共治理、智慧便捷的社区生活服务，引导居家老人对社区环境中信息、关系和服务的高效感知；三是促进居家老人的休闲参与、社会支持和社会活动水平，包括助推老年人发展、增进亲友和社会支持、促进老年人参与各类社会活动等。

第三章 三网融合背景下城市老人媒介使用行为调查

据中国互联网信息中心近年来发布的报告显示，老年人多次成为增幅最大的网民群体，标志着以电脑、手机等为代表的网络媒介已走进"夕阳生活"。本章就"三网融合"背景下城市老人对电视、电脑和手机三种媒介的使用情况，实施了覆盖六个城市的较大规模问卷抽样调查，揭示了城市老人的使用过程概貌。通过扩展使用与满足理论的过程模型，建立了城市老人对三种媒介的使用场景模型，剖析了城市老人对三种媒介的使用行为特征和新型供求关系。

第一节 调查问卷的设计与实施

基于媒介场景理论"新媒介→新场景→新行为"的研究框架，并依据使用与满足理论"社会条件＋个人特性→需求→媒介接触→满足类型"的基本过程模式，且接触行为还受到媒介印象、媒介接触可能性、其他满足手段等因素影响，问卷将城市老人在电视、电脑、手机三种媒介场景中的使用行为划分为"使用原因→使用活动→使用评价→使用需求"四个环节，如图3-1所示。使用原因主要包括与个人、媒介、环境有关的因素和媒介印象、是否拥有可替代工具等；使用活动建立在获得媒介终端和学习使用的途径、使用权等使用条件基础上；

使用评价和使用需求从构成媒介场景的内容、终端、关系和体验四类要素衡量。

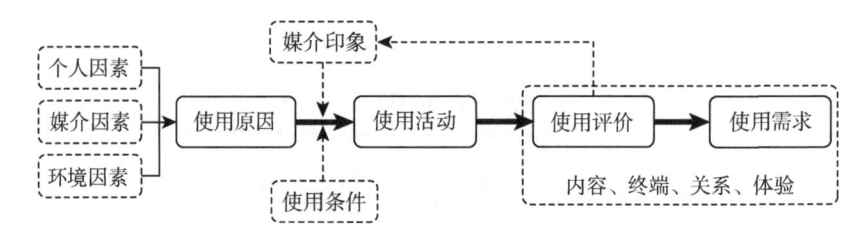

图3-1 调查问卷的研究框架

一 问卷结构与问题设置

(一) 问卷结构

第一部分是调查对象（简称"样本"）基本情况，包括性别、年龄、文化程度、职业经历、家庭结构等。第二部分是媒介的基本使用与需求情况，包括选用该种媒介的原因、使使偏好、操作困难、功用评价等。第三部分是具体服务的使用与需求情况，包括电视新型服务、网络社交服务、手机上网服务等，涉及使用原因、内容或功能偏好、注重的服务要素、存在的服务不足等。第四部分是"三网融合"背景下的服务期待、促进或制约因素等。

问卷将基于电视媒介场景的服务分为收视服务和新型服务，依据电视节目的四分法，收视服务涉及新闻资讯、文艺娱乐、生活服务、社会教育四类常规内容和涉老内容，涉老内容是指老年人节目、医疗保健节目、老龄题材影视剧等，新型服务涉及视频点播、信息查询等新功能或新业务。基于电脑上网场景的服务包括网络新闻、网络视频、网络学习、网络购物、网络社交和老年人服务网站。基于手机媒介场景的服务涉及手机上网、新闻阅读、视频观看等移动信息服务。

可以看出，三种媒介场景的服务有着明显区别。由于老年人热衷于看电视，电视问卷将收视服务作为重点，并兼顾涉老内容和交互式服务。网络媒介提供的服务众多，电脑上网问卷选取网络新闻、网络视频、网络学习、网络购物、网络社交五种常见服务领域和老年人服务网站。手机问卷主要关注移动上网服务，并通过新闻阅读、视频观看两个方面进一步展开。三种调查问卷均考量到三种媒介作为三种场景承载的主要服务或功能，兼具面向老年人的专门服务，将触发老年人一系列的使用行为特征和需求。同时，不同服务涉及的具体内容还会依据实际情况围绕需求层次理论展开，旨在满足老年人的生存、关系和发展需求。

（二）问题设置

三种问卷在调查对象基本情况部分的问题设置是基本一致的，主要包括属地（定类）、性别（定类）、年龄（填写实际年龄，录入数据后以5岁为间距从低到高分组，定序）、文化程度（定序）、职业经历（定类）、月生活费（定序）、是否仍在工作（定类）、家庭结构（定序）、健康满意度、晚年生活规划（录入数据后将对选择求和，新建"生活积极性"变量，定序）、传统媒体服务满意度（定序）、常用媒介（录入数据后将对选择求和，新建"媒介接触水平"变量，定序）、当前媒介的使用周期（定序）。另外，三种问卷在其他三个环节的问题设置均存在较大差异，具体内容如图3-2、图3-3、图3-4所示。

1. 电视问卷

如图3-2所示，使用原因包括使用新型电视产品（有线数字电视、IPTV、互联网电视等）的原因（定类），仍然使用电视产品收看视频的原因（定类），选择使用新型服务的原因（定类），没有使用新型服务的原因（定类）。

使用活动包括获得新型电视产品（定类）及学习使用的途径（定类）、使用权（定序）、主要用途（定类）、日均使用时长（定序）、习惯的使用时段（定类），收看四种常规节目内容、涉老内容和使用

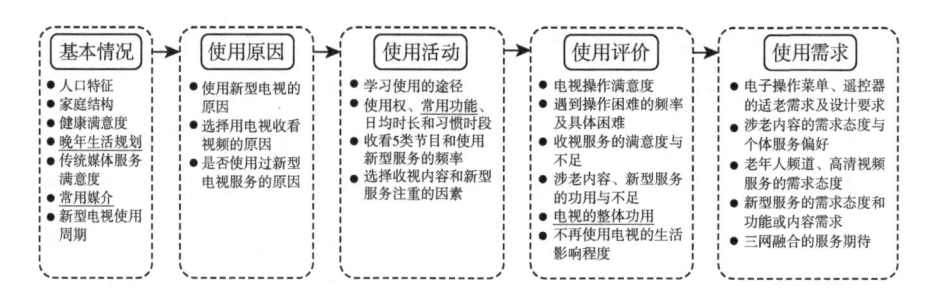

城市居家老人数字化媒体服务场景建构

```
┌─────────────┐ ┌─────────────┐ ┌─────────────┐ ┌─────────────┐ ┌─────────────┐
│  基本情况   │ │  使用原因   │ │  使用活动   │ │  使用评价   │ │  使用需求   │
├─────────────┤ ├─────────────┤ ├─────────────┤ ├─────────────┤ ├─────────────┤
│●人口特征    │ │●使用新型电视│ │●学习使用的途│ │●电视操作满意│ │●电子操作菜单│
│●家庭结构    │ │ 的原因      │ │ 径          │ │ 度          │ │ 、遥控器的  │
│●健康满意度  │ │●选择用电视看│ │●使用权、常用│ │●遇到操作困难│ │ 适老需求及  │
│●晚年生活规划│ │ 视频的原因  │ │ 功能、日均时│ │ 的频率及具体│ │ 设计要求    │
│●传统媒体服务│ │●是否使用过新│ │ 长和习惯时段│ │ 困难        │ │●涉老内容的需│
│ 满意度      │ │ 型电视服务的│ │●收看5类节目 │ │●收视服务的满│ │ 求态度与个  │
│●常用媒介    │ │ 原因        │ │ 和使用新型  │ │ 意度与不足  │ │ 体服务偏好  │
│●新型电视使用│ │             │ │ 服务的频率  │ │●涉老内容、新│ │●老年人频道、│
│ 周期        │ │             │ │●选择收视内容│ │ 型服务的功用│ │ 高清视频服  │
│             │ │             │ │ 和新型服务注│ │ 与不足      │ │ 务的需求态度│
│             │ │             │ │ 重的因素    │ │●电视的整体功│ │●新型服务的需│
│             │ │             │ │             │ │ 用          │ │ 求态度和功  │
│             │ │             │ │             │ │●不再使用电视│ │ 能或内容需求│
│             │ │             │ │             │ │ 的生活影响程│ │●三网融合的服│
│             │ │             │ │             │ │ 度          │ │ 务期待      │
└─────────────┘ └─────────────┘ └─────────────┘ └─────────────┘ └─────────────┘
```

图 3-2 电视问卷的问题设置

新型服务的频率（定序），选择收视内容（定类）和新型服务（定类）时注重的因素。

使用评价包括终端层面的电视产品操作满意度（定序）、遇到操作困难的频率（定序）及具体困难（定类），内容层面的电视媒介整体功用（定类）、收视服务满意度（定序）与不足（定类）、涉老内容的功用（定类）与不足（定类）、新型服务的功用（定序）与不足（定类），关系层面的不再使用电视对生活的影响程度（定序）及具体影响（定类）。

使用需求包括终端层面对操作菜单、遥控器的适老需求（定序）及设计要求（定类）；内容层面对涉老内容的需求（定序）和具体偏好（定类），对高清视频和老年人频道的需求（定序），对新型服务的接受态度及长期使用态度（定序），对新型服务的功能或内容需求（定类），对电视媒介的"三网融合"服务期待（定类）。

2. 电脑上网问卷

如图 3-3 所示，使用原因包括使用电脑上网的原因（定类），接触网络新闻、网络视频、网络学习、网络购物、网络社交五类服务以及老年人服务网站的原因（定类），没有接触五类网络服务及老年人服务网站的原因（定类）。

使用活动包括获得电脑上网产品（定类）及学习使用的途径（定类）、使用权（定序），上网的主要活动（定类）、日均时长（定序）和习惯时段（定类），接触五类网络服务、老年人服务网站的频率

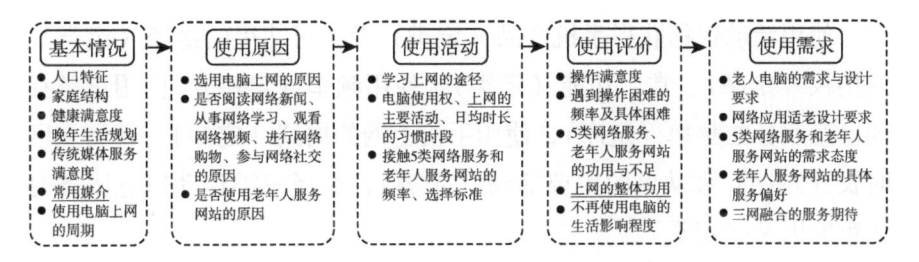

第三章 三网融合背景下城市老人媒介使用行为调查

```
┌─────────┐ ┌─────────┐ ┌─────────┐ ┌─────────┐ ┌─────────┐
│ 基本情况 │ │ 使用原因 │ │ 使用活动 │ │ 使用评价 │ │ 使用需求 │
├─────────┤ ├─────────┤ ├─────────┤ ├─────────┤ ├─────────┤
│●人口特征│ │●选用电脑 │ │●学习上网 │ │●操作满意 │ │●老人电脑 │
│●家庭结构│ │ 上网的原 │ │ 的途径  │ │ 度     │ │ 的需求与 │
│●健康满意│ │ 因     │ │●电脑使用 │ │●遇到操作 │ │ 设计要求 │
│ 度    │ │●是否阅读 │ │ 权、上网 │ │ 困难的频 │ │●网络应用 │
│●晚年生活│ │ 网络新闻、│ │ 的主要活 │ │ 率及具体 │ │ 适老设计 │
│ 规划   │ │ 从事网络 │ │ 动、日均 │ │ 困难   │ │ 要求   │
│●传统媒体│ │ 学习、观看│ │ 上网时长 │ │●5类网络  │ │●5类网络  │
│ 服务满意│ │ 网络视频、│ │ 的习惯时 │ │ 服务、老 │ │ 服务和老 │
│ 度    │ │ 进行网络 │ │ 段     │ │ 年人服务 │ │ 年人服务 │
│●常用媒介│ │ 购物、参与│ │●接触5类 │ │ 网站的功 │ │ 网站的需 │
│●使用电脑│ │ 网络社交 │ │ 网络服务 │ │ 用与不足 │ │ 求态度  │
│ 上网的周│ │ 的原因  │ │ 和老年人 │ │●上网的整 │ │●老年人服 │
│ 期    │ │●是否使用 │ │ 服务网站 │ │ 体功用  │ │ 务网站的 │
│      │ │ 老年人服 │ │ 的频率、 │ │●不再使用 │ │ 具体内容 │
│      │ │ 务网站的 │ │ 选择标准 │ │ 电脑的生 │ │ 偏好   │
│      │ │ 原因   │ │      │ │ 活影响程 │ │●三网融合 │
│      │ │      │ │      │ │ 度     │ │ 的服务期 │
│      │ │      │ │      │ │      │ │ 待    │
└─────────┘ └─────────┘ └─────────┘ └─────────┘ └─────────┘
```

图3-3 电脑上网问卷的问题设置

（定序）和选择标准（定类）。

使用评价包括终端层面的电脑上网操作满意度（定序）、遇到操作困难的频率（定序）及具体困难（定类），内容层面的上网功用（定类）、五类网络服务的功用（定序）与不足（定类），老年人服务网站的功用（定类）与不足（定类），关系层面的不再上网对生活影响的程度（定序）及具体影响（定类）。

使用需求包括终端层面对老年人电脑的需求（定序）与设计要求（定类）、对网络应用的适老设计要求（定类），内容层面对五类网络服务和老年人服务网站的接受态度（定序），对老年人服务网站的具体内容偏好和持续使用态度（定序），对电脑媒介的"三网融合"服务期待（定类）。

3. 手机问卷

如图3-4所示，使用原因包括使用手机的原因（定类），使用手机上网、阅读新闻资讯、观看视频的原因（定类）及没有使用三类服务的原因（定类）。

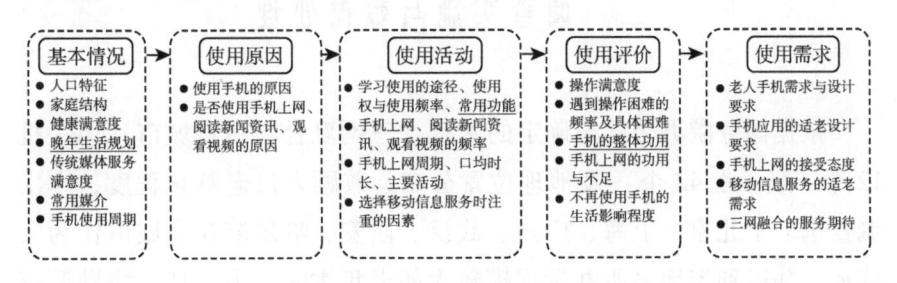

```
┌─────────┐ ┌─────────┐ ┌─────────┐ ┌─────────┐ ┌─────────┐
│ 基本情况 │ │ 使用原因 │ │ 使用活动 │ │ 使用评价 │ │ 使用需求 │
├─────────┤ ├─────────┤ ├─────────┤ ├─────────┤ ├─────────┤
│●人口特征│ │●使用手机 │ │●学习使用 │ │●操作满意 │ │●老人手机 │
│●家庭结构│ │ 的原因  │ │ 的途径、 │ │ 度     │ │ 需求与设 │
│●健康满意│ │●是否使用 │ │ 使用权和 │ │●遇到操作 │ │ 计要求  │
│ 度    │ │ 手机上网、│ │ 使用频率、│ │ 困难的频 │ │●手机应用 │
│●晚年生活│ │ 阅读新闻 │ │ 常用功能 │ │ 率及具体 │ │ 的适老设 │
│ 规划   │ │ 资讯、观 │ │●手机上网、│ │ 困难   │ │ 计要求  │
│●传统媒体│ │ 看视频的 │ │ 阅读新闻 │ │●手机的整 │ │●手机上网 │
│ 服务满意│ │ 原因   │ │ 资讯、观 │ │ 体功用  │ │ 的接受态 │
│ 度    │ │      │ │ 看视频的 │ │●手机的功 │ │ 度    │
│●常用媒介│ │      │ │ 频率   │ │ 用与不足 │ │●移动信息 │
│●手机使用│ │      │ │●手机上网 │ │●不再使用 │ │ 服务的适 │
│ 周期   │ │      │ │ 周期、日 │ │ 手机的生 │ │ 老需求  │
│      │ │      │ │ 均时长、 │ │ 活影响程 │ │●三网融合 │
│      │ │      │ │ 主要活动 │ │ 度     │ │ 的服务期 │
│      │ │      │ │●选择移动 │ │      │ │ 待    │
│      │ │      │ │ 信息服务 │ │      │ │      │
│      │ │      │ │ 时注重的 │ │      │ │      │
│      │ │      │ │ 因素   │ │      │ │      │
└─────────┘ └─────────┘ └─────────┘ └─────────┘ └─────────┘
```

图3-4 手机问卷的问题设置

使用活动包括获得手机产品（定类）及学习使用的途径（定类）、使用权（定序）、常用功能（定类）、使用频率（定序），使用三类移动信息服务的频率（定序），使用手机上网的周期（定序）、日均上网时长（定序）和从事的主要活动（定类），选择三类移动信息服务时注重的因素（定类）。

使用评价包括终端层面的操作满意度（定序）、遇到操作困难的频率（定序）及具体困难（定类），内容层面的手机整体功用（定类），上网功用（定序）与不足（定类），关系层面的不再使用手机对生活的影响程度（定序）及具体影响（定类）。

使用需求包括终端层面对老年人手机的需求（定序）与设计要求（定类），对手机上网应用（APP）的适老设计要求（定类），内容层面对手机上网服务的接受态度（定序），对移动信息服务的适老需求（定序），对手机媒介的"三网融合"服务期待（定类）。

综上所述，三种问卷的问题形式采用多封闭式、少开放式的整体设计思路。封闭式问题便于统计分析，也便于老年人填写。开放式问题只对必要的研究内容设计一些。另外，录入数据之后，还会在使用活动环节针对电视的常用功能、使用电脑上网从事的主要活动、常用手机功能的选择求和，新建样本对三种媒介的"使用水平"变量；在使用评价环节对三种媒介发挥的主要功用选择求和，新建样本对三种媒介的"使用满足水平"变量。

二　调查实施与数据处理

依据国务院办公厅曾确定的两批"三网融合"试点城市（第一批12个，第二批42个）及地理位置分布，兼顾人口老龄化程度，本次调查选取了北京、上海、广州、武汉、西安、哈尔滨6个城市作为实施地，并得到当地多所办学规模较大的老年大学大力支持，协助调查小组展开老年学员的组织、讲解和问卷填答工作，提高了问卷的填答质量和回收率。

问卷调查的实施分成两个阶段，调查小组均全程介入，监督调查流程，确保调查数据的可靠性。第一阶段是试调查，地点在哈尔滨市，通过走访邻近的 50 位老年人，验证问卷设计的合理性和填答效果，完善问题形式和内容的准确性，为之后实施大规模的调查积攒调查程序和方法经验。

第二阶段是正式调查，使用完善后的问卷先后在北京、上海、广州、武汉、西安、哈尔滨 6 个城市实施。调查采取整群加随机抽样的方法，依据各所老年大学开设的专业门类和学员名单，按照各个班级和学号顺序，随机选取已使用新型电视、电脑上网或手机的学员填答，填答学员的集合即作为该城市的样本。同时，考虑到研究数据的前瞻价值，还要求填答学员年龄在 50 岁以上，并在 2014 年 9—11 月、2015 年 4—5 月期间发放三种问卷各 1200 份，回收有效电视问卷 1047 份、有效电脑上网问卷 1039 份、有效手机问卷 1099 份，有效回收率分别为 87.25%、86.58%、91.58%。

如图 3-5 至图 3-10 所示，6 个城市发放三种问卷各 200 份，北京市回收有效电视问卷 168 份、电脑上网问卷 167 份、手机问卷 165 份，得到北京海淀区老龄大学及东城区、西城区和顺义区老年大学的支持；上海市回收有效电视问卷 162 份、电脑上网问卷 165 份、手机问卷 164 份，得到上海老龄大学的支持；广州市回收有效电视问卷 167 份、电脑上网问卷 168 份、手机问卷 165 份，得到广州市老干部大学的支持；武汉市回收有效电视问卷 163 份、电脑上网问卷 167 份、手机问卷 161 份，得到武汉老年大学的支持；西安市回收有效电视问卷 162 份、电脑上网问卷 165 份、手机问卷 160 份，得到西安老年大学的支持；哈尔滨市回收有效电视问卷 176 份、电脑上网问卷 174 份、手机问卷 175 份，得到哈尔滨老年大学的支持。总体来看，6 个城市的调查样本比例比较均衡。

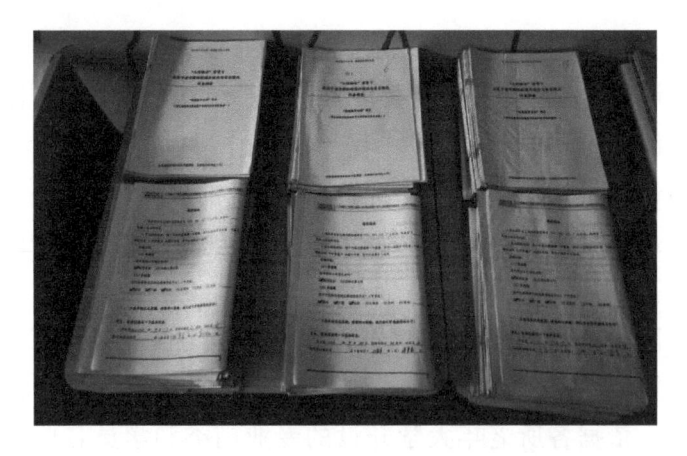

图3-5 来自北京、上海和广州的有效电视问卷

图3-6 来自武汉、西安和哈尔滨的有效电视问卷

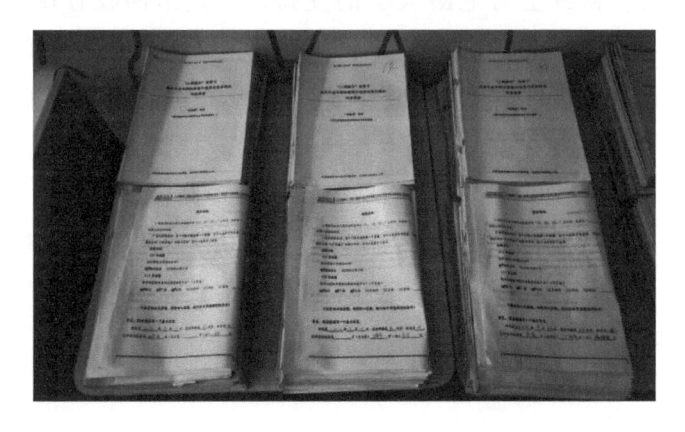

图3-7 来自北京、上海和广州的有效电脑上网问卷

图3-8 来自武汉、西安和哈尔滨的有效电脑上网问卷

图3-9 来自北京、上海和广州的有效手机问卷

图3-10 来自武汉、西安和哈尔滨的有效手机问卷

本次调查由本人组织在校硕士生进行问卷的回收、检查、整理和数据录入，填答质量较差的问卷将返还所在调查地进行再次填答或直接视为无效。数据录入采用 SPSS 20.0，先根据不同问题的题型和选项形式在 SPSS 中设置数据录入格式，一种是单选题录入，回答是一个数字，录入选项对应的序号即可；另一种是多选题录入，回答会有多个，采用所有选项是否被选择的格式进行数据录入，即选项被选择录入"1"，未被选择录入"0"。

数据录入格式确定后，即开始组织多位研究生分工合作，按照计划方案实施数据的录入工作。通过对各项调查数据进行统计和分析，得到以下调查结果。

第二节 调查对象的基本特征

一 性别与年龄

样本的男女比例接近1∶1。电视样本包括男性 516 人、女性 531 人，电脑上网样本包括男性 513 人、女性 526 人，手机样本包括男性 543 人、女性 556 人。

样本的年龄介于 50—95 岁。其中电视样本的平均年龄为 61.87 岁，电脑上网样本的平均年龄为 62.63 岁，手机样本的平均年龄为 61.85 岁。以 5 岁间隔分七组，如图 3-11 所示，发现三类样本均以"60—64 岁""55—59 岁"居多，其次是"65—69 岁""50—54 岁"，即年龄分布集中在 70 岁以下，总体偏年轻化。

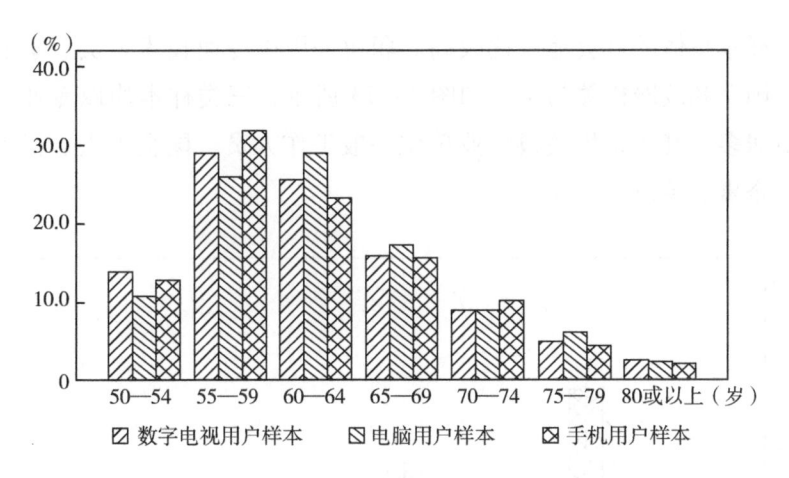

第三章 三网融合背景下城市老人媒介使用行为调查 ◇◆◇

图 3-11 年龄结构分布

二 文化程度与职业经历

样本整体的文化程度普遍较高。如图 3-12 所示，三类样本均以"本科/大专"为主。其中，硕士及以上学历的样本多出现在北京地区和上海地区。

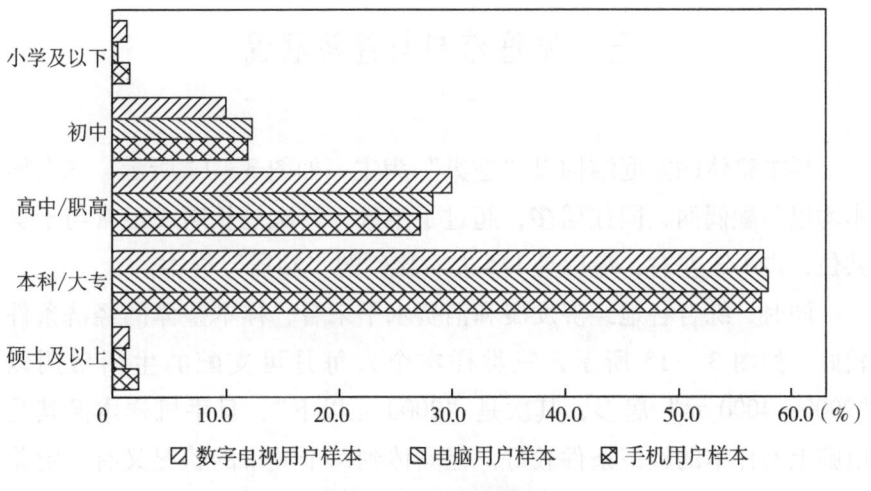

图 3-12 文化程度分布

· 107 ·

样本整体的社会地位比较高。职业经历以专业技术人员、事业单位、国企和政府机关为主。如图3-13所示，三类样本均以专业技术人员居多，其次是机关或事业单位一般工作人员、国企工人、机关干部、企事业单位负责人等。

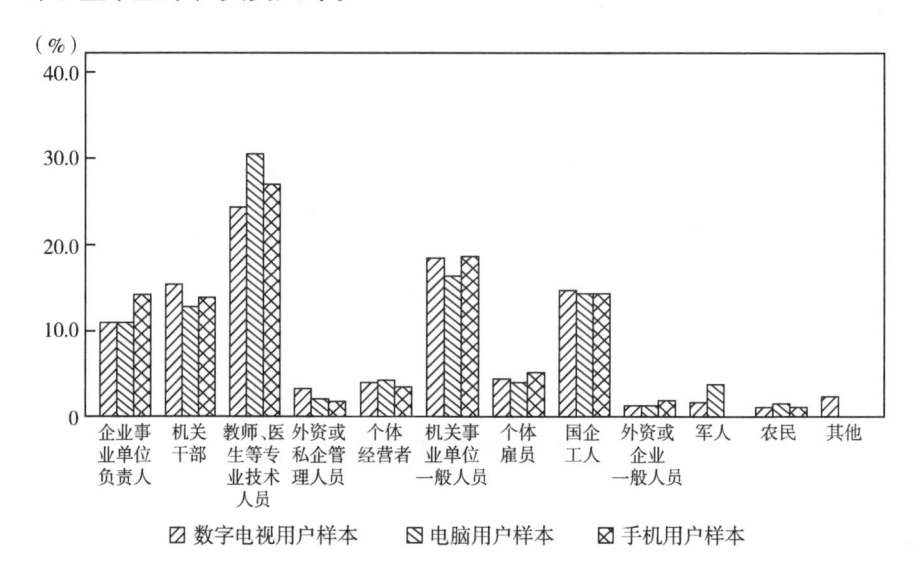

图3-13 职业经历分布

三 家庭结构与经济状况

样本整体的家庭结构以"空巢"为主。如图3-14所示，三类样本均以与配偶两人同住居多，超过了半数，其次是长期或经常与子女共住，占1/3左右，最后是1/5左右比例的"独居"样本。

同时，综合各地经济发展和消费水平来看，样本整体的经济条件较好。如图3-15所示，三类样本个人每月可支配的生活费用以"2000—4000元"居多，其次是"2000元以下"，且手机样本尤其是电脑上网样本的经济条件较好。但具体到每个城市的状况又有一定差异，如北京地区的样本近半数为"4000—6000元"，西安地区只有不

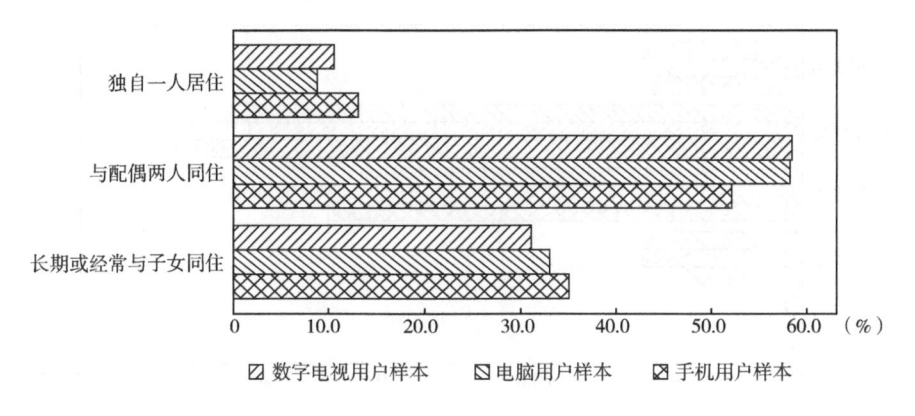

图 3-14 家庭结构分布

到 1/4 的样本为 "4000—6000 元"。

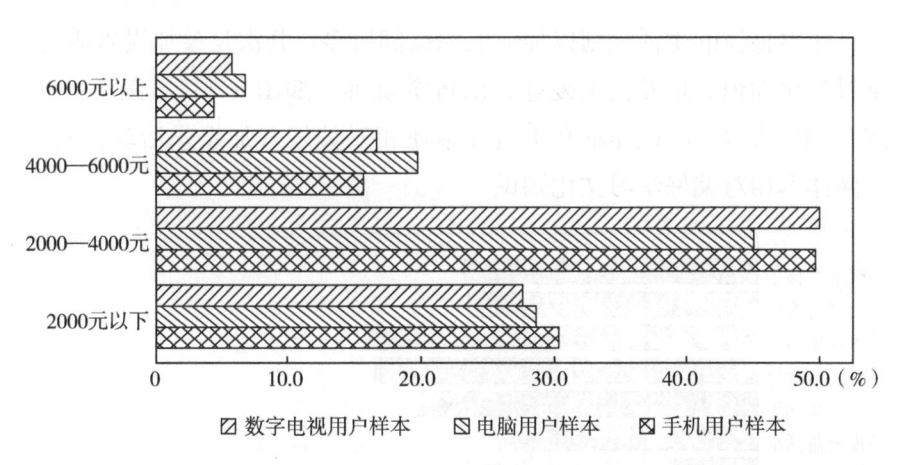

图 3-15 个人每月的生活费用分布

四 健康状况与生活规划

样本整体的健康满意度较好。如图 3-16 所示，三类样本均以比较满意和一般满意居多，且电视样本，尤其是手机样本相对较好。

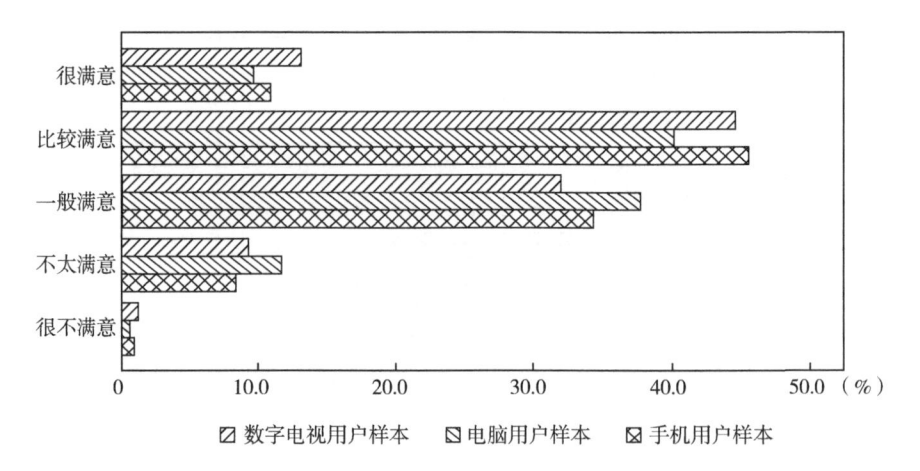

图 3 – 16 健康满意度分布

样本整体的生活规划以加强锻炼保健居多，其次是参加娱乐活动、学习文化知识、培养艺术爱好、出行游玩等，如图 3 – 17、图 3 – 18、图 3 – 19 所示。电视样本和手机样本还相对偏好参加娱乐活动，电脑上网样本相对偏好学习文化知识。

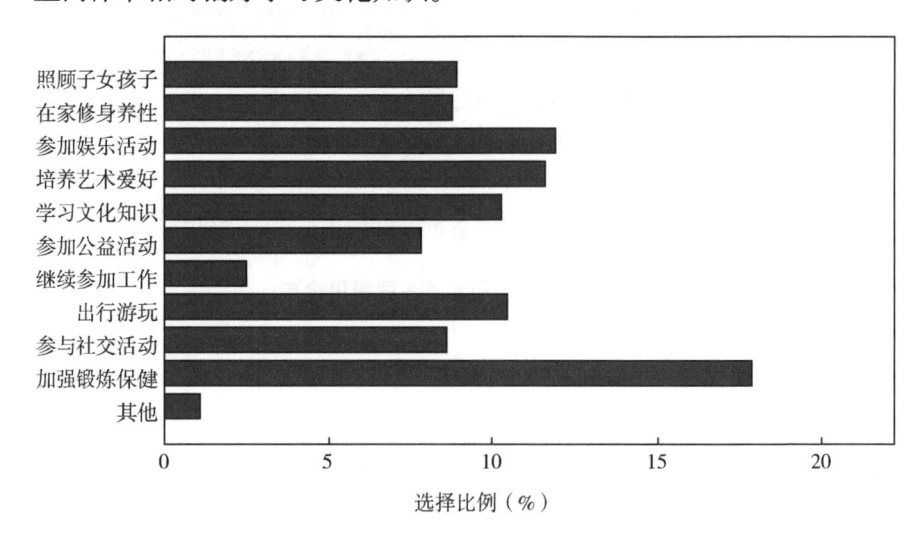

图 3 – 17 电视样本的生活规划分布

另外，对样本生活规划的选择求和，可以用来评价其生活积极性。

视 0 项为"很不积极",1 项为"不太积极",2—3 项为"一般积极",4—5 项为"比较积极",5 项以上为"非常积极",新建"生活积极性"变量。如图 3-20 所示,样本整体以"一般积极"居多,约占 1/3。但电视样本"不太积极"的比例较大,电脑上网和手机样本"比较积极",尤其是"非常积极"比例较大。即电脑上网样本、手机样本相比电视样本的生活规划更加丰富,生活积极性更高,均值依次为 M≈3.34、M≈3.30、M≈3.19。

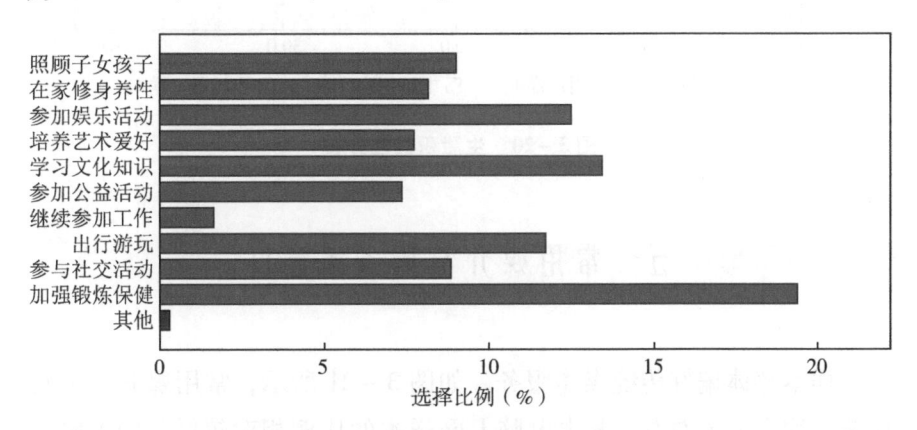

图 3-18 电脑上网样本的生活规划分布

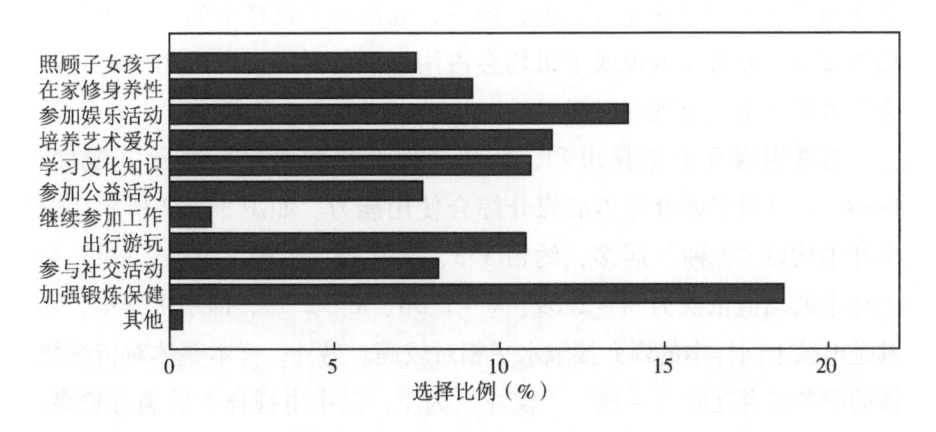

图 3-19 手机样本的生活规划分布

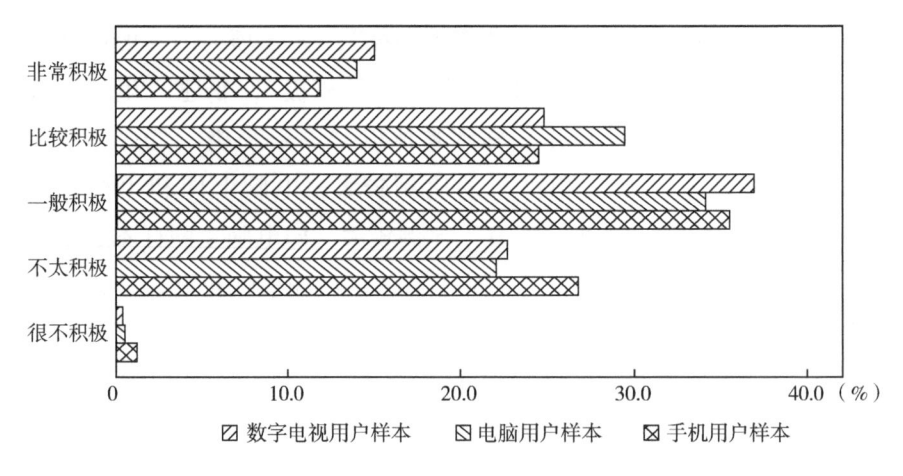

图3-20 生活积极性分布

五 常用媒介与服务满意度

样本整体偏好传统媒体服务。如图3-21所示，常用媒介以电视居多，均占1/3左右。其中电脑上网样本的比例相对较低，即上网占用了电视的时间；其次是报刊、广播，但比例并没有显著差异，即没有受到使用新媒介的显著影响；最后，电视和手机样本的上网比例均相对较低，即常用电视或手机均会占用上网的时间，而常用手机并不会显著影响使用电视的时间。

对常用媒介的选择求和，新建"媒介接触水平"变量（定序，1—6），可用来评价样本的媒介综合使用能力。如图3-22所示，三类样本均以"3种"居多，约占1/3，其次是"2种"，约占1/4。三类样本的均值依次为M≈2.69、M≈2.96、M≈2.79，即手机样本，尤其是电脑上网样本的媒介接触水平相对较高。另外，样本整体对传统媒体的服务满意度以"一般""较好"为主，其中电视样本的满意较高，电脑上网样本较低，如图3-23所示。三类样本的均值依次为M≈2.44、M≈2.65、M≈2.65。

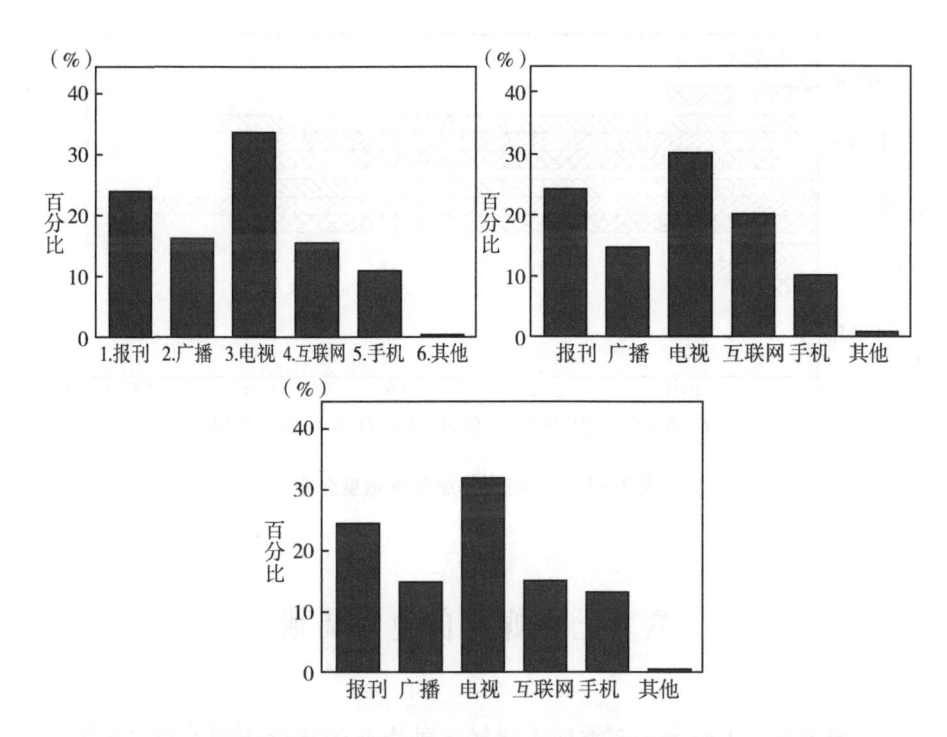

第三章 三网融合背景下城市老人媒介使用行为调查 ◇◆◇

图 3-21 常用媒介分布（左：电视样本，中：电脑样本，右：手机样本）

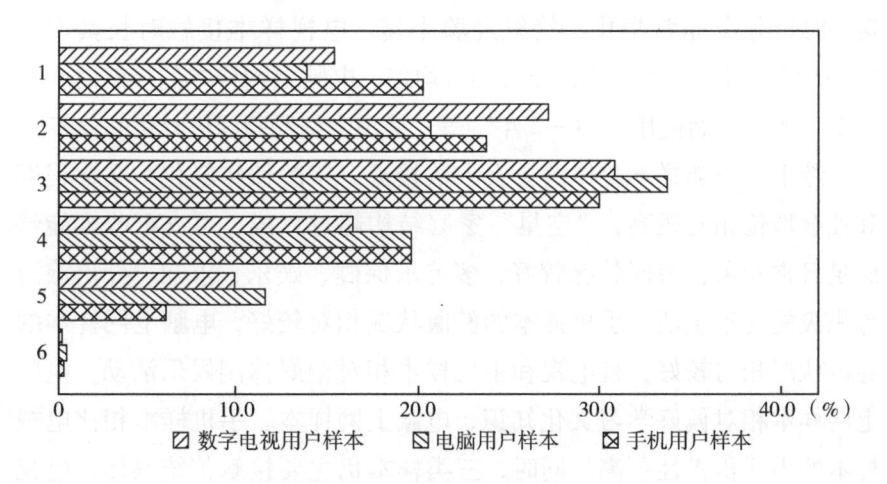

图 3-22 媒介接触水平分布

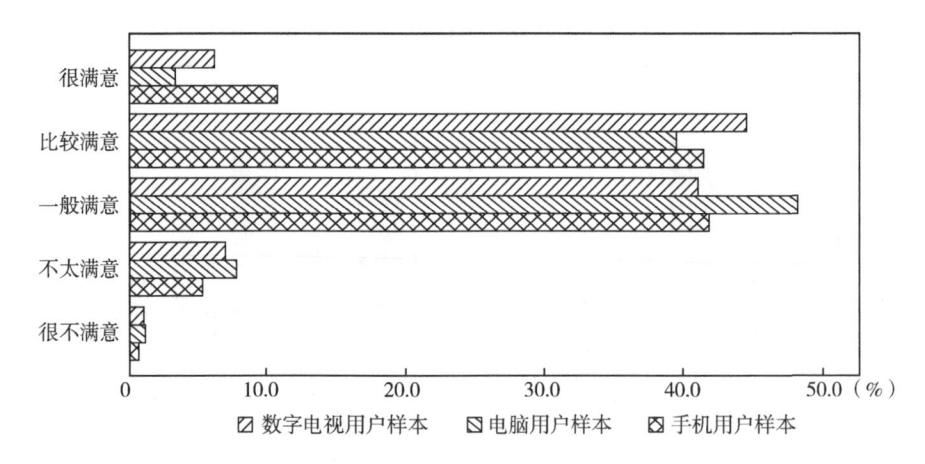

图 3-23 传统媒体服务满意度分布

六 三种媒介的使用周期

如图 3-24 所示，三类样本接触三种媒介的周期年限均以"5 年以上"居多，人数比例依次为 23.5%、31.3%、68.4%。尤其是手机样本接触时长分布非常集中，接触经验丰富。电视样本接触时长其次是"1—2 年""2—3 年"等，分布相对均匀。电脑上网样本的接触时长其次是"刚刚开始使用""1—2 年"等，呈现上网经验两极分化的分布。

综上，三类样本整体的男女人数接近，年龄偏年轻化，文化程度和社会地位相对较高，"空巢"家庭结构超过六成，可支配收入能够满足日常所需，健康状况较好，多追求保健、娱乐、求知、外出旅游等积极的晚年生活。手机样本的健康状况相对较好，电脑上网样本的经济状况相对较好，且电视和手机样本相对偏好休闲娱乐活动，电脑上网样本相对偏好学习文化知识，电脑上网样本、手机样本相比电视样本的生活积极性更高。同时，三类样本仍主要接触传统媒体，电视样本对传统媒体的服务满意度评价相对较高，电脑上网样本的评价相对较低。样本对三种媒介的使用并没有显著影响其对报刊、广播的使用时间，但常用电视或手机会明显占用使用电脑上网的时间，常用手

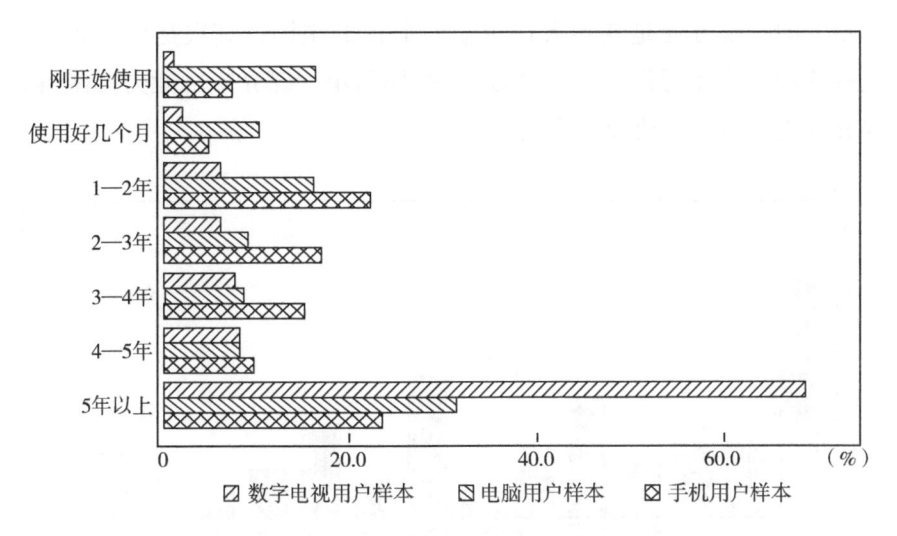

图 3-24　三种媒介的使用时长分布

机并没有明显占用使用电视的时间。

另外，三类样本在媒介接触经验上均具有一定代表性。首先，使用三种媒介的周期均以 5 年以上居多。其次，电脑上网样本的媒介接触水平较高，有较多刚开始使用电脑上网的人群；部分电视样本已开始使用电脑上网，手机样本中使用电脑上网的人群相对较低，受到常用手机的时间占用影响。

第三节　电视服务的传统化使用行为

一　电视服务的使用原因

（一）选用新型电视的原因

样本主要因为服务接通容易（21.9%）选择使用新型电视，其次是屏幕较大（12.4%）、多年习惯（10.5%）、钟情某些节目或频道（8.9%）、操作简单（8.2%）、只会使用电视（6.8%）等，如图 3-25

所示。即安装方便是老年人选用新型电视的主因,其次是屏幕较大、收视依赖(多年习惯、节目魅力)、操作简单、媒介接触能力局限等,媒介因素产生了主要促进作用。

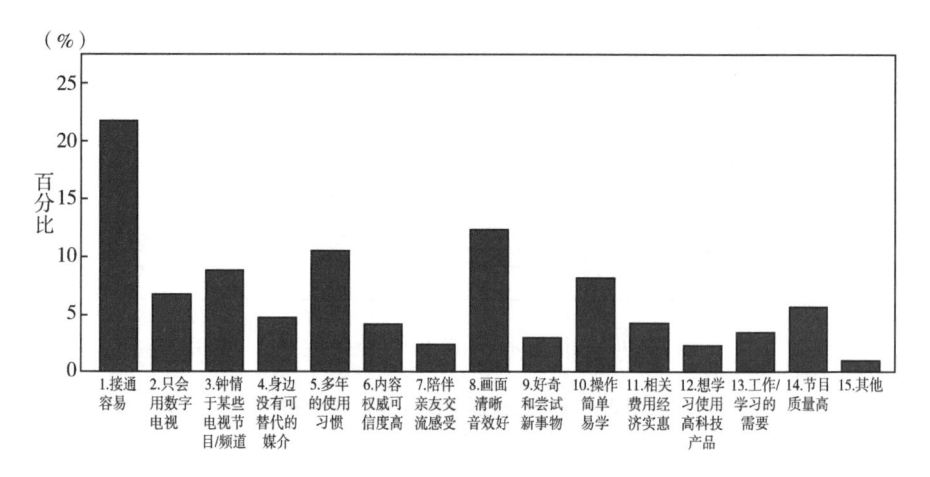

图 3-25 选用新型电视的原因分布

(二) 选用新型电视收视的原因

相比其他收视途径,样本用新型电视收看视频的主要原因是画面和声音清晰(19.6%),其次是适合的内容多(10.3%),只会使用电视收视(8.0%)、费用经济(7.7%)、内容丰富(6.9%)等,如图3-26所示。即画音质量清晰是老年人选用新型电视收看视频的主要原因,其次是内容贴近、媒介接触能力局限、费用经济、内容丰富等,媒介优势产生了主要促进作用。

(三) 接触新型服务的原因

部分样本接触新型电视提供的视频点播、信息查询等服务的主要原因是体验新事物(20.8%)、作为生活信息助手(17.6%),其次是服套餐赠送(10.3%)、有亲友陪伴时使用(10.1%)、没有好看的内容时使用(9.4%)、跟随社会潮流(8.9%)等,如图3-27所示。即出于好奇心和为了获取辅助居家生活的信息服务是老年人使用新型

第三章　三网融合背景下城市老人媒介使用行为调查

服务的首要原因，其次是受到了免费试用、亲友协助和出于作为收视补偿的目的、社会环境的综合影响。

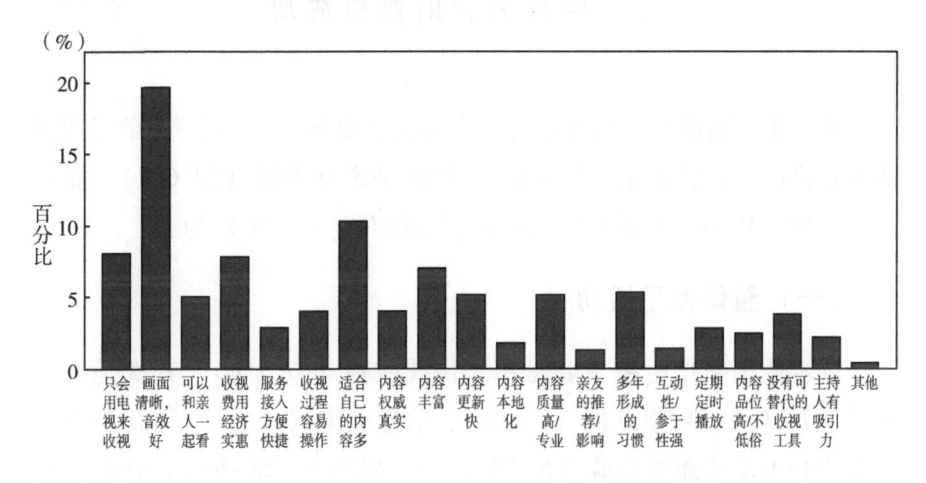

图 3-26　选用新型电视收视的原因分布

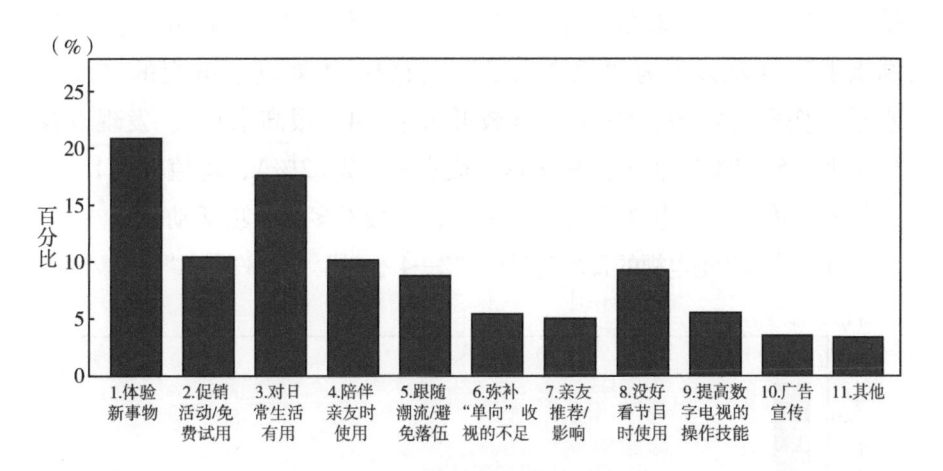

图 3-27　接触新型服务的原因分布

部分样本没有接触新型服务的主要原因是没有掌握使用方法（19.3%），其次是对服务缺乏了解（13.8%）、觉得开通麻烦（12.9%）、收视服务已满足需求（12.6%）、资费不够合理（8.2%）、操作响应速度慢（8.1%）等。即媒介接触能力局限、了解不够是老年人没有使用新型服务的主要原因。

二 电视服务的使用活动

样本集中通过自行购买的方式获得新型电视（74.0%）；学习使用的主要途径是自己摸索（49.4%），其次是亲友协助（22.6%）、业务人员协助（19.4%）等；使用权以完全拥有（60.4%）为主。

（一）整体使用活动

样本使用新型电视主要是用于传统收视（47.1%），其次是视频回看（7.6%）、视频点播（7.5%）、信息查询（6.4%）等新型服务及唱卡拉OK或播放影碟（5.2%）等，如图3-28所示。对具体选择求和，可用以评价样本对新型电视的使用水平。根据数据的实际情况，视1项为"较低水平"，2项为"一般水平"，3—4项为"较高水平"，4项以上为"很高水平"，新建样本对新型电视的"使用水平"变量（定序，1—4，1=较低水平，4=很高水平）。发现以较低水平（61.7%）居多，其次是一般水平（22.2%），均值M≈1.57，老年人整体的新型电视使用水平一般，一般不多于2项活动。

样本使用新型电视的日均时长以"2—4小时"（32.8%）、"1—2小时"

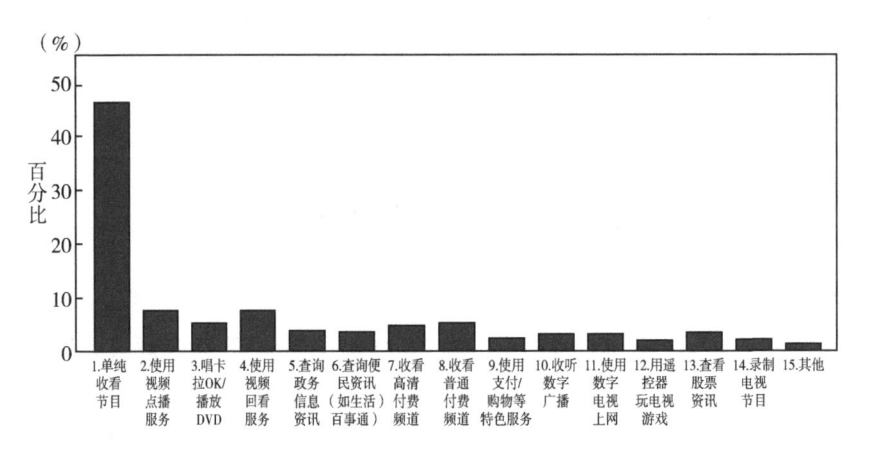

图3-28 新型电视的用途分布

(28.5%)居多;主要是在"晚8—10点"(23.6%)、"晚7—8点"(22.4%),其次是"不定时,看情况"(13.4%)、"下午5点—晚7点"(11.6%)等。

(二)具体服务的使用活动

样本收看新闻类节目的频率(M≈1.55)以"经常"(60.7%)为主;收看文娱类节目的频率(M≈1.80)以"有时"(41.8%)、"经常"(41.6%)居多;收看生活服务类节目的频率(M≈2.09)以"有时"(49.6%)居多;收看知识教育类节目的频率(M≈2.29)以"有时"(44.1%)居多;收看涉老内容的频率(M≈2.51)是以"有时"(39.2%)、"偶尔"(31.7%)为主,即老年人主要偏好新闻类节目和文娱类节目,大部分有收看涉老内容的习惯。同时,样本在选择收视内容时首先注重符合自己的内容偏好(12.5%)、画音清晰度(11.5%),其次是内容品位(9.0%)、广告插播少(8.1%)、内容热点性(7.6%)等。

相比收视服务,样本对新型服务接触频率最低(M≈3.33),以"从不"(60.9%)为主,但已有近四成样本接触新型服务,包括视频回看、视频点播、信息查询等。选择新型服务时注重的因素涉及开通是否方便(20.6%)、功能/内容是否实用(20.2%)、费用是否合理(15.0%)、操作是否简便(12.9%)等,如图3-29所示,体现了追求操作简单、实用经济的媒介消费心理。

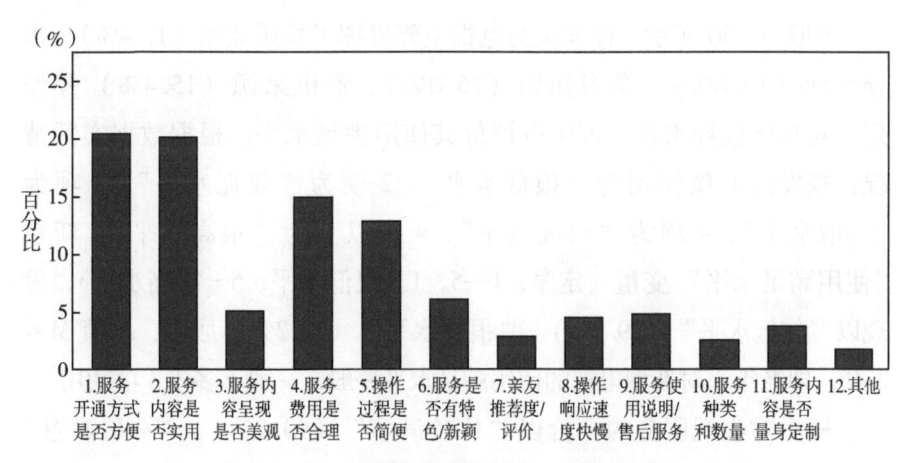

图3-29 选择新型服务时注重的因素分布

三 电视服务的使用评价

基于构成媒介场景的终端、内容、关系和体验要素,将老年人对电视服务的使用评价分为操作评价、服务有用性与不足评价、服务依赖性评价,且服务有用性与不足评价涉及新型电视的整体功用、收视服务和新型服务。

(一) 终端操作评价

样本使用新型电视时会"偶尔"(47.1%)、"有时"(37.5%)遇到操作困难($M \approx 2.55$);操作满意度($M \approx 2.50$)以"比较满意"(44.6%)和"一般满意"(43.6%)为主;遇到的操作困难以遇到问题时无人可请教(23.0%)居多,其次是新功能的操作(16.9%)、遥控器或机顶盒的使用(12.8%)、电子菜单的操作(11.2%)等。即老年人仅时而遇到新型电视操作困难,满意度尚可,主要与缺乏使用经验有关,特别是缺少及时有效的操作指导。

(二) 服务有用性评价

如图3-30所示,样本认为电视主要发挥了娱乐放松(17.4%)、指导生活(16.6%)、学习知识(16.0%)、资讯来源(15.4%)等作用。对具体选择求和,可用以评价其使用满足水平。根据数据实际情况,视发挥1项作用为"很低水平",2项为"较低水平",3项为"一般水平",4项为"较高水平",4项以上为"很高水平",新建"使用满足水平"变量(定序,1—5,1=很低水平,5=很高水平),发现以"较低水平"(29.2%)、"很低水平"(28.2%)居多,均值$M \approx 2.46$。即老年人对新型电视的使用满足水平一般,一般不多于3项功用。

样本对收视服务的评价以"比较满意"(43.8%)、"一般满意"(42.9%)为主,均值$M \approx 2.49$;对新闻类节目的有用性评价以"有

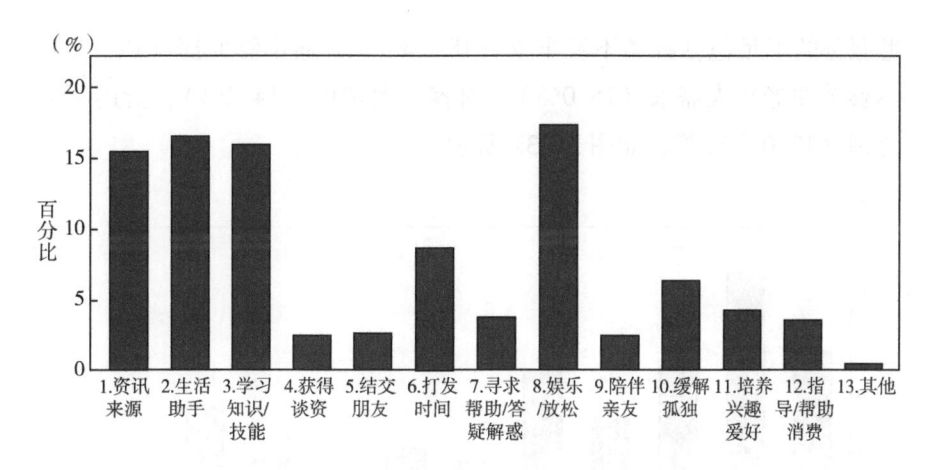

图3-30 新型电视对老年人发挥的功用分布

些用"（48.7%）、"很有用"（39.5%）为主，均值 M≈1.73；对文娱类节目以"有些用"（59.6%）为主，均值 M≈1.95；对生活服务类节目以"有些用"（62.5%）为主，均值 M≈2.11；对知识教育类节目以"有些用"（63.9%）为主，均值 M≈2.03；即老年人的收视服务满意度较好，并对新闻类节目的有用性评价最高。另外，样本对涉老内容的功用评价以娱乐放松（27.9%）、学习知识或技能（24.2%）、涉老资讯来源（23.6%）居多，即在老年人生活的其他服务领域有待开拓；对新型服务的有用性评价（M≈2.29）以"有些用"（38.7%）、"一般有用"（38.7%）为主，即对新型服务的有用性评价较好。

（三）服务不足评价

样本认为收视服务的主要不足是缺少对老年人的关注（21.9%），其次是形式千篇一律（14.5%）、付费频道费用高（13.1%）、涉老内容少（12.7%）等，如图3-31所示；认为涉老内容的主要不足是感兴趣的内容少（22.7%），其次是形式单调（8.7%）、广告多（7.3%）、新闻类内容少（6.5%）、播出时段不太合理（6.3%）等。即需要加强常规内容对老年人的关注和涉老内容的贴近性，内容形式创新、降低付费频道资费、淡化商业色彩、合理化播出时间，等等。样本认为新型服务的不足包括种类不够丰富（18.8%）、开通不够便捷（15.3%）、不够关注老年人需求（15.0%）、内容不太实用（14.2%）、费用不太合理（12.0%）等，如图3-32所示。

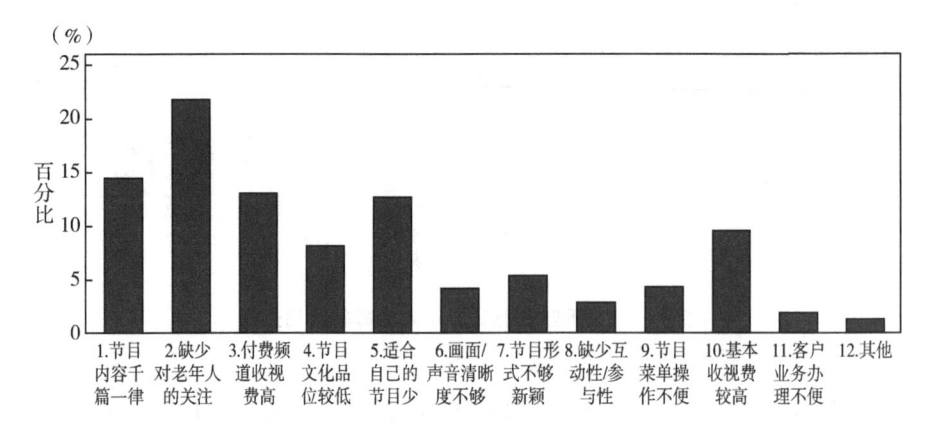

图3-31 收视服务存在的不足分布

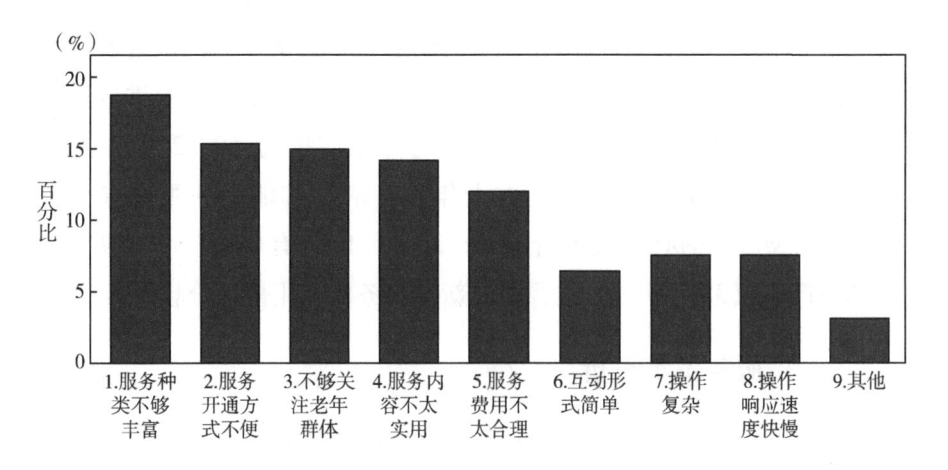

图3-32 新型服务存在的不足分布

（四）服务依赖性评价

针对不再使用电视的生活影响程度假设，样本以"比较影响"（45.1%）居多，均值 M≈2.17，具体影响以生活方式（17.2%）、休闲娱乐方式（17.1%）、资讯获取工具（15.6%）居多，其次是知识学习途径（11.0%）、心理情感寄托（8.2%）等，如图3-33所示。即老年人对电视媒介的使用依赖很强，主要为其建立较强的社会信息连接关系和情感连接关系。

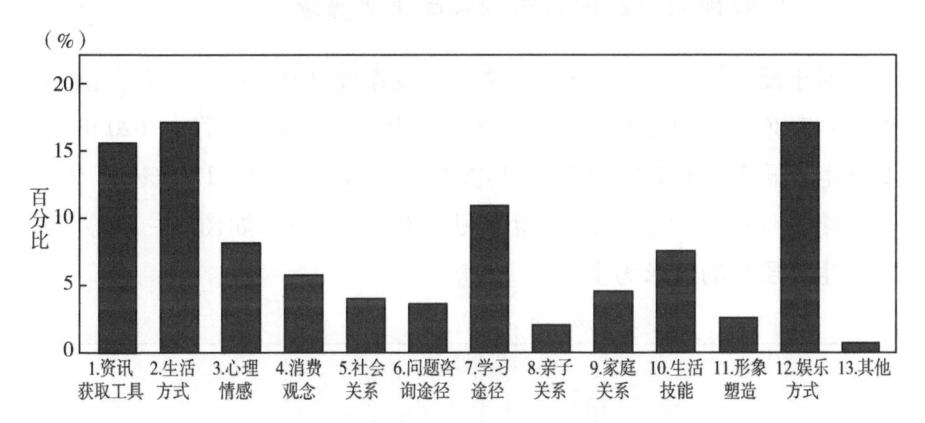

图3-33 不再使用电视的具体影响分布

四 电视服务的使用需求

基于媒介场景的构成要素，问卷将老年人对电视服务的使用需求分为软硬件设计、收视服务、新型服务。针对老年人的服务指向和电视媒介的服务发展趋势，将收视服务分为涉老内容、老年人频道和高清视频服务；结合需求层次理论，就老年人对涉老内容和信息查询服务的具体偏好进行了调查。

（一）软硬件产品的适老设计需求

对于是否为老年人定制电子菜单，样本的态度（$M \approx 1.87$）以"很必要"（40.9%）居多；设计的要求以"易用性"（48.4%）、"内容质量"（37.8%）为主，一是功能清晰、操作简单，二是提供服务简介、操作指导、使用方法和相关费用等信息。对于是否要为老年人定制遥控器，样本的态度（$M \approx 1.71$）以"很必要"（41.9%）居多；

设计要求主要包括按钮布局分明（13.0%）、手感好（12.2%）、反应灵敏（12.2%）、符号易理解（12.1%）、按键少（11.5%）、光线较暗时易识别（9.5%）、具有"一键通"功能（9.4%）等。

（二）收视服务的内容适老和高清化需求

对于没有收看涉老内容的样本，接受态度（M≈1.89）以"比较愿意"（67.8%）为主，即服务需求较高；内容偏好以医疗养生（20.9%）、日常生活服务（16.7%）居多，其次是养老政策解读（11.6%）、休闲爱好培养（9.1%）、知识技能学习（8.7%）等，如图3-34所示，即以生存层面的需求为主。

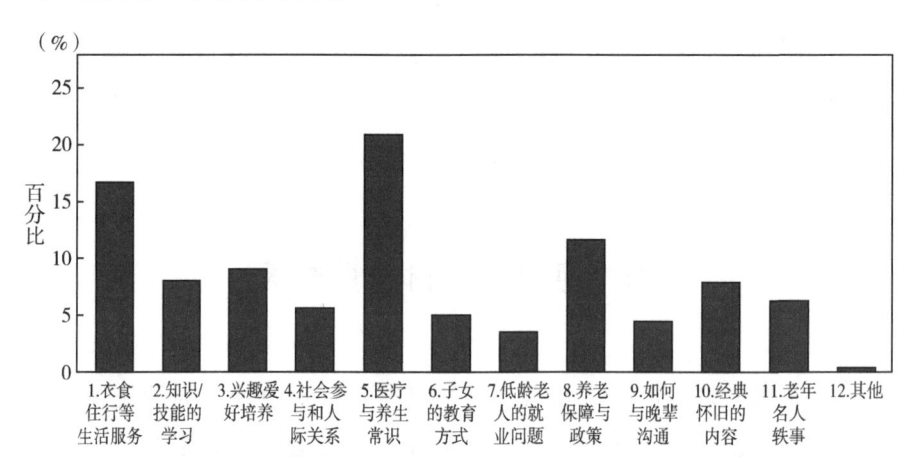

图3-34 涉老内容的服务偏好分布

样本对于老年人频道的需求（M≈2.12）以"比较必要"（33.4%）、"很必要"（31.0%）为主，即服务需求较高；对于高清视频的接受态度（M≈1.91）以"感兴趣但不愿付费"（59.9%）为主，其次是"感兴趣并愿付费"（24.5%）。即老年人对老年人频道和高清视频的接受态度均很好，但比较在意费用问题。

（三）新型服务的功能和内容需求

如图3-35所示，样本对于新型服务的功能需求主要包括视频点播

（19.9%）、视频回看（13.4%），其次是卡拉OK（8.0%）、信息推送（7.7%）、远程教育（6.6%）、可视电话（6.1%）等。即老年人主要青睐交互式视听娱乐服务，其次是信息推送、远程教育、可视电话等。同时，样本期待的信息推送服务主要包括天气（16.1%）、旅游（10.1%）、美食（7.8%）、求医问药（7.3%）、养老规章（6.0%）、交通指南（5.7%）等，即老年人主要关注与天气、出行、饮食、健康等有关的生活信息。另外，没有使用新型服务样本的接受态度（M≈2.11）以"一般愿意"（70.3%）为主；已使用新型服务样本的长期态度（M≈2.19）以"一般愿意"（55.0%）居多，即多数老年人对新型服务的接受态度并不强烈。

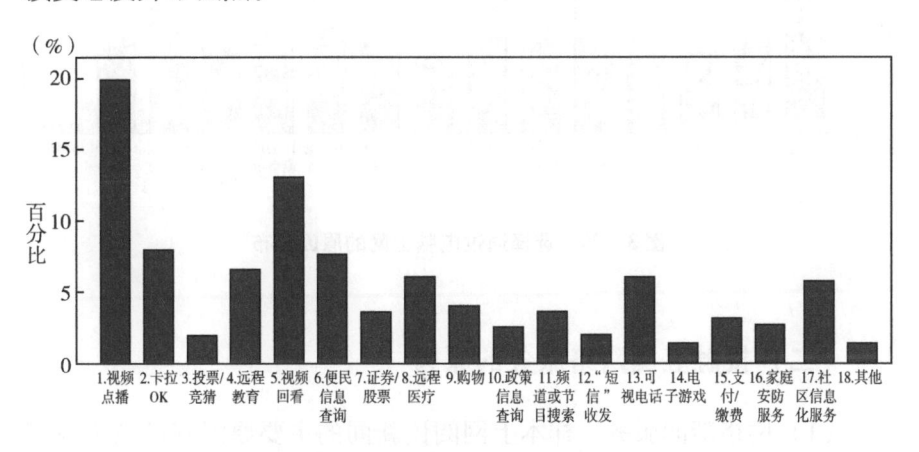

图3-35 新型服务的功能需求分布

第四节 电脑上网服务的多样化使用行为

一 电脑上网服务的使用原因

（一）选择使用电脑上网的原因

样本主要因为服务便捷（14.2%）、与人联系（11.3%）、学习知识（10.6%）而使用电脑上网，其次是及时获取各类资讯（8.9%）、跟随社会潮流（7.8%）、尝试新事物（7.0%）等，如图3－36所示。即服务便捷性，与人联系、学习知识、及时获取资讯等目的，好奇心和信息化社会潮流的影响，是促使老年人使用电脑上网的主要原因，用户因素发挥了较多作用。

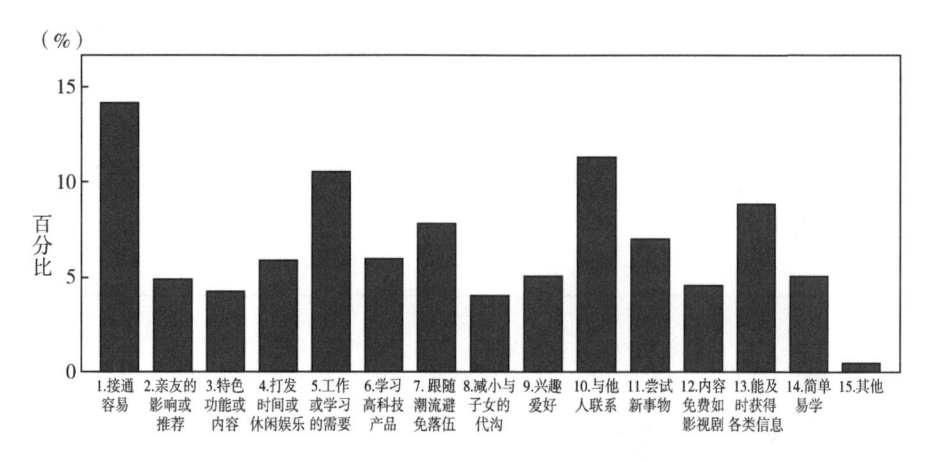

图3－36 选择通过电脑上网的原因分布

（二）接触五类网络服务的原因

（1）网络新闻服务 样本上网阅读新闻的主要原因有可挑选内容（13.4%）、内容更新快（12.3%）、内容丰富（12.1%）、时间自由（11.7%）、作为传统媒体的内容补充（10.6%），等等。部分样本没有接触网络新闻服务的主要原因是传统媒体已满足需求（24.3%）、对网上内容缺乏信任（22.9%）、适合的内容少（20.4%）、没有掌握方法（18.4%）等。

（2）网络学习服务 样本上网学习知识的主要原因是学习方式自主（29.1%），其次是知识查找便捷（17.7%），再次是内容丰富（12.4%）、内容更新快（11.1%）、经济实惠（10.8%）等。部分样本没有接触网络学习服务的主要原因是适合的自己知识少（16.1%）、书籍可满足需求（14.2%）、其他媒体可满足需求（14.0%）、对网上内容缺乏信任（12.1%）、没有掌握方法（11.8%）、没有学习需求（10.6%）等。

（3）网络视频服务 样本上网看视频的主要原因是观看时间自由（26.3%），其次是能看到电视上错过的内容（15.4%）、可看到电视上没有的内容（11.0%），再次是能下载和存储（7.9%）、能点播和控制进度（7.6%）等。部分样本没有接触网络视频服务的主要原因是喜欢看电视（25.5%），其次是没有掌握方法（10.6%）、广告多（10.1%）、没有观看视频的需求（8.7%）、操作麻烦（8.6%）等。

（4）网络购物服务 样本网络购物的主要原因是服务便捷（30.0%），其次是商品价格合理（17.6%）、没有时空限制（17.5%）、有些商品只能网上买到（10.4%）等。部分样本没有网络购物的主要原因是担心交易的安全性（28.5%）、喜欢传统购物（20.0%）、商品质量没有保障（19.3%）等。

（5）参与网络社交 样本上网社交的主要原因是联系朋友（21.0%），其次是娱乐放松（15.1%）、联系子女（13.2%）、学习交流或话题讨论（11.5%）等。部分样本没有上网社交的主要原因是没有网上社交需求（31.4%），其次网上信息不够真实（17.4%）、功能或内容缺乏吸引力（15.9%）、没有掌握方法（14.3%）等。

综上，过程自主，内容时效、丰富和特色是老年人阅读网络新闻的主要原因；学习自主和便捷、内容丰富和时效、费用经济是老年人从事网络学习的主要原因；操作自主和内容特色是老年人观看网络视频的主要原因；购买便捷和自主、商品价格实惠和特色是老年人网络购物的主要原因；即使用自主和便捷、内容丰富和特色等媒介优势是老年人使用这四类网络服务的主要原因。老年人参与网络社交则有明确的目的，包括与亲友联系、娱乐放松、学习交流。部分老年人没有接触各类网络服务的原因一是相关需求已通过其他途径满足，二是不具备使用能力或认为操作复杂，三是没有适合的内容，四是缺乏信任，担心安全、保障等问题。

（三）接触老年人服务网站的原因

样本接触老年人服务网站的主要原因是学习知识（24.7%），其次是休闲娱乐（14.4%）、查阅专门信息（12.6%）、咨询求助（12.3%）、培养业余爱好（11.5%）、获取涉老新闻（8.1%）等，如图3-37所示。部分样本没有接触老年人服务网站的主要原因是不知道网站存在（42.4%），其次是适合的内容少（21.3%）、身边没有人接触（16.4%）等。即查阅专门知识、培养专门爱好、获得专门帮助和养老资讯等目的，是老年人接触各类老年人服务网站的主要原因；不知晓这类网站存在、缺少适合的内容是部分老年人没有接触老年人服务网站的主要原因。

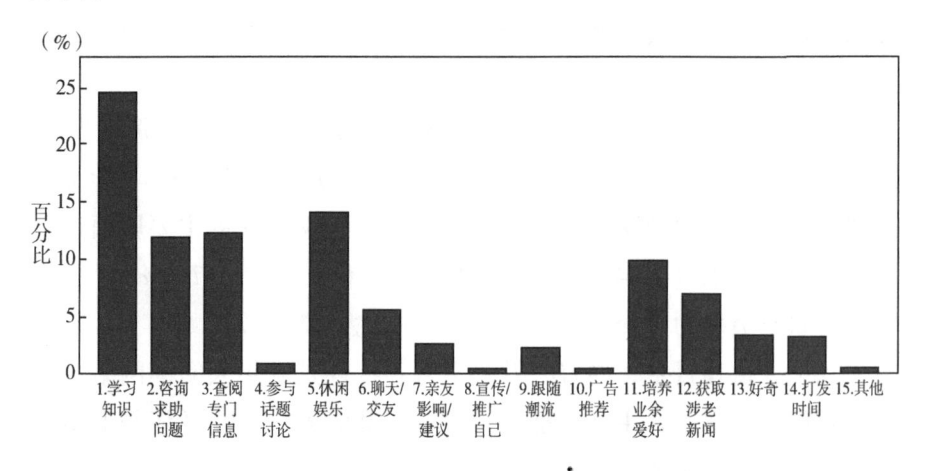

图3-37 接触老年人服务网站的原因分布

二 电脑上网服务的使用活动

样本主要自行购买电脑（67.2%），其次是来自儿女淘汰（14.4%）；学习上网的途径是学校课程（29.8%）、自己摸索（25.9%）、亲友帮助（17.7%）等；对上网电脑的使用权主要为完全拥有（77.9%）。

（一）整体使用活动

样本用电脑上网主要是查询资料（14.5%）、阅读新闻（13.8%），其次是收发邮件（9.9%）、联系亲友（9.8%）、学习知识（9.5%）等，如图3-38所示。对具体选择求和，可评价其上网水平。根据数据的实际情况，视1—2项为"较低水平"，3—4项为"一般水平"，5—6项为"较高水平"，6项以上为"很高水平"，新建样本的电脑"上网水平"变量（定序，1—4，1=较低水平，4=很高水平）。发现以一般水平（32.7%）、较低水平（31.9%）居多，均值 $M \approx 2.17$，即老年人整体上网水平一般，一般不多于4项活动。

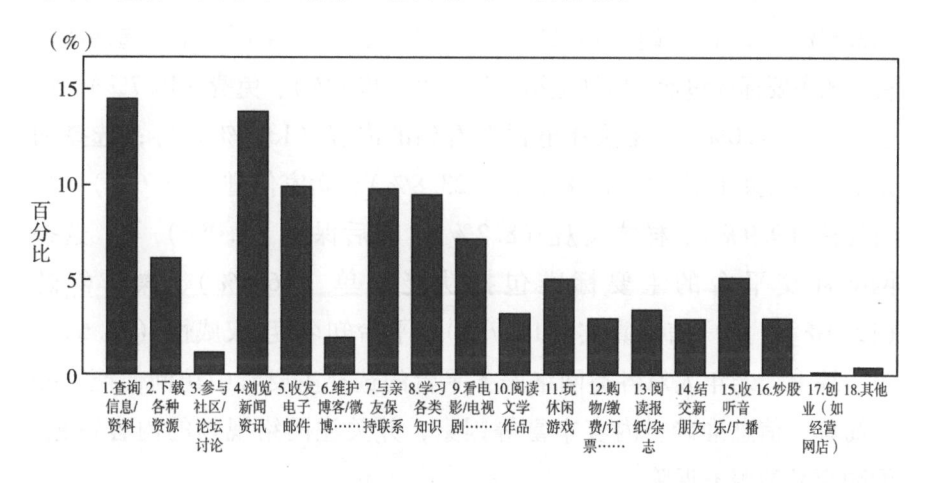

图3-38 上网活动分布

同时，样本日均上网时长（$M \approx 2.90$）以"1—3小时"（35.5%）居多，其次是"30—60分钟"（23.9%）；习惯时段以"不定时，看具体情况"（27.8%）居多，其次是"上午9—12点"（16.4%）、"下午2—5点"（14.4%）、"晚8—10点"（13.2%）等，即老年人的上网时间往往并不固定。

（二）五类网络服务的使用活动

样本阅读网络新闻资讯的频率（$M \approx 2.08$）以"有时"（38.3%）、

"经常"（32.9%）居多；从事网络学习活动的频率（M≈2.39）以"有时"（41.7%）居多；观看网络视频的频率（M≈2.77）以"偶尔"（34.2%）、"有时"（29.5%）居多；进行网络购物的频率（M≈3.11）以"从不"（45.4%）居多，其次是"偶尔"（27.6%）；参与网络社交活动的频率（M≈3.21）以"从不"（50.4%）居多，其次是"偶尔"（25.3%）。即老年人接触网络新闻服务频率最高，其次是网络学习服务，接触网络购物尤其是网络社交服务的频率较低。

同时，样本选择网络新闻服务平台的主要标准包括分类丰富（16.4%）、操作便捷（14.9%）、内容更新快（14.5%）等；选择网络学习服务平台的主要标准包括访问方便（15.5%）、操作简单（13.6%）、内容准确（13.1%）、内容丰富（12.4%）等；选择网络视频的主要标准包括在电视上错过的内容（19.4%）、免费（15.7%）、社会热点（14.0%）、无法在电视上看到的内容（13.6%）等；选择网购商品的主要标准包括价格实惠（23.8%）、卖家信誉（13.6%）、支付便捷（9.9%）、样式美观（8.2%）、售后保障（8.0%）等；选择网络社交平台的主要标准包括功能简单（26.8%）、操作舒适（12.9%）、用户信息真实（11.7%）、平台知名度/权威性（10.6%）等。综上，老年人对各类网络服务平台的选择主要看中访问便捷、操作简单、信息准确、内容丰富等因素，并关注网络视频的内容特色、网购商品的服务保障。

（三）老年人服务网站的使用活动

如图 3-39 所示，对于已使用老年人服务网站的样本，选择标准主要包括信息准确（14.8%），其次是功能简单（10.9%）、内容丰富（9.0%）、操作便捷（8.3%）、亲友推荐（8.2%）等。

样本总体使用老年人服务网站的频率（M≈3.11）以"从不"（45.8%）居多，即有超过五成的样本在使用老年人服务网站。经常接触的老年人服务网站是中华老年网、乐龄网、晚霞网、中国老年网、老小孩等，即老年人比较青睐老龄工作机构、老年人教育单位、老年

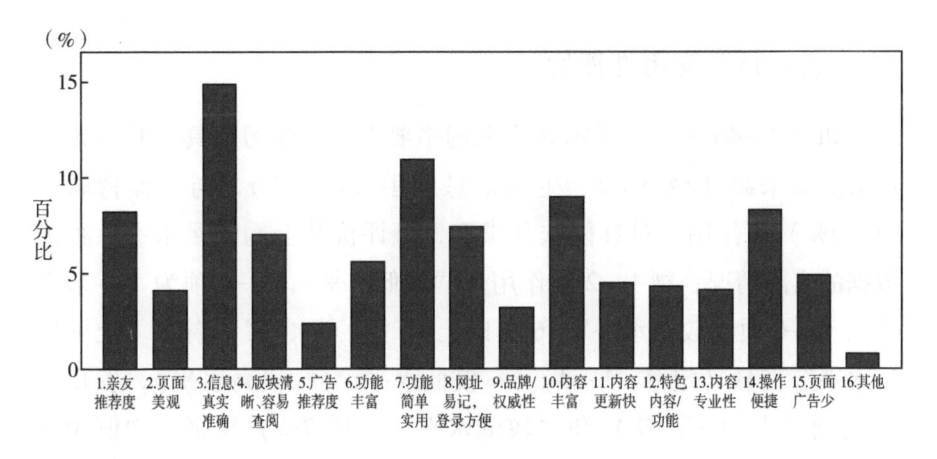

图 3-39　老年人服务网站的选择标准分布

人休闲爱好培养的专门网站。

三　电脑上网服务的使用评价

基于媒介场景的构成要素，问卷将老年人对电脑上网服务的使用评价分为终端操作评价、服务有用性与不足评价、服务依赖性评价。服务有用性与不足评价又涉及电脑上网的整体功用、5类网络服务和老年人服务网站。

（一）终端操作评价

样本使用电脑上网时会"有时"（44.9%）、"偶尔"（35.0%）遇到操作困难（M≈1.86）；操作满意度（M≈2.50）以"比较满意"（44.2%）、"一般满意"（42.1%）为主；遇到的困难以打字或操作缓慢（28.7%）、遇到问题时无人可请教（26.4%）居多。即老年人上网会时常遇到操作困难，对所用电脑的操作满意度一般，输入问题是其上网的主要障碍。

（二）服务有用性评价

如图3-40所示，样本认为上网主要发挥了学习工具（15.7%）、社会资讯来源（14.5%）、生活信息助手（12.3%）、与人保持联系（11.0%）等作用。对具体选择求和，可评价其上网满足水平。根据数据的实际情况，视1—2项作用为"较低水平"，3—4项为"一般水平"，5—6项"较高水平"，6项以上为"很高水平"，新建"上网满足水平"变量（定序，1—4，1 = 较低水平，4 = 很高水平），发现以"一般水平"（37.7%）和"较低水平"（31.7%）居多，均值 M ≈ 2.09，即老年人整体的上网满足水平一般，一般不多于4项功用。

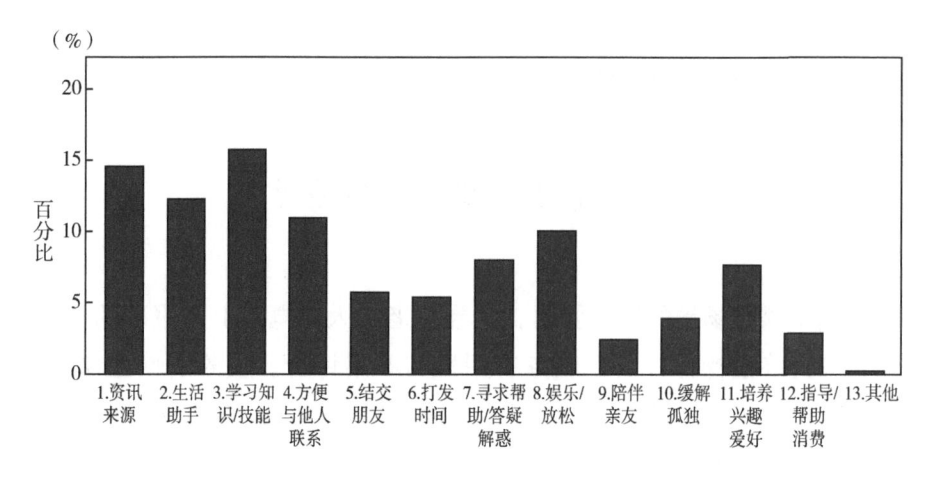

图3-40 上网发挥的功用分布

样本对阅读网络新闻的有用性评价（M ≈ 1.83）以"有些用"（56.6%）为主；对从事网络学习的有用性评价（M ≈ 1.99）以"有些用"（68.2%）为主；对观看网络视频的有用性评价（M ≈ 2.13）以"有些用"（63.0%）为主；对网购的有用性评价（M ≈ 2.43）以"有些用"（52.0%）为主；对网络社交活动的有用性评价（M ≈ 2.14）以"有些用"（49.6%）为主。即网络新闻服务对老年人发挥的功用最大，其次是网络学习服务，再次是网络视频和网络社交服务，网络购物服务有待提升。

已接触老年人服务网站样本的功用评价以休闲娱乐（30.7%）、学习知识（27.5%）为主，如图3-41所示。对具体选择求和，可用以评价该类网站的功用水平。根据数据实际情况，视1项为"较低水平"，2项为"一般水平"，3项为"较高水平"，3项以上为"很高水平"。发现是以较低水平（46.6%）居多，其次是一般水平（30.6%），均值$M \approx 1.85$。即老年人服务网站对老年人发挥的功用多样性一般，一般不多于2项，集中在休闲和学习领域。

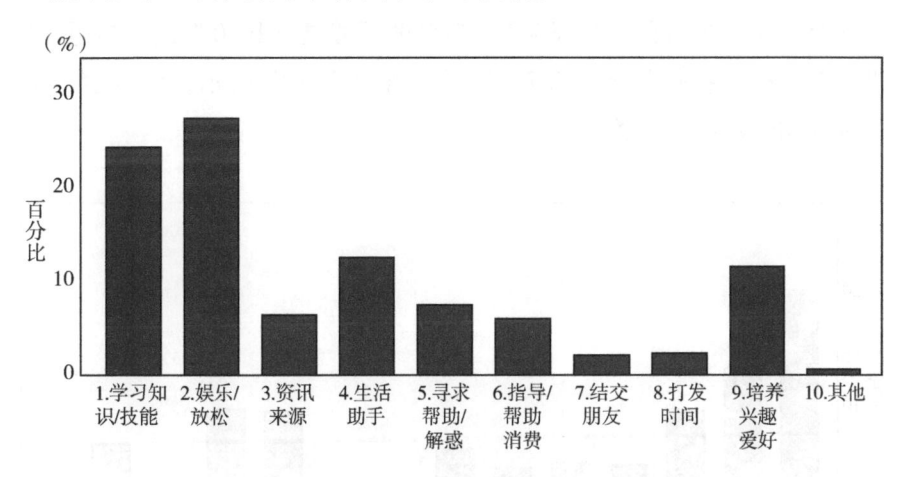

图3-41 老年人服务网站发挥的功用分布

（三）服务不足评价

样本认为网络新闻服务主要不足是报道不够准确（25.2%）、信息不够深入（19.2%）、适合自己的内容少（18.6%）、涉及老年人的报道少（12.1%）等；认为网络学习服务主要不足是适合自己的知识少（17.7%），其次是广告过多（13.9%）、内容不够齐全（13.6%）、内容分类繁杂（12.7%）、信息不够准确（11.7%）等；认为网络视频服务主要不足是加载速度慢（21.5%）、广告多（18.7%）、操作复杂（12.0%）、内容不够齐全（11.5%）、内容更新慢（11.0%）等；认为网络购物服务主要不足是商品质量没保障（17.0%）、售后服务差（15.4%）、退换货不便（13.9%）、购买贵重商品风险大（11.1%）等；

· 133 ·

认为网络社交服务主要不足是广告多(22.4%)、虚假信息多(17.3%)、操作复杂（15.6%）、用户信息真实性低（15.4%）等。即老年人指出当前5类网络服务的不足首先体现在内容方面，一是可信性不高，尤其是网络社交和网络购物服务，二是欠缺深度化或适老性，尤其是网络新闻、网络视频和网络学习服务；其次体现在使用体验方面，涉及广告过多、操作复杂等问题，并需要完善网络购物服务的过程保障。

样本认为老年人服务网站的主要不足是内容不丰富（20.6%），其次是内容缺少特色（13.8%）、知名度不够高（10.0%）、内容更新慢（9.8%）、操作复杂（9.7%）等，如图3-42所示，即内容、推广和易用性均有待改善。

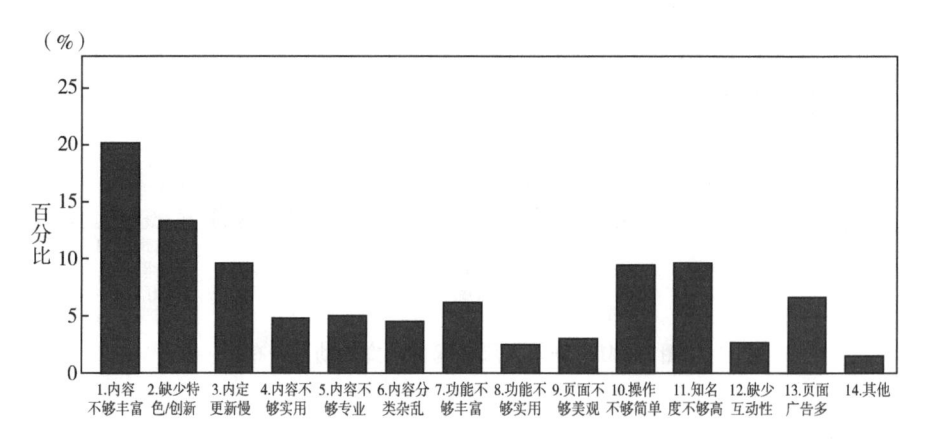

图3-42 老年人服务网站的不足分布

（四）服务依赖性评价

针对不再上网的生活影响程度假设，样本表示以"比较影响"（41.4%）居多，均值 $M \approx 2.13$，具体影响以新闻资讯获取（18.4%）、知识学习工具（16.3%）居多，其次是问题咨询途径（13.0%）、生活方式（12.1%）、休闲娱乐方式（10.7%）等，如图3-43所示。即老年人上网依赖较强，主要建立较强的社会信息连接关系。

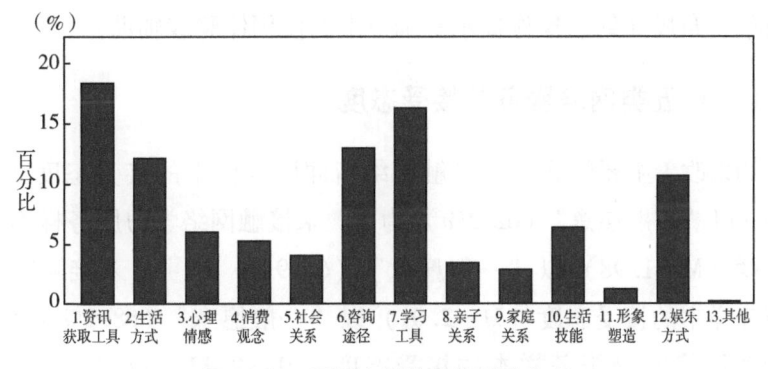

图 3-43　不再上网的具体影响分布

四　电脑上网服务的使用需求

结合媒介场景的构成要素，问卷将老年人对电脑上网服务的使用需求分为软硬件设计、五类网络服务、老年人服务网站，并结合需求层次理论就老年人对老年人服务网站的内容偏好进行了调查，体现面向老年人的服务指向。

（一）软硬件产品的适老设计需求

对于是否有必要为老年人提供"老人电脑"，样本态度以"很有必要"（42.3%）居多（$M \approx 1.60$）；要求包括价格实惠（10.7%）、屏幕较大（8.6%）、功能简单（8.4%）、操作便捷（7.8%）、售后服务好（6.5%）、文字大（6.4%）等，体现了追求经济实用、交互简单的突出需求。对于软件界面设计主要注重字体大小（20.9%）、操作反馈明确（16.4%）、功能简单实用（14.4%）、导航流程清晰（11.6%）、色彩搭配合理（10.4%）、内容布局简约（10.1%）等要素；认为广告多（24.1%）、加载时间长（20.1%）、缺少操作提示（13.4%）、内容杂乱（11.9%）等问题会严重影响其使用过程。即老年人主要注重网络软件界面的易视性和提供明确的操作反馈，追求功能简单、布局简约、操作提示等细节上的使用体验或辅助。

（二）五类网络服务的接受态度

如果改善主要问题，未接触网络新闻服务样本的接受态度（$M \approx 1.93$）以"一般愿意"（62.2%）为主；未接触网络学习服务样本的接受态度（$M \approx 1.98$）以"一般愿意"（66.9%）为主；未接触网络视频服务样本的接受态度（$M \approx 2.01$）以"一般愿意"（68.2%）为主；未接触网络购物服务样本的接受态度（$M \approx 2.23$）以"一般愿意"（59.1%）为主；未接触网络社交服务样本的接受态度（$M \approx 2.18$）以"一般愿意"（62.6%）为主。即老年人对网络新闻服务接受态度最好，其次是网络学习和网络视频服务，再次是网络社交服务、网络购物服务。

（三）老年人服务网站的使用态度

对于已接触老年人服务网站的样本，持续态度（$M \approx 1.96$）以"比较愿意"（36.2%）、"一般愿意"（34.7%）为主；对于未接触的样本，接受态度（$M \approx 1.86$）以"一般愿意"（66.5%）为主，均值高于五类网络服务，即老年人对老年人服务网站的需求很高，并主要偏好保健知识（13.2%）、医疗咨询（12.6%）、生活指南（10.3%）等生存层面的内容服务，如图3-44所示。

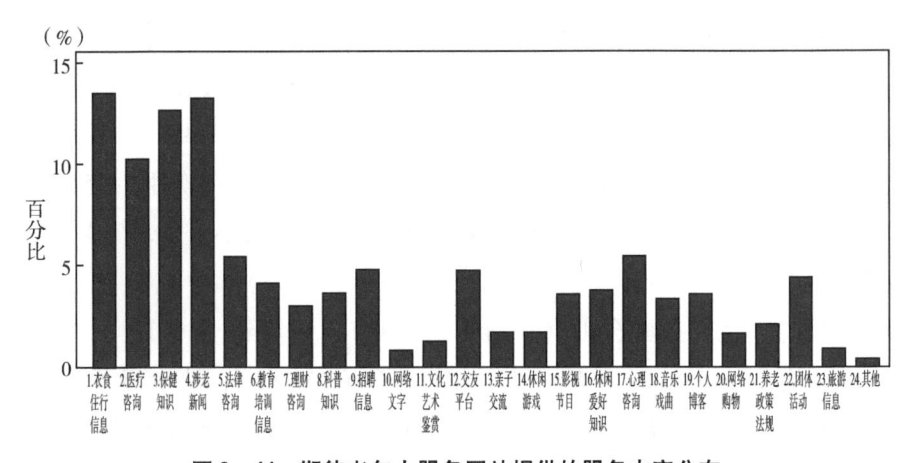

图3-44 期待老年人服务网站提供的服务内容分布

第五节 手机服务的针对性使用行为

一 手机服务的使用原因

(一) 使用手机的原因

样本主要是鉴于方便与亲友联系（31.9%）而使用手机，其次是使用便携（14.6%），再次是喜欢多媒体功能（拍照、听音乐、游戏……）（9.0%）、处理事务需要（7.7%）、操作简单（7.2%）、喜欢生活服务功能（时钟、计算器、日程提醒……）（6.7%）等，如图3-45所示。即便于联系亲友是老年人使用手机的首要原因，手机的便携性、多功能集成性和操作易用性还可以满足老年人的休闲娱乐、处理事务、服务作息等需求，也是促使其使用的主要原因。

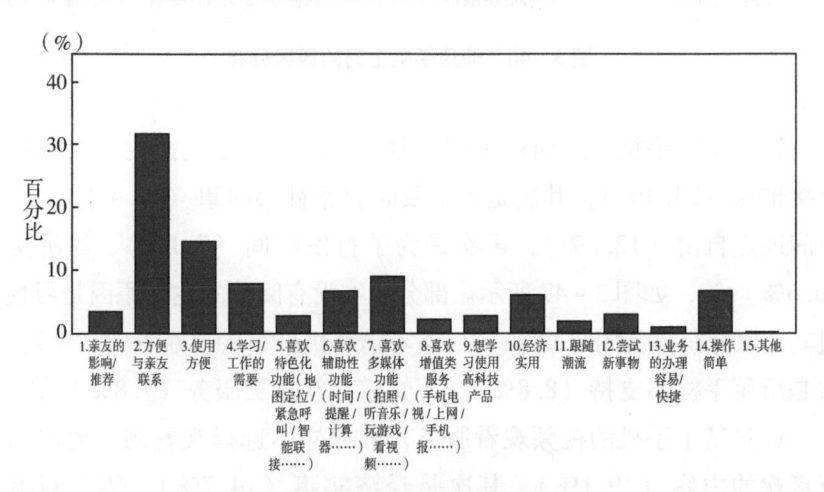

图3-45 选择使用手机的原因分布

(二) 使用手机上网的原因

样本使用手机上网的主要原因是无法用电脑上网时（22.1%），

其次是可随时随地上网（15.4%）、打发时间（11.4%）、套餐或免费（8.9%）等，如图3-46所示。部分样本没有通过手机上网的原因是资费较高（17.6%）、习惯使用电脑上网（16.6%）、手机屏幕小（14.1%）、没有上网需求（12.1%）、没有掌握方法（11.2%）等。即便捷性和消遣性是促使老年人使用手机上网的主要原因，服务资费、传统上网习惯、屏幕尺寸和能力局限是主要阻碍。

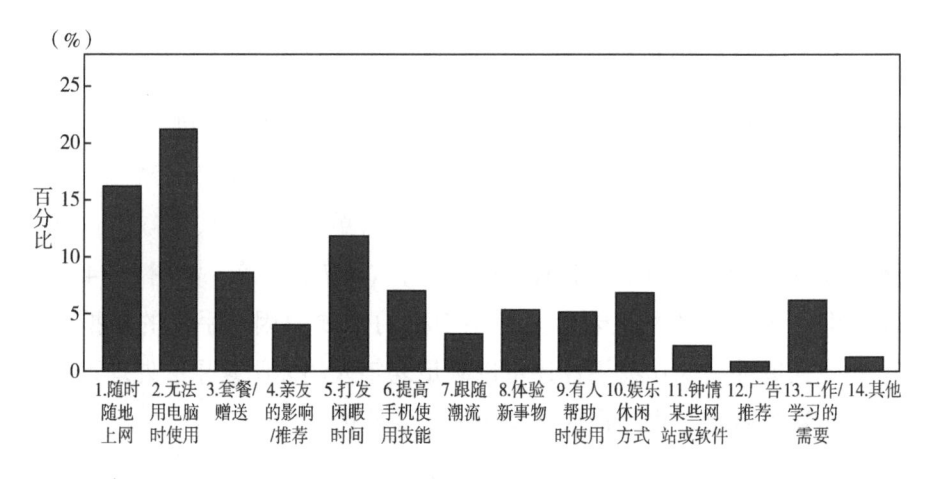

图3-46 使用手机上网的原因分布

针对基于手机的新闻资讯阅读服务，部分样本选择的主要原因是直接推送（24.3%），其次是为了及时获悉社会时事（12.4%）、阅读时间地点自由（12.2%），再次是为了打发时间（7.1%）、经济实惠（6.6%）等，如图3-47所示。部分样本没有阅读的主要原因是习惯通过其他媒介获得新闻（32.1%）、看不清手机屏幕的文字（22.7%），其次是所用手机不支持（8.8%）、不知道存在这类服务（7.8%）等。

针对基于手机的视频观看服务，部分样本选择观看的主要原因是有喜欢的内容（19.1%），其次是经济实惠（14.7%）、体验新事物（13.3%）、亲友影响或推荐（12.6%）、打发时间（10.4%）、可随时随地观看（10.1%）等，如图3-48所示。部分样本未观看的主要原因是习惯通过其他媒介观看（22.6%），其次是手机屏幕小（16.0%）、所用手机不支持（13.0%）、费用高（11.6%）、不知道如何使用（10.6%）、

第三章　三网融合背景下城市老人媒介使用行为调查

不知道存在这类服务（10.2%）等。

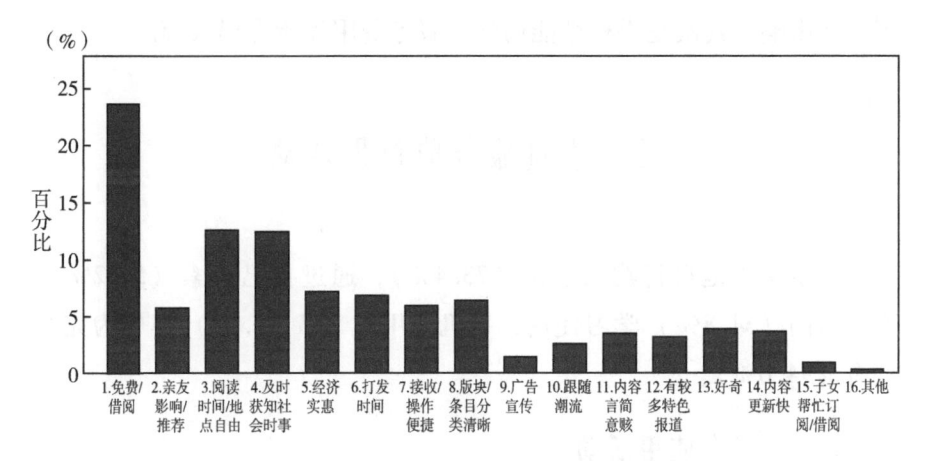

图3-47　通过手机上网阅读新闻资讯的原因分布

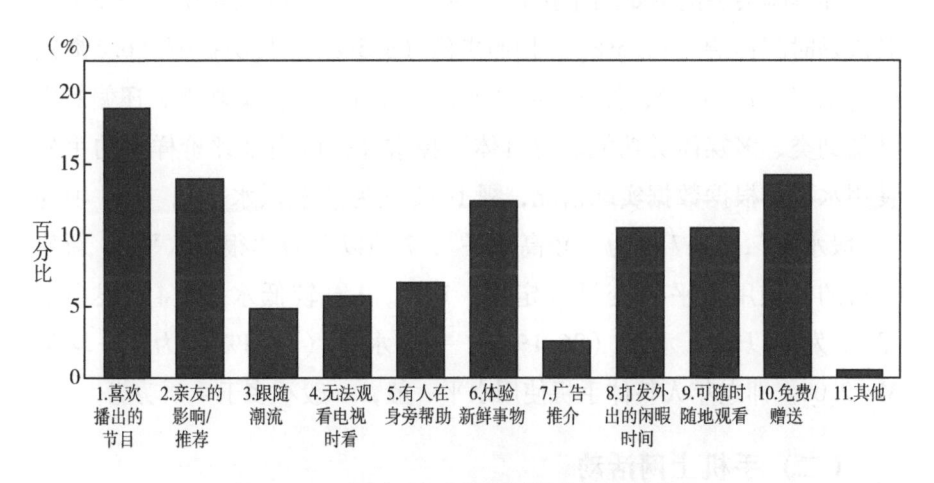

图3-48　通过手机上网观看视频的原因分布

综上，直接推送是促使老年人通过手机阅读新闻的主要原因，其次包括及时获悉时事、打发时间等目的及使用自主、费用经济等优势；内容特色是促使老年人通过手机观看视频的主要原因，其次是费用经济、使用自主等优势，好奇心、打发时间等目的。即服务方式、内容特色及优势起主要作用。部分老年人未接触两类服务的主要原因是习惯使用其他媒介获得同类服务；其次是屏幕太小、功能落后等工具局限和费用问题,没有掌握方法等,即老年人的传统媒介使用习惯产生了较多影响,其次是手机性能局限、服务费用和能力局限等。

二 手机服务的使用活动

样本主要是自行购买手机(73.4%),通过自己摸索(54.2%)、亲友帮助(34.8%)学习使用,手机使用权(M≈1.08)集中为完全拥有(94.6%)。

(一)基本使用活动

样本购买手机主要用于接打电话(23.7%)、收发短信(18.5%),其次是时间提醒(11.6%)、拍照摄像(8.5%)、日历提醒(6.6%)、听音乐(5.1%)等,如图3-49所示。即除了通信类功能,还偏好生活辅助类、多媒体类功能。对具体选择求和,可用来评价样本的手机使用水平。根据数据实际情况,视1—2项为"较低水平",3—4项为"一般水平",5—7项为"较高水平",7项以上为"很高水平",新建手机的"使用水平"变量(定序,1—4,1=较低水平,4=很高水平)。发现以较低水平(36.1%)、一般水平(31.8%)为主,均值M≈2.08。即老年人整体手机使用水平一般,一般不多于4项功能。

(二)手机上网活动

样本的手机上网活动是以阅读新闻资讯(24.6%)居多,其次是联系亲友(12.3%)、学习文化知识(11.8%)、地图查询/出行导航(11.7%)、检索生活服务信息(10.3%)等,如图3-50所示,即老年人的手机上网活动以信息查阅及亲友沟通为主。样本使用手机上网的周期以"刚开始"(30.8%)、"1—2年"(25.6%)、"好几个月"(23.4%)居多,平均每次时长以"10—30分钟"(43.5%)、"10分钟以内"(35.4%)为主,即一般不超过30分钟。

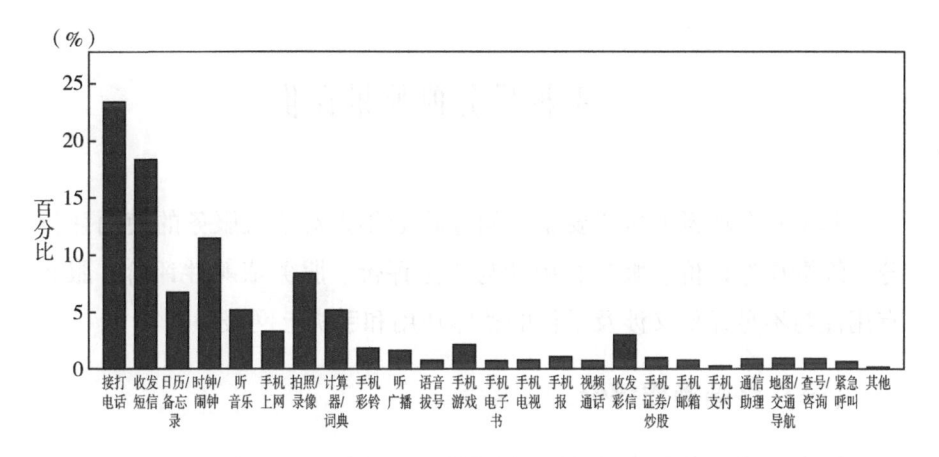

图 3-49 手机使用活动分布

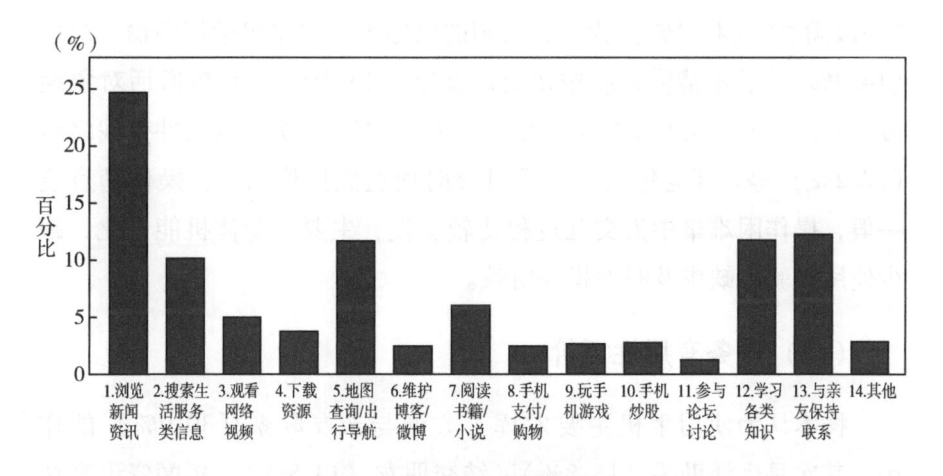

图 3-50 手机上网活动分布

样本通过手机阅读新闻时看重的因素主要是条目清晰（28.0%），其次是内容特色（14.4%）、操作简单（11.8%）、言简意赅（10.0%）等；通过手机观看视频看重的因素主要是操作简单（17.4%）、内容时间短（15.5%）、播放流畅（13.1%），其次是内容特色（9.6%）、可随时随地观看（8.9%）、服务费用（7.7%）、内容有关老年人（6.6%）等。即老年人选择移动信息服务主要看中内容简约、操作简单、内容特色、使用便捷和服务流畅等要素。

三 手机服务的使用评价

基于媒介场景的构成要素,问卷将老年人对手机服务的使用评价分为终端操作评价、服务有用性与不足评价、服务依赖性评价。服务有用性与不足评价又涉及手机的整体功用和手机上网服务。

(一) 终端操作评价

样本使用手机时仅有时(42.5%)、偶尔(38.0%)遇到操作困难($M \approx 2.46$);操作满意度($M \approx 2.47$)以"比较满意"(44.5%)、"一般满意"(41.1%)为主;遇到的操作困难主要包括打字输入缓慢(14.9%)、看不清屏幕或按钮上的文字(13.2%)、查找通话对象缓慢(12.7%)、遇到问题时无人请教(12.7%)、功能或软件查找缓慢(12.2%)等。即老年人使用手机会时而遇到操作困难,操作满意度一般,操作困难集中为交互过程比较缓慢,主要由身体机能老化、缺少使用经验、缺少及时的指导所致。

(二) 服务有用性评价

样本认为使用手机主要发挥了方便与亲友联系(30.9%)的作用,其次是生活助手(15.8%)、结交朋友(13.8%)、新闻资讯来源(9.8%)的工具等,如图3-51所示。对具体选择求和,可用以评价其手机的使用满足水平。根据数据实际情况,视发挥1项作用为"很低水平",2项为"较低水平",3项为"一般水平",4至5项为"较高水平",5项以上为"很高水平",新建"使用满足水平"变量(定序,1—5,1=很低水平,5=很高水平),发现以"很低水平"(32.7%)、"较低水平"(26.6%)居多,均值$M \approx 2.36$。即老年人的手机使用满足水平不高,一般不多于两项功用,集中用于维系亲友关系。

针对手机上网服务的功用,样本对获悉新闻资讯的评价($M \approx$

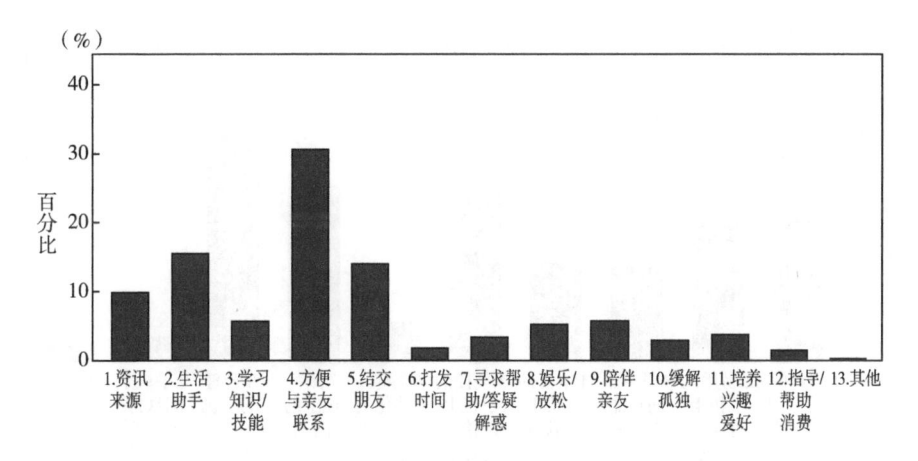

第三章 三网融合背景下城市老人媒介使用行为调查

图 3-51 手机发挥的功用分布

2.32）以"有些用"（41.7%）、"作用不大"（36.1%）居多；对学习知识的评价（M≈2.51）以"有些用"（45.0%）、"作用不大"（39.1%）居多；对便捷人际交流的评价（M≈2.47）以"有些用"（39.6%）、"作用不大"（38.3%）居多；对辅助衣食住行的评价（M≈2.42）以"有些用"（45.5%）、"作用不大"（35.9%）居多；对便捷化休闲娱乐的评价（M≈2.46）以"有些用"（45.6%）、"作用不大"（32.7%）居多；对打发时间的评价（M≈2.48）以"有些用"（43.1%）、"作用不大"（32.8%）居多。即老年人对通过手机上网及时获悉新闻资讯的有用性评价较高，其次是辅助生活、休闲娱乐、与人交流等。

（三）服务不足评价

样本指出手机上网服务需要改进之处主要是服务资费合理性（20.6%），其次是服务接入便捷性（16.1%）、网速流畅性和稳定性（15.4%）、上网应用（APP）适老化（13.3%）和易用性（11.5%）等，如图 3-52 所示，涉及服务资费、接入方便、网速体验、上网应用的适老等诸多方面。

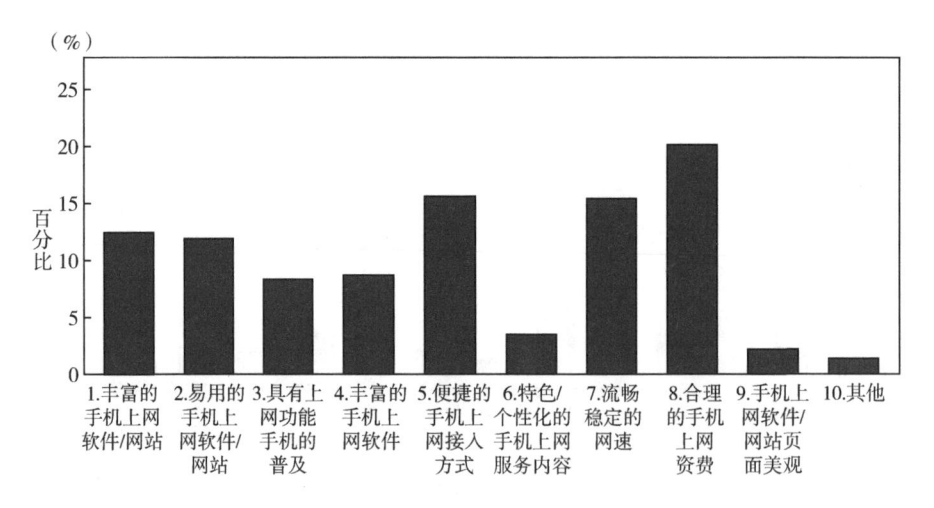

图 3-52 手机上网服务的不足分布

（四）服务依赖性评价

对于不再使用手机的生活影响，样本表示以"比较影响"（44.7%）、"影响很大"（38.2%）居多，均值 M≈1.85，具体涉及社会关系（16.7%）、生活方式（16.4%）、家庭关系（15.1%）、亲子关系（13.3%）、资讯获取方式（10.8%）等，如图 3-53 所示。即老年人的手机使用依赖很强，主要建立了较强的家庭情感连接关系。

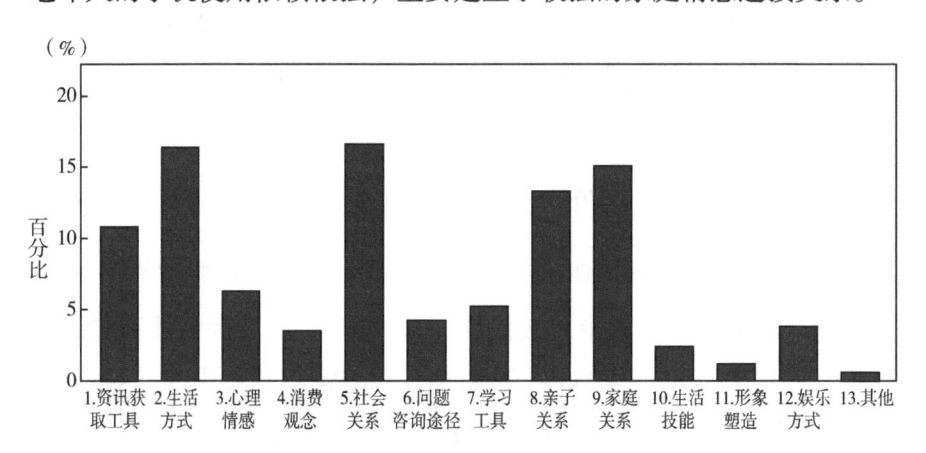

图 3-53 不再使用手机的具体影响分布

四 手机服务的使用需求

结合媒介场景的构成要素,问卷将老年人的手机服务使用需求分为软硬件设计、手机上网服务,并结合手机媒介服务发展趋势,就老年人对手机上网应用(APP)的适老需求进行了调查,体现了面向老年人的服务指向。

(一)软硬件产品的适老设计需求

样本对"老人手机"的需求($M\approx1.78$)以"很有必要"(56.5%)为主;注重屏幕大(9.3%)、价格低(8.6%)、功能简单(8.3%)、文字大(6.9%)、待机时间长(6.0%)、操作快捷(5.9%)、音量大(5.6%)等特点,体现了对视听能力老化的补偿性、操作快捷的设计要求和追求经济实用的消费心理。

同时,样本对于手机应用(APP)的设计需求主要关注字体大小(30.7%),其次是操作步骤(19.8%)、色彩搭配(13.1%)、操作反馈(10.7%)等,认为按钮反应不灵敏(21.8%)、操作步骤烦琐(16.6%)、操作规则不明确(15.8%)、缺少过程提示(14.9%)等会严重影响使用过程。即老年人在手机应用设计要求上主要注重对其视力老化的补偿,强调对操作过程的多种辅助。

(二)手机上网的态度和服务需求

对于没有接触手机上网服务的样本,接受态度($M\approx1.36$)以"比较愿意"(54.8%)、"很愿意"(40.5%)居多,即老年人对使用手机上网的意愿比较强烈。针对面向老年人的上网应用(APP),样本的接受态度($M\approx1.81$)以"很感兴趣但不愿付费"(55.9%)为主,一定程度上说明面向老年人的手机 APP 应更多发挥公共性,弱化商业色彩。其中,对于提供新闻服务的需求($M\approx1.92$)以"很感兴趣但不愿付费"（53.8%）为主；对于提供视听服务的需求（M≈2.13）以"很感兴趣但不愿意付费"（55.7%）为主，体现了部分老年人对于手机APP综合性的服务内容期待，但服务费用因素亦产生了主要影响。

第六节　基于三网融合的协同服务需求

一　老年电视用户的协同服务需求

基于"三网融合"的技术驱动，电视样本希望新型电视能提供的主要服务是高清视频（22.4%），其次是视频点播（15.4%）、视频回看（11.7%）、视频通话（11.0%）等服务，如图3-54所示。

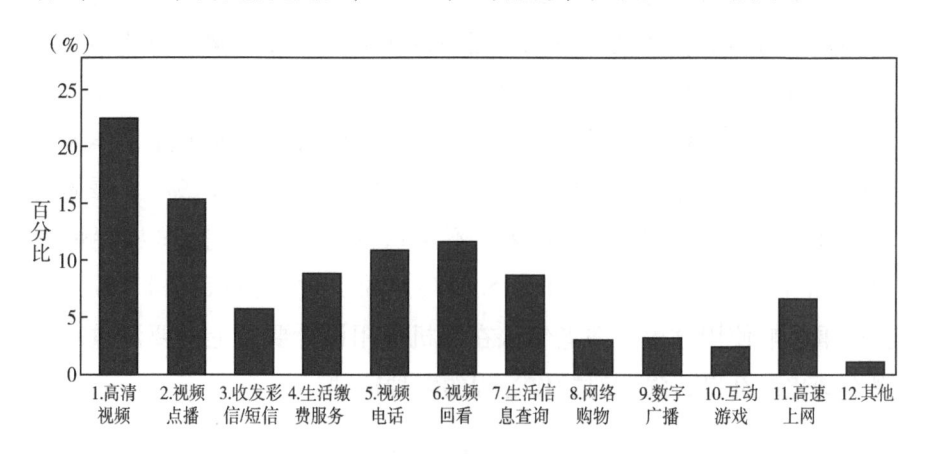

图3-54　"三网融合"驱动下希望电视提供的服务分布

电视样本还希望新型电视协同其他媒介提供的服务以紧急求助（15.1%）为主，其次是家电控制（10.5%）、健康监测（10.4%）、生活缴费（9.9%）、与亲友便捷地交流（8.6%）等，如图3-55所示。即老年电视用户主要关注以视听娱乐为核心的高清化、互动式收视服务及协同其他媒介提供居家生活辅助和亲情交流服务。

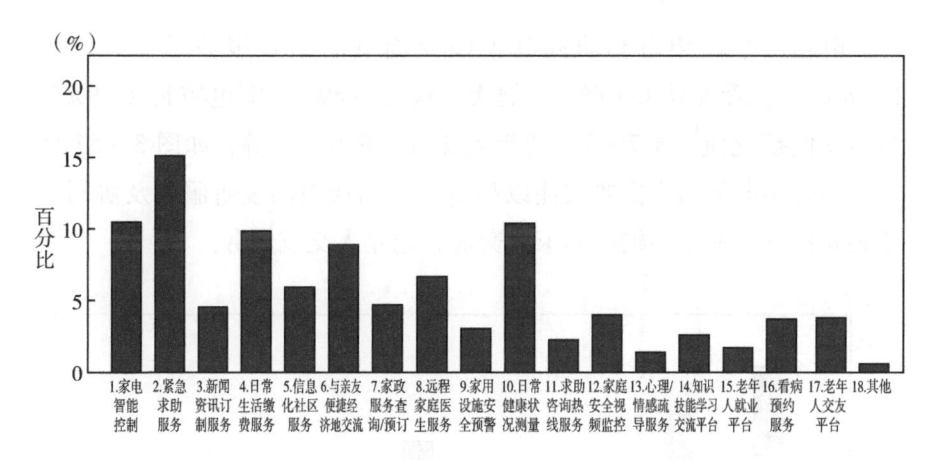

第三章 三网融合背景下城市老人媒介使用行为调查

图 3-55 希望新型电视协同其他媒介提供的服务分布

二 老年电脑上网用户的协同服务需求

基于"三网融合"的驱动，电脑样本希望电脑提供的主要服务是高速上网（22.9%）及高清电视直播（18.0%），其次是视频通话（13.1%）、高清影视点播（12.7%）、语音通话（10.5%）等，如图 3-56 所示。

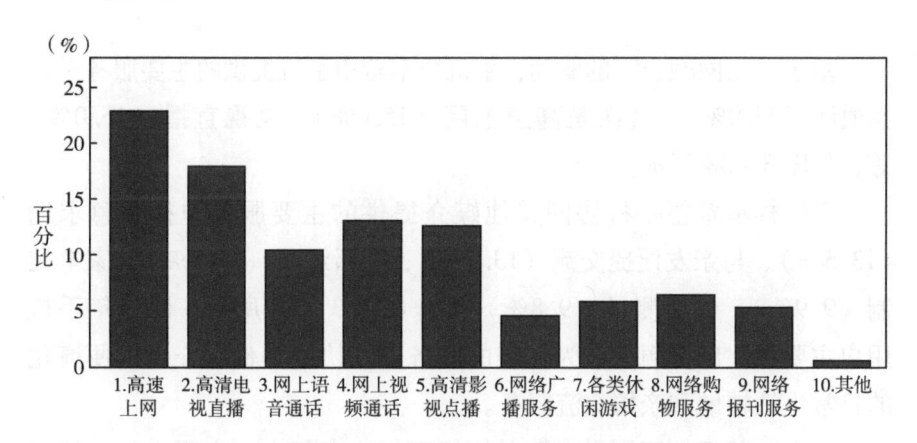

图 3-56 "三网融合"驱动下希望电脑提供的服务分布

· 147 ·

电脑样本希望电脑协同其他媒介提供的主要服务是紧急求助（13.8%）、生活缴费（11.6%）、健康测量（10.8%）、家电控制（8.9%）、与亲友便捷交流（8.7%）、老年人交友（8.6%）等，如图3-57所示。即老年电脑用户主要关注以高清直播为代表的视听服务及协同其他媒介提供居家生活辅助和家庭交流、老年人交友服务。

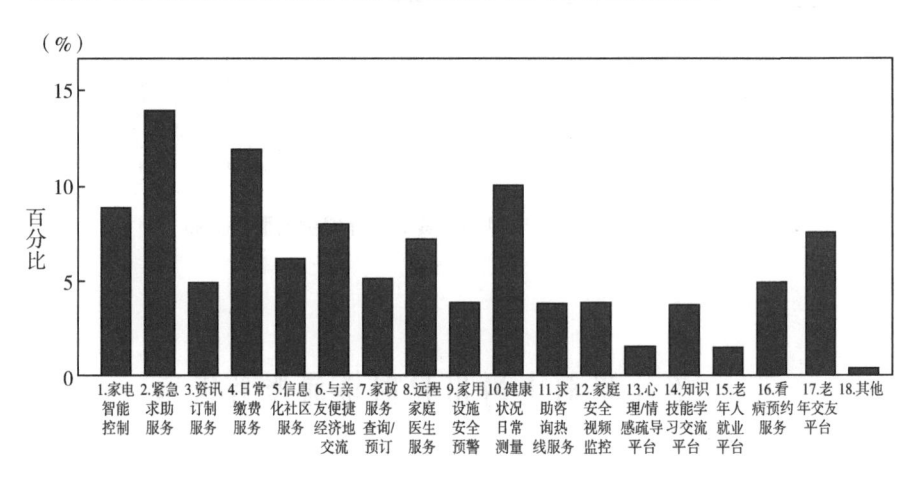

图3-57 希望电脑协同其他媒介提供的服务分布

三 老年手机用户的协同服务需求

基于"三网融合"的驱动，手机样本希望手机提供的主要服务是视频通话（33.0%），其次是高速上网（15.6%）、电视直播（15.0%）等，如图3-58所示。

手机样本希望手机协同其他媒介提供的主要服务包括紧急求助（13.5%）、与亲友便捷交流（13.3%）、生活缴费（11.8%）、家电控制（9.9%）、健康测量（9.8%）等，如图3-59所示。即老年手机用户主要关注以视频通信为代表的服务以及协同其他媒介提供便捷化的日常生活辅助和亲情交流服务。

综上，基于"三网融合"的网络环境，老年人一方面主要关注以视听娱乐为核心的高清互动式新型电视收视服务，以高清电视直播为

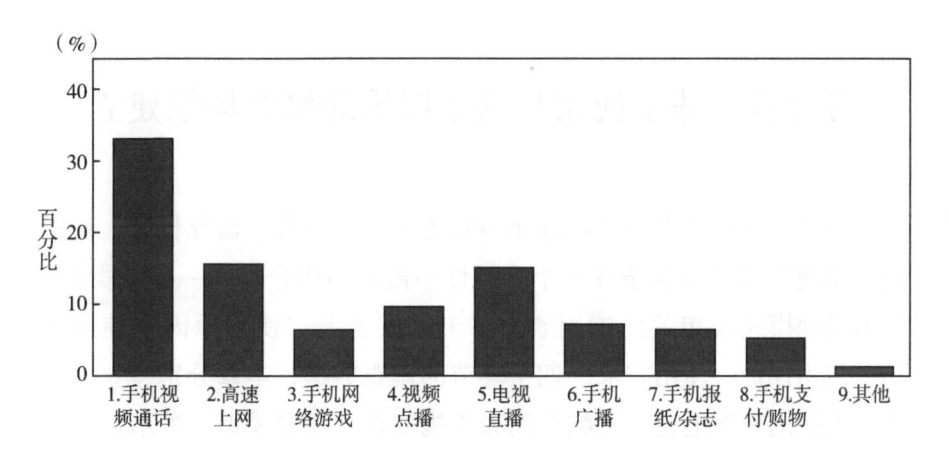

第三章 三网融合背景下城市老人媒介使用行为调查

图3-58 "三网融合"驱动下希望手机提供的服务分布

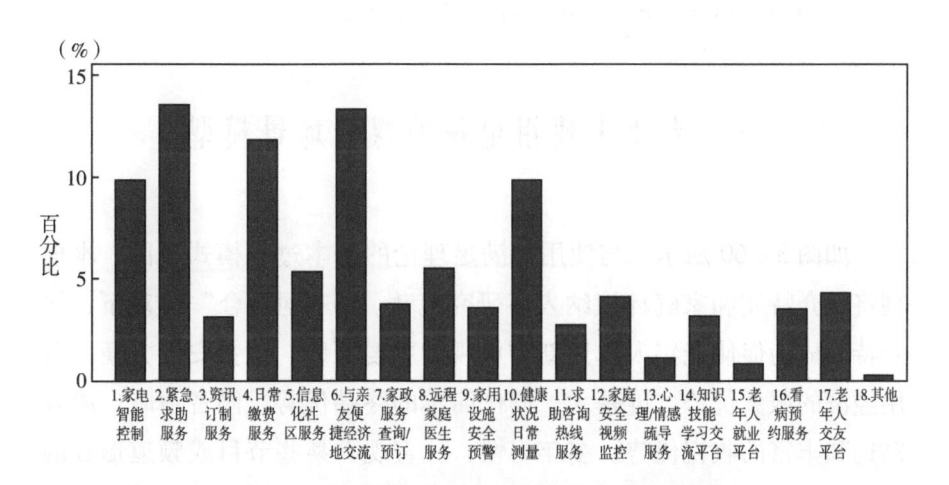

图3-59 希望手机协同其他媒介提供的服务分布

代表的电脑上网服务，体现了其对于电视"电脑化"、电脑"电视化"，提供网络化居家收视服务的强烈需求；另一方面期待电视、电脑、手机三种媒介终端均能够提供紧急求助、家电控制、健康监测、生活缴费、亲情交流等养老辅助服务，随时随地为其日常生活带来安全保障和便利，以及通过上网结识同龄人的服务需求。

· 149 ·

第七节　基于使用与满足理论的媒介场景建立

结合媒介场景理论"新媒介→新场景→新行为"研究框架、使用与满足理论的"社会条件＋个人特性→需求→媒介接触→满足类型"基本过程模式和相关影响因素，基于城市老人"使用原因→使用活动→使用评价→使用需求"四个环节的调查数据，本章分别建立了城市老人使用新型电视、电脑上网和手机的媒介场景模型，揭示其新型电视、电脑和手机的使用过程概貌，剖析其使用行为特征与新型供求关系，如图 3-60、图 3-61、图 3-62 所示。

一　老年人使用电视的媒介场景模型

如图 3-60 所示，与使用与满足理论的基本过程模式不同，本模型将媒介特质和家庭环境纳入了研究范畴。"三网融合"驱动下，媒介特质成为促使老年人选用新型电视的主要原因，包括安装方便、费用经济的服务优势，屏幕大、操作简单的终端优势，画音清晰、内容贴近和丰富的收视优势。多年习惯、一直观看某些节目或频道形成的收视依赖、对其他媒介的接触能力局限是老年电视用户的重要特性。另外，好奇心理、作为生活信息助手的使用目的、电视服务机构对于新型服务大力推广、信息化社会潮流、来自亲友的协助也是促使老年人接触电视提供的视频点播、生活信息查询等新型服务的主要原因。

使用条件方面，老年人主要是自行购买电视机，以自行摸索为主、他人协助为辅学习如何使用，多完全拥有使用权。媒介印象方面，电视媒介在老年人的家庭生活中主要作为陪伴作息和休闲娱乐的工具，成为其连接社会、寄托情感的重要渠道，主要建立了社会层面的信息连接和情感连接关系。

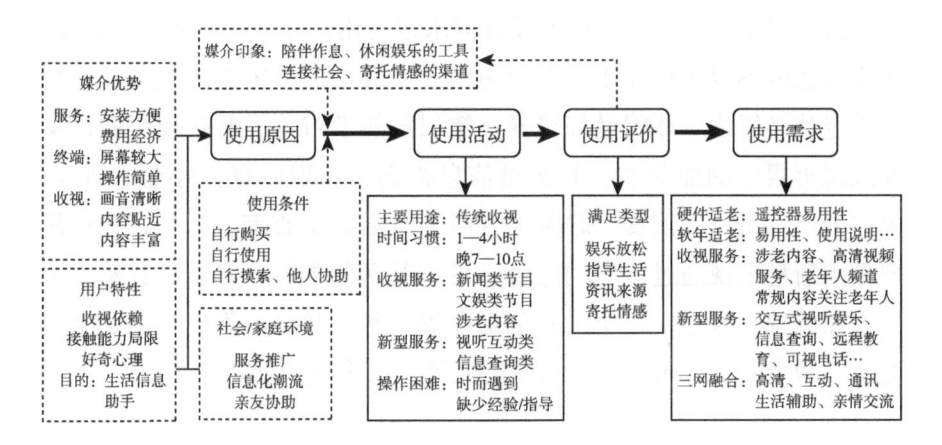

第三章 三网融合背景下城市老人媒介使用行为调查

```
┌─────────────┐        媒介印象：陪伴作息、休闲娱乐的工具
│ 媒介优势    │ ┄┄┄┄ 连接社会、寄托情感的渠道  ┄┄┄┄┄┄┐
│ 服务：安装方便│       │                                    │
│     费用经济 │    ┌──────┐  ┌──────┐  ┌──────┐  ┌──────┐
│ 终端：屏幕较大│    │使用原因│→ │使用活动│→ │使用评价│→ │使用需求│
│     操作简单 │    └──────┘  └──────┘  └──────┘  └──────┘
│ 收视：画音清晰│       ↑          │          │          │
│     内容贴近 │  ┌─────────┐ 主要用途：传统收视  满足类型  硬件适老：遥控器易用性
│     内容丰富 │  │ 使用条件 │ 时间习惯：1—4小时  娱乐放松  软年适老：易用性、使用说明…
└─────────────┘  │ 自行购买 │       晚7—10点    指导生活  收视服务：涉老内容、高清视频
┌─────────────┐  │ 自行使用 │ 收视服务：新闻类节目 资讯来源           服务、老年人频道
│ 用户特性    │  │ 自行摸索、他人协助│     文娱类节目 寄托情感           常规内容关注老年人
│ 收视依赖    │  └─────────┘       涉老内容             新型服务：交互式视听娱乐、
│ 接触能力局限 │  ┌─────────┐ 新型服务：视听互动类                    信息查询、远程教
│ 好奇心理    │  │社会/家庭环境│     信息查询类                     育、可视电话…
│ 目的：生活信息│  │ 服务推广 │ 操作困难：时而遇到              三网融合：高清、互动、通讯
│     助手    │  │ 信息化潮流│     缺少经验/指导                      生活辅助、亲情交流
└─────────────┘  │ 亲友协助 │
                 └─────────┘
```

图 3-60 老年人使用电视的媒介场景模型

使用活动方面，老年人整体对新型电视使用水平一般，集中用于传统收视，日均时长一般不多于 4 小时，习惯时段主要在晚 7 点至 10 点；收看新闻类节目最多，其次是文娱类节目，还时而收看涉老内容；选择收视内容注重画音清晰、内容品位、广告较少、社会热点、播出时间合理等因素。部分老年人已开始接触视听互动、信息查询等新型服务，选用时主要体现追求易用、实用和经济的消费心理。老年人使用新型电视会时而遇到操作困难，主要与缺乏对机顶盒、电子操作菜单等软硬件产品的使用经验有关，特别是缺少及时的操作指导。

使用评价方面，新型电视在老年人生活中主要发挥了放松娱乐、指导生活、资讯来源等功用，但使用满足水平一般（往往不多于 3 项功用）。老年人对收视服务满意度较好，对新闻类节目功用评价最高，对生活服务类节目功用评价较低；认为收视服务的主要不足是常规节目对老年人关注不够、涉老内容少和服务费用高等；涉老内容的主要不足是贴近性不够，其次是形式单调、商业色彩重、养老资讯少、播出时间不合理等。老年人对新型服务的有用性评价较好，主要不足涉及功能的丰富性、适老化和实用性，开通便捷性，费用合理性等。

使用需求方面，老年人对于遥控器的易用性设计需求最高，其次是电子操作菜单、涉老内容和高清视频服务，再次是新型服务、老年

人频道。对于电子操作菜单的设计需求以易用性和提供使用说明为主。对于涉老内容以医疗养生、生活指南等生存层面的需求为主，其次包括养老政策解读、休闲爱好培养、知识技能学习等。对新型服务以交互式视听娱乐功能为主，其次是信息查询、远程教育、可视电话等，关注天气、出行、饮食、健康等方面的生活信息查询。另外，老年用户希望新型电视通过"三网融合"的网络环境能提供高清、互动、通信方面的视听服务，并协同其他媒介提供紧急救助、家电控制、健康监测、缴费支付、与亲友便捷地交流等居家生活辅助功能。

二 老年人使用电脑上网的媒介场景模型

如图3-61所示，与新型电视不同，具体目的是促使老年人使用电脑上网及其接触各类网络服务的主要原因。一方面，便于与人联系、学习知识、获取资讯等目的及好奇心是促使老年人使用电脑上网的主要原因；另一方面，参与网络社交活动和接触老年人服务网站更有明确目的，前者包括亲友交流、娱乐放松、求助讨论等；后者包括查阅专门知识、培养休闲爱好、获取特殊帮助和养老资讯等。同时，服务便捷的媒介优势和信息社会潮流也是促使老年人使用电脑上网的主要原因，使用的自主，服务内容的特色、时效或丰富等优势是促使老年人接触网络新闻、网络学习、网络视频或网络购物的主要原因。

使用支持方面，老年人主要是自行购买电脑，以学校课程为主、自行摸索为辅学习如何上网，大多完全拥有使用权。媒介印象方面，电脑上网在老年人生活中主要作为获取新闻资讯和知识、咨询求助、便捷化生活和休闲娱乐的工具，主要建立了以社会信息连接为主的关系。

使用活动方面，老年人整体上网水平一般，一般不多于4种活动，主要从事查询资料、阅读新闻，其次是与人联系、学习知识等活动，日均时长一般不多于3小时，时段不定。老年人接触网络新闻服务的频率最高，其次是网络学习、网络视频等，说明主要是基于新闻获取、

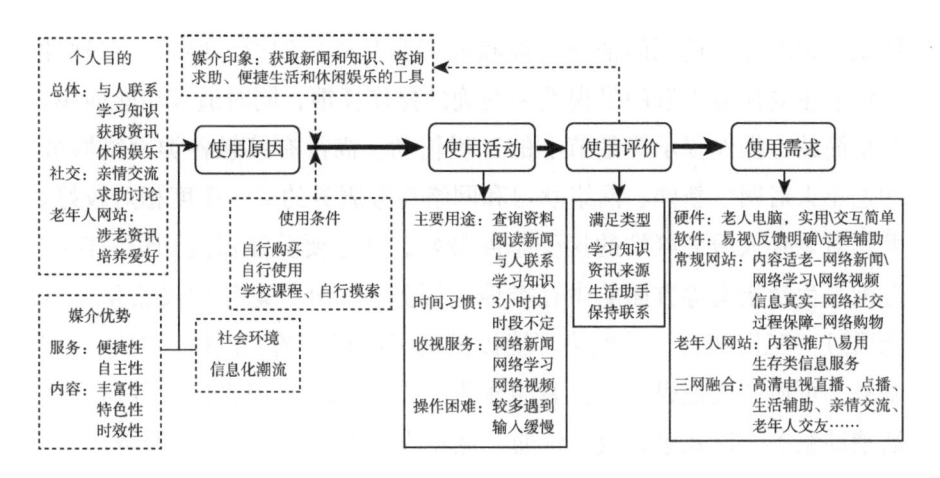

第三章 三网融合背景下城市老人媒介使用行为调查

图3-61 老年人使用电脑上网的媒介场景模型

知识学习的上网行为过程；注重访问便捷、操作简单、信息准确、内容丰富、更新时效等因素。部分老年人（超五成）开始接触老年人服务网站，主要青睐老龄工作机构、老年教育单位、老年人爱好培养三类，并注重信息准确、功能简洁、操作简单、亲友推荐度等因素。老年人使用电脑上网会时常遇到操作困难，操作满意度一般，主要困难是输入缓慢，由于操作不够熟练、身体机能老化和缺少及时指导所致。

使用评价方面，上网在老年人生活中主要发挥了学习知识、社会资讯来源的作用，其次包括作为生活助手，与人保持联系、娱乐放松等，但使用满足水平一般（往往不多于4项功用）。老年人对网络新闻服务的功用评价最高，其次是网络学习服务。老年人对老年人服务网站的功用评价不高，仅发挥了休闲娱乐、学习知识等作用。老年人认为当前各类网络服务的不足，首先体现在内容方面，一是可信性不高，尤其是网络社交的用户信息和网络购物的过程保障，二是欠缺深度或适老，尤其是网络新闻、网络视频和网络学习服务；其次体现在使用体验上，主要涉及广告多、操作复杂等问题。同时，老年人指出老年人服务网站存在的主要问题是内容欠缺丰富性和特色，知名度和内容的更新速度有待提高，易用性和内容的专业性有待改善。

使用需求方面，老年人对"老人电脑"需求最高，在产品设计上

· 153 ·

体现了追求经济适用的消费心理和强调交互简单的设计要求；在软件设计上主要注重内容的易视性和明确的操作反馈，同时追求功能简单、布局简约、操作提示等细节上的过程辅助。尚没有接触各类网络服务的老年人对网络新闻、网络学习和网络视频服务的接受态度相对较好。尤其对老年人服务网站的接受态度最好，并主要关注保健知识、医疗咨询、生活指南等方面的生存类信息服务。另外，老年网民希望电脑能通过"三网融合"的网络环境提供高清电视直播、点播及视频通信服务，可协同其他媒介提供紧急求助、便捷缴费、健康检测等居家生活辅助服务，以及家庭成员沟通、老年人交友方面的社会化服务。

三　老年人使用手机的媒介场景模型

如图 3-62 所示，与电脑上网场景类似，具体的目的和媒介优势是老年人使用手机（含上网服务）的主要原因。一方面，以联系亲友为核心，以及休闲娱乐、处理事务和服务作息等目的，是促使老年人使用手机的主要原因，多功能集成、使用便携、操作简单等媒介优势可随时随地满足这些目的；另一方面，使用便携、休闲娱乐也是老年人使用手机上网的原因之一，如对电脑上网的补偿性、可随时随地是其使用手机上网的主要原因，打发时间是其使用手机阅读新闻和观看视频的原因之一。直接推送的服务方式、及时获悉时事的目的是老年人通过手机阅读新闻的主要原因，内容特色是老年人通过手机观看视频的主要原因，还均涉及使用便携、费用经济等其他优势。套餐式推广对促进老年人使用手机上网也产生了积极作用，亲友的使用和好奇心对促进老年人使用手机阅读新闻和观看视频也产生了积极影响。

使用条件方面，老年人主要自行购买手机并通过自己摸索、亲友帮助来学习使用，基本完全拥有使用权。媒介印象方面，手机在老年人生活中集中作为与亲友保持联系的便捷工具，其次是作为日常生活的助手和获取社会信息的渠道，主要建立了以家庭情感连接、家庭信

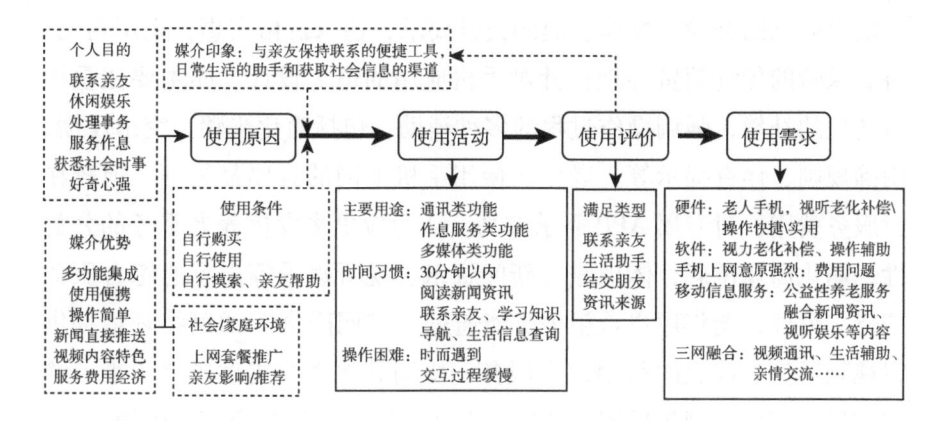

第三章　三网融合背景下城市老人媒介使用行为调查

```
┌──────────┐    ┌─────────────────────────────┐
│ 个人目的  │    │ 媒介印象：与亲友保持联系的便捷工具│
│ 联系亲友  │    │ 日常生活的助手和获取社会信息的渠道│
│ 休闲娱乐  │    └─────────────────────────────┘
│ 处理事务  │          │
│ 服务作简  │          ▼
│ 获悉社会时事│   ┌──────┐   ┌──────┐   ┌──────┐   ┌──────┐
│ 好奇心强  │──→│使用原因│──→│使用活动│──→│使用评价│──→│使用需求│
└──────────┘    └──────┘   └──────┘   └──────┘   └──────┘
┌──────────┐   ┌──────────┐ ┌──────────────┐ ┌────────┐ ┌────────────────┐
│ 媒介优势  │   │ 使用条件  │ │主要用途：通讯类功能│ │满足类型 │ │硬件：老人手机，视听老化补偿\│
│ 多功能集成│   │ 自行购买  │ │     作息服务类功能│ │联系亲友 │ │     操作快捷实用        │
│ 使用便携  │   │ 自行使用  │ │     多媒体类功能  │ │生活助手 │ │软件：视力老化补偿、操作辅助│
│ 操作简单  │   │ 自行摸索、亲友帮助│ │时间习惯：30分钟以内│ │结交朋友 │ │手机上网意原强烈：费用问题 │
│ 新闻直接推送│ └──────────┘ │     阅读新闻资讯  │ │资讯来源 │ │移动信息服务：公益性养老服务│
│ 视频内容特色│ ┌──────────┐ │     联系亲友、学习知识│ └────────┘ │     融合新闻资讯、       │
│ 服务费用经济│ │社会/家庭环境│ │     导航、生活信息查询│           │     视听娱乐等内容      │
└──────────┘   │ 上网套餐推广│ │操作困难：时而遇到 │           │三网融合：视频通讯、生活辅助、│
               │ 亲友影响/推荐│ │     交互过程缓慢 │           │     亲情交流……         │
               └──────────┘ └──────────────┘           └────────────────┘
```

图 3-62　老年人使用手机的媒介场景模型

息连接为主的关系。

使用活动方面，老年人主要使用手机的通信类功能，其次是作息服务类功能和多媒体类功能，但整体的使用水平一般，一般不多于 4 种功能。同时，老年人每次使用手机上网一般不会多于 30 分钟，主要目的是阅读新闻资讯，其次为联系亲友、学习知识、出行导航、生活查询等，即主要是基于信息获取的手机上网行为过程。选择移动信息服务时主要看中内容简约、操作简单、内容特色、使用便捷和过程流畅等要素。另外，老年人使用手机会时而遇到操作困难，主要是交互过程缓慢，由身体机能和认知能力老化、缺少使用经验和及时的使用指导所致，对所用手机的操作满意度一般。

使用评价方面，手机在老年人生活中主要发挥了便于联系亲友的作用，其次是作为生活助手、结交新朋友、新闻资讯来源的工具等。但老年人总体上的使用满足水平不高，往往不多于 2 项功用，并集中发挥了维系亲友关系的作用。针对手机上网服务，老年人认为其较多发挥了及时获悉新闻资讯的作用，其次是辅助生活、休闲娱乐、与人交流等，指出手机上网服务存在的主要问题一是服务资费、易用性和网速体验方面有待改进，二是上网服务应用方面，尤其是缺少适合老年人的手机上网应用（APP）。

使用需求方面，老年人对"老人手机"的需求较高，体现了对视

· 155 ·

听能力老化的补偿、操作快捷的设计要求，追求价格实惠、实用耐用、售后保障的传统消费心理；针对手机应用的适老设计，亦主要注重视力老化的补偿，强调操作过程的多种辅助，包括简化步骤、突出反馈、明确规则、伴有提示等。老年人使用手机上网的意愿最强烈，但较在意服务费用；对专属 APP 需求较高，认为应更多发挥养老服务的公益性，弱化商业色彩，体现融合新闻资讯、视听娱乐等内容的综合服务期待。另外，老年用户希望手机能通过"三网融合"的网络环境提供以视频通信为代表的移动信息服务，协同其他媒介提供紧急求助、缴费支付、家电控制等居家生活辅助服务，以及便捷的亲情交流服务。

第八节　本章小结

本章基于媒介场景理论"新媒介→新场景→新行为"的研究框架，依据使用与满足理论"社会条件＋个人特性→需求→媒介接触→满足类型"的过程模式和相关影响因素，将老年人对三种媒介的使用过程分为"使用原因→使用活动→使用评价→使用需求"四个环节，建立调查问卷的研究框架。结合媒介场景构成要素建立了使用评价和需求的分析思路。选取北京、上海、广州、武汉、西安、哈尔滨6个城市，就城市老人对三种媒介的使用情况进行了较大规模抽样调查，探究了其对电视、电脑、手机的使用行为特征和新型供求关系。

一方面，解析了城市老人对于三种媒介的基本使用与需求情况，包括选用该媒介的原因、获取终端及学习使用途径、使用偏好、操作困难、功用评价和使用依赖等。另一方面，揭示了城市老人对于不同媒体服务的使用与需求情况，包括是否使用各类服务的原因、内容或功能偏好、注重的服务要素、服务的有用性与不足评价，以及在软硬件设计、服务内容或功能等方面的适老需求和基于"三网融合"网络环境的服务期待。其中，电视涉及收视服务（常规节目、涉老内容）和新型服务（视频点播、信息查询等）；电脑上网涉及网络新闻、网

第三章 三网融合背景下城市老人媒介使用行为调查

络学习、网络视频、网络购物、网络社交和老年人服务网站；手机涉及上网服务和以新闻阅读、视频观看为代表的移动信息服务。

本章进一步基于调查数据与分析结果，对使用与满足理论的基本过程模式进行了完善拓展，建立了城市老人的新型电视使用场景模型、电脑上网场景模型、手机使用场景模型，揭示了城市老人对三种媒介的使用与满足过程概貌。

第一，三种媒介的特质和服务优势是触发城市老人接触行为的重要原因，如新型电视的安装方便、屏幕较大、操作简单、画音清晰、内容贴近等；电脑上网服务的便捷和使用自主，内容的丰富和时效等；手机的多功能集成、使用便携、新闻推送、视频内容特色等。第二，对电视媒介多年来的收视依赖也是城市老人使用新型电视的主要原因，具体目的是促使城市老人使用电脑上网及接触各类服务的主要原因，也是促使其使用手机（含上网）的主要原因。第三，城市老人主要表现为以收视为主的电视使用行为，热衷于新闻类、文娱类节目，建立了社会信息连接和情感连接为主的关系；以新闻浏览、知识学习为主的电脑上网行为，建立了社会信息连接为主的关系；以亲情交流为主的手机使用行为，建立了家庭情感连接和信息连接为主的关系。第四，城市老人对三种媒介的软硬件适老设计需求较高，对新型电视的涉老内容和高清视频服务、老年人服务网站、使用手机上网和专属 APP 服务需求较高。第五，基于"三网融合"的网络环境，城市老人一方面关注电视"电脑化"、电脑"电视化"，对网络化的收视服务具有强烈需求；另一方面期待三种媒介均能提供紧急求助、家电控制、健康监测、亲情交流等养老辅助服务，随时随地带来安全保障和生活便利。

第四章 影响城市老人使用数字化媒体的场景因素分析

本章将基于第三章中的调查数据，从用户、媒介和环境三个层面探究影响城市老人数字化媒体使用行为的场景因素，揭示核心因素及其程度差异，建立相应的影响因素模型，论证对于三种媒介实施适老服务的关键指导意义。

第一节 影响老年人电视使用场景的主要因素

一 电视使用场景的影响因素分析框架

影响城市老人使用新型电视的因素分析框架如表4-1所示。

依据场景建构的要素，结合使用与满足理论的"社会条件+个人特性→需求→媒介接触→满足类型"过程模式（"媒介印象""接触可能性"对"媒介接触"亦有影响），本章将影响城市老人媒介使用行为的因素分为用户、环境、媒介三类。用户因素包括人口特征、健康状况、生活状态、接触经验和接触能力，用以突出用户特性；环境因素包括社会环境、家庭环境、使用支持；媒介因素主要结合媒介场景构成要素（终端、内容、关系），包括易用性、有用性和依赖性。综合因素是指各

第四章 影响城市老人使用数字化媒体的场景因素分析

类使用原因涉及的用户、环境和媒介因素，会对分析提取出的因素归类。黑色圆点标示了待分析的因素，分析对城市老人服务接触水平、服务评价水平、服务需求水平的影响。分析方法是先通过相关性分析确定影响因素，再通过多元回归分析（逐步）预测关系模型，明确核心因素及程度差异。相关性分析原则是定序变项、定类变项与定类变项的相关性使用 Pearson 卡方检验，定序与定序变项的相关性使用 Gamma 系数检验，二分定类变项与定序变项的相关性使用 U 检验，二分以上的定类变项与定序变项的相关性使用 H 检验及事后 Nemenyi 检验。

表4-1　　　　　电视使用场景的影响因素分析框架

影响因素分类			接触水平			评价水平			需求水平		
			使用水平	日均使用时长	使用频率		收视满足度	使用满足水平	使用依赖	老人频道	高清视频	新型服务
					涉老内容	新型服务						接受态度	持续使用
综合因素	使用原因	选用新型电视的原因（定类）	●	●	●	●	●	●	●	●	●	●	●
		选用电视收视的原因（定类）	\	\	●	\	\	\	\	\	\	\	\
		使用新型服务的原因（定类）	\	\	\	●	\	\	\	\	\	\	●
		未使用新型服务的原因（定类）	\	\	\	\	\	\	\	\	\	●	\
用户因素	人口特征	性别（定类）	●	●	●	●	●	●	●	●	●	●	●
		年龄（定序）	●	●	●	●	●	●	●	●	●	●	●
		文化程度（定序）	●	●	●	●	●	●	●	●	●	●	●
		职业经历（定类）	●	●	●	●	●	●	●	●	●	●	●
		收入水平（定序）	●	●	●	●	●	●	●	●	●	●	●
	健康状况	健康满意度（定序）	●	●	●	●	●	●	●	●	●	●	●
	生活状态	生活积极性（定序）	●	●	●	●	●	●	●	●	●	●	●
		是否仍在工作（定类）	●	●	●	●	●	●	●	●	●	●	●

续表

影响因素分类			接触水平				评价水平			需求水平		
			使用水平	日均使用时长	使用频率		收视满意度	使用满足水平	使用依赖	老人频道	高清视频	新型服务
					涉老内容	新型服务						接受态度	持续使用
用户因素	接触经验	传统媒体服务满意度（定序）	●	●	●	●	●	●	●	●	●	●	●
		新型电视的使用周期（定序）	●	●	●	●	●	●	●	●	●	●	●
	接触能力	媒介接触水平（定序）	●	●	●	●	●	●	●	●	●	●	●
		新型电视的使用水平（定序）	\	●	●	●	●	●	●	●	●	●	●
环境因素	社会环境	属地（定类）	●	●	●	●	●	●	●	●	●	●	●
	家庭环境	家庭结构（定序）	●	●	●	●	●	●	●	●	●	●	●
	使用支持	新型电视的使用权（定序）	●	●	●	●	●	●	●	●	●	●	●
		学习使用电视的途径（定类）	●	●	●	●	●	●	●	●	●	●	●
媒介因素	易用性	新型电视的操作满意度（定序）	●	●	●	●	●	●	●	●	●	●	●
		遇到操作困难的频率（定序）	●	●	●	●	●	●	●	●	●	●	●
	有用性	五类收视节目的功用评价（定序）	\	\	●	\	●	\	\	\	\	\	\
		收视服务满意度（定序）	\	●	\	●	\	\	\	\	\	\	\
		新型服务的功用评价（定序）	\	\	\	●	\	\	\	\	\	\	\
		新型电视使用满足水平（定序）	\	●	\	\	\	\	●	\	\	●	\

第四章 影响城市老人使用数字化媒体的场景因素分析

续表

影响因素分类		接触水平				评价水平			需求水平			
		使用水平	日均使用时长	使用频率		收视满意度	使用满足水平	使用依赖	老人频道	高清视频	新型服务	
				涉老内容	新型服务						接受态度	持续使用
媒介因素	依赖性	新型电视日均使用时长（定序）	\	\	\	\	●	●	●	●	●	●	●
		收看五类收视节目的频率（定序）	\	●	\	\	●	●	●	\	\	\	\
		使用新型服务的频率（定序）	\	\	\	\	\	\	●	\	\	●	●
		不使用电视的影响程度（定序）	\	●	\	\	\	\	\	●	●	●	●

二 影响电视服务接触水平的要素分析

基于使用与满足理论过程模式中的"媒介接触"环节，按照从总体到具体的接触过程，将城市老人对电视服务的接触水平衡量分为整体使用水平、日均使用时长、收看涉老内容的频率、使用新型服务的频率。

（一）新型电视的使用水平

待分析的因素涉及新型电视的使用原因、人口特征、健康状况、生活状态、接触经验、媒介接触水平、社会和家庭环境、使用支持、易用性。

如表4-2所示，媒介接触水平，画音清晰的使用原因，属地为西安，健康满意度，费用经济、好奇新功能的使用原因，生活积极性是核心因素，影响程度依次递减。除了属地、健康满意度外，其余回归系数均为正。即常用媒介越多的老年人，因为画音清晰、费用经济或好奇新功能而使用新型电视的老年人,健康状况越好或日常活动越多的老年人,新型电视的使用水平越高;生活在西安的老年人,新型电视的使用水平较低。

表4-2　　　　新型电视使用水平的影响因素回归分析结果

选出的变量顺序	相关系数 R	可决系数 R^2	增加解释量 ΔR	F 值	净 F 值	原始化回归系数	标准化回归系数	t 值	Sig.
截距（常数项）						1.190		5.427	0.000
媒介接触水平	0.277	0.077	0.077	30.323	30.323	0.113	0.150	2.831	0.005
新型电视使用原因:画音清晰	0.324	0.105	0.028	21.359	11.520	0.289	0.142	2.893	0.004
属地:西安	0.353	0.125	0.020	17.275	8.256	-0.311	-0.126	-2.577	0.010
健康满意度	0.376	0.141	0.016	14.879	6.857	-0.118	-0.117	-2.389	0.017
新型电视使用原因:费用经济	0.392	0.154	0.013	13.125	5.385	0.322	0.123	2.540	0.012
新型电视使用原因:好奇新功能	0.409	0.167	0.014	12.063	5.871	0.347	0.122	2.523	0.012
生活积极性	0.423	0.179	0.012	11.180	5.066	0.112	0.118	2.251	0.025

（二）新型电视的日均使用时长

待分析的因素涉及新型电视的使用原因、人口特征、健康状况、生活状态、接触经验和接触能力、社会和家庭环境、使用支持、有用性（收视满意度和使用满足水平）、易用性、依赖性（收看五类节目和使用新型服务的频率）。

如表4-3所示,新型电视的使用周期、收入水平、钟情某些节目的使用原因、文化程度、属地为上海、使用满足水平、好奇新功能的使用原因是核心因素,且影响程度依次递减。除收入水平、文化程度和好奇新功能的使用原因之外,其余回归系数均为正。即使用新型电视越久或收入水平越低的老年人,因为钟情某些节目而使用新型电视或文化程度越低的老年人,生活在上海或新型电视使用满足水平越高的老年人,使用新型电视的日均时长越久;仅因好奇新功能而使用新型电视的老年人,使用新型电视的日均时长较短。

表4-3　　　新型电视日均使用时长的影响因素回归分析结果

选出的变量顺序	相关系数 R	可决系数 R²	增加解释量 ΔR	F值	净F值	原始化回归系数	标准化回归系数	t值	Sig.
截距（常数项）						3.658		8.781	0.000
新型电视的使用周期	0.362	0.131	0.131	42.143	42.143	0.204	0.288	5.293	0.000
收入水平	0.411	0.169	0.038	28.288	12.675	-0.225	-0.132	-2.330	0.021
新型电视使用原因：钟情某些节目	0.438	0.192	0.024	22.034	8.090	0.442	0.146	2.729	0.007
文化程度	0.464	0.215	0.023	18.986	8.143	-0.293	-0.175	-3.114	0.002
属地：上海	0.481	0.231	0.016	16.578	5.666	0.454	0.132	2.482	0.014
新型电视的使用满足水平	0.496	0.246	0.015	14.936	5.404	0.123	0.126	2.382	0.018
新型电视使用原因：好奇新功能	0.507	0.257	011	13.509	3.975	-0.417	-0.105	-1.994	0.047

（三）涉老内容的收看频率

待分析的因素涉及新型电视的使用原因、收视原因、人口特征、健康状况、生活状态、接触经验和能力、社会和家庭环境、使用支持、易用性和有用性（涉老内容的功用评价）。

如表4-4所示,生活指南、娱乐放松、学习知识、资讯来源的涉老内容功用评价,属地为上海,职业是个体经营者,频道多样的收视原因,通过学校课程的学习途径,电视使用权,只会使用电视的使用原因,收入水平,内容权威的收视原因,媒介接触水平,亲友推荐或支持的收视原因,健康满意度,适合内容较多的收视原因,为了学习知识的使用原因是核心因素,且影响程度依次递减。除了属地、职业、使用权、收入水平和内容权威的收视原因,其余回归系数均为负。即对涉老内容在指导生活、娱乐放松、学习知识或资讯来源方面功用评价越高的老年人，因为频道多样、亲友推荐或适合自己的内容较多而选用新型电视收视的老年人，通过学校课程学习使用新型电视或对电视使用权越大的老年人，因只会使用电视或为学习知识而使用新型电视的老年人，收入水平越低、常用媒介越多或健康状况越差的老年人，收看涉老内容的频率越高；生活地在上海的老年人，曾为个体经营者或认为信息真实性不足的老年人，收看涉老内容的频率较低。

表4-4　　涉老内容收看频率的影响因素回归分析结果

选出的变量顺序	相关系数 R	可决系数 R^2	增加解释量 ΔR	F值	净F值	原始化回归系数	标准化回归系数	t值	Sig.
截距（常数项）						3.283		15.351	0.000
涉老内容的功用评价：生活指南	0.196	0.038	0.038	12.533	12.533	-1.443	-0.506	-10.473	0.000
涉老内容的功用评价：娱乐放松	0.308	0.095	0.057	16.461	19.644	-1.092	-0.568	-10.801	0.000
涉老内容的功用评价：学习知识	0.448	0.200	0.105	26.047	41.011	-0.983	-0.465	-9.099	0.000
涉老内容的功用评价：资讯来源	0.571	0.326	0.126	37.654	58.161	-1.261	-0.401	-8.451	0.000
属地：上海	0.591	0.349	0.023	33.305	11.044	0.367	0.154	3.589	0.000
职业经历：个体经营者	0.610	0.373	0.023	30.598	11.450	0.610	0.150	3.521	0.000
收视原因：频道多样	0.624	0.390	0.017	28.107	8.630	-0.309	-0.121	-2.858	0.005
学习使用的途径：学校课程	0.637	0.406	0.016	26.212	8.289	-0.434	-0.129	-3.079	0.002
新型电视的使用权	0.650	0.422	0.016	24.811	8.486	0.205	0.160	3.681	0.000
新型电视使用原因：只会用电视	0.662	0.439	0.017	23.851	9.217	-0.321	-0.122	-2.892	0.004
收入水平	0.675	0.456	0.017	23.122	9.326	0.166	0.139	3.259	0.001
收视原因：信息权威	0.682	0.465	0.009	21.932	5.264	0.323	0.126	2.943	0.004

续表

选出的变量顺序	相关系数 R	可决系数 R^2	增加解释量 ΔR	F 值	净 F 值	原始化回归系数	标准化回归系数	t 值	Sig.
媒介接触水平	0.688	0.474	0.009	20.919	5.157	-0.063	-0.084	-1.950	0.052
收视原因：亲友推荐或支持	0.694	0.481	0.007	19.925	4.156	-0.334	-0.084	-1.995	0.047
健康满意度	0.699	0.489	0.008	19.109	4.472	-0.106	-0.101	-2.348	0.020
收视原因：适合自己的内容多	0.704	0.495	0.007	18.349	4.046	-0.199	-0.096	-2.268	0.024
新型电视使用原因：学习知识	0.709	0.503	007	17.712	4.282	-0.290	-0.089	-2.069	0.039

（四）新型服务的使用频率

待分析的因素涉及新型电视的使用原因、使用新型服务的原因、人口特征、健康状况、生活状态、接触经验和能力、社会和家庭环境、使用支持、易用性、有用性（收视满意度和新型服务的功用评价）。

如表 4-5 所示，没有好看内容时使用新型服务的原因，通过学校课程的学习途径，职业曾为机关干部、外资或私企管理人员，好奇新功能的使用原因是核心因素，且影响程度依次递减。除了职业经历，其余回归系数均为负。即因为没有好看节目而使用新型服务或通过学校课程学习使用新型电视的老年人，因为好奇新功能而使用新型电视的老年人，使用新型服务频率较高；曾为机关干部、外资或私企管理人员的老年人，使用新型服务频率较低。

表 4-5　　新型服务使用频率的影响因素回归分析结果

选出的变量顺序	相关系数 R	可决系数 R^2	增加解释量 ΔR	F 值	净 F 值	原始化回归系数	标准化回归系数	t 值	Sig.
截距（常数项）						2.440		32.673	0.000
新型服务使用原因：没有好看的内容	0.204	0.042	0.042	5.718	5.718	-0.398	-0.230	-2.825	0.005

续表

选出的变量顺序	相关系数 R	可决系数 R^2	增加解释量 ΔR	F 值	净 F 值	原始化回归系数	标准化回归系数	t 值	Sig.
学习使用的途径：学校课程	0.284	0.081	0.039	5.758	5.599	-0.660	0.222	-2.670	0.009
职业经历：机关干部	0.331	0.109	0.029	5.324	4.178	0.437	0.201	2.432	0.016
职业经历：外资或私企管理人员	0.372	0.138	0.029	5.168	4.295	0.509	0.198	2.432	0.016
新型电视使用原因：好奇新功能	0.415	0.172	0.034	5.326	5.275	0.356	-0.190	-2.297	0.023

三 影响电视服务评价水平的要素分析

基于使用与满足理论过程模式中的"满足类型"环节、"媒介印象"因素，依据城市老人使用新型电视以收视服务为核心，将评价水平的衡量分为收视服务满意度、使用满足水平和使用依赖（不再使用电视的生活影响程度）。

（一）收视服务的满意度

待分析的因素涉及新型电视的使用原因、收视原因、人口特征、健康状况、生活状态、接触经验和能力、社会和家庭环境、使用支持、易用性和有用性（五类节目的功用评价）、依赖性（日均使用时长和五类节目的收看频率）。

如表4-6所示，操作满意度、无可替代媒介的使用原因、生活服务类节目的收看频率、信息权威的收视原因、新闻类节目收看频率是核心因素，且影响程度依次递减。除了没有可替代媒介的使用原因外，其余回归系数均为正。即对新型电视操作满意度越高或因为信息权威而选用新型电视收视的老年人，越经常收看生活服务类或新闻类节目的老年人，对收视服务的满意度越高；因为没有可替代媒介而使用新型电视的老年人，对收视服务的满意度较低。

表4-6　　　　收视服务满意度的影响因素回归分析结果

选出的变量顺序	相关系数 R	可决系数 R^2	增加解释量 ΔR	F值	净F值	原始化回归系数	标准化回归系数	t值	Sig.
截距（常数项）						0.807		2.782	0.006
新型电视的操作满意度	0.358	0.128	0.128	23.963	23.963	0.388	0.354	5.118	0.000
新型电视使用原因：无替代媒介	0.429	0.184	0.056	18.306	11.155	-0.732	-0.251	-3.441	0.001
生活服务类节目的收看频率	0.472	0.223	0.038	15.364	7.917	0.248	0.194	2.837	0.005
收视原因：信息权威	0.503	0.253	0.031	13.562	6.564	0.488	0.168	2.418	0.017
新闻类节目的收看频率	0.523	0.273	0.020	11.959	4.395	0.194	0.151	2.096	0.038

（二）新型电视的使用满足水平

待分析的因素涉及新型电视的使用原因、收视原因、人口特征、健康状况、生活状态、接触经验和能力、社会和家庭环境、使用支持、易用性、有用性（收视满意度）、依赖性（日均使用时长和五类节目的收看频率）。

如表4-7所示，生活积极性、新型电视的使用水平、新闻类节目收看频率、通过业务人员的学习途径、属地为上海、日均使用时长、媒介接触水平、属地为北京、健康满意度、内容丰富的使用原因是核心因素，影响程度依次递减。除了新闻类节目的收看频率、属地外，其余回归系数均为正。即日常活动越多或新型电视使用水平越高的老年人，越常收看新闻类节目或通过业务人员学习使用新型电视的老年人，使用新型电视日均时长越久或常用媒介越多的老年人，健康状况越差或因内容丰富而使用新型电视的老年人，新型电视使用满足水平较高；生活在上海或北京的老年人，新型电视使用满足水平较低。

表4－7　新型电视使用满足水平的影响因素回归分析结果

选出的变量顺序	相关系数R	可决系数R^2	增加解释量ΔR	F值	净F值	原始化回归系数	标准化回归系数	t值	Sig.
截距（常数项）						0.204		0.457	0.648
生活积极性	0.334	0.112	0.112	35.297	35.297	0.275	0.190	3.358	0.001
新型电视的使用水平	0.388	0.151	0.039	24.848	12.904	0.330	0.221	4.068	0.000
新闻类节目的收看频率	0.437	0.191	0.041	21.999	13.994	-0.248	-0.161	-2.827	0.005
学习使用的途径：业务人员	0.462	0.214	0.023	18.907	7.981	0.426	0.134	2.547	0.011
属地：上海	0.489	0.239	0.025	17.427	9.258	-0.694	-0.196	-3.593	0.000
新型电视的日均使用时长	0.507	0.257	0.017	15.891	6.487	0.126	0.122	2.307	0.022
媒介接触水平	0.518	0.269	0.012	14.443	4.536	0.166	0.148	2.611	0.010
属地：北京	0.532	0.283	0.014	13.521	5.436	-0.383	-0.138	-2.346	0.020
健康满意度	0.542	0.294	0.011	12.643	4.310	0.179	0.118	2.255	0.025
新型电视使用原因：内容丰富	0.552	0.305	0.011	11.929	4.175	0.333	0.107	2.043	0.042

（三）新型电视的使用依赖

待分析的因素涉及新型电视使用原因、收视原因、人口特征、健康状况、生活状态、接触经验和能力、社会和家庭环境、使用支持、易用性、有用性（收视满意度和使用满足水平）、依赖性（日均使用时长，收看五类节目和使用新型服务的频率）。

如表4－8所示，文娱类节目收看频率，新型服务使用频率，媒介接触水平，涉老内容收看频率，新型电视的操作满意度和使用周期是核心因素，且影响程度依次递减。除了媒介接触水平和使用周期外，其余回归系数均为正。即对文娱类节目或涉老内容收看频率越高的老年人，使用新型服务频率越高或常用媒介越多的老年人，对新型电视的操作满意度越高或使用新型电视越久的老年人，对新型电视的使用依赖越强。

表 4-8　　　　新型电视使用依赖的影响因素回归分析结果

选出的变量顺序	相关系数 R	可决系数 R^2	增加解释量 ΔR	F 值	净 F 值	原始化回归系数	标准化回归系数	t 值	Sig.
截距（常数项）						1.095		3.184	0.002
文娱类节目的收看频率	0.244	0.059	0.059	17.679	17.679	0.196	0.205	3.634	0.000
新型服务的使用频率	0.338	0.114	0.055	17.988	17.270	0.177	0.188	3.254	0.001
媒介接触水平	0.368	0.135	0.021	14.515	6.819	-0.096	-0.124	-2.204	0.028
涉老内容的收看频率	0.388	0.150	0.015	12.268	4.912	0.123	0.124	2.185	0.030
新型电视的操作满意度	0.405	0.164	0.013	10.823	4.436	0.169	0.133	2.395	0.017
新型电视的使用周期	0.425	0.181	0.017	10.104	5.606	-0.069	-0.135	-2.368	0.019

四　影响电视服务需求水平的要素分析

基于使用与满足理论过程模式中的"需求"环节，依据城市老人使用新型电视以收视服务为核心，结合新型电视服务发展趋势，将其需求水平的衡量分为老年人频道、高清视频和新型服务（视频点播、信息查询等）。

（一）老年人频道的需求

待分析因素涉及新型电视使用原因、收视原因、人口特征、健康状况、生活状态、接触经验和能力、社会和家庭环境、使用支持、易用性、有用性（收视满意度，使用满足水平）、依赖性（日均使用时长，五类节目收看频率，使用依赖）。

如表4-9所示，涉老内容、知识教育类和文娱类节目收看频率，信息真实、内容丰富的使用原因，经济实惠的收视原因，职业为军人，操作简单的收视原因是核心因素，且影响程度依次递减。除了内容丰富的使用原因、经济实惠的收视原因，其余回归系数均为正。即收看涉老内容、知识教育或文娱类节目频率越高的老年人，因内容丰富而使用新型电视或费用经济选用新型电视收视的老年人，对老年人频道服务需求较高；认为涉老内容信息真实性不足的老年人，曾为军人或因操作相对容易选用新型电视收视的老年人，对老年人频道服务需求较低。

表4-9　　　　老年人频道需求的影响因素回归分析结果

选出的变量顺序	相关系数 R	可决系数 R^2	增加解释量 ΔR	F值	净F值	原始化回归系数	标准化回归系数	t值	Sig.
截距（常数项）						0.795		4.101	0.000
涉老内容的收看频率	0.380	0.144	0.144	47.921	47.921	0.308	0.304	5.891	0.000
知识教育类节目的收看频率	0.445	0.198	0.053	34.867	18.808	0.168	0.170	3.207	0.002
文娱类节目的收看频率	0.478	0.228	0.030	27.779	11.112	0.187	0.191	3.648	0.000
新型电视使用原因：信息真实	0.495	0.245	0.017	22.853	6.462	0.391	0.139	2.700	0.007
新型电视使用原因：内容丰富	0.511	0.262	0.016	19.837	6110	-0.283	-0.130	-2.548	0.011
收视原因：经济实惠	0.527	0.277	0.016	17.850	6.105	-0.271	-0.128	-2.510	0.013
职业经历：军人	0.538	0.289	0.012	16.175	4.705	0.458	0.110	2.177	0.030
收视原因：操作简单	0.549	0.301	0.012	14.919	4.641	0.297	0.109	2.154	0.032

（二）高清视频的需求

待分析因素涉及新型电视使用原因、收视原因、人口特征、健康状况、生活状态、接触经验和能力、社会和家庭环境、使用支持、易用性、有用性（收视满意度，使用满足水平）和依赖性（日均使用时长，五类节目收看频率，使用依赖）。

如表4-10所示，新型电视使用权，收视满意度，画音清晰、钟情某些节目的使用原因，主持人吸引力的收视原因，操作满意度和遇到操作困难的频率，节目定时播放、观看时能与亲友交流的收视原因是核心因素，且影响程度依次递减。除了使用原因和主持人吸引力的收视原因，其余回归系数均为正。即对新型电视使用权越大或收视满意度越高的老年人，因画音清晰或钟情某些节目而使用新型电视的老年人，因主持人魅力而选用新型电视收视或操作满意度越高、遇到操作困难越少的老年人，对高清视频服务需求越高；作为居家生活"伴音"或因观看时能与在场亲友交流而选用新型电视收视的老年人，对高清视频服务需求较低。

表4-10　　高清视频服务需求的影响因素回归分析结果

选出的变量顺序	相关系数 R	可决系数 R^2	增加解释量 ΔR	F值	净F值	原始化回归系数	标准化回归系数	t值	Sig.
截距（常数项）						0.791		3.597	0.000
新型电视的使用权	0.290	0.084	0.084	22.385	22.385	0.185	0.207	3.662	0.000
收视服务满意度	0.371	0.137	0.053	19272	14.880	0.157	0.218	3.739	0.000
新型电视使用原因：画音清晰	0.414	0.172	0.034	16.631	9.928	-0.225	-0.159	-2.810	0.005
新型电视使用原因：钟情某些节目	0.444	0.197	0.025	14.692	7.525	-0.226	-0.155	-2.667	0.008
收视原因：主持人吸引力	0.490	0.240	0.016	13.504	5.095	-0.337	-0.150	-2.554	0.011

续表

选出的变量顺序	相关系数 R	可决系数 R^2	增加解释量 ΔR	F 值	净 F 值	原始化回归系数	标准化回归系数	t 值	Sig.
新型电视的操作满意度	0.504	0.254	0.014	11.536	4.592	0.114	0.139	2.352	0.020
遇到新型电视操作困难的频率	0.517	0.267	0.013	10.759	4.226	0.104	0.116	2.024	0.044
收视原因：居家生活"伴音"	0.529	0.280	0.012	10.132	4.018	0.201	0.115	2.078	0.039
收视原因：观看时能与亲友交流	0.540	0.291	0.012	9.620	3.891	0.163	0.111	1.972	0.050

（三）新型服务的需求

1. 新型服务的接受态度

针对没有使用新型服务的老年人，影响其接受态度的待分析因素涉及新型电视的使用原因、没有使用新型服务的原因、人口特征、健康状况、生活状态、接触经验和能力、社会和家庭环境、使用支持、易用性、有用性（收视满意度，使用满足水平）、依赖性（日均使用时长，使用依赖）。

如表 4-11 所示，职业为外资或私企一般人员，使用满足水平，职业为机关事业单位一般人员，无可替代媒介、信息真实的使用原因，使用权，收视接通容易的使用原因，因有更好选择而未使用新型服务的原因，属地为西安是核心因素，影响程度依次递减。除了职业、使用满足水平、未使用新型服务的原因和属地，其余回归系数均为正。即曾为外资、私企或机关事业单位人员的老年人，对新型电视使用满足水平越高或使用权越大的老年人，因有更好选择而未使用新型服务或生活在西安的老年人，对新型服务接受态度较好；认为新型服务的信息真实性不足或仅为收看传统视频而使用新型电视的老年人，对新型服务接受态度较差。

表4-11　　　新型服务接受态度的影响因素回归分析结果

选出的变量顺序	相关系数 R	可决系数 R^2	增加解释量 ΔR	F 值	净 F 值	原始化回归系数	标准化回归系数	t 值	Sig.
截距（常数项）						2.046		11.927	0.000
职业经历：外资或私企一般人员	0.292	0.085	0.085	6.168	6.168	-2.273	-0.536	-5.331	0.000
新型电视的使用满足水平	0.418	0.175	0.089	6.874	7.017	-0.093	-0.236	-2.508	0.015
职业经历：机关事业单位一般人员	0.496	0.246	0.072	6.973	6.094	-0.310	-0.232	-2.442	0.018
新型电视使用原因：无可替代媒介	0.568	0.322	0.076	7.490	7.060	0.824	0.273	2.873	0.006
新型电视使用原因：信息真实	0.607	0.369	0.047	7.251	4.590	0.315	0.210	2.167	0.034
新型电视的使用权	0.640	0.409	0.040	7.048	4.174	0.236	0.359	3.362	0.001
新型电视使用原因：收视接通容易	0.672	0.452	0.042	7.061	4.628	0.296	0.286	2.961	0.004
未使用新型服务的原因：有更好选择	0.701	0.491	0.039	7.112	4.546	-0.513	-0.237	-2.330	0.023
属地：西安	0.727	0.528	0.037	7.217	4.590	-0.280	-0.209	-2.142	0.036

2. 新型服务的长期使用态度

针对已使用过新型服务的老年人，影响其长期使用态度的待分析因素涉及新型电视的使用原因、新型服务的使用原因、人口特征、健康状况、生活状态、接触经验和能力、社会和家庭环境、使用支持、易用性、有用性（收视满意度，新型服务的功用评价，使用满足水平）、依赖性（日均使用时长，新型服务使用频率，使用依赖）。

如表4-12所示，了解高科技的使用原因，新型服务的使用频率，使用水平和家庭结构，没有可看内容的新型服务使用原因，文化程度，多年习惯的使用原因，媒介接触水平，使用依赖，通过业务人员的学习途径，亲友协助的新型服务使用原因是核心因素，且影响程度依次递减。除了使用水平、多年习惯的使用原因、亲友协助的新型服务使用原因，其余回归系数均为正。即使用新型服务的频率或新型电视使用水平越高的老年人，居家成员越多、文化程度越低或因多年习惯而使用新型电视的老年人，常用媒介越少、对新型电视的使用依赖越强或通过亲友协助使用新型服务的老年人，长期使用新型服务的态度较好；只因想了解高科技而使用新型电视、因为没有可看内容时而使用新型服务或通过业务人员学习新型电视的老年人，长期使用新型服务的态度较差。

表4-12　新型服务长期使用态度的影响因素回归分析结果

选出的变量顺序	相关系数 R	可决系数 R²	增加解释量 ΔR	F 值	净 F 值	原始化回归系数	标准化回归系数	t 值	Sig.
截距（常数项）						-0.084		-0.189	0.851
新型电视使用原因：了解高科技	0.222	0.049	0.049	6.596	6.596	0.534	0.247	3.221	0.002
新型服务的使用频率	0.317	0.100	0.051	7.038	7.161	0.273	0.249	3.212	0.002
新型电视的使用水平	0.380	0.145	0.044	7.045	6.451	-0.225	-0.253	-3.218	0.002
家庭结构	0.431	0.185	0.041	7.060	6.222	0.317	0.241	3.208	0.002
新型服务使用原因：没有可看内容	0.467	0.218	0.033	6.865	5.141	0.292	0.150	1.956	0.053
文化程度	0.497	0.247	0.028	6.654	4.595	0.179	0.159	2.102	0.038
新型电视使用原因：多年习惯	0.521	0.272	0.025	6.456	4.214	-0.365	-0.208	-2.680	0.008
媒介接触水平	0.546	0.298	0.026	6.360	4.413	0.136	0.198	2.587	0.011
不使用新型电视的生活影响程度	0.575	0.330	0.032	6.516	5.752	0.212	0.245	3.136	0.002
学习使用的途径：业务人员	0.599	0.359	0.029	6.617	5.372	0.346	0.177	2.266	0.025
新型服务使用原因：亲友协助	0.617	0.380	0.021	6.525	3.949	-0.332	-0.150	-1.987	0.049

第二节　影响老年人电脑上网场景的主要因素

一　电脑上网场景的影响因素分析框架

影响老年人电脑上网场景的因素分析框架如表4–13所示。与新型电视的使用场景分析框架类似，主要依据网络时代的场景建构要素和使用与满足理论的过程模式，将影响老年人上网过程的因素分为用户、媒介和环境三类。并在具体因素上针对上网过程进行了调整，涉及使用原因、接触经验、接触能力、使用支持、有用性、易用性和依赖性；综合因素亦是指各类使用原因中涉及的用户、媒介和环境因素。黑色圆点标示了待分析的具体因素，将分析其对接触水平、评价水平和需求水平的影响。分析方法同样先通过相关性分析确定影响因素，再通过多元回归分析预测关系模型，明确核心因素及程度差异。

表4–13　电脑上网场景的影响因素分析框架

影响因素分类		接触水平			评价水平		需求水平		
		上网水平	日均使用时长	服务使用频率	上网满足水平	上网依赖	五类网络服务	老年人服务网站	
								接受使用	持续态度
综合因素	使用原因	使用电脑上网的原因（定类）	●	●	●	●	●	●	●	●
		使用各类网络服务的原因（定类）	\	\	●	\	\	●	\	●
		使用老年人服务网站的原因（定类）	\	\	\	●	\	\	\	\
		未使用老年人服务网站的原因（定类）	\	\	\	\	\	\	\	\
用户因素	人口特征	性别（定类）	●	●	●	●	●	●	●	●
		年龄（定序）	●	●	●	●	●	●	●	●
		文化程度（定序）	●	●	●	●	●	●	●	●

续表

影响因素分类		接触水平			评价水平		需求水平		
		上网水平	日均使用时长	服务使用频率	上网满足水平	上网依赖	五类网络服务	老年人服务网站 接受使用	老年人服务网站 持续态度
用户因素	人口特征	职业经历（定类）	●	●	●	●	●	●	●	●
		收入水平（定序）	●	●	●	●	●	●	●	●
	健康状况	健康满意度（定序）	●	●	●	●	●	●	●	●
	生活状态	生活积极性（定序）	●	●	●	●	●	●	●	●
		是否仍在工作（定类）	●	●	●	●	●	●	●	●
	接触经验	传统媒体服务满意度（定序）	●	●	●	●	●	●	●	●
		使用电脑上网的周期/网龄（定序）	●	●	●	●	●	●	●	●
	接触能力	媒介接触水平（定序）	●	●	●	●	●	●	●	●
		上网水平（定序）	\	●	●	●	●	●	●	●
环境因素	社会环境	属地（定类）	●	●	●	●	●	●	●	●
	家庭环境	家庭结构（定序）	●	●	●	●	●	●	●	●
	使用支持	上网电脑的使用权（定序）	●	●	●	●	●	●	●	●
		学习上网的途径（定类）	●	●	●	●	●	●	●	●
媒介因素	易用性	上网电脑的操作满意度（定序）	●	●	●	●	●	●	●	●
		遇到上网操作困难的频率（定序）	●	●	●	●	●	●	●	●
	有用性	各类网络服务的功用评价（定序）	\	\	●	\	●	\	\	\
		老年人服务网站的功用评价（定序）	\	\	●	\	\	\	●	●
		上网满足水平（定序）	\	\	\	●	\	\	\	\
		日均上网时长（定序）	\	\	\	\	\	\	●	●
	依赖性	使用各类网络服务的频率（定序）	\	●	\	\	\	●	●	\
		不再上网的生活影响程度（定序）	\	●	\	\	\	\	\	●

二 影响上网服务接触水平的要素分析

基于使用与满足理论过程模式中的"媒介接触"环节，按照从总体到具体的接触过程，将城市老人的电脑上网接触水平衡量分为对各类网络服务的整体使用水平（上网水平）、日均上网时长以及对网络新闻服务、网络学习服务、网络视频服务、网络购物服务、网络社交服务的使用频率。

（一）上网水平

待分析的因素涉及上网原因、人口特征、健康状况、生活状态、接触经验、媒介接触水平、社会和家庭环境、使用支持、易用性。

如表4-14所示，生活积极性，与人联系交流的上网原因，网龄，为休闲娱乐、及时获取信息、操作易学的上网原因，职业为国企工人，亲友支持或影响的上网原因，遇到上网操作困难的频率，属地广州，职业为外企或私企管理人员，费用经济的上网原因是核心因素，且影响程度依次递减，回归系数均为正。即为了与人联系交流、休闲娱乐或及时获取各类信息的老年人，因为操作易学、亲友支持或费用经济而上网的老年人，日常活动越多或网龄越久的老年人，曾为国企工人、外企或私企管理人员的老年人，生活在广州或遇到上网操作困难越少的老年人，上网水平较高。

表4-14　　　　上网水平的影响因素回归分析结果

选出的变量顺序	相关系数 R	可决系数 R^2	增加解释量 ΔR	F值	净F值	原始化回归系数	标准化回归系数	t值	Sig.
截距（常数项）						0.232		1.114	0.266
生活积极性	0.339	0.115	0.115	50.718	50.718	0.220	0.199	4.533	0.000
上网原因：与人联系交流	0.426	0.182	0.067	43.206	31.702	0.289	0.139	3.050	0.002
网龄	0.470	0.221	0.039	36.739	19.658	0.068	0.137	2.878	0.004
上网原因：休闲娱乐	0.502	0.252	0.030	32.541	15.756	0.343	0.154	3.544	0.000
上网原因：及时获取各类信息	0.526	0.277	0.025	29.603	13.610	0.374	0.181	4.046	0.000
上网原因：操作易学	0.541	0.293	0.016	26.570	8.521	0.273	0.103	2.342	0.020

续表

选出的变量顺序	相关系数 R	可决系数 R²	增加解释量 ΔR	F 值	净 F 值	原始化回归系数	标准化回归系数	t 值	Sig.
职业经历：国企工人	0.555	0.308	0.016	24.465	8.662	0.482	0.143	3.402	0.001
上网原因：亲友支持或影响	0.567	0.322	0.013	22.695	7.438	0.336	0.109	2.562	0.011
遇到上网操作困难的频率	0.577	0.333	0.012	21.223	6.730	0.159	0.110	2.428	0.016
属地：广州	0.584	0.342	0.008	19.770	4.791	0.237	0.102	2.393	0.017
职业经历：外资或私企管理人员	0.591	0.349	0.007	18.520	4.304	0.595	0.091	2.176	0.030
上网原因：费用经济	0.597	0.357	0.008	17.505	4.477	0.273	0.092	2.116	0.035

（二）日均上网时长

待分析的因素涉及上网原因、人口特征、健康状况、生活状态、接触经验和能力、五类网络服务的使用频率、社会和家庭环境、使用支持、易用性、上网满足水平、依赖性（使用各类网络服务的频率、不再上网的生活影响程度）。

如表 4－15 所示，网龄、上网水平、电脑使用权、职业为国企工人、通过业务人员学习上网、健康满意度是核心因素，且影响程度依次递减。除了电脑使用权，其余回归系数均为正。即网龄越长、上网水平越高或对电脑使用权越大的老年人，曾为国企工人或通过业务人员帮助学习上网的老年人，日均上网时间较长；健康状况越好的老年人，日均上网时间越短。

表 4－15　　　　日均上网时长的影响因素回归分析结果

选出的变量顺序	相关系数 R	可决系数 R²	增加解释量 ΔR	F 值	净 F 值	原始化回归系数	标准化回归系数	t 值	Sig.
截距（常数项）						1.325		5.339	0.000

续表

选出的变量顺序	相关系数 R	可决系数 R²	增加解释量 ΔR	F 值	净 F 值	原始化回归系数	标准化回归系数	t 值	Sig.
网龄	0.503	0.253	0.253	108.172	108.172	0.183	0.346	6.596	0.000
上网水平	0.542	0.294	0.041	66.355	18.592	0.224	0.208	4.326	0.000
电脑使用权	0.567	0.322	0.028	50.253	13.040	-0.324	-0.207	-4.147	0.000
职业经历：国企工人	0.581	0.338	0.016	40.459	7.835	0.537	0.138	3.022	0.003
学习上网的途径：业务人员	0.589	0.347	0.009	33.561	4.289	0.479	0.108	2.319	0.021
健康满意度	0.597	0.356	0.009	29.005	4.412	0.133	0.097	2.100	0.036

（三）网络服务的使用频率

待分析因素涉及上网原因、使用各类网络服务的原因、人口特征、健康状况、生活状态、接触经验和能力、社会和家庭环境、使用支持、易用性、对各类网络服务的功用评价。

1. 网络新闻服务的使用频率

如表 4-16 所示，网络新闻服务的功用评价，网龄，性别，及时获取各类信息、服务便捷的上网原因，属地北京，职业为专业技术人员、个体经营者，打发时间的上网原因是核心因素，且影响程度依次递减。除功用评价、职业、属地、打发时间的上网原因，其余回归系数均为负。即对阅读网络新闻的有用性评价越高、网龄越长或男性老年网民，为了及时获取信息或因服务便捷而上网的老年网民，阅读网络新闻的频率较高；生活在北京或曾为专业技术人员、个体经营者的老年网民，或为了打发时间而上网的老年网民，阅读频率较低。

表 4-16　阅读网络新闻频率的影响因素回归分析结果

选出的变量顺序	相关系数 R	可决系数 R²	增加解释量 ΔR	F 值	净 F 值	原始化回归系数	标准化回归系数	t 值	Sig.
截距（常数项）						1.313		8.002	0.000

续表

选出的变量顺序	相关系数 R	可决系数 R²	增加解释量 ΔR	F 值	净 F 值	原始化回归系数	标准化回归系数	t 值	Sig.
阅读网络新闻的功用评价	0.429	0.184	0.184	67.531	67.531	0.408	0.354	7.087	0.000
网龄	0.473	0.224	0.040	43.036	15.309	-0.039	-0.112	-2.153	0.032
性别	0.498	0.248	0.024	32.678	9.505	-0.197	-0.138	-2.772	0.006
上网原因：及时获取信息	0.519	0.269	0.021	27.223	8.412	-0.163	-0.115	-2.277	0.023
上网原因：服务便捷	0.531	0.281	0.013	23.109	5.133	-0.163	-0.116	-2.300	0.022
属地：北京	0.540	0.291	0.010	20.129	4.039	0.198	0.120	2.362	0.019
职业经历：专业技术人员	0.549	0.302	0.010	18.075	4.368	0.180	0.121	2.446	0.015
职业经历：个体经营者	0.560	0.314	0.013	16.718	5.343	0.557	0.120	2.436	0.015
上网原因：打发时间	0.569	0.323	0.009	15.446	3.931	0.147	0.098	1.983	0.048

2. 网络学习服务的使用频率

如表 4-17 所示，从事网络学习的功用评价，网龄，知识丰富的网络学习原因，及时获得各类信息的上网原因，亲友的支持或影响、方式自由的网络学习原因是核心因素，影响程度依次递减。除了功用评价、亲友支持或影响的网络学习原因外，其余回归系数均为负。即对从事网络学习活动的有用性评价越高或网龄越长的老年人，因知识丰富或方式自由而从事网络学习活动的老年人，为了及时获得信息而上网的老年人，从事网络学习活动的频率越高；因亲友支持或影响而从事网络学习活动的老年人，从事网络学习活动的频率较低。

表 4-17　　从事网络学习频率的影响因素回归分析结果

选出的变量顺序	相关系数 R	可决系数 R²	增加解释量 ΔR	F 值	净 F 值	原始化回归系数	标准化回归系数	t 值	Sig.
截距（常数项）						1.463		7.560	0.000

第四章 影响城市老人使用数字化媒体的场景因素分析

续表

选出的变量顺序	相关系数 R	可决系数 R²	增加解释量 ΔR	F 值	净 F 值	原始化回归系数	标准化回归系数	t 值	Sig.
从事网络学习的功用评价	0.471	0.222	0.222	71.836	71.836	0.551	0.398	7.582	0.000
网龄	525	0.275	0.054	47.698	18.555	-0.068	-0.204	-3.877	0.000
从事网络学习原因：内容丰富	0.551	0.303	0.028	36.307	10.077	-0.182	-0.122	-2.289	0.023
上网原因：及时获得各类信息	0.569	324	0.020	29.778	7.402	-0.182	-0.134	-2.534	0.012
从事网络学习原因：亲友支持或影响	0.584	0.342	0.018	25.726	6.762	0.293	0.115	2.182	0.030
从事网络学习原因：方式自由	0.593	0.352	0.011	22.366	4.006	-0.158	-0.108	-2.001	0.046

3. 网络视频服务的使用频率

如表 4-18 所示，观看网络视频的功用评价，亲友支持或影响的上网原因和电脑操作满意度，时间自由的观看原因和属地武汉是核心因素，且影响程度依次递减。除了观看原因和属地，其余回归系数均为正。即对观看网络视频的有用性评价越高或对上网电脑操作满意度越高的老年人，因为时间自由而观看网络视频或生活在武汉的老年网民，观看网络视频的频率较高；因为亲友支持或影响而上网的老年网民，观看网络视频的频率较低。

表 4-18　观看网络视频频率的影响因素回归分析结果

选出的变量顺序	相关系数 R	可决系数 R²	增加解释量 ΔR	F 值	净 F 值	原始化回归系数	标准化回归系数	t 值	Sig.
截距（常数项）						1.466		6.264	0.000
观看网络视频的功用评价	0.253	0.064	0.064	15.748	15.748	0.297	0.235	3.739	0.000
上网原因：亲友支持或影响	0.290	0.084	0.020	10.491	4.963	0.309	0.141	2.284	0.023

续表

选出的变量顺序	相关系数 R	可决系数 R²	增加解释量 ΔR	F 值	净 F 值	原始化回归系数	标准化回归系数	t 值	Sig.
电脑操作满意度	0.322	0.104	0.020	8.780	4.993	0.145	0.144	2.311	0.022
观看网络视频的原因：时间自由	0.351	0.123	0.019	7.959	5.031	-0.123	-0.134	-2.148	0.033
属地：武汉	0.373	0.139	0.016	7.289	4.164	-0.201	-0.126	-2.041	0.042

4. 网络购物服务的使用频率

如表 4-19 所示，方便省时的网购原因，网购的功用评价，年龄和职业为军人、机关干部，不受时间和地点限制的网购原因，职业为国企工人，属地上海，有些商品只能网上买到的网购原因是核心因素，影响程度依次递减。除了网购原因、职业为国企工人和属地，其余回归系数均为正。即因为方便省时、不受时间地点限制或有些商品只能在网上买到而网购的老年网民，对网购的有用性评价越高或年龄越轻的老年网民，曾为国企工人或生活在上海的老年网民，网购频率较高；曾为军人或机关干部的老年网民，网购频率较低。

表 4-19　　　　　　网络购物频率的影响因素回归分析结果

选出的变量顺序	相关系数 R	可决系数 R²	增加解释量 ΔR	F 值	净 F 值	原始化回归系数	标准化回归系数	t 值	Sig.
截距（常数项）						1.993		8.824	0.000
网购原因：方便省时	0.384	0.147	0.147	32.982	32.982	-0.357	-0.249	-4.004	0.000
网络购物的功用评价	0.463	0.214	0.067	25.925	16.237	0.282	0.247	3.947	0.000
年龄	0.506	0.256	0.042	21.718	10.665	0.073	0.150	2.476	0.014
职业经历：军人	0.540	0.292	0.035	19.342	9.341	0.701	0.194	3.299	0.001
职业经历：机关干部	0.562	0.316	0.024	17.275	6.673	0.281	0.126	2.131	0.034
网购原因：不受时地限制	0.581	0.338	0.022	15.799	6.076	-0.180	-0.132	-2.163	0.032

续表

选出的变量顺序	相关系数 R	可决系数 R²	增加解释量 ΔR	F 值	净 F 值	原始化回归系数	标准化回归系数	t 值	Sig.
职业经历：国企工人	0.594	0.352	0.015	14.376	4.203	-0.330	-0.158	-2.555	0.011
属地：上海	0.605	0.366	0.013	13.263	3.897	-0.200	-0.128	-2.108	0.036
网购原因：只能在网上买到	0.617	0.380	0.015	12.477	4.290	-0.229	-0.123	-2.071	0.040

5. 网络社交服务的使用频率

如表 4-20 所示，参与网络社交的功用评价、发布消息或组织活动的网络社交原因、上网电脑操作满意度、展示自己的网络社交原因、家庭结构是核心因素，且影响程度依次递减。除了功用评价、电脑操作满意度和家庭结构外，其余回归系数均为负。即对参与网络社交的有用性评价越高的老年网民，为了发布消息、组织活动或展示自己而参与网络社交的老年网民，对上网电脑操作满意度越高或居家成员越多的老年网民，参与网络社交活动的频率越高。

表 4-20　　　参与网络社交频率的影响因素回归分析结果

选出的变量顺序	相关系数 R	可决系数 R²	增加解释量 ΔR	F 值	净 F 值	原始化回归系数	标准化回归系数	t 值	Sig.
截距（常数项）						1.331		5.080	0.000
参与网络社交的功用评价	0.259	0.067	0.067	11.981	11.981	0.222	0.213	2.895	0.004
网络社交原因：发布消息或活动	0.333	0.111	0.044	10.318	8.140	-0.667	-0.206	-2.911	0.004
电脑操作满意度	0.378	0.143	0.032	9.118	6.082	0.210	0.207	2.856	0.005
网络社交原因：展示自己	0.419	0.175	0.033	8.673	6.433	-0.250	-0.187	-2.649	0.009
家庭结构	0.445	0.198	0.023	7.999	4.548	0.183	0.153	2.133	0.034

三 影响上网服务评价水平的要素分析

基于使用与满足理论过程模式中的"满足类型"环节、"媒介印象"因素,将城市老人的上网服务评价水平衡量分为上网满足水平、上网依赖(不再上网的生活影响程度)。

(一) 上网满足水平

待分析的因素涉及上网原因、人口特征、健康状况、生活状态、接触经验和能力、日均上网时长、五类网络服务使用频率、社会和家庭环境、使用支持和易用性。

如表4-21所示,上网水平、生活积极性、及时获取信息的上网原因、亲友帮助的学习途径、休闲娱乐的上网原因、属地为西安、学习知识的上网原因和健康满意度是核心因素,且影响程度依次递减。除了属地,其余回归系数均为正。即上网水平越高或日常活动越多的老年网民,为了及时获取信息、学习知识或休闲娱乐而上网的老年网民,或通过亲友帮助学习上网的老年网民,上网满足水平较高;生活在西安或健康状况越好的老年网民,上网满足水平较低。

表4-21　　　　　上网满足水平的影响因素回归分析结果

选出的变量顺序	相关系数R	可决系数R^2	增加解释量ΔR	F值	净F值	原始化回归系数	标准化回归系数	t值	Sig.
截距(常数项)						0.212		0.816	0.415
上网水平	0.412	0.170	0.170	65.085	65.085	0.210	0.216	4.138	0.000
生活积极性	0.485	0.235	0.065	48.734	27.051	0.217	0.201	3.847	0.000
上网原因:及时获取各类信息	0.519	0.269	0.034	38.834	14.792	0.338	0.169	3.454	0.001
学习上网的途径:亲友帮助	0.546	0.298	0.028	33.379	12.702	0.350	0.173	3.611	0.000

续表

选出的变量顺序	相关系数 R	可决系数 R²	增加解释量 ΔR	F 值	净 F 值	原始化回归系数	标准化回归系数	t 值	Sig.
上网原因：休闲娱乐	0.565	0.319	0.021	29.419	9.835	0.350	0.165	3.421	0.001
属地：西安	0.580	0.336	0.017	26.389	7.972	-0.510	-0.132	-2.843	0.005
上网原因：学习知识	0.590	0.348	0.013	23.838	6.002	0.245	0.118	2.513	0.012
健康满意度	0.598	0.358	0.009	21.654	4.493	0.124	0.099	2.120	0.035

（二）上网依赖

待分析的因素涉及上网原因、人口特征、健康状况、生活状态、接触经验和能力、日均上网时长、五类网络服务的使用频率、社会和家庭环境、使用支持和易用性、上网满足水平。

如表4-22所示，阅读网络新闻、从事网络学习的频率，为了休闲娱乐的上网原因，网龄，年龄，职业为农民，网络购物的频率，职业为企事业单位负责人和操作易学的上网原因是核心因素，影响程度依次递减。除休闲娱乐的上网原因、网龄和职业，其余回归系数均为正。即阅读网络新闻、从事网络学习或进行网络购物越多的老年网民，为了休闲娱乐而上网、网龄越长或年龄越轻的老年网民，曾为农民或企事业单位负责人的老年网民，上网依赖较强；因为操作简单易学而上网的老年网民，上网依赖较弱。

表4-22　　　　上网依赖的影响因素回归分析结果

选出的变量顺序	相关系数 R	可决系数 R²	增加解释量 ΔR	F 值	净 F 值	原始化回归系数	标准化回归系数	t 值	Sig.
截距（常数项）						1.116		5.162	0.000
阅读网络新闻的频率	0.501	0.251	0.251	106.021	106.021	0.221	0.270	5.047	0.000
从事网络学习的频率	0.562	0.316	0.066	73.039	30.268	0.190	0.233	4.274	0.000

续表

选出的变量顺序	相关系数 R	可决系数 R²	增加解释量 ΔR	F 值	净 F 值	原始化回归系数	标准化回归系数	t 值	Sig.
上网原因：休闲娱乐	0.590	0.348	0.032	55.969	15.245	-0.330	-0.184	-4.119	0.000
网龄	0.610	0.372	0.024	46.495	12.136	-0.067	-0.164	-3.523	0.000
年龄	0.622	0.387	0.015	39.578	7.852	0.051	0.080	1.751	0.081
职业经历：农民	0.630	0.397	0.009	34.167	4.743	-0.661	-0.107	-2.445	0.015
进行网络购物的频率	0.637	0.406	0.010	30.385	5.040	0.102	0.109	2.281	0.023
职业：企事业单位负责人	0.644	0.414	0.008	27.404	4.287	-0.203	-0.094	-2.113	0.035
上网原因：操作易学	0.650	0.422	0.008	25.071	4.167	0.188	0.089	2.041	0.042

四 影响上网服务需求水平的要素分析

网络服务分为面向所有网民的常规服务和面向老年人的专门服务。基于使用与满足理论过程模式中的"需求"环节，将老年人使用电脑上网的主要需求分为网络新闻服务、网络学习服务、网络视频服务、网络购物服务、网络社交服务和老年人服务网站，前五类为常规服务，老年人服务网站为专门服务。

（一）常规服务的接受态度

对于没有使用网络新闻、网络学习、网络视频、网络购物或网络社交服务的老年网民，影响其接受态度的待分析因素涉及上网原因、未使用各类网络服务的原因、人口特征、健康状况、生活状态、接触经验和能力、日均上网时长、社会和家庭环境、使用支持、易用性、上网满足水平、上网依赖。

1. 网络新闻服务的接受态度

如表4-23所示，不再上网对生活的影响程度、职业为国企工人、上网水平和职业为军人、家庭结构、因为没有掌握方法而没有阅读网络新闻、媒介接触水平是核心因素，且影响程度依次递减。除了职业为国企工人和媒介接触水平，其余回归系数均为正。即如果相关阻碍得到了改善，上网依赖越强或曾为国企工人的老年网民，居家成员越多或常用媒介越多的老年网民，或因没有掌握方法而没有阅读网络新闻的老年网民，更愿意接受网络新闻服务；上网水平越高或曾为军人的老年网民，更不愿意接受网络新闻服务。

表4-23　网络新闻服务接受态度的影响因素回归分析结果

选出的变量顺序	相关系数 R	可决系数 R^2	增加解释量 ΔR	F值	净F值	原始化回归系数	标准化回归系数	t值	Sig.
截距（常数项）						0.590		2.806	0.006
不再上网的生活影响程度	0.658	0.434	0.434	63.531	63.531	0.426	0.624	8.648	0.000
职业经历：国企工人	0.695	0.483	0.050	38.345	7.887	-0.619	-0.305	-4.260	0.000
上网水平	0.733	0.537	0.054	31.304	9.382	0.168	0.270	3.808	0.000
职业经历：军人	0.755	0.570	0.033	26.525	6.182	1.208	0.208	2.836	0.006
家庭结构	0.772	0.595	0.025	23.250	4.932	0.189	0.176	2.489	0.015
未阅读网络新闻的原因：没有掌握使用方法	0.790	0.624	0.028	21.562	5.905	0.268	0.195	2.711	0.008
媒介接触水平	0.805	0.648	0.024	20.267	5.324	-0.080	-0.164	-2.307	0.024

2. 网络学习服务的接受态度

如表4-24所示，因对内容缺乏信任而没有从事网络学习、职业为军人、不再上网对生活的影响程度、属地为武汉、操作满意度和遇到操作困难的频率是核心因素，影响程度依次递减。除了职业和属地，其余回归系数均为正。即如果相关阻碍得到了改善，曾为军人或上网依赖越强的老年网民，生活在武汉、上网电脑操作满意度越高或遇到操作困难越少的老年网民,更愿意接受网络学习服务;因对内容缺乏信任没有从事网络学习的老年网民,更不愿意接受网络学习服务。

表4-24　网络学习服务接受态度的影响因素回归分析结果

选出的变量顺序	相关系数R	可决系数R^2	增加解释量ΔR	F值	净F值	原始化回归系数	标准化回归系数	t值	Sig.
截距(常数项)						0.812		3.399	0.001
没有从事网络学习的原因:对内容缺乏信任	0.398	0.158	0.158	22.400	22.400	0.252	0.208	2.630	0.010
职业经历:军人	0.477	0.227	0.069	17.372	10.547	-0.738	-0.164	-2.216	0.029
不再上网的生活影响程度	0.535	0.286	0.059	15.626	9.601	0.170	0.262	3.457	0.001
属地:武汉	0.575	0.331	0.045	14.358	7.823	-0.352	-0.213	-2.910	0.004
电脑操作满意度	0.607	0.368	0.037	13.412	6.770	0.190	0.236	3.161	0.002
遇到上网操作困难的频率	0.645	0.417	0.048	13.563	9.411	0.161	0.233	3.068	0.003

3. 网络视频服务的接受态度

如表4-25所示,不再上网的生活影响程度、没有观看需求、上网水平、电脑使用权、属地为西安、通过亲友帮助学习上网、因为播放或下载速度慢而没有观看是核心因素,且影响程度依次递减。除了属地、播放或下载速度慢而没有观看的原因,其余回归系数均为正。即如果相关阻碍得到改善,上网依赖越强或上网水平越低的老年网民,电脑使用权越大或生活在西安的老年网民,因播放或下载速度慢而没有观看的老年网民,更愿接受网络视频服务;因没有观看需求或通过亲友帮助学习上网的老年网民,更不愿接受网络视频服务。

表4-25　网络视频服务接受态度的影响因素回归分析结果

选出的变量顺序	相关系数R	可决系数R^2	增加解释量ΔR	F值	净F值	原始化回归系数	标准化回归系数	t值	Sig.
截距(常数项)						1.197		7.640	0.000

续表

选出的变量顺序	相关系数 R	可决系数 R^2	增加解释量 ΔR	F 值	净 F 值	原始化回归系数	标准化回归系数	t 值	Sig.
不再上网的生活影响程度	0.348	0.121	0.121	20.890	20.890	0.185	0.277	3.663	0.000
没有观看的原因：没有需求	0.423	0.179	0.058	16.448	10.677	0.257	0.176	2.533	0.012
上网水平	0.470	0.221	0.042	14.204	8.155	0.094	0.167	2.396	0.018
电脑使用权	0.506	0.256	0.034	12.793	6.889	0.125	0.177	2.316	0.022
属地：西安	0.530	0.281	0.025	11.557	5.178	-0.376	-0.149	-2.165	0.032
学习上网的途径：亲友帮助	0.551	0.304	0.023	10.706	4.921	0.252	0.207	2.877	0.005
没有观看的原因：速度慢	0.578	0.334	0.030	10.466	6.582	-0.293	-0.185	-2.565	0.011

4. 网络购物服务的接受态度

如表 4-26 所示，不再上网对生活的影响程度，休闲娱乐的上网原因，因为未掌握方法而没有网购的原因，职业为外资或私企一般工作人员是核心因素，影响程度依次递减。除了没有网购的原因和职业，其余回归系数均为正。即如果相关阻碍得到改善，上网依赖越强或因未掌握方法而没有网购的老年网民，曾为外资或私企一般工作人员的老年网民，更愿意接受网络购物服务；为休闲娱乐而上网的老年网民，更不愿意接受网络购物服务。

表 4-26　　　网络购物服务接受态度的影响因素回归分析结果

选出的变量顺序	相关系数 R	可决系数 R^2	增加解释量 ΔR	F 值	净 F 值	原始化回归系数	标准化回归系数	t 值	Sig.
截距（常数项）						1.737		14.474	0.000
不再上网的生活影响程度	0.283	0.080	0.080	14.883	14.883	0.231	0.359	4.942	0.000
上网原因：休闲娱乐	0.352	0.124	0.044	12.044	8.549	0.278	0.222	3.068	0.003

续表

选出的变量顺序	相关系数 R	可决系数 R^2	增加解释量 ΔR	F 值	净 F 值	原始化回归系数	标准化回归系数	t 值	Sig.
没有网络购物的原因：没有掌握方法	0.390	0.152	0.028	10.134	5.654	−0.268	−0.177	−2.505	0.013
职业经历：外资或私企一般工作人员	0.420	0.176	0.024	8.975	4.813	−0.814	−0.154	−2.194	0.030

5. 网络社交服务的接受态度

如表4-27所示，因没有需求或用户真实性而未参与网络社交的原因，家庭结构，属地为北京，跟随潮流的上网原因，职业曾为国企工人、外资或私企管理人员，尝试新事物、作为休闲爱好的上网原因和不再上网的生活影响程度是核心因素，影响程度依次递减。除了没有需求、家庭结构、作为休闲爱好的上网原因和不再上网的生活影响，其余回归系数均为负。即如果相关阻碍得到改善，因用户信息真实性而没有参与网络社交或居家成员越多的老年网民，生活在北京或为跟随潮流、尝试新事物而上网的老年网民，曾为国企工人、外资或私企管理人员，或上网依赖越强的老年网民，更愿接受网络社交；没有社交需求或为了休闲娱乐而上网的老年网民，更不愿接受网络社交。

表4-27　网络社交服务接受态度的影响因素回归分析结果

选出的变量顺序	相关系数 R	可决系数 R^2	增加解释量 ΔR	F 值	净 F 值	原始化回归系数	标准化回归系数	t 值	Sig.
截距（常数项）						1.712		9.390	0.000
没有网络社交的原因：没有需求	0.229	0.053	0.053	10.107	10.107	0.256	0.207	3.193	0.002
没有网络社交的原因：用户信息真实性低	0.348	0.121	0.035	8.284	7.178	−0.281	−0.223	−3.344	0.001
家庭结构	0.390	0.152	0.031	8.036	6.530	0.229	0.213	3.262	0.001
属地：北京	0.427	0.182	0.030	7.939	6.552	−0.311	−0.226	−3.489	0.001

续表

选出的变量顺序	相关系数 R	可决系数 R^2	增加解释量 ΔR	F 值	净 F 值	原始化回归系数	标准化回归系数	t 值	Sig.
上网原因：跟随潮流	0.460	0.212	0.029	7.916	6.561	-0.271	-0.184	-2.844	0.005
职业经历：国企工人	0.476	0.227	0.025	8.643	5.670	-0.340	-0.171	-2.636	0.009
职业：外资或私企管理人员	0.501	0.251	0.025	8.443	5.826	-0.478	-0.118	-1.793	0.075
上网原因：尝试新事物	0.518	0.268	0.017	8.022	4.051	-0.219	-0.139	-2.150	0.033
上网原因：休闲娱乐	0.534	0.285	0.017	7.701	4.027	0.233	0.166	2.484	0.014
不再上网的生活影响程度	0.550	0.302	0.017	7.490	4.285	0.098	0.141	2.070	0.040

（二）专门服务的接受态度

1. 未使用者的接受态度

对于没有使用过老年人服务网站的老年网民，影响其日后接受态度的待分析因素涉及上网原因、没有使用过老年人服务网站的原因、人口特征、健康状况、生活状态、接触经验和能力、日均上网时长、社会和家庭环境、使用支持、易用性、上网满足水平、上网依赖。

如表4-28所示，因缺少适合的内容而没有使用老年人服务网站，学习知识的上网原因，性别，健康满意度，不知道老年人服务网站存在，跟随潮流的上网原因，电脑使用权和上网水平是核心因素，且影响程度依次递减。除了缺少适合内容的未使用原因、健康满意度、电脑使用权，上网水平，其余回归系数均为负。即如果相关问题得到改善，为了学习知识或跟随潮流而上网的老年网民，男性、健康状况越好或因不知道有老年人服务网站而没有使用的老年网民，对电脑使用权越大或上网水平越低的老年网民，更愿接受老年人服务网站；因缺少适合的内容而没有使用的老年网民，更不愿接受老年人服务网站。

表4-28　　老年人服务网站接受态度的影响因素回归分析结果

选出的变量顺序	相关系数 R	可决系数 R^2	增加解释量 ΔR	F 值	净 F 值	原始化回归系数	标准化回归系数	t 值	Sig.
截距（常数项）						1.675		11.374	0.000
没有使用老年人服务网站的原因：缺少适合自己的内容	0.291	0.085	0.085	18.528	18.528	0.148	0.119	1.658	0.099
上网原因：学习知识	0.351	0.124	0.039	14.020	8.791	-0.210	-0.185	-2.823	0.005
性别	0.386	0.149	0.025	11.538	5.884	-0.173	-0.151	-2.384	0.018
健康满意度	0.417	0.174	0.025	10.341	5.896	0.101	0.145	2.184	0.030
没有使用老年人服务网站的原因：不知道有这类网站	0.441	0.194	0.021	9.441	4.998	-0.221	-0.191	-2.767	0.006
上网原因：跟随潮流	0.462	0.213	0.019	8.800	4.705	-0.193	-0.155	-2.446	0.015
电脑使用权	0.479	0.229	0.016	8.233	4.016	0.107	0.153	2.203	0.029
上网水平	0.495	0.245	0.016	7.811	3.973	0.069	0.132	1.993	0.048

2. 使用者的长期使用态度

对于已使用过老年人服务网站的老年网民，影响其持续使用态度的待分析因素涉及上网原因、使用老年人服务网站的原因、人口特征、健康状况、生活状态、接触经验和能力、日均上网时长、社会和家庭环境、使用支持、易用性、老年人服务网站的功用评价、上网满足水平、上网依赖。

如表4-29所示，为咨询问题使用老年人服务网站、年龄、作为休闲爱好的上网原因、老年人服务网站的功用评价、为宣传自己而使用老年人服务网站是核心因素，影响程度依次递减。除了老年人服务网站的使用原因及功用评价，其余回归系数均为正。即为咨询问题或宣传自己而使用老年人服务网站的老年网民，年龄越低或对老年人服务网站功用评价越高的老年网民，更愿持续使用老年人服务网站；为休闲娱乐而上网的老年网民，更不愿持续使用老年人服务网站。

表4-29　　老年人服务网站持续使用态度的影响因素回归分析

选出的变量顺序	相关系数 R	可决系数 R²	增加解释量 ΔR	F 值	净 F 值	原始化回归系数	标准化回归系数	t 值	Sig.
截距（常数项）						2.483		13.116	0.000
使用老年人服务网站的原因：咨询问题	0.245	0.060	0.060	8.391	8.391	-0.335	-0.205	-2.512	0.013
年龄	0.312	0.097	0.037	7.001	5.333	0.087	0.170	2.124	0.036
上网原因：休闲娱乐	0.360	0.130	0.033	6.419	4.843	0.321	0.208	2.604	0.010
老年人服务网站的功用评价	0.405	0.164	0.035	6.296	5.287	-0.151	-0.197	-2.421	0.017
使用老年人服务网站的原因：宣传自己	0.448	0.201	0.036	6.371	5.738	-1.136	-0.192	-2.395	0.018

第三节　影响老年人手机使用场景的主要因素

一　手机使用场景的影响因素分析框架

影响老年人手机使用场景的因素分析框架如表4-30所示。

与新型电视的使用场景分析框架类似，主要是依据网络时代的场景建构要素和使用与满足理论的过程模式，将影响城市老人使用手机的因素分为用户、媒介和环境三类，并在具体因素上针对手机的使用过程进行了调整，涉及使用原因、接触经验和能力、使用支持、有用性、易用性和依赖性。综合因素是指各类使用原因涉及的用户、媒介和环境因素。黑色圆点标示了待分析的具体因素，将分析其对于接触水平、评价水平和需求水平的影响。分析方法亦是先通过相关性分析确定影响因素，再通过多元回归分析预测关系模型，明确核心因素及程度差异。

表4-30　　　　　　手机使用场景的影响因素分析框架

影响因素分类			接触水平			评价水平		需求水平		
			使用水平	使用频率		使用满足水平	使用依赖	移动信息服务		
				手机	移动服务信息			移动上网	新闻阅读	视频观看
综合因素	使用原因	使用手机的原因（定类）	●	●	●	●	●	●	●	●
		使用移动信息服务的原因（定类）	\	\	●	\	\	\	\	\
用户因素	人口特征	性别（定类）	●	●	●	●	●	●	●	●
		年龄（定序）	●	●	●	●	●	●	●	●
		文化程度（定序）	●	●	●	●	●	●	●	●
		职业经历（定类）	●	●	●	●	●	●	●	●
		收入水平（定序）	●	●	●	●	●	●	●	●
	健康状况	健康满意度（定序）	●	●	●	●	●	●	●	●
	生活状态	生活积极性（定序）	●	●	●	●	●	●	●	●
		是否仍在工作（定类）	●	●	●	●	●	●	●	●
	接触经验	传统媒体服务满意度（定序）	●	●	●	●	●	●	●	●
		手机使用周期（定序）	●	●	●	●	●	●	●	●
	接触能力	媒介接触水平（定序）	●	●	●	●	●	●	●	●
		手机使用水平（定序）	\	●	●	●	●	●	●	●
环境因素	社会环境	属地（定类）	●	●	●	●	●	●	●	●
	家庭环境	居家结构（定序）	●	●	●	●	●	●	●	●
	使用支持	手机的使用权（定序）	●	●	●	●	●	●	●	●
		学习使用手机的途径（定类）	●	●	●	●	●	●	●	●
媒介因素	易用性	手机操作满意度（定序）	●	●	●	●	●	●	●	●
		遇到操作困难的频率（定序）	●	●	●	●	●	●	●	●
	有用性	移动信息服务的功用评价（定序）	\	\	●	\	\	\	\	\
		手机使用满足水平（定序）	\	●	\	●	●	●	●	●

续表

影响因素分类		接触水平			评价水平		需求水平		
		使用水平	使用频率		使用满足水平	使用依赖	移动信息服务		
			手机	移动服务信息			移动上网	新闻阅读	视频观看
媒介因素	依赖性	手机使用频率（定序）	\	\	\	●	●	●	●	●
		使用移动信息服务的频率（定序）	\	●	\	\	\	●	●	●
		对移动信息服务的定制需求（定序）	\	\	\	\	\	\	\	\
		不再使用手机的生活影响程度（定序）	\	●	\	\	\	●	●	●

二 影响手机服务接触水平的要素分析

基于使用与满足理论过程模式中的"媒介接触"环节，按照从总体到具体的接触过程，将城市老人的手机接触水平衡量分为整体使用水平、手机使用频率及对基于手机的上网、新闻资讯阅读、视频观看三种移动信息服务的使用频率。

（一）手机的使用水平

待分析的因素涉及使用手机的原因、人口特征、健康状况、生活状态、接触经验、媒介接触水平、社会和家庭环境、使用支持、易用性。

如表4-31所示，青睐多媒体功能（拍照、听音乐……），生活辅助类功能（计算器、日程提醒……）的使用原因，年龄，媒介接触水平，青睐移动信息服务（上网、阅读新闻……），使用便携、业务办理快捷的使用原因，属地为武汉，亲友支持或影响的使用原因，健康满意度，通过自己摸索的学习途径，属地哈尔滨和职业为国企工人是核心因素，影响程度依次递减。除了年龄、属地、亲友支持或影响的使用原因、健康满意度和职业，其余回归系数均为正。即因为青睐多媒体功能、生活辅助类功能或移动信息服务的老年人，因为使用便携或业务办理快捷而使用手机的老年人，越年轻或常用媒介越多的老年人，健康状况越好或通过自己摸索学习使用手机的老年人，手机使用水平较高；生活在武汉或哈尔滨的老年人，因亲友支持而使用手机或曾为国企工人的老年人，手机使用水平较低。

表4-31　　　　　　　手机使用水平的影响因素回归分析结果

选出的变量顺序	相关系数R	可决系数R²	增加解释量ΔR	F值	净F值	原始化回归系数	标准化回归系数	t值	Sig.
截距（常数项）						2.093		9.061	0.000
手机使用原因：多媒体功能	0.495	0.245	0.245	92.958	92.958	0.574	0.251	5.135	0.000
手机使用原因：生活辅助功能	0.570	0.325	0.080	68.742	33.878	0.453	0.189	3.907	0.000
年龄	0.611	0.374	0.049	56.649	22.248	-0.127	-0.165	-3.742	0.000
媒介接触水平	0.642	0.412	0.039	49.847	18.816	0.111	0.133	2.760	0.006
手机使用原因：移动信息服务	0.662	0.438	0.026	44.161	12.996	0.711	0.162	3.719	0.000
手机使用原因：使用便携	0.672	0.451	0.013	38.686	6.792	0.236	0.117	2.659	0.008
手机使用原因：业务办理快捷	0.682	0.466	0.014	34.961	7.370	0.688	0.131	2.946	0.003
属地：武汉	0.689	0.475	0.009	31.610	4.822	-0.296	-0.110	-2.515	0.012
手机使用原因：亲友推荐/影响	0.695	0.483	0.009	28.974	4.617	-0.327	-0.083	-1.935	0.054
健康满意度	0.701	0.492	0.008	26.874	4.604	-0.117	-0.094	-2.114	0.035
学习使用手机的途径：自己摸索	0.707	0.499	0.008	25.108	4.278	0.228	0.101	2.289	0.023
属地：哈尔滨	0.712	0.506	0.007	23.588	3.943	-0.779	-0.091	-2.101	0.037
职业经历：国企工人	0.717	0.513	0.007	22.317	3.994	-0.242	-0.087	-1.998	0.047

（二）手机的使用频率

待分析的因素涉及使用手机的原因、人口特征、健康状况、生活状态、接触经验和能力、移动信息服务使用频率、社会和家庭环境、使用支持、易用性和使用满足水平、不再使用手机的生活影响程度。

如表4-32所示，手机使用周期，不再使用手机的生活影响程度、手机使用权和媒介接触水平是核心因素，影响程度依次递减。除了手机使用周期和媒介接触水平，其余回归系数均为正。即使用手机越久或手机使用依赖越强的老年人，对手机使用权越大或常用媒介越多的老年人，手机使用频率越高。

表4-32　　　　　手机使用频率的影响因素回归分析结果

选出的变量顺序	相关系数R	可决系数R^2	增加解释量ΔR	F值	净F值	原始化回归系数	标准化回归系数	t值	Sig.
截距（常数项）						1.497		6.373	0.000
手机的使用周期	0.367	0.134	0.134	32.144	32.144	-0.094	-0.243	-3.759	0.000
不再使用手机的生活影响程度	0.442	0.195	0.061	24.969	15.536	0.125	0.197	3.060	0.003
手机使用权	0.482	0.232	0.037	20.624	9.802	0.227	0.182	2.823	0.005
媒介接触水平	0.503	0.253	0.021	17.292	5.835	-0.061	-0.151	-2.416	0.017

（三）移动信息服务的使用频率

待分析的因素涉及使用手机的原因、使用移动信息服务的原因、人口特征、健康状况、生活状态、接触经验和能力、社会和家庭环境、使用支持、易用性、移动信息服务的功用评价。

1. 手机上网服务的使用频率

如表4-33所示，健康满意度、便于与人交流的手机上网功用评价、手机使用周期、青睐生活辅助类功能的手机使用原因、可随时随地上网的手机上网原因、性别和处理日常事务的手机使用原因是核心因素，影响程度依次递减。除了健康满意度、手机上网的功用评价、使用周期外，其余回归系数均为负。即健康状况越好或对通过手机上网与人交流的功用评价越高的老年人，因为青睐生活辅助类功能或为了处理日常事务而使用手机的老年人，刚使用手机、因为可以随时随地上网而使用手机上网或男性老年人，使用手机上网的频率较高。

表4-33　　　　　手机上网频率的影响因素回归分析结果

选出的变量顺序	相关系数 R	可决系数 R^2	增加解释量 ΔR	F 值	净 F 值	原始化回归系数	标准化回归系数	t 值	Sig.
截距（常数项）						-0.921		-1.899	0.062
健康满意度	0.470	0.221	0.221	21.260	21.260	0.351	0.406	5.203	0.000
手机上网的功用：与人交流	0.622	0.387	0.166	23.317	19.990	0.320	0.321	4.093	0.000
手机的使用周期	0.666	0.444	0.058	19.442	7.559	0.245	0.338	4.328	0.000
手机使用原因：生活辅助功能	0.708	0.501	0.057	18.095	8.257	-0.597	-0.284	-3.663	0.000
手机上网原因：随时随地上网	0.742	0.550	0.049	17.364	7.701	-0.421	-0.252	-3.178	0.002
性别	0.769	0.591	0.041	16.843	6.955	-0.391	-0.225	-2.944	0.004
手机使用原因：处理日常事务	0.788	0.620	0.030	16.109	5.382	-0.340	-0.181	-2.320	0.023

2. 新闻阅读服务的使用频率

如表4-34所示，对手机新闻资讯服务的功用评价，职业曾为机关干部和个体雇员，健康满意度，性别，青睐移动信息服务的手机使用原因，手机使用水平和媒介接触水平、传统媒体服务满意度是核心因素，影响程度依次递减。除了功用评价、手机使用水平和传统媒体服务满意度外，其余回归系数均为负。即对手机新闻资讯服务的功用评价越高的老年人，曾为机关干部或个体雇员的老年人，因青睐移动信息服务而使用手机或常用媒介越多的老年人，女性或对传统媒体服务满意度越高的老年人，健康满意度或对手机使用水平越低的老年人，通过手机阅读新闻资讯的频率越高。

表4–34　手机新闻资讯服务接触频率的影响因素回归分析结果

选出的变量顺序	相关系数 R	可决系数 R²	增加解释量 ΔR	F值	净F值	原始化回归系数	标准化回归系数	t值	Sig.
截距（常数项）						2.051		4.461	0.000
手机新闻资讯服务的功用评价	0.441	0.194	0.194	18.804	18.804	0.351	0.317	3.746	0.000
职业经历：机关干部	0.513	0.263	0.069	13.726	7.162	-0.732	-0.334	-4.069	0.000
职业经历：个体雇员	0.585	0.342	0.079	13.177	9.167	-0.927	-0.355	-4.217	0.000
健康满意度	0.622	0.387	0.044	11.819	5.437	-0.316	-0.285	-3.184	0.002
性别	0.648	0.420	0.033	10.698	4.197	0.488	0.278	3.186	0.002
手机使用原因：移动信息服务	0.681	0.464	0.044	10.530	6.046	-0.875	-0.353	-3.861	0.000
手机使用水平	0.706	0.498	0.034	10.214	4.922	0.225	0.324	3.287	0.002
媒介接触水平	0.726	0.527	0.029	9.900	4.363	-0.141	-0.201	-2.237	0.029
传统媒体服务满意度	0.745	0.555	0.028	9.711	4.403	0.226	0.194	2.098	0.039

3. 视频观看服务的使用频率

如表4–35所示，手机视频观看服务功用评价，体验新事物的观看原因，通话便捷的手机使用原因，职业为专业技术人员、外资或私企一般工作人员，无法看电视时的观看原因是核心因素，影响程度依次递减。除了功用评价、体验新事物的观看原因，其余回归系数均为负。即对手机视频观看服务的功用评价越高或因便携而使用手机的老年人，曾为专业技术人员、外资或私企一般工作人员的老年人，或因无法看电视而观看手机视频的老年人，通过手机观看视频的频率较高；为体验新事物而观看的老年人，观看频率较低。

表4-35　　手机视频观看服务接触频率的影响因素回归分析结果

选出的变量顺序	相关系数 R	可决系数 R^2	增加解释量 ΔR	F值	净F值	原始化回归系数	标准化回归系数	t值	Sig.
截距（常数项）						1.398		6.238	0.000
手机视频观看服务的功用评价	0.558	0.311	0.311	17.592	17.592	0.501	0.701	6.574	0.000
观看手机视频的原因：体验新事物	0.660	0.436	0.125	14.696	8.443	0.393	0.328	3.313	0.002
手机使用原因：使用便携	0.722	0.522	0.086	13.457	6.626	-0.373	-0.328	-3.030	0.005
职业经历：专业技术人员	0.758	0.574	0.052	12.123	4.406	-0.393	-0.287	-2.838	0.008
职业经历：外资或私企一般人员	0.790	0.623	0.049	11.586	4.596	-0.900	-0.244	-2.423	0.021
观看手机视频的原因：无法看电视	0.820	0.673	0.050	11.665	5.164	-0.436	-0.228	-2.272	0.030

三　影响手机服务评价水平的要素分析

基于使用与满足理论过程模式中的"满足类型"环节、"媒介印象"因素，将城市老人的手机评价水平衡量分为手机使用满足水平、手机使用依赖（不再使用手机的生活影响程度）。

（一）手机的使用满足水平

待分析的因素涉及使用手机的原因、人口特征、健康状况、生活状态、接触经验和能力、手机使用频率、社会和家庭环境、使用支持、易用性。

如表4-36所示，手机使用水平，媒介接触水平，处理日常事务的手机使用原因，遇到手机操作困难的频率，亲友支持或影响、使用

第四章 影响城市老人使用数字化媒体的场景因素分析

便携、学习高科技的手机使用原因是核心因素，影响程度依次递减。除了遇到操作困难的频率，其余回归系数均为正。即手机使用水平越高或常用媒介越多的老年人，因为亲友支持或影响、使用便携或学习高科技而使用手机的老年人，为了处理日常事务或遇到手机操作困难越少的老年人，手机的使用满足水平越高。

表4-36　手机使用满足水平的影响因素回归分析结果

选出的变量顺序	相关系数 R	可决系数 R^2	增加解释量 ΔR	F值	净F值	原始化回归系数	标准化回归系数	t值	Sig.
截距（常数项）						1.023		3.986	0.000
手机使用水平	0.471	0.222	0.222	77.076	77.076	0.392	0.307	5.550	0.000
媒介接触水平	0.552	0.304	0.082	58.830	31.793	0.277	0.265	4.936	0.000
手机使用原因：处理日常事务	0.574	0.330	0.025	43.924	10.122	0.573	0.165	3.284	0.001
遇到手机操作困难的频率	0.595	0.354	0.025	36.653	10.277	-0.224	-0.132	-2.691	0.008
手机使用原因：亲友支持/影响	0.608	0.370	0.016	31.278	6.669	0.715	0.140	2.871	0.004
手机使用原因：使用便携	0.620	0.385	0.015	27.646	6.343	0.326	0.128	2.606	0.010
手机使用原因：学习高科技	0.630	0.397	0.012	24.841	5.312	0.564	0.113	2.305	0.022

（二）手机的使用依赖

待分析的因素涉及使用手机的原因、人口特征、健康状况、生活状态、接触经验和能力、手机使用频率、社会和家庭环境、使用支持、手机的易用性和使用满足水平。

如表4-37所示，属地为武汉、手机使用频率、手机使用水平和传统媒体服务满意度是核心因素，影响程度依次递减。除了手机使用水平，其余回归系数均为正。即对手机使用频率或使用水平越高的老年人，或对传统媒体服务满意度越高的老年人，手机使用依赖越强；

生活地在武汉的老年人，手机使用依赖较弱。

表4-37　　　　手机使用依赖的影响因素回归分析结果

选出的变量顺序	相关系数 R	可决系数 R^2	增加解释量 ΔR	F 值	净 F 值	原始化回归系数	标准化回归系数	t 值	Sig.
截距（常数项）						1.284		6.138	0.000
属地：武汉	0.376	0.141	0.141	43.509	43.509	0.591	0.281	5.128	0.000
手机使用频率	0.479	0.229	0.088	39.146	30.002	0.398	0.236	4.336	0.000
手机使用水平	0.522	0.272	0.043	32.648	15.375	-0.163	-0.211	-3.800	0.000
传统媒体服务满意度	0.533	0.284	0.012	25.932	4.481	0.118	0.115	2.117	0.035

四　影响手机服务需求水平的要素分析

基于使用与满足理论过程模式的"需求"环节，将城市老人的手机需求水平衡量分为手机上网应用（APP）、新闻资讯阅读、视频观看三种移动信息服务的专门需求。待分析因素涉及使用手机原因、人口特征、健康状况、生活状态、接触经验和能力、手机使用频率、社会和家庭环境、使用支持、易用性、手机使用满足水平和使用依赖。

（一）手机上网应用的服务需求

如表4-38所示，不再使用手机的生活影响程度、为方便联系亲友的手机使用原因、手机上网频率、想学习高科技的手机使用原因、职业为专业技术人员、文化程度、通话方便的手机使用原因是核心因素，且影响程度依次递减。除了手机使用依赖、通过手机上网的频率、职业和使用便捷的手机使用原因外，其余回归系数均为负。即对手机的使用依赖越强或曾为专业技术人员的老年人，为了方便与亲友联系或学习高科技而使用手机的老年人，手机上网的频率或文化程度越高的老年人，对手机上网应用（APP）的定制需求越高；仅因通话方便而使用手机的老年人，对手机上网应用的定制需求较低。

表4-38　手机上网应用服务需求的影响因素回归分析结果

选出的变量顺序	相关系数R	可决系数R²	增加解释量ΔR	F值	净F值	原始化回归系数	标准化回归系数	t值	Sig.
截距（常数项）						2.114		7.103	0.000
不再使用手机的生活影响程度	0.265	0.070	0.070	15.455	15.455	0.198	0.243	3.693	0.000
手机使用原因：方便联系亲友	0.325	0.106	0.036	12.051	8.111	-0.277	-0.182	-2.764	0.006
手机上网频率	0.366	0.134	0.029	10.497	6.714	0.095	0.140	2.127	0.035
手机使用原因：学习高科技	0.389	0.151	0.017	8.988	3.996	-0.347	-0.148	-2.246	0.026
职业经历：专业技术人员	0.409	0.167	0.016	8.081	3.931	0.255	0.184	2.706	0.007
文化程度	0.429	0.184	0.017	7.533	4.156	-0.131	-0.145	-2.182	0.030
手机使用原因：通话方便	0.448	0.201	0.016	7.136	4.067	0.170	0.135	2.017	0.045

（二）手机新闻阅读的服务需求

如表4-39所示，使用手机新闻资讯服务的频率、健康满意度、属地为北京和收入水平、是否仍在工作是核心因素，且影响程度依次递减，回归系数均为正。即通过手机阅读新闻资讯的频率或健康满意度越高的老年人，收入水平越低或一直赋闲在家的老年人，对手机新闻资讯服务的定制需求较高；北京的老年人对手机新闻资讯服务的定制需求较低。

表4-39　手机新闻阅读服务需求的影响因素回归分析结果

选出的变量顺序	相关系数R	可决系数R²	增加解释量ΔR	F值	净F值	原始化回归系数	标准化回归系数	t值	Sig.
截距（常数项）						0.895		4.517	0.000

续表

选出的变量顺序	相关系数 R	可决系数 R^2	增加解释量 ΔR	F 值	净 F 值	原始化回归系数	标准化回归系数	t 值	Sig.
通过手机阅读新闻的频率	0.326	0.107	0.107	25.399	25.399	0.231	0.373	5.990	0.000
健康满意度	0.375	0.140	0.034	17.294	8.316	0.138	0.184	3.009	0.003
属地：北京	0.411	0.169	0.028	14.267	7.202	0.214	0.172	2.771	0.006
收入水平	0.447	0.200	0.031	13.088	8.110	0.134	0.189	3.061	0.002
是否仍在工作	0.468	0.219	0.019	11.706	5.142	0.194	0.141	2.268	0.024

（三）手机视频观看的服务需求

如表 4-40 所示，对手机视频观看服务的使用频率、收入水平、通过业务人员的学习途径、青睐多媒体功能的手机使用原因、手机使用水平、通话方便的手机使用原因、传统媒体服务满意度和性别是核心因素，且影响程度依次递减。除了学习途径、手机使用水平和性别，其余回归系数均为正。即通过手机观看视频的频率越高或收入水平越低的老年人，通过业务人员学习使用手机或男性老年人，手机使用水平或对传统媒体的服务满意度越高的老年人，对手机视频观看服务的定制需求越高；仅因为喜欢多媒体功能或通话方便而使用手机的老年人，对手机视频观看服务的定制需求较低。

表 4-40　手机视频观看服务需求的影响因素回归分析结果

选出的变量顺序	相关系数 R	可决系数 R^2	增加解释量 ΔR	F 值	净 F 值	原始化回归系数	标准化回归系数	t 值	Sig.
截距（常数项）						1.126		3.621	0.000
观看手机视频的频率	0.305	0.093	0.093	19.290	19.290	0.247	0.265	4.121	0.000
收入水平	0.388	0.151	0.058	16.596	12.702	0.149	0.214	3.376	0.001
学习使用的途径：业务人员	0.429	0.184	0.033	13.954	7.514	-0.376	-0.175	-2.591	0.010

续表

选出的变量顺序	相关系数 R	可决系数 R^2	增加解释量 ΔR	F 值	净 F 值	原始化回归系数	标准化回归系数	t 值	Sig.
手机使用原因：多媒体功能	0.453	0.205	0.021	11.922	4.939	0.349	0.258	3.696	0.000
手机使用水平	0.491	0.241	0.036	11.708	8.834	-0.130	-0.210	-2.944	0.004
手机使用原因：通话方便	0.512	0.262	0.021	10.846	5.198	0.207	0.172	2.722	0.007
传统媒体服务满意度	0.536	0.288	0.025	10.500	6.476	0.120	0.155	2.395	0.018
性别	0.553	0.306	0.018	9.959	4.684	-0.200	-0.138	-2.164	0.032

第四节　影响老年人使用三种媒介的场景因素模型构建

一　电视使用场景的影响因素模型

基于影响老年人新型电视接触水平、评价水平和需求水平的核心因素分析结果，本章构建了老年人的新型电视使用场景影响因素模型。如图4-1所示，接触水平涉及的使用水平、日均使用时长、使用频率（收看五类节目和使用新型服务）会促进评价水平；评价水平中的使用满足水平、使用依赖、操作满意度、收视满意度会协同接触水平中的使用水平、使用频率共同激发需求水平；评价水平中的使用满足水平、涉老内容的功用评价会促进接触水平。各环节中的促进因素和抑制因素均已总结在模型中，有下划线的是在各环节产生较多影响的因素，如用户因素中的媒介接触水平、职业经历、使用目的，媒介因素中的使用频率、操作满意度，环境因素中的电视使用权、生活地、学校课程支持等。

```
                                            使用水平、使用频率
                    使用水平、使用时长、使用频率            使用满足水平、使用依赖
   ┌──────┐ ←─────────────────────────→ ┌──────┐ ←─────────────────→ ┌──────┐
   │接触水平│                            │评价水平│   操作满意度、收视满意度 │需求水平│
   └──────┘ ←─────────────────────────→ └──────┘ ←─────────────────→ └──────┘
               使用满足水平、涉老内容功用
```

促进因素	促进因素	促进因素
■**用户因素**：健康满意度、生活积极性、好奇心理、媒介接触水平、使用周期、目的（学习知识、收视补偿） ■**媒介因素**：画音清晰、费用经济、频道多样、节目魅力、内容贴近、涉老内容功能、使用满足水平 ■**环境因素**：生活地、学校课程、亲友影响/支持、使用权	■**用户因素**：生活积极性、媒介接触水平、使用周期、使用水平 ■**媒介因素**：内容丰富、信息权威、操作满意度、使用频率（收看生活服务类节目、新闻类节目、文娱类节目和涉老内容，使用新型服务）、日均使用时长 ■**环境因素**：业务人员指导	■**用户因素**：职业、媒介接触水平、使用水平 ■**媒介因素**：内容丰富、费用经济、画音清晰、节目魅力、主持人吸引力、使用频率（收看涉老内容、知识教育类节目和文娱类节目）、收视服务满意度、操作满意度、使用满足水平、使用依赖 ■**环境因素**：亲友影响/支持、<u>使用权</u>、家庭成员、生活地

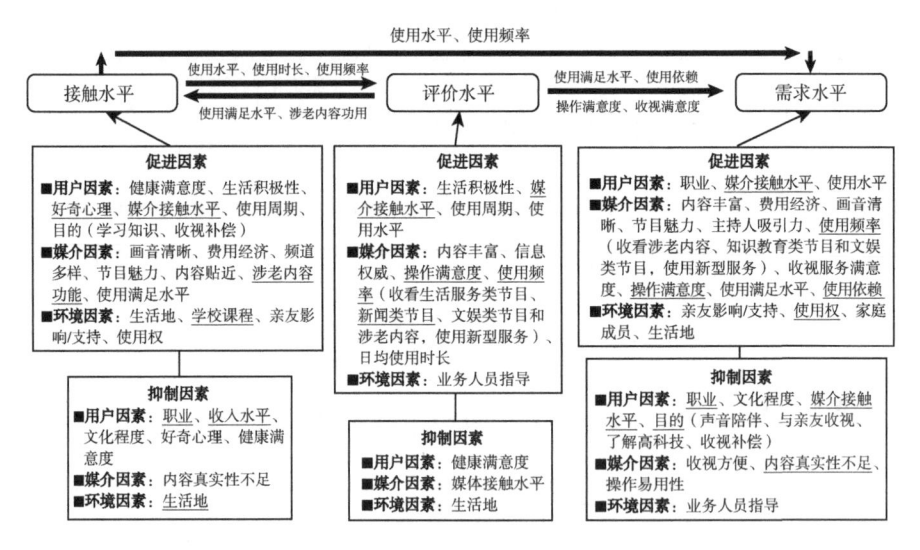

抑制因素	抑制因素	抑制因素
■**用户因素**：<u>职业</u>、收入水平、文化程度、好奇心理、健康满意度 ■**媒介因素**：内容真实性不足 ■**环境因素**：<u>生活地</u>	■**用户因素**：健康满意度 ■**媒介因素**：媒体接触水平 ■**环境因素**：生活地	■**用户因素**：<u>职业</u>、文化程度、<u>媒介接触水平</u>、目的（声音陪伴、与亲友收视、了解高科技、收视补偿） ■**媒介因素**：收视方便、<u>内容真实性不足</u>、操作易用性 ■**环境因素**：业务人员指导

图 4-1 老年人新型电视使用场景的影响因素模型

（一）用户因素的促进与抑制作用

用户因素主要影响新型电视的使用水平、使用满足水平、使用依赖及对涉老内容和新型服务的需求差异。产生促进作用的有健康满意度、生活积极性、好奇心理、媒介接触水平、使用新型电视的目的和周期、职业经历。健康状况较好、生活更积极的老年人对新型电视的使用水平、使用满足水平较高；提升老年人的媒介接触水平对促进新型电视使用水平、使用满足水平和接受新型服务有重要作用；无论常用媒介多少，老年人均有较强的电视使用依赖及涉老内容服务和新型服务需求，电视在其多样性的媒介化生活中仍占有重要地位，尤其是对健康状况较差或求知欲望较强烈的老年人。另外，具有外资、私企或机关事业单位工作经历的老年人，新型电视使用水平越高的老年人，对新型服务的接受态度较好。

起到抑制作用的用户因素有职业、收入水平、文化程度、健康满意度、媒介接触水平、使用新型电视的目的和能力。例如收入水平或文化程度越高的老年人对新型电视使用依赖越弱；健康满意度越好的

老年人对新型电视的使用满足水平越低；收入水平或健康满意度越好的老年人收看涉老内容频率越低；具有外企、私企或机关事业单位工作经历的老年人使用新型服务频率较低；文化程度较高或常用媒介较多的老年人对新型服务需求并不强烈。但这些现象也从另一层面说明文化程度或收入水平较低的老年人，常用媒介越少或健康状况相对不好的老年人对电视有强烈的使用依赖、涉老内容和新型服务需求，电视是陪伴其日常生活的重要工具。另外，好奇心、了解高科技、为了在观看时能与在场亲友交流的使用目的不是促进老年人深度使用新型电视的主要因素。性别、年龄、是否仍工作、传统媒体服务满意度并没有对老年人的新型电视使用行为产生显著影响。

（二）媒介因素的促进与抑制作用

媒介因素是影响老年人的新型电视使用行为，尤其是需求水平的根本因素。产生促进作用的主要是新型电视的服务优势、老年人对电视的依赖，其次是新型电视及收视服务对老年人的有用性、易用性。

服务优势方面，画音清晰促进了老年人的新型电视使用水平和高清视频服务需求；内容贴近促进了老年人收看涉老内容的频率；内容丰富促进了老年人的新型电视使用满足水平和老年人频道服务需求；信息权威促进了老年人的收视满意度；费用经济促进了老年人的新型电视使用水平和老年人频道服务需求；主持人魅力促进了老年人的高清视频服务需求。媒介依赖方面，钟情某些节目提升了老年人的新型电视日均使用时长和高清视频服务需求；经常收看新闻类节目提升了老年人的收视满意度、新型电视的使用满足水平；经常收看文娱类节目、涉老内容或使用新型服务，提升了老年人的新型电视使用依赖；经常收看文娱类节目、知识教育类节目或涉老内容的老年人更需要老年人频道；因多年习惯而使用新型电视的老年人更愿意长期使用新型服务。收视有用性方面，对涉老内容在指导生活、休闲娱乐、学习知识和养老资讯来源方面的功用评价促进了老年人的收看频率。

上述现象，体现了新型电视可以依托画音清晰、内容贴近、内容丰富、信息权威、费用经济和主持人魅力等优势，采取以收视服务为核心，以新闻类节目、文娱类节目和涉老内容为重点的适老服务理念及涉老内容在生活、娱乐、教育、养老资讯等方面对老年人的服务定位，加强新型服务的适老在促进使用依赖层面的积极意义。另外，对新型电视的操作满意度会促进老年人的收视满意度、使用依赖和高清视频服务需求；收视满意度会促进老年人的高清视频服务需求；新型电视的使用满足水平会促进老年人的日均使用时长和接受新型服务，体现了加强软硬件产品适老和收视服务适老的重要意义。

起到抑制作用的媒介因素主要是收视内容真实性问题，也是个别涉老内容存在的主要不足，不仅降低了老年人收看涉老内容的频率和收视满意度，还促使他们不愿接受老年人频道和新型服务。部分老年人仅将电视作为居家"伴音"的单一服务需求定位，也会阻碍他们对高清视频服务和新型服务的接受态度。

（三）环境因素的促进与抑制作用

环境因素更多决定了老年人的新型电视使用偏好差异。产生促进作用的涉及使用支持和家庭环境。一方面，老年人通过学校课程学习使用新型电视会促进其收看涉老内容和使用新型服务；通过业务人员帮助使用新型电视会提升使用满足水平；亲友推荐或协助会促进其收看涉老内容和长期使用新型服务，说明多方协助和指导对促进老年人更好使用新型电视有重要作用。另一方面，电视使用权会促进老年人收看涉老内容、接受高清视频和新型服务，体现了老年人在涉老内容、高清视频和新型服务等方面愈加个人化的电视使用需求倾向。

起到抑制作用的环境因素主要是社会环境，造成老年人的新型电视使用行为存在较复杂的地域性差异。一是相对欠发达地区（如西安）的老年人对新型电视的使用水平较低，但更愿接受新型服务；二是相对发达地区（如北京和上海）的老年人较少收看涉老内容，对新

第四章　影响城市老人使用数字化媒体的场景因素分析

型电视使用满足水平较低。

二　电脑上网场景的影响因素模型

基于影响老年人上网接触水平、评价水平和需求水平的核心因素分析结果，本章构建了老年人上网场景的影响因素模型。如图4-2所示，接触水平中的上网目的、上网水平、各类网络服务的使用频率提升了评价水平；评价水平中的上网依赖、操作易用性、老年人服务网站有用性会协同上网目的和上网水平共同激发需求水平；评价水平中的网络服务有用性、操作易用性会促进接触水平。各环节中的促进因素和抑制因素均已总结在模型中，有下划线的是在各环节中产生了较多影响的因素，如用户因素中的上网目的（及时获取信息、休闲娱乐、与人交流等）、职业经历和网龄，媒介因素中的使用自主和便捷优势、各类服务的有用性和使用频率、操作易用性、上网依赖等，环境因素中的生活地、社会潮流、家庭成员数量、电脑使用权等。

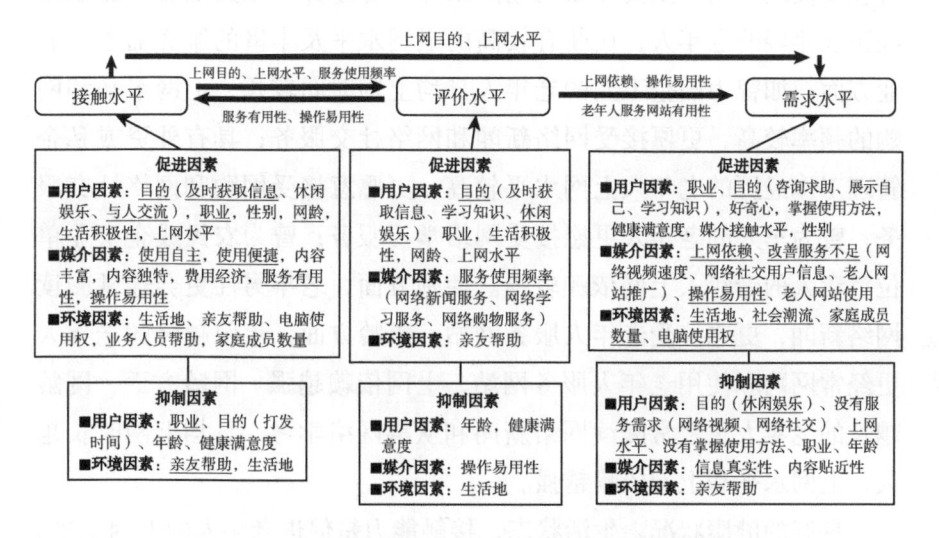

图4-2　影响老年人电脑上网场景的因素模型

（一）用户因素的促进与抑制作用

用户因素是影响老年人上网接触水平、评价水平与需求水平的根本因素。产生促进作用的有上网目的、职业、性别、年龄、生活积极性、健康满意度、网龄及上网能力（上网水平、掌握服务的使用方法）。具体目的对老年人的上网水平、上网满足水平、上网依赖或服务需求有重要促进作用，促使他们使用专门服务。如为及时获取信息上网的老年人更会常阅读网络新闻或从事网络学习，上网水平和上网满足水平较高；为休闲娱乐上网的老年人上网水平和上网满足水平较高，上网依赖较强；为发布消息、组织活动或展示自己的老年人更常从事网络社交，上网水平较高；为学习知识上网的老年人上网满足水平较高；为学习知识、咨询求助或展示自己而上网的老年人更愿接受老年人服务网站。因此，老年人使用电脑上网的核心目的体现在获取新闻、学习知识、休闲娱乐三个方面；部分老年人还会为与人交流而从事网络社交，为咨询求助而接受老年人服务网站。

部分人口特征和网龄对老年人的上网水平、上网依赖或服务需求有较多促进作用，主要导致明显的服务偏好差异，尤其是有企业工作经历或年轻的老年人，往往有较高的上网水平及丰富的服务需求。职业方面，如曾为国企工人的老年人日均上网时间较长，上网水平和网购的频率较高，更愿接受网络新闻和网络社交服务；具有外资或私企管理工作经历的老年人上网水平较高，更愿意接受网购和网络社交服务；曾为军人的老年人更愿接受网络学习服务；曾为农民或企事业单位负责人的老年人上网依赖较强。性别方面，老年男性更会经常阅读网络新闻，更愿接受老年人服务网站。年龄方面，年纪越轻的老年人更经常网购和使用老年人服务网站，上网依赖越强。网龄方面，网龄越长的老年人更经常阅读网络新闻和从事网络学习，日均上网时长越久，上网水平和上网依赖越强。

良好的健康状况、生活状态、接触能力是促进老年人的上网水平、上网满足水平或服务需求的积极因素。例如健康状况越好的老年人越愿意接受老年人服务网站；生活积极性越高的老年人上网水平、上网满足水平越高；出于好奇心理而上网的老年人更愿接受网络社交服务；常用媒介越多的老年人更愿接受网络新闻服务；上网水平越高的老年人日均上网时长越久，上网满足水平越高。

起到抑制作用的用户因素主要是职业、上网目的、上网水平和健康满意度，主要造成了上网偏好差异。如曾为个体经营者或军人的老年人更不青睐网络新闻服务；曾为机关干部或军人的老年人更不经常网购；因打发时间上网的老年人更不经常阅读网络新闻；为休闲娱乐上网的老年人并不偏好网络社交、网络购物及老年人服务网站；上网水平越高的老年人越不愿接受网络新闻、网络视频及老年人服务网站；健康状况越好的老年人日均上网时长越短，上网满足水平越低。这些现象体现了老年人上网的目的性很强，对应相对单一的网络使用活动，受到职业经历的复杂影响，也说明健康状况较差的老年人上网依赖和满足水平较高，网络媒介已成为服务其日常生活的重要工具。另外，文化程度、收入水平、是否仍工作和传统媒体服务满意度并没有对老年人的电脑上网行为产生显著影响。

（二）媒介因素的促进与抑制作用

媒介因素是影响老年人上网偏好的重要因素。产生促进作用的主要包括网络媒介优势、网络服务的有用性和使用依赖、电脑操作的易用性。一方面，使用的自主性和便捷性会促使老年人使用网络视频、网络购物、网络学习和网络新闻服务；内容的丰富性和独特性会促使老年人使用网络学习和网络购物服务；因费用经济上网的老年人上网水平较高。另一方面，对各类网络服务有用性评价越高的老年人越会经常使用相应的网络服务，尤其是经常使用网络新闻、网络学习和网络购物服务会让老年人形成较强的上网依赖，体现了网络新闻、网络学习和网络购物服务对老年人的黏合力。另外，电脑操作易用性会促进老年人的上网水平及使用网络学习、网络社交和网络视频服务。

起到抑制作用的媒介因素主要是网络服务的部分不足。例如对网上内容缺乏信任是阻碍部分老年人接受网络社交的主要因素，服务内容的贴近性欠佳是阻碍部分老年人使用老年人服务网站的主要因素。如果改善网络社交的用户信息真实性问题、网络视频的播放或下载速度、加强老年人服务网站的宣传推广和内容的贴近性建设，会促进部分老年人对于这三类服务的接受意愿，体现了这三类网络服务实现适老发展亟待改进的空间或着力点。

（三）环境因素的促进与抑制作用

环境因素更多影响了老年人的上网行为差异，产生促进作用的主要包括使用支持、社会和家庭环境。一方面，亲友支持会提高老年人的上网水平和上网满足水平；电脑使用权会促进老年人的日均上网时长和对网络视频服务、老年人服务网站的接受态度；居家成员较多则会促进老年人使用网络社交服务。另一方面，相对发达地区的老年人上网意识更积极，如广州老人的上网水平较高，上海老人更经常进行网络购物，北京老人更愿意接受网络社交服务；社会潮流会促进部分老年人接受网络社交服务和老年人服务网站。

起到抑制作用的环境因素主要是使用支持和社会环境。例如需要亲友的帮助上网的老年人更不愿经常使用网络学习服务和网络视频服务，西安老年人的上网满足水平较低，北京老年人更不经常阅读网络新闻。

上述现象体现了家庭支持和良好的信息化社会环境对促进老年人上网的积极意义，老年人希望通过网络与亲友交流是其重要服务需求，还从某种程度上说明了老年人对网络学习服务和网络视频服务的使用是相对个人化的情境。

三 手机使用场景的影响因素模型

基于影响老年人手机接触水平、评价水平和需求水平的核心因素分析结果，本章构建了老年人手机使用场景的影响因素模型。如图4-3所示，接触水平中的使用水平、使用目的、使用频率提升了评价水平；评价水平中的使用依赖会协同接触水平中的使用目的、使用水平以及对移动信息服务的使用频率共同激发需求水平；评价水平中的移动信息服务功用评价、手机使用依赖会促进接触水平。各环节中的促进因素和抑制因素均已总结在模型中，有下划线的是在各环节产生较多影响的因素，如用户因素中的职业经历、媒介接触水平、健康满意度、使用水平、使用目的、收入水平，媒介因素中的多功能集成、使用便携和通话方便优势，移动信息服务的有用性和使用频率。

```
                         使用目的、使用水平、服务使用频率
            ┌─────────────────────────────────────────────────────────┐
            ↓          使用水平、使用目的、使用频率                      ↓
      ┌─────────┐    ────────────────────→    ┌─────────┐   使用依赖   ┌─────────┐
      │ 接触水平 │                              │ 评价水平 │ ←──────→ │ 需求水平 │
      └─────────┘    ←────────────────────     └─────────┘            └─────────┘
                         服务有用性、使用依赖
```

┌──────────────────┐   ┌──────────────────┐   ┌──────────────────┐
│   促进因素   │   │   促进因素   │   │   促进因素   │
│■用户因素：职业、性别、│   │■用户因素：媒介接触水平、│   │■用户因素：性别，文化程度、职业、目的│
│媒介接触水平、传 │   │使用水平、使用频率、目│   │（便于联系亲友、学习高科技），赋闲在│
│统媒体服务满意度、│   │的（处理日常事物、学习高科│   │家，健康满意度，传统媒体服务满意度，│
│健康满意度、使用周期│   │技）、传统媒体服务满意度│   │使用水平│
│■媒介因素：多功能集成性、使用便捷、业务│   │■媒介因素：使用便捷、操作│   │■媒介因素：使用依赖、移动信息服务使│
│办理快捷，移动信息服务有用性（与人交│   │易简性│   │用频率（上网、浏览新闻、观看视频）│
│流、新闻推送、视频观看）、使用依赖│   │■环境因素：亲友支持/影响│   │■环境因素：业务人员帮助│
│■环境因素：手机使用权│   │   │   │   │
└──────────────────┘   └──────────────────┘   └──────────────────┘

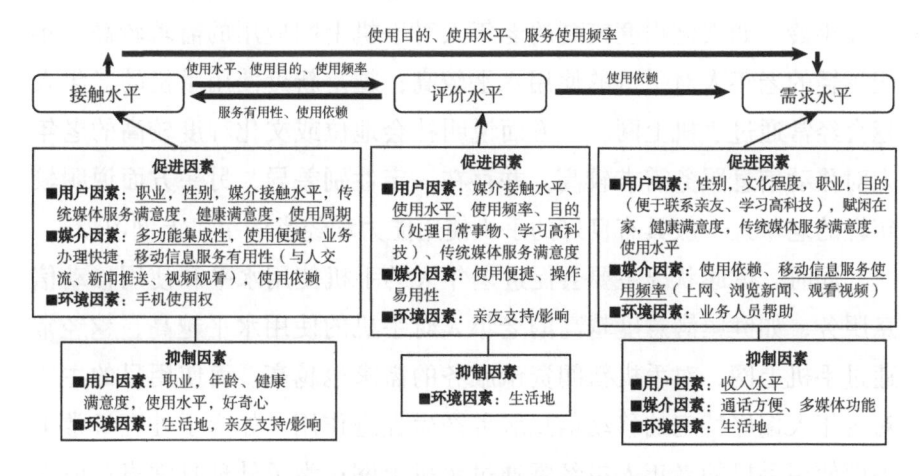

┌──────────────────┐   ┌──────────────────┐   ┌──────────────────┐
│   抑制因素   │   │   抑制因素   │   │   抑制因素   │
│■用户因素：职业、年龄、健康│   │■环境因素：生活地│   │■用户因素：收入水平│
│满意度、使用水平、好奇心│   │   │   │■媒介因素：通话方便、多媒体功能│
│■环境因素：生活地、亲友支持/影响│   │   │   │■环境因素：生活地│
└──────────────────┘   └──────────────────┘   └──────────────────┘

图4-3 影响老年人手机使用场景的因素模型

（一）用户因素的促进与抑制作用

用户因素对老年人的手机使用行为具有根本影响。产生促进作用的主要包括接触能力、传统媒介印象、部分人口特征、健康满意度、使用目的。接触能力对老年人的手机接触水平、评价水平及使用移动信息服务的需求有重要促进作用。如常用媒介越多的老年人对手机的使用频率、使用水平、使用满足水平越高，还经常通过手机阅读新闻资讯；通过自己摸索学习使用手机的老年人手机使用水平较高；手机使用水平越高的老年人手机使用满足水平、使用依赖越强，对手机视频观看服务的需求也越高。传统媒介印象对老年人接受移动信息服务具有重要促进作用。如对传统媒体服务满意度越高的老年人对手机的使用依赖越强,越会经常通过手机阅读新闻资讯,对手机视频观看服务的需求也越高。

部分人口特征主要促使老年人的手机需求水平差异。一是职业经历,如曾为机关干部的老年人更会经常通过手机阅读新闻资讯;曾为专业技术人员或外资、私企工作人员的老年人更经常通过手机观看视频。二是性别,如老年男性更乐于使用手机上网,对手机视频观看服务的需求较高,老年女性更乐于通过手机阅读新闻资讯。三是文化程度和年龄,如文化程度较高的老年人对手机上网应用的需求较高;年纪越轻的老年人对手机的使用水平较高;越是新近使用手机的老年人越会经常通过手机上网。一方面说明社会地位或文化程度较高的老年人对移动信息服务需求较高,并存在一定性别差异,另一方面说明较年轻的老年人一般具有良好的手机使用能力和经常的手机上网习惯。

同时,健康状况主要会促进老年人的手机使用水平和使用移动信息服务,如健康满意度越高的老年人对手机的使用水平越高,越经常通过手机上网,对手机新闻资讯服务的需求也越高。而使用目的主要对老年人偏好特定的移动信息服务产生促进作用,如为了处理日常事务而使用手机的老年人更经常通过手机上网;为了处理日常事务或学习高科技而使用手机的老年人,手机使用满足水平较高;为了联系亲友或学习高科技而使用手机的老年人对于手机上网应用的需求较高,体现了手机上网服务老年人处理日常事务和联系亲友的重要价值。另外,赋闲在家的老年人对手机新闻资讯服务的需求也较高。

起到抑制作用的用户因素有职业经历、收入水平等人口特征和健康状况。如曾为国企工人的老年人对手机使用水平较低;收入水平越高的老年人对新闻资讯阅读和视频观看的服务需求越低;健康满意度越高的老年人越不会经常通过手机阅读新闻资讯。这些现象也从另一层面说明了低收入或不够健康的老年人对移动信息服务有着强烈需求。另外,好奇心并不是促进老年人持续使用移动信息服务的因素,生活积极性也没有对老年人的手机使用行为产生显著影响。

（二）媒介因素的促进与抑制作用

媒介因素对老年人的手机接触水平、需求水平具有重要影响。产生促进作用的主要是手机媒介的服务优势，如便携性、多功能集成会促进老年人的手机使用水平、使用满足水平和使用移动信息服务。便携性方面，因使用便携或业务办理快捷而使用手机的老年人对手机的使用水平、使用满足水平较高，前者更经常通过手机观看视频；因随时随地上网而选用手机上网的老年人上网频率较高；因无法看电视而使用手机观看视频的老年人观看频率较高。多功能集成方面，因为偏好生活辅助类功能、多媒体功能或移动信息服务而使用手机的老年人对手机的使用水平均较高，前者的手机上网频率较高，后者阅读新闻资讯的频率较高，体现了手机上网为老年人提供便捷的生活辅助和新闻资讯服务具有积极意义。

同时，老年人对移动信息服务的有用性评价、对手机的使用依赖也产生促进作用。前者会促进老年人对相应服务的使用频率和定制需求，且吸引老年人的手机上网应用功能主要是与人便捷交流；后者会促进老年人的手机上网应用需求。另外，手机操作的易用性会提升老年人的使用满足水平。

起到抑制作用的媒介因素主要是多功能集成带来的使用目的局限，并在需求水平环节产生了影响，如仅因通话方便或多媒体类功能而使用手机的老年人对手机上网应用和视频观看服务的需求较低。

（三）环境因素的促进与抑制作用

环境因素对老年人的手机使用行为具有一定的影响。首先，使用支持、家庭环境和社会环境分别对老年人的手机接触水平、评价水平和需求水平产生了促进作用。如对手机使用权越大的老年人对手机的使用频率越高；来自亲友的支持会提高老年人的手机使用满足水平；业务人员帮助会促进老年人对移动信息服务的需求等。起到抑制作用的环境因素主要是社会环境，如相对欠发达地区的老年人对手机的使用水平、使用依赖较低，相对发达地区的老年人对移动信息服务的需求较低。另外，仅因亲友帮助而使用手机的老年人对手机的使用水平较低，说明了来自家人的支持对老年人使用手机具有双重影响。

第五节 本章小结

本章主要是基于第三章的调查数据，从用户因素、媒介因素、环境因素三个层面，采用相关性分析与多元回归分析结合的方法，针对接触水平、评价水平和需求水平三个环节，探究了影响城市老人使用新型电视、电脑上网和手机的核心因素及程度差异；建立了基于三种媒介的老年人使用场景影响因素模型；分别论证了三个影响因素模型对于三种媒介实施适老服务的指导意义。

针对新型电视的使用场景，用户因素主要影响老年人的使用水平、使用满足水平、使用依赖、对涉老内容和新型服务的需求差异。无论常用媒介多少，老年人对电视均有较强的使用依赖及涉老内容和新型服务的需求，尤其是相对弱势的老年人。好奇、了解高科技、观看时能与在场亲友交流的目的并不是促进老年人深度使用新型电视的因素。性别、年龄、是否仍工作、传统媒体服务满意度没有产生显著影响。媒介因素是影响老年人使用行为尤其是服务需求的根本因素。产生促进作用的主要是新型电视的服务优势（画音清晰、内容贴近、内容丰富、信息权威、费用经济等）和老年人的电视媒介依赖。新型电视可采取以收视服务为核心，新闻类和文娱类节目、涉老内容为重点的适老服务理念，并通过加强新型服务适老促进老年人的使用依赖。起到抑制作用的媒介因素主要是内容真实性不足和部分老年人单一的电视服务需求。环境因素更多决定老年人对新型电视的使用偏好差异。多方协助和指导对促进老年人更好地使用新型电视有重要作用。老年人在涉老内容、高清视频和新型服务等方面体现个人化的使用需求倾向。

第四章 影响城市老人使用数字化媒体的场景因素分析

针对电脑上网场景，用户因素是影响老年人上网过程的根本因素。具体上网目的具有重要促进作用，会促使老年人使用专门服务。核心目的体现在获取新闻、学习知识、休闲娱乐三个方面。人口特征主要导致老年人明显的服务偏好差异，且文化程度、收入水平、是否仍工作和传统媒体服务满意度没有产生显著影响。媒介因素是影响老年人上网偏好的重要因素。产生促进作用的主要是网络媒介的服务优势（使用自主便捷、内容丰富独特、费用经济）、服务的有用性和上网依赖性。经常使用网络新闻、网络学习和网购服务会让老年人形成较强的上网依赖。起到抑制作用的主要是网络服务的部分不足，例如网络社交的用户信息真实性、老年人服务网站的内容贴近性等。环境因素更多影响了老年人的上网行为差异。家庭的支持和良好的信息化社会环境对促进老年人上网具有重要意义，相对发达地区的老年人上网意识更积极。老年人希望通过网络与亲友交流也是重要的服务需求。对于网络学习和网络视频服务，老年人体现了相对个人化的使用情境。

针对手机使用场景，用户因素对老年人的使用行为产生根本影响。媒介接触水平对老年人的手机接触水平、评价水平及移动信息服务的需求有重要促进作用。对传统媒介的良好印象会促进老年人接受移动信息服务。人口特征导致了老年人的手机需求水平差异，包括职业、性别、文化程度和年龄。使用目的主要对老年人偏好特定的移动信息服务具有促进作用。低收入或不够健康的老年人对移动信息服务有更强烈的需求。好奇和生活积极性没有产生显著影响。媒介因素对老年人的手机接触水平、需求水平具有重要影响。产生促进作用的主要是手机媒介的优势，如便捷性、多功能集成等。通过手机上网为老年人提供便捷的生活辅助和新闻资讯服务具有积极意义，且吸引老年人的手机上网应用功能是便捷化人际交流。起到抑制作用的主要是使用目的的局限，如仅为通话方便使用手机的老年人对手机上网应用的需求较低。环境因素对老年人的手机使用行为与服务需求也产生一定影响。家人支持对老年人的手机使用水平和使用满足水平提升具有复杂影响。

第五章 基于宅内空间的数字化媒体适老交互服务场景建构

宅内空间不仅是家居用品、配套设施垒砌出来的物理空间，更是家庭成员的活动空间和精神空间；不仅具有休憩、饮食等基本功能，更能通过独特的娱乐方式，促进家庭成员情感交流、缓解压力和促进个人发展。随着网络连接性不断增强，宅内空间已成为各类线上和线下活动的节点，拓展了其空间功能，改变着居家老人的娱乐形式和生活方式。本章将基于第二章提出的理论框架、第三章和第四章的调查数据及分析结果，论证基于宅内空间的电视媒介适老服务定位；研究如何以新型电视为依托、客厅为中心，建构满足居家老人收视娱乐、家庭通信、城市生活等需求的家庭媒体交互服务场景；结合相关适老信息服务理论，提出以电视服务机构为核心的服务场景实施策略。

第一节 基于宅内空间的新型电视适老服务定位

前文调查显示，大多数老年人仍延续了传统的电视使用习惯，作为获取新闻资讯、影视娱乐等内容的视听设备定位并没有发生显著变化。随着空巢家庭比例上升以及年轻人愈加乐于使用电脑、手机等个人媒介终端，以电视为核心的家庭媒体服务场景呈现的往往是老年人"自娱自乐"的活动。不过，鉴于新型电视为老年人带来了多样化的

第五章　基于宅内空间的数字化媒体适老交互服务场景建构

视听娱乐形式和信息交互服务，如何发挥其作为家庭媒介的空间功能，将"三网融合"技术驱动的新功能、新服务，合理介入老年人的居家生活，构建个人、家庭、城市三个层次的信息交互网络，满足其精神陪伴需求、与家人"共生"的交流需求、与家居设施的互动需求、与社会联结的交往需求，提高宅内空间的交互活力以及精神赡养和生活支持水平，已成为网络时代家庭媒体服务适老发展的必要举措。

一　以客厅为中心的电视服务适老模式分析

如第二章所述，客厅一直是宅内空间中家庭成员交互和家庭媒体实施服务的主要空间，因此，本章针对家庭媒体适老服务场景建构的研究主要聚焦于客厅。

（一）易通易用和经济的高清视频服务平台

前文调查显示，新型电视在老年人的媒介化生活中占据重要服务地位。新型电视服务源于传统电视的数字化升级，与其他媒介相比，安装方便是老年人选择使用新型电视的首要原因。同时，电视媒介长期以来已培养了深厚的用户基础，老年人更有着多年的使用习惯，钟情某些节目或频道，且屏幕大、画音质量好、操作简单，尤其是很多老年人并没有掌握可替代媒介的使用方法。不过，老年人使用新型电视从事的主要活动仍是收看传统的电视直播节目，还不太熟悉其承载的新型服务；尤其是部分新型服务还需要较为复杂的开通过程或操作方式，收取额外费用，导致老年人总体的新型电视使用水平一般。但良好的身心状态和媒介接触水平，新型电视在画音清晰、服务费用相对经济、直接集成新功能等方面的优势会提升老年人的使用水平。另外，老年人对高清视频服务的接受态度很好，电视使用权、操作满意度和收视服务满意度、画音清晰、钟情某些节目或频道、主持人魅力等收视原因会促进老年人的高清视频服务需求，体现了老年人追求易用经济的，基于个人化收视依赖的高清视频服务需求倾向。

（二）提供社会信息和文化娱乐的重要渠道

前文调查显示，新型电视在居家老人生活中主要具有放松娱乐、指导生活、学习知识、新闻资讯来源等作用，影响着作息习惯和休闲方式，成为了解社会、学习知识或技能、寄托情感等方面的重要媒介工具，与老年人建立了较强的社会信息连接和情感连接关系。无论常用媒介多少，老年人对新型电视均有着较强的使用依赖及涉老内容和新型服务需求，尤其文化程度或收入水平较低，常用媒介较少或健康状况较差的老年人。然而多数老年人的新型电视使用满足水平较低。一方面，良好的生活状态和新型电视使用水平，丰富的收视内容，经常收看新闻类节目，业务人员帮助等因素会提升使用满足水平，尤其对于健康状况较差的老年人；另一方面，经常收看文娱类节目、涉老内容或使用新服务，操作满意度等因素会促进老年人对新型电视的使用依赖。上述现象表明，增加老年人偏爱的新闻资讯内容，创制适合老年人的文娱类节目和涉老内容，提供满足老年人需求的新服务和操作方式，是提高新型电视对老年人吸引力、黏合度的有效途径。

二 居家老人对电视服务的需求侧重分析

（一）以新闻类、文娱类和涉老内容收视为核心

前文调查显示，老年人使用新型电视的主要活动仍是收看传统的节目，画音清晰是其选用新型电视收视的首要原因，其次是内容贴近、费用经济、内容丰富等服务优势及只会使用电视的媒介接触水平局限。其中老年人收看新闻类、文娱类节目频率较高，对新闻类节目的功用评价最高、对生活服务类节目的功用评价最低，操作满意度、信息权威、经常收看新闻类节目等因素会促进收视满意度。老年人认为收视服务的主要不足是常规内容缺少对老年人关注，其次是内容形式缺少

创新、付费频道费用高、涉老内容少等。体现了坚持新闻类节目权威、加强生活服务类节目惠老、合理化资费和增加涉老内容的必要性。

前文调查显示，多数老年人具有收看涉老内容的习惯，指出其主要不足是感兴趣的内容少，其次是内容形式单调、广告多、涉老资讯少、播出时间不太合理等。同时，无论常用媒介较多还是只会使用电视的老年人，特别是收入水平较低或健康状况较差的老年人，收看涉老内容的频率均较高；电视使用权，尤其是对涉老内容在指导生活、放松娱乐、学习知识、资讯来源方面的功用评价会促进其收看频率，体现了涉老内容在老年人多元的媒体服务内容选择中具有特殊地位，特别是对生活条件相对弱势的老年人更有重要意义。另外，老年人对老年人频道的需求也较高，尤其是鉴于费用经济而选用新型电视收视或经常收看涉老内容、知识教育类和文娱类节目的老年人，体现了老年人频道建设的必要性和内容定位。

（二）以视频互动、信息查询和家庭通信为辅助

前文调查显示，有近四成样本接触过视频回看、视频点播、信息查询等新型服务。出于好奇、作为生活信息助手的目的是首要原因，其次是免费试用或套餐捆绑、亲友协助、作为没有可看节目时的使用补偿、跟随信息化潮流等，体现了满足居家老人生活信息需求的积极意义。出于好奇心或作为使用补偿而使用新型服务的老年人，或通过学校课程学习使用新型电视的老年人接触新型服务频率较高，说明电视媒体对新型服务的大力推广、来自教育机构或亲友的帮助显现出一定成效。在选用新型服务时，老年人主要注重开通过程是否方便、功能或内容是否实用，其次是费用是否合理、操作方式是否简单等，在一定程度上说明大多数老年人对新型服务还缺乏足够了解和追求经济实用、操作简单的消费心理。

新型服务选择方面，老年人主要偏好视听娱乐类及生活辅助类。前者包括视频点播、视频回看、卡拉 OK 等，后者包括生活信息查询、远程教育、视频通话等。针对生活信息服务，主要关注天气、出行、

饮食、健康等生存类信息。超过七成样本表示愿接受新型服务，近七成样本表示新型服务有用，近六成样本表示愿意长期使用新型服务。文化程度越低或常用媒介越少的，家庭成员越多或通过亲友协助而接触新型服务的，新型电视使用水平或使用依赖越强的，接触新型服务的频率越高的老年人，对新型服务接受态度较好，体现了多数老年人对新型服务有较强的使用意愿和多成员家庭结构的促进作用。不过老年人认为新型服务仍存在种类不够丰富、操作不够便捷、不够关注老年人需求、费用不太合理等不足。部分老年人没有接触的主要原因是没有掌握方法，其次是缺少了解、资费不够合理、觉得开通过程或操作方式麻烦等，改善这些问题可促使更多老年人使用新型服务。

三　三网融合为居家养老带来的协同交互服务

　　前文调查显示，针对"三网融合"带来的服务便利，老年人希望新型电视提供的首要服务是高清视频，其次是视频点播、视频回看、视频通话，再次是便捷缴费、信息查询、高速上网等，在视频通话、上网服务等方面体现了与手机终端、电脑终端的功能融合期待。希望新型电视协同其他媒介提供的服务以紧急求助为主，其次是家电控制、健康监护、家庭交流等。一是需求高清、互动、通信等方面的视听服务，二是期待安全、智联、健康和亲情等方面的居家养老交互服务。最后，前文调查显示老年电脑上网用户也希望享受高清电视直播、高清影视点播等在线视听服务，老年手机用户也希望享受移动电视直播服务，说明了跨平台、多终端的视听娱乐服务将成为家庭媒体系统满足居家老人收视娱乐需求的新途径。

　　综上，如图5-1所示，基于宅内空间的新型电视适老服务可采取"家用高清大屏+惠老视听娱乐+居家养老辅助"的定位。新闻类、文娱类节目和涉老内容是核心服务，主要是满足居家老人的收视需求；视频互动、信息查询、家庭通信等功能是辅助服务，主要是满足居家老人的交互需求和生活辅助需求。旨在基于新型电视的高清大屏，建立联结个人、家庭、城市三个层次的信息交互网络和相应服务场景，为居家老人提供易通易用、费用经济、内容适老的新闻资讯和文化娱乐收视服务，以及便捷性、交互式、智能化的家庭交流服务、城市信息服务和智慧养老服务，实现客厅为中心的家庭媒体服务适配，营造网络时代居家老人宅内空间的家庭媒介使用体验，助推其基于视听娱乐、家庭通信、生活辅助等服务的愉悦感、亲情感、安全感提升。

适老服务定位 ＝ 家用高清大屏 ＋ 惠老视听娱乐 ＋ 居家养老辅助

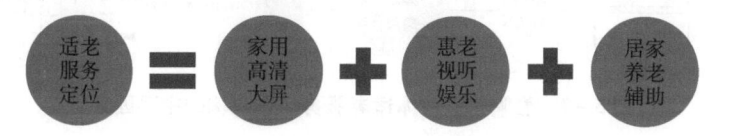

图 5-1　基于宅内空间的新型电视适老服务定位

第二节　以客厅为中心的家庭媒体适老服务场景建构

一　影响服务场景建构的主要因素分析

本书在第二章论证了支持居家老人交互的场景建构要素包括主体要素、时空要素、媒介要素、行为要素、体验要素。以下将从这四个方面分析影响家庭媒体适老服务场景建构的主要因素，如图 5-2 所示。

（一）主体要素

主体要素是影响服务场景建构的基础，不仅包括作为服务对象的居家老人及家庭成员（共居或分居），也包括相关产品、内容或服务的提供商、维护人员等，构成服务场景的人物关系。居家老人是服务场景的核心主体，根据"ERG"需求理论，需要满足其在宅内空间中

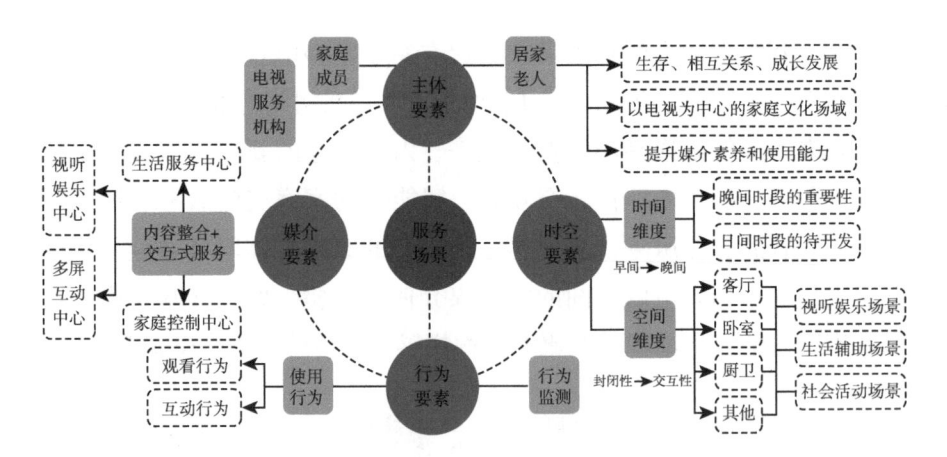

图 5-2 影响家庭媒体适老服务场景建构的主要因素

生存、相互关系、成长发展三个层次的需求。

电视长期以来主要是基于客厅的家庭媒介,视为家庭团圆的平台、家庭交流的桥梁,使家庭成员拥有投身居家娱乐、共同认知外部世界的场景。随着年轻人更倾向于通过个人媒介终端获取新闻、娱乐和与人交流,分流了他们对电视的注意力,一定程度上侵蚀了老少相聚、共享电视服务的家庭式使用行为,抢占了老年人与子女的交流机会,甚至产生了信息分隔。前文调查发现,老年人仍以电视为首选的居家娱乐终端,并受到上述趋势和空巢化家庭结构的影响,越发体现个人化的服务需求倾向,尤其已成为文化程度、收入、健康等方面相对弱势的老年人所依赖的信息工具。因此,以客厅为中心的家庭媒体适老服务场景既要满足老年人个人化的新型电视服务需求,也需适应年轻人的个人媒介终端使用趋势,促进老年人与子女共同收视、在线互动和情感交流,重塑基于家庭媒介的交互场景和客厅文化场域。如图5-3所示,基于电视端和手机端的视频通话可为老年人与子女"面对面"沟通提供更优质的画面,带来更好的远程亲情互动体验。

每一种媒介的用户都具有一定的媒介素养,即基于该媒介获取、判定和传播信息的能力,核心意义在于人们能合理运用媒介满足自身需求和发展自己。前文调查显示,老年人整体的媒介素养并不能很好

第五章 基于宅内空间的数字化媒体适老交互服务场景建构 ◇◆◇

图 5-3 基于爱奇艺·桔豆盒子的视频通话功能

资料来源：www.sohu.com/a/72266490_394498.

满足其新型电视的使用需求，很多老年人并不了解新型电视的新功能，缺乏使用新型服务的技能和指导，而良好的媒介接触水平对促进老年人的新型电视使用水平、使用满足水平和接受新型服务具有重要作用。因此，从家庭支持、业务人员指导、社会教育等层面不断地提高老年人的媒介使用能力，才能使服务场景的功能和内容得到老年人的充分使用，使其享用更加丰富的数字化居家生活方式。

（二）媒介要素

网络时代的家庭媒体服务模式已从"频道+广播"逐步变为"内容整合+交互式服务"，最大特点是拥有了网络媒介的特质——交互性，打破了传统电视的功能局限、使用场景和服务内容。尤其是近年来智能电视和互联网电视的发展使电视媒介在功能应用、交互方式、智慧家庭服务等方面进行革新，带来了在清晰度、内容量、互动性、可扩展性方面的全新使用体验。

功能应用方面，除了能让老年人观看更丰富的节目内容和满足个性化的收视需求，新型电视还可通过多种网络化应用支持在线学习、在线社交、在线购物、在线游戏等活动，成为多场景于一体的视听娱乐中心、生活服务中心。交互方式方面，更易用的交互系统能让老年人以语音、手势等方式操控电视，多终端互动技术还建立了电视与其他终端的信息交互渠道，老年人不仅能将智能手机、平板电脑中的影音内容投放到电视屏幕，还可使用智能手机、平板电脑操控；而电视作为这些终端的屏幕延伸，可实现老年人与子女之间的多终端内容分享、共享和互动，成为多屏互动中心。智慧家庭服务方面，通过集成路由器、物联网等功能，不仅能让老年人使用熟悉的电视与一些智能化的家居设施交互，为居家生活带来更大的便捷性、安全性，还可通过与其他便携终端、社区信息服务系统互联，使子女和服务人员能随时关注居家老人的生活状态，成为智慧家庭控制中心。

新型电视在技术上与传统电视的最大不同是正在由信息"窗口"向生活工具转变，而老年人面临的主要障碍是使用能力较低，还不能充分享受新型电视及其协同其他媒介提供的智慧居家生活，使面向老年用户的新型电视软硬件产品研发成为行业热点。如图5-4所示，小米EA2022系列是我国首款通过适老化评测的智能电视。产品界面不仅加入"长辈模式"，功能操作更为便利，内容呈现更简洁（降低页面内容的信息密度），还参考WCAG2.0标准加大字号、色块与对比度，引入多元化的适老内容专题，可通过遥控器实施语音指令。

图5-4 小米电视EA2022系列的长辈模式

资料来源：www.sohu.com/a/560377858_121123854.

（三）时空要素

时空要素用于描述家庭媒体服务居家老人的时间和空间维度分布。时间要素主要基于居家老人的作息规律，描述家庭媒体实施适老服务的具体时段。老年人多早睡早起，除了必要的购物、锻炼等室外活动，大部分活动发生在室内。家庭媒体可分为早间、上午、中午、下午和晚间五个服务时段。前文调查显示，老年人使用新型电视的日均时长一般不多于4小时，主要在晚7—10点，体现了晚间时段的重要性和日间时段的待开发性。空间要素主要是基于居家老人的活动习惯和房间布局，描述家庭媒体实施适老服务的具体场景。宅内空间分为客厅、卧室、厨房、卫生间等房间，老年人一般从事休息、娱乐、餐饮、家务、学习、健身、会客等多种活动，也有可能发生意外、需要紧急救助。因此，应结合这些活动的具体发生房间，建构适配的家庭媒体适老服务场景。

每种传播媒介都是以独特的方式操控时空，通过打破空间与行为的对应性及固定性，不断突破时空界限，丰富人们对时空的感知，提升信息的传播速率[272]。传统电视使人们在家中能获悉各地的信息，促进了物理空间经由电视媒介的信息传递，但"我播你看"的服务场景缺少交互性，信息空间是封闭和单向的。网络技术重塑了空间、距离和位置，使不同物质地点的人们可共处同一媒介场景进行交互。因此，网络时代的家庭媒体适老服务场景应支持和扩展其宅内空间功能，使老年人通过信息交互系统联通其他物理空间和虚拟空间，使家庭媒体不仅作为传递信息和提供文娱活动的渠道，还能提供基于不同交互空间形式的服务，对老年人的使用场景进行升级和延伸，带来全新的宅内空间功能体验。2021年4月，华为智慧屏V系列在华为全屋智能及智慧屏旗舰新品发布会上亮相，不仅可作为家庭控制中心与其他智能家居产品实现连接，还能让智能手机、其他终端和智慧屏有更多交互，提供了分布式运动、分布式教育、分布式游戏、分布式看护、分布式办公五大服务场景，更好地实现了家庭内外空间的信息交互和互动体验，如图5-5所示。

图5-5 华为智慧屏V系列的五大分布式场景

资料来源：www.sohu.com/a/459691116_349739.

总之，随着"三网融合"的驱动和多种媒介终端走进城市家庭生活，老年人使用的将是一个产品集群化、功能多样化的家庭媒体系统，对其活动空间、使用行为和交互方式将产生重要影响。作为视听娱乐中心，新型电视可满足高清化、适老化、互动化的收视需求，行为数据还能传送给电视服务机构，用以分析和生成个性化的服务方案，建构惠老化的收视娱乐场景。新型电视还能为老年人建构多功能的生活辅助场景，作为生活服务中心，实现其与城市空间中多种生活服务资源的交互，满足其在线教育、在线购物、在线医疗等活动需求；作为多屏互动中心，不仅可通过创制合适的收视内容促进老年人与子女的共同收视，还能支持老年人与子女远程交流、信息分享和互动娱乐；作为家庭控制中心，老年人不仅可通过新型电视的管控系统与家居设施交互，相关服务人员和子女也能远程监控其状态，提高老年人居家生活的舒适性、便捷性和安全性。

（四）行为要素

行为要素一方面描述了老年人使用家庭媒体达到目的的过程，是

第五章 基于宅内空间的数字化媒体适老交互服务场景建构

服务场景建构的驱动，本章已在"基于宅内空间的新型电视适老服务定位"中详细分析，论证了基于使用行为特征的核心服务和辅助服务；另一方面涉及老年人及家庭成员在不同房间和服务场景中的单人或多人使用行为，涉及客厅、卧室、厨房等房间，对应着观看行为、互动行为和行为监测，相应的空间需求和设计要点。

如图 5-6 所示，客厅一直是家庭媒体的主要服务场景，包括老年人对于收视娱乐、视频通话等内容的单独观看及与子女的共同观看行为，需要合适的视距和最大兼容度的开间；老年人对在线教育、信息查询、家居控制等功能的单独互动及与子女对在线游戏、在线运动等功能的共同互动行为，需要屏幕前适宜的活动空间尺度及可调节的屏幕支架；相关设备对老年人的健康、安全和环境等方面的主动式监测行为，需要最大范围的安全保障和物理环境调节。老年人对宅内空间的声光热环境往往具有不同于年轻人的需求，对空气品质和安全性的要求较高，可配合智慧外设形成适宜的物理环境与安全监护环境。

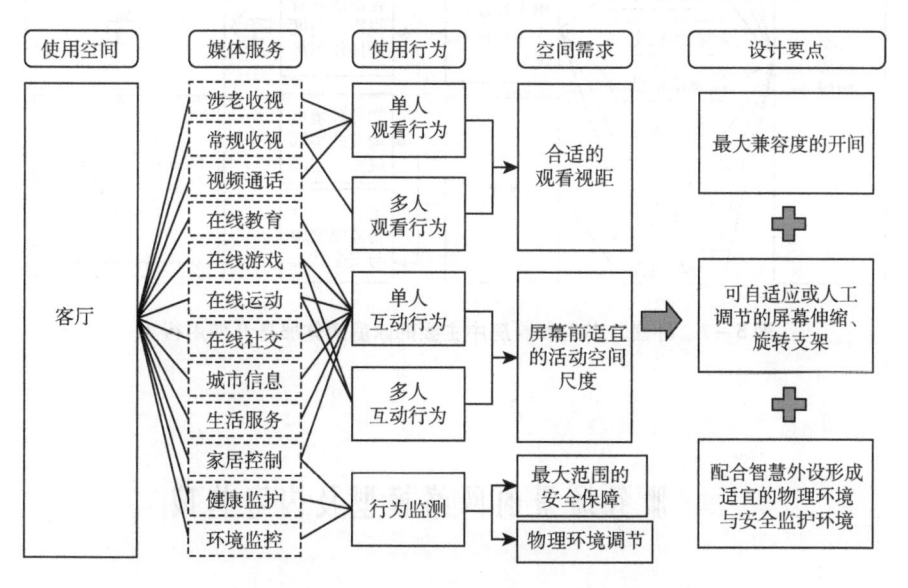

图 5-6　客厅中主要的家庭媒体服务及使用行为

如图 5-7 所示，老年人在卧室、书房、厨房等房间中的家庭媒体使用行为会涉及单独的观看行为、互动行为和行为监测,一方面需要合适的观看视距,适应不同姿势的角度以及查询、读写等操作的距离,另一方面需要配合智慧外设形成适宜的物理环境与安保环境,辅助老年人睡眠、阅读等活动。

综上,以新型电视为依托的家庭媒体适老服务场景将从重塑家庭媒介的空间功能出发,依托在视听娱乐、多屏互动、智慧家庭等方面的技术发展趋势,结合居家老人作息规律,为其建构收视娱乐场景、多功能的生活辅助场景和虚实结合的社会活动场景,总体目标是提升宅内空间的交互活力。

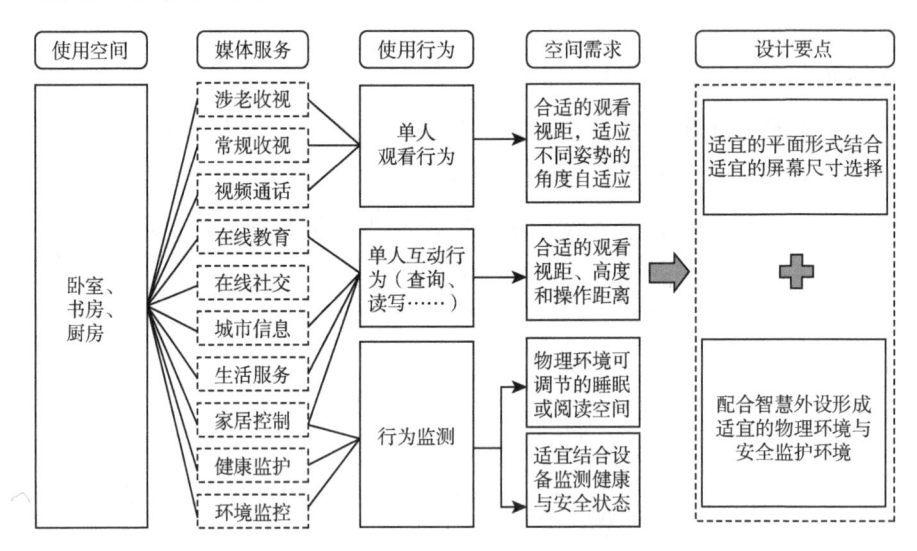

图 5-7 卧室、书房和厨房中主要的家庭媒体服务及使用行为

二 服务场景的网络模型及内容构成

"家"是具有明确边界的私密性场所,会让人们感受到放松、舒逸、愉悦、亲情、安全和归属感。宅内空间是老年人生活的中心,可保证其媒介使用行为的稳定性、丰富其居家生活,且往往以电视为中

第五章 基于宅内空间的数字化媒体适老交互服务场景建构

心,辅以手机、电脑等终端。基于"三网融合"的驱动,以客厅为中心的家庭媒体适老服务场景应整合相关终端和信息资源,构建视听娱乐、家庭通信、生活辅助、社会交往等功能于一体的媒介化交互服务网络与空间支持体系,围绕"家"的场所精神创制相应的服务内容和技术应用,强化电视作为"家庭媒介"的核心地位。

(一) 服务场景的网络模型架构

如图5-8所示,基于宅内空间的家庭媒体适老服务先要确定核心场景与辅助场景。作为家庭媒体业务的关键,收视娱乐场景是核心服务,旨在发挥电视媒体协同网络媒体的内容资源优势,服务于老年人的收视娱乐。辅助场景是家庭通信服务和城市信息服务,作为核心场景的补充,共同形成较完整的媒介化交互空间支持体系。家庭通信服务将通过建立家庭式的信息交互系统和家居设施的智慧互联系统,塑造宅内空间的围合感、亲情感和安全感。城市信息服务将通过搭建综合型的本地生活服务平台,实现居家老人与社区空间、城市空间的交互,便捷其日常生活。家庭媒体服务提供商主要负责资源整合和数据运营,并通过建立基于其他终端的交互服务平台、开设线下活动和线下实体延伸服务场景,为居家老人提供虚实结合的社会交往服务。

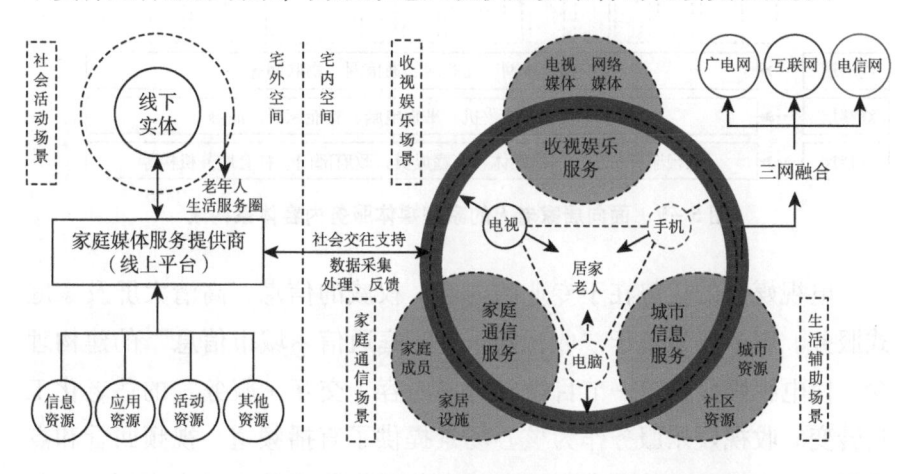

图5-8 基于宅内空间的家庭媒体适老交互服务网络模型

（二）服务场景的主要内容构成

本章将基于宅内空间的家庭媒体适老服务内容分为"电视圈""家庭圈"和"助老圈"。总体思路是面向居家老人及家庭成员（共居或分居），以新型电视为依托，收视娱乐服务、家庭通信服务、城市信息服务为切入，推动依托"三网融合"的网络环境和相关设备的家庭媒体服务系统适老，实施以居家老人为服务主体的个人娱乐服务、家庭交互服务、城市信息服务，拟建构联结个人、家庭、城市三个层次的交互空间和服务体系，如图5-9所示。

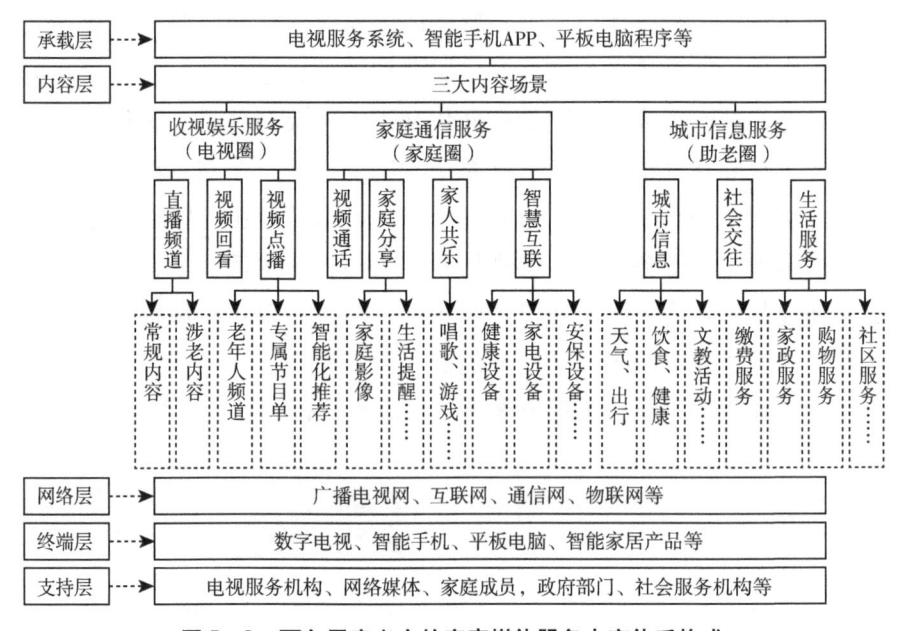

承载层	电视服务系统、智能手机APP、平板电脑程序等
内容层	三大内容场景

收视娱乐服务（电视圈）：直播频道（常规内容、涉老内容）、视频回看（老年人频道）、视频点播（专属节目单、智能化推荐）

家庭通信服务（家庭圈）：视频通话（家庭影像、生活提醒）、家庭分享（唱歌、游戏）、家人共乐（健康设备、家电设备）、智慧互联（安保设备…）

城市信息服务（助老圈）：城市信息（天气、出行）、社会交往（饮食、健康、文教活动…）、生活服务（缴费服务、家政服务、购物服务、社区服务…）

网络层	广播电视网、互联网、通信网、物联网等
终端层	数字电视、智能手机、平板电脑、智能家居产品等
支持层	电视服务机构、网络媒体、家庭成员、政府部门、社会服务机构等

图5-9 面向居家老人的家庭媒体服务内容体系构成

电视媒介的优势在于专业的内容、权威的信息、高清大屏及家庭式服务。服务场景基于"收视娱乐+家庭通信+城市信息"的建构理念，使电视媒介从单一节目输出向"内容+交互+服务"的适老化工具转变。收视娱乐服务作为核心场景提供了直播频道、视频回看和点播服务。直播频道的重点在于老年人节目为代表的涉老内容创制，并加强常规节目惠老和提供合家欢内容；视频点播提供老年人频道、专属节目单和智能推荐功能，促进老年人的收视行为从被动接收变为互动选择。家庭通信服务依托的高清大屏优势，通过视频通话支持老年人与子女远程连线；通过影像分享、生活提醒等信息交互形式让家庭成员分享文字、照片和视频，一起唱歌和玩游戏等，促进老年人与子女的沟通交流及互动娱乐；将新型电视作为显示终端和管控平台，与健康、家电、安保等智能产品互联，为老年人提供便捷、舒适、安全的智慧家庭环境。城市信息服务一方面提供天气、出行、饮食、健康等方面的信息查询服务；另一方面提供线上与线下结合的社会交往支持和缴费、家政、购物、社区资讯等方面的居家养老生活支持服务。

综上，服务场景从个人娱乐、家庭交互、城市生活辅助等层面为老年人提供了以新型电视为依托的家庭媒体服务系统。通过虚实互补的空间功能，为老年人建构了视听娱乐、家庭通信、城市信息、社会交往等交互服务场景，拟提升其居家生活愉悦感、亲情感、安全感，实现功能性、精神性的家庭场所依附。

第三节 以电视服务机构为核心的服务场景实施策略

媒介作为社会关系的意指，在人们利用其进行传播的过程中就意味着关系的流动，传播是这场关系建构的动态过程[273]。本章提出的以新型电视为依托的家庭媒体适老服务场景，一是通过优化收视服务，构建满足居家老人需求的收视娱乐场景，强化与社会的信息连接和情感连接，并建立促进个人发展的连接关系，助推其休闲参与水平的提升；二是通过家庭媒介服务，为居家老人构建多功能的智慧生活辅助场景，促进与家庭成员、家居设施、城市空间的关系连接和信息交互，助推其社会支持水平的提升；三是通过延伸宅内空间的服务场景，为居家老人构建虚实结合的社会活动空间，使其拥有参与社会交往的信息平台和实际机会，助推其社会活动水平的提升。

一 构建惠老化的收视娱乐服务场景

无论空巢老人还是与子女共居的老年人,来自电视的陪伴和关爱均是其精神生活的重要组成。对多数老年人而言,围绕电视布置的收视娱乐场景是对客厅的重要功能需求。一些老年人还会将电视布置在卧室、厨房等空间中,或使用一些便携视听设备,满足任一宅内空间的收视娱乐需求。因此,满足收视娱乐需求是构建家庭媒体适老服务场景的重要举措。"三网融合"背景下,新型电视服务不应一味与移动设备竞争小型化、私密化,应发挥屏幕大、更适于高质量收视的优势,将核心场景定位于老年人收视娱乐平台。基于前文调查结果和媒介场景构成要素,收视娱乐服务场景实施策略可从注重软硬件产品的适老设计、完善常规收视服务的内容惠老、加强涉老收视服务的内容创制三个方面展开,如图5-10所示。

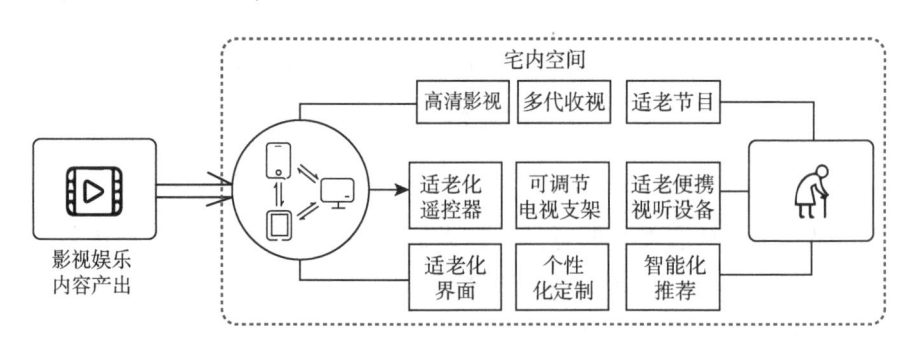

图5-10 基于宅内空间的惠老化收视娱乐场景构建

(一)注重软硬件产品的适老化设计

注重软硬件产品的适老设计是家庭媒体优化老年人服务体验的基础。老年人使用信息产品时往往会面临视力、听力等知觉障碍,力量控制、精细操作等运动障碍,注意力、记忆力和推理能力等认知障碍[64]。如难以识别较小的界面元素，对图标和菜单结构的理解力较低等。为了突出新型电视操作简单的优势，结合前文调查结果，一是应加强以遥控器为核心的硬件产品适老设计，体现易握持、按键少且区位分明、字符大且易理解、支持一键式收藏和语音指令、重要按键可视性强等特点，本章设计的适老化遥控器如图5-11所示。

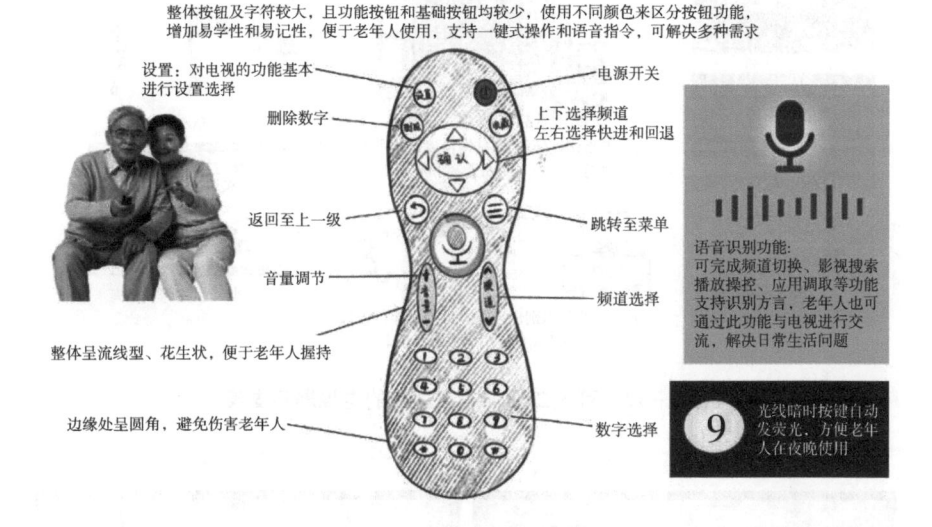

图5-11 适老化遥控器设计

二是配置可人工调节或自适应的电视屏幕伸缩、旋转支架，即支持老年人能自主调节人机距离、旋转角度，或通过识别出人像自动调节距离和角度，如图5-12所示。合适的人机距离和转换角度对老年人的收视体验十分重要，可适应其在多个场景中（如卧室、客厅、厨房等）的新型电视使用行为。

三是加强以电视操作界面为核心的软件产品适老设计，包括简化功能、菜单层级和操作步骤，少用"输入"多用"选择"，支持界面自定义（字号、配色等），提供易懂的操作指导和及时的提示、音效反馈，等等。如图5-13所示，本章设计的操作界面提供了八个适老功能模块切换，包括电视、休闲、共享、通话、家居等；电视模块的

"长辈模式"提供了推荐的收视内容类型导航。

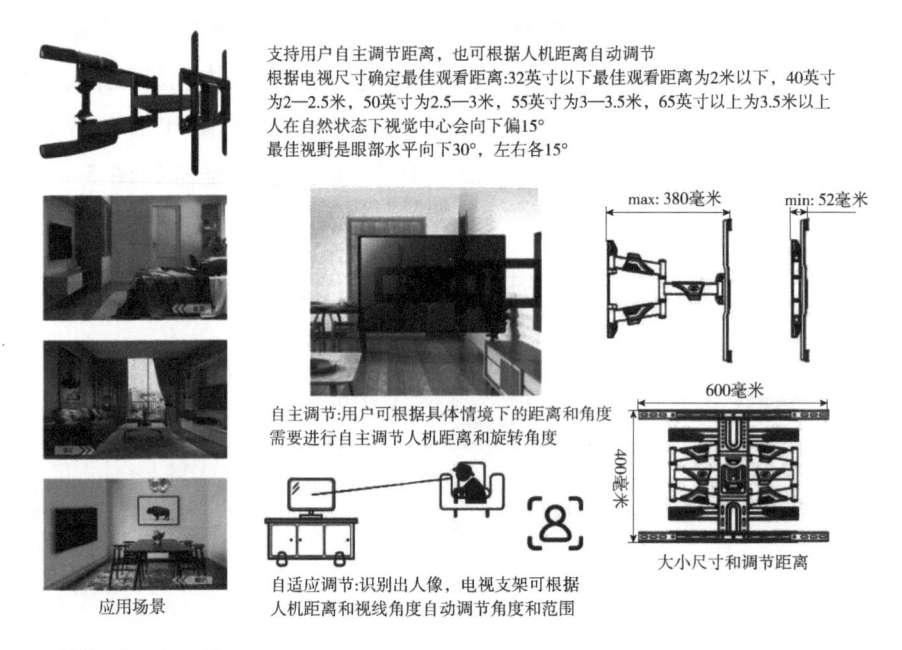

支持用户自主调节距离,也可根据人机距离自动调节
根据电视尺寸确定最佳观看距离:32英寸以下最佳观看距离为2米以下、40英寸为2—2.5米、50英寸为2.5—3米、55英寸为3—3.5米、65英寸以上为3.5米以上
人在自然状态下视觉中心会向下偏15°
最佳视野是眼部水平向下30°,左右各15°

自主调节:用户可根据具体情境下的距离和角度需要进行自主调节人机距离和旋转角度

自适应调节:识别出人像,电视支架可根据人机距离和视线角度自动调节角度和范围

应用场景

图5-12 可人工调节或自适应的电视屏幕支架

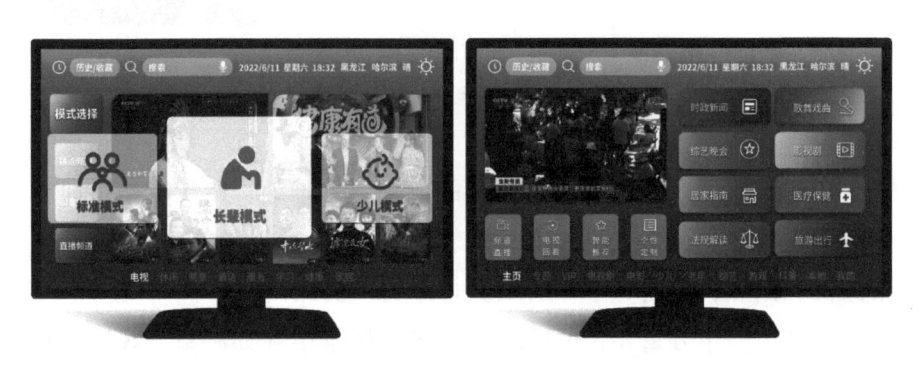

图5-13 基于"长辈模式"的电视操作界面设计

四是为老年人提供便携的视听娱乐设备,满足多场景的使用需求。如图5-14所示,本章设计的产品为触摸屏,顶部设置摄像头,支持观看视频、收听广播、语音交互、视频通话等功能,还可以通过安装各种应用提供生活、教育、影视、音乐等功能;右侧设置了音量调节

键和静音键，底部设置语音识别按钮、开关机按钮和紧急呼叫按钮，可通过语音口令或点击按钮直接拨打语音电话。

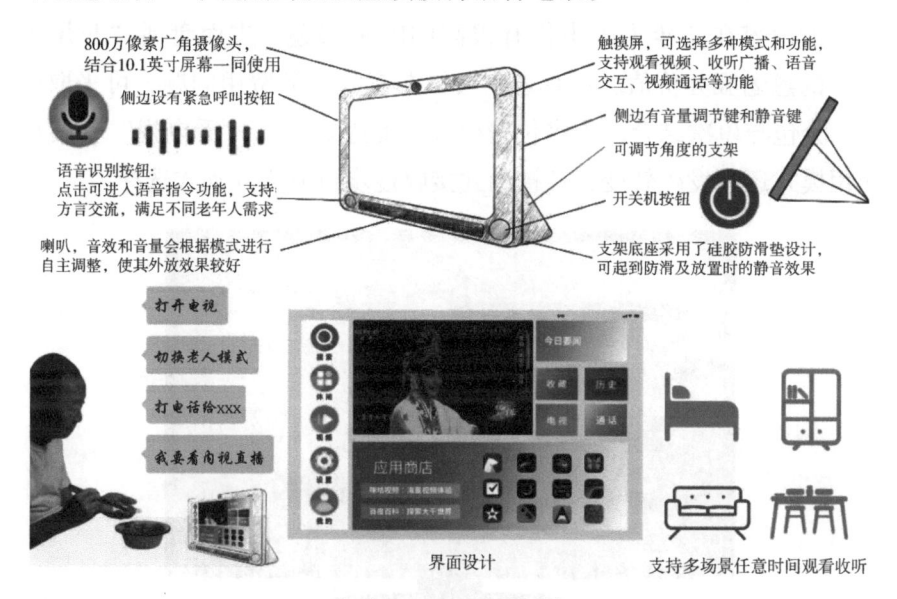

图 5-14　满足居家老人娱乐需求的便携视听设备设计

（二）完善常规收视服务的内容惠老

完善常规收视服务的内容惠老，首先可从办好老年人偏爱的新闻类、文娱类节目展开，发挥电视长期以来建立的新闻传播和大众娱乐服务地位，营造关怀和理解老年人的社会氛围，促进代际和谐。涉及时政新闻、影视剧、综艺晚会和歌舞戏曲等内容。如增加对老龄化趋势的及时报道和养老问题的普适解读，积极探讨与老年人生活有关的热点事件和政策法规，多呈现一些老年人的正面形象，展现老年人对家庭、社会的价值和乐观状态，重播经典怀旧的电影、电视剧、综艺晚会等。另外，也要加强生活服务类节目惠老，办好居家指南、医疗保健、法规解读、旅游出行等内容，提升老年人的现代生活能力。

如图 5-15 所示，电视服务提供商还可加强新型服务中的惠老收视内容建设。前文调查显示，老年人对老年人频道的需求较高，视频

· 237 ·

点播服务可以推出老年人板块，汇聚老年人偏爱的文娱类、知识类等内容。尤其是老年人往往具有明显的怀旧情结，很多传统意义已"过气"的内容在老年人眼中仍有很高的收视兴趣，进而盘活"长尾内容"的惠老服务价值。针对老年人较在意的服务费用问题，可采取全包、分包与单次结合的内容付费模式，促进老年人"看电视"的传统使用模式逐渐发生转变，从被动式接收逐步过渡为互动式选择。

图 5-15　常规收视服务的惠老内容板块设计

家庭理念是电视传播获得广泛认同、深度浸润的优势[152]。面对个人终端对于年轻人的分流，电视应重塑基于客厅的家庭收视行为和合家欢场景。一是要构建适合于多代收视行为的客厅空间尺度。如图 5-16 所示，根据常规客厅电视屏幕的最小尺寸为 43 英寸，对应最佳视距为 3300 毫米，在收视行为者大于 3 人的情况下，一般在沙发与沙发之前错落而坐，沙发深度为 600 毫米以上，因此，支持多人收视行为的客厅开间尺寸最小值为 3900 毫米。二是基于便携智能终端，配合其他智慧外设，支持声光热调节和安全监护，提供适合于多代收视的物理环境。三是创制适合全龄观众收看的内容，如促进代际沟通的谈话类节目、呈现代际互助的参与型节目、讲述代际和谐的电视剧等。将以话题性促进家庭成员交流，以教育性推动家庭文化培养，以情感性加强家庭氛围融洽，即凭借主流的内容题材导向增进家庭成员的情感互动，缓解代际矛盾，倡导亲情孝道，体现相互理解、相互支持的家庭温暖。子女还要为父母深入使用新型电视创造机会和条件，不仅帮助订购产品、功能或服务，还应提供耐心的操作辅导。

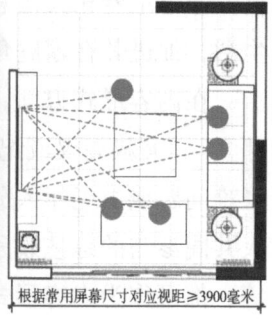

图5-16 适于多代收视行为的客厅空间尺寸及设备配置

（三）加强涉老收视服务的内容创制

看电视是典型的休闲活动。休闲参与理论启示我们，可以让老年人通过使用媒介提高休闲活动水平，从消磨时间、情绪参与转为积极参与，从放松、娱乐迈向个人发展，满足多层次的休闲需求。收视服务场景中，涉老内容是重要组成部分。前文调查显示，涉老内容在指导生活、放松娱乐、学习知识等方面的功用会促进老年人的收视频率，但内容题材、内容形式、播出时段等方面仍存在不足。因此，本章认为涉老内容应该结合居家老人的不同收视场景，采取放松、娱乐和促进个人发展三个层次的内容定位，完善主要不足。即不仅尊重老年人的获得权，更强调其发展权，助推其休闲参与水平的提升。

在内容题材方面，为了把老年人更好地"养"起来，涉老内容可从满足老年人在健康、情感、求知、娱乐、生活保障等方面的特殊需求出发，以强调获得权、实用化和抚慰性为关键，发挥关爱性、教育性和陪伴性为目标，不仅关注老年人在饮食、医疗、现代生活技能等方面的信息服务，更应注重其在怀旧情结、家庭关系、生活照护、疾病困扰等方面的情感疏导。为了促进老年人发展，涉老内容可从满足其心态调整、爱好培养、经验传承、活动参与等方面的特殊需求出发，以强调发展权、正面化和激励性为关键，以鼓舞其树立积极心态，愿意凭借以往的经验和继续学习，在家庭乃至社会中实现自我价值为目标，通过培养相关的意识和能力，引导老年人按照自身需要规划晚年生活，促进其在家庭角色或社会参与方面的水平提升。

在内容形式方面，主持人亲历的情景剧，专业人士主讲的"电视课堂"，夹叙夹议或纪录片式的老年人物故事，帮助老年人解决各种疑难问题或由老年人分享生活经验的谈话，以老年人为主角或与年轻人共同参与的综艺娱乐，反映老年人现实生活和代际关系的影视作品等，都可作为内容形式的创新要素。

在播出时段方面，可依据老年人的居家作息习惯和活动场景采取陪伴化编排模式，并对不同房间配备适宜的智慧外设，提供声光热物理环境调节和安全监护支持。如早间、午间和傍晚的场景主要在厨房，可通过适于厨房空间尺度和查询观看行为的屏幕配置或便携视听设备，提供树立积极心态的人物故事、做出健康美味的餐食等内容。如图 5-17 所示；上午和下午的场景主要在客厅，可通过适于客厅空间尺度和个人收视行为的屏幕配置和便携智能终端，主要提供知识学习方面的内容。如图 5-18 所示，根据常规客厅电视屏幕的最小尺寸为 43 英寸，对应最佳视距为 3300 毫米，支持单人收视行为的客厅开间尺寸最小值为 3300 毫米；晚间的场景主要在卧室，可通过适于卧室空间尺度和个人收视行为的屏幕配置或便捷的智能终端，提供情感关怀、文化娱乐等方面内容。如图 5-19 所示，常规卧室开间尺寸一般为 2400 毫米—2700 毫米，可按照最佳视距配置 32 英寸以下电视屏幕。

涉老内容也需要注重人际传播、组织传播对于老年人的良好效果，起用经验丰富或专业知识深厚的主持人塑造品牌，通过组织公益活动来塑造社会形象、与老年人积极进行线上或线下交流及时了解其心声；并在细节上加强内容元素的适老设计，包括舒缓声画节奏、配以清晰字幕、注重口述语言的易理解性等。另外，电视服务系统还可通过分析老年人的收视行为数据，为其构建智能化的收视服务场景。如图 5-20

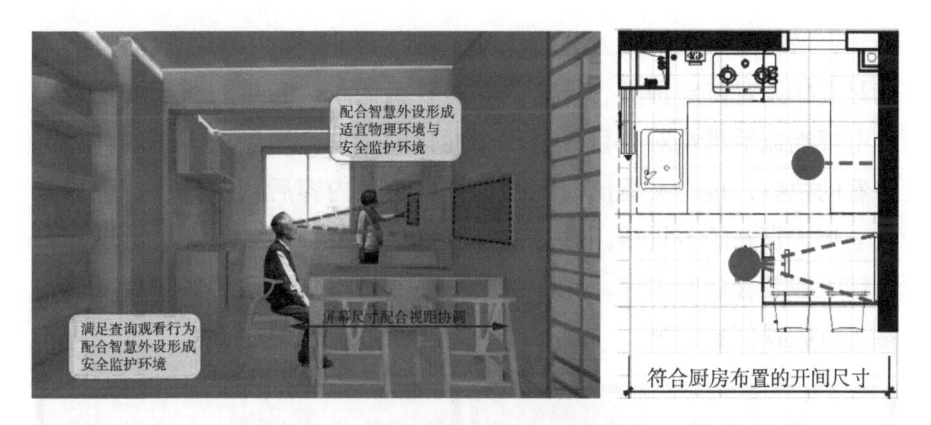

第五章 基于宅内空间的数字化媒体适老交互服务场景建构 ◇◆◇

图 5-17 适于老年人查询和观看行为的厨房空间尺寸及设备配置

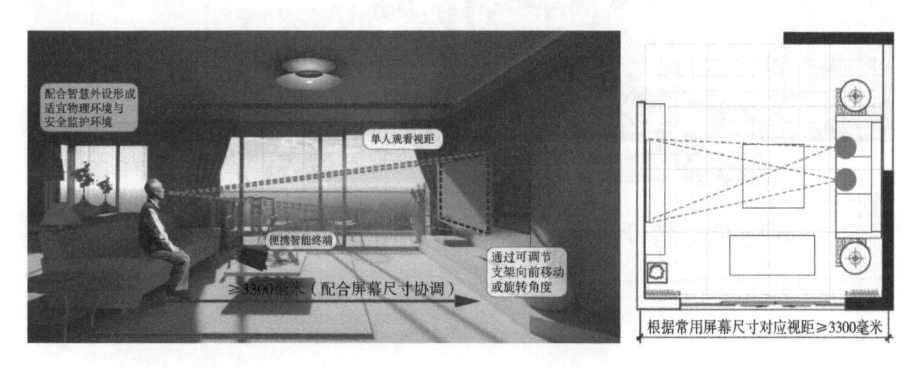

图 5-18 适于老年人单人收视行为的客厅空间尺寸及设备配置

图 5-19 适于老年人单人收视行为的卧室空间尺寸及设备配置

· 241 ·

所示，系统可根据老年人的收视偏好进行不同分类内容的智能化推荐，满足老年人对特定种类、特定内容的收视需求。老年人和子女还可以在电视端或手机端对节目单进行个性化的定制，通过选择不同种类下想看的视频，自定义播出时间，选择好收视内容后依次排序，生成符合老年人喜好的节目单。直播视频服务更应支持老年人在观看过程中一键收藏其喜欢的内容，在下次播出前通过操作界面的通知栏或移动端进行收视信息提醒。

图5-20　服务于老年人收视的智能化推荐和节目单生成功能设计

二　构建多功能的生活辅助服务场景

网络时代，对于居家老人宅内空间交互活力的激发不应仅是构建适于其收视娱乐的服务场景。基于"三网融合"的网络环境，家庭媒体可通过打造老年人与家庭成员、城市资源、家居设施之间的信息交互平台，升级作为家庭媒介的空间功能，构建多功能的居家老人生活辅助服务场景，成为智慧居家养老服务平台。前文调查也显示，大多数老年人对于家庭交流、信息查询、家居互联、健康监护等新型电视的新功能具有较强的使用意愿。因此，作为家庭媒介服务场景的实施策略可以从建立家庭式信息交互服务系统、搭建综合型城市信息服务平台和作为智能家居设施的控制中心三个方面展开，如图5-21所示。

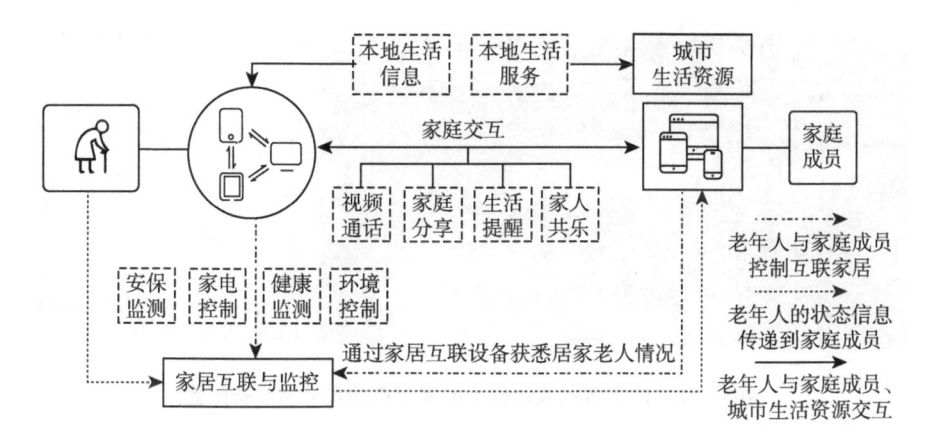

第五章　基于宅内空间的数字化媒体适老交互服务场景建构

图 5-21　基于宅内空间的居家老人生活辅助场景构建

（一）建立家庭式信息交互服务系统

传统的家庭养老方式是子女与父母共居，使老年人可以享受天伦之乐，无时无刻都能体验到亲情。近年来，子女对电脑、手机等个人媒介的热衷使用瓦解了家庭成员共同观看电视的传统家庭交互空间。随着空巢家庭增多，老年人的居家亲情互动似乎成为奢望。亲情互动是满足老年人精神赡养需求的重要食粮，面向老年人的家庭媒体服务场景首先要构建适于多代互动的客厅空间尺度。如图 5-22 所示，成人的双臂展长约为 1680 毫米，为适应至少两人的互动行为需求，活动范围的开间尺寸可设定为两成人双臂展尺寸加适当的缓冲协调尺寸，即 1680 毫米 ×2 + 1680 毫米 ×0.5 = 4200 毫米，因此，支持多代互动行为的客厅开间尺寸最小值为 4200 毫米。同时还要提供便捷的智能终端以及支持多代互动和多终端互动的服务内容，如家庭游戏、唱歌跳舞等，如图 5-23 所示。旨在共同促进家庭成员的亲情互动，重塑基于家庭媒介的家庭交互空间体验。

没有一种媒介具有孤立意义和存在，任何一种媒介只有在与其他媒介的相互作用中才能实现意义和存在[272]。总体来看，网络媒介强调个人分享，而电视媒介强调家庭共享。基于家庭媒体的家庭式信息交互系统旨在支持子女的个人媒介与老年人的电视媒介实现互联互通，

◇◆◇ 城市居家老人数字化媒体服务场景建构

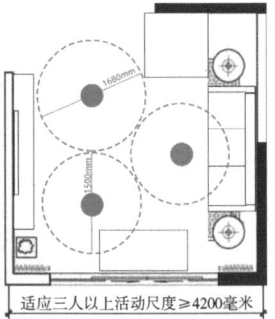

图 5-22 适于多代互动行为的客厅空间尺寸及设备配置

图 5-23 基于多终端互动行为的家人共乐服务功能设计

建立基于网络信息空间的家庭媒介场景，促进老年人与子女的在线沟通、信息分享和互动娱乐，实现老年人与子女跨越空间的亲情体验。即通过连接不同的物理空间或终端，将老年人与其子女置于同一媒介场景中，在共享的信息服务平台中进行日常交流。

如以视频通话为代表的通信服务可呈现家庭成员彼此的真实物理环境、情绪表现，通过电视屏幕最大限度地还原老年人与子女类似面对面形式的交流体验，实现家庭媒介场景下的超时空团聚；通过建立家庭式的信息分享系统，子女可以随时随地将个人移动终端中的照片、视频传送到父母的电视屏上，包括进行生活提醒，实现从个人信息系统到家庭信息系统的多屏联动和内容共享，一定程度上给予双方共同生活的"在场"情感互动体验，如图 5-24 所示。

·244·

图 5-24　基于多终端互动行为的家庭共享服务功能设计

（二）搭建综合型城市信息服务平台

除了家庭服务性，本地服务性是家庭媒体的另一重要功能，集中体现在电视媒介提供的收视服务有一部分特色内容是来自本地的电视服务机构。近年来，提供城市生活服务已成为很多地方电视服务运营商纷纷开展的重要增值业务，使电视逐步成为宅内空间中的生活服务媒介，满足人们的本地生活服务需求。因此，搭建基于家庭媒体的"高清大屏+电视网络+城市空间"的居家老人生活服务平台，可以发挥电视网络和城市空间双重服务资源优势，基于家庭媒体系统为居家老人构建体现电视媒介之本地服务特色的城市生活服务场景，支持和扩展多元化的居家生活辅助功能。

依据马斯洛的需求层次理论，可对老年人的生活服务需求进行描述[274]：一是生理信息需求，不仅包括衣食住行信息的需求，还包括关于助老爱老、日托照料等照护服务的信息需求；二是安全信息需求，即老年人对医疗保健、养老政策、权益保障等方面的信息需求；三是情感信息需求，包括老年人不仅需要来自亲友的信息，也会关注各种社会活动的信息，通过参与社会活动获得愉悦感受；四是自我实现的信息需求，主要是指老年人为适应现代生活、培养爱好或发挥所长为社会创造价值时需要掌握的技能、知识乃至相应的工作信息。因此，可通过"电视+城市职能部门""电视+医疗卫生组织""电视+养老服务机构"和"电视+老年教育单位"等本地资源的合作机制和运营模式，为居家老人搭建基于家庭媒体的综合型城市信息查询和生活服务平台，帮助他们便捷地利用城市空间中的各类资源，便捷其缴费、购物、出行等活动，如图5-25所示。

图5-25 基于多终端互动行为的城市信息查询和生活服务功能设计

地方电视服务运营商还可以重点与本地老年大学合作，为老年人提供"电视课堂"服务。一方面通过适于观看读写行为的书房空间尺度和多屏互动功能，将远程教育终端由电脑端或手机端移至电视大屏，为老年人配置更为舒适和清晰的在线学习环境，提升网络教学效果。如图5-26所示，书房开间尺寸一般为2400毫米，可按照最佳视距配置屏幕尺寸，提供便捷智能终端及安全监护环境。另一方面提供适宜的在线学习内容，如图5-27所示，可借助手机终端进行书法绘画、安全健康、文学历史等方面的系列课程选择、观看和互动。

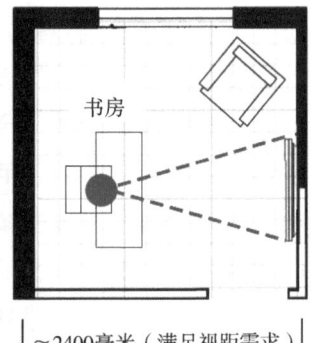

图5-26 适于老年人观看读写行为的书房空间尺寸及设备配置

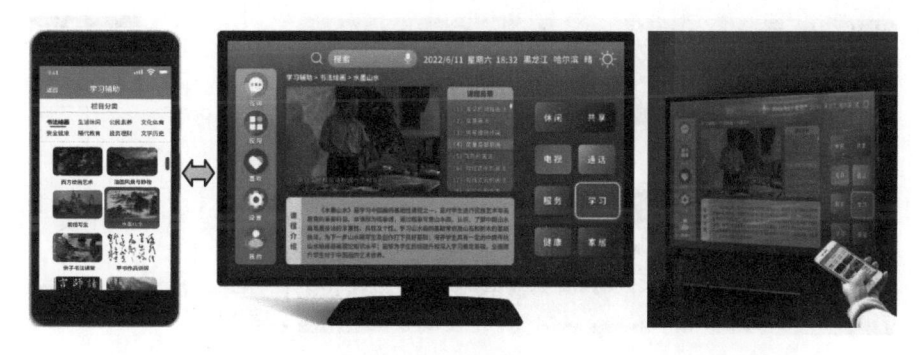

图 5-27　基于多终端互动行为的居家老人在线学习服务功能设计

智能手表或手环往往已成为老年人身体状况监测和异常预警的便捷化设备，不仅能使子女实时获悉父母的健康数据，还可以开发相应的家庭媒体交互应用，通过分析老年人的健康数据量身定制运动方案，通过系统的引导提示、面对客厅大屏科学地完成运动，如图 5-28 所示。尤其在疫情期间，家庭媒体可成为老年人的"客厅教练"，提升居家运动的智能化体验。如图 5-29 所示，成人的双臂展长约为 1680 毫米，为适应居家老人的多种运动需求，运动范围的开间尺寸可设定为 1680 毫米 ×2＝3360 毫米，考虑到电视机柜的厚度等其他尺寸，支持老年人单人运动行为的客厅开间尺寸最小值为 3600 毫米。

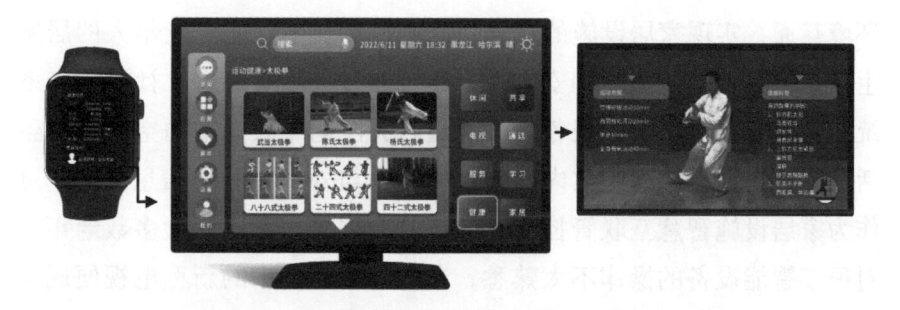

图 5-28　基于多终端互动行为的老年人在线运动服务功能设计

（三）作为智能家居设施的控制中心

近年来，随着家庭网络环境的完善和家居设施的智能化趋势，宅

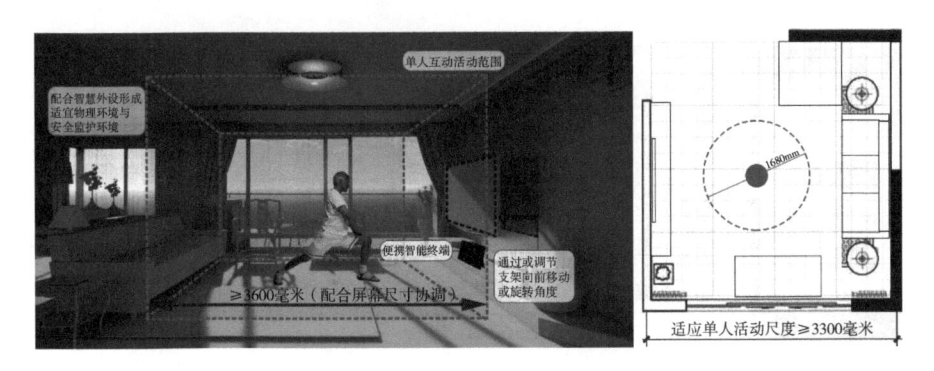

图 5-29 适于老年人在线健身行为的客厅空间尺寸及设备配置

内空间中的通信、电器、照明、安防等设施逐步实现基于有线或无线组网的智慧互联与协同化运作，使人们可以通过相关硬件及管控系统与诸多家居设施交互，构建便捷、网络化和智能化的居家生活空间，提高了宅内环境的安全性和舒适性。因此，在老年人的宅内空间适当植入智能家居设施，使其通过智慧互联和自己熟悉的媒介终端与家居设施互动，满足其在宅内空间中声光热环境调整、安全保障等方面的服务需求，已是网络时代居家养老服务建设的趋势。

家居设施的智慧互联主要涉及两个层面，一是基于家庭网络环境实现家居设施的局域互联和控制，二是基于外部网络环境与家庭网络环境互通，实现家居设施的远程访问与控制。不仅能为老年人的居家生活带来更大的便捷性和安全性，还可通过与子女终端、社区服务系统结合，有助于子女和服务人员能随时关注老年人在宅内空间中的生活状态，实现老年人在宅内的信息交互及与外部空间的信息交互。可作为家居设施智慧互联管控平台的产品有很多，考虑到大多数老年人对很多智能设备的操作不太熟悉，老年人经常使用的新型电视便成为比较适合和相对经济的智慧家庭交互中心和控制中心。

前文调查显示，老年人的智慧居家养老需求是以紧急求助为主，其次是家电控制、健康监护、社区服务等。因此，要在老年人宅内空间中设置低卧位的红外感应器、主要位置设置紧急呼救按钮、厨房设置燃气泄漏报警装置，如果发生了紧急情况可及时将信息上传控制中

第五章 基于宅内空间的数字化媒体适老交互服务场景建构

心,转发至子女终端和物业部门的系统,迅速采取上门救助。基于多终端联动的控制系统设计如图 5-30 所示,老年人不仅可以通过电视或手机终端对已配备联网的智能家居设施进行单独控制,也可采用参数预设或智能化的调整,针对不同房间实施场景化的一键设定。

图 5-30 基于多终端联动的居家老人智能家居管理系统设计

三 构建虚实结合的社会活动服务场景

现代城市生活中,老年人往往会因失去一些角色而导致活动范围变小、活动程度降低,活动数量和质量下降,将使其对于自身价值产生迷茫。社会活动理论启示我们,可通过媒介为老年人参与各类活动、寻找新角色、实现自我价值提供支持,尤其是提供有价值的活动,使

· 249 ·

老年人有新的追求和生活动力。因此，面向居家老人的家庭媒体服务场景延伸，旨在从延伸涉老内容服务平台及服务特色、通过实体活动提高对老年人的黏合力、推进广电营业厅的智慧助老服务项目三个方面，支持老年人在宅内空间中与社会空间交互，能在网络虚拟空间、城市实体空间中获得参与社会交往的相关支持，如图5-31所示。

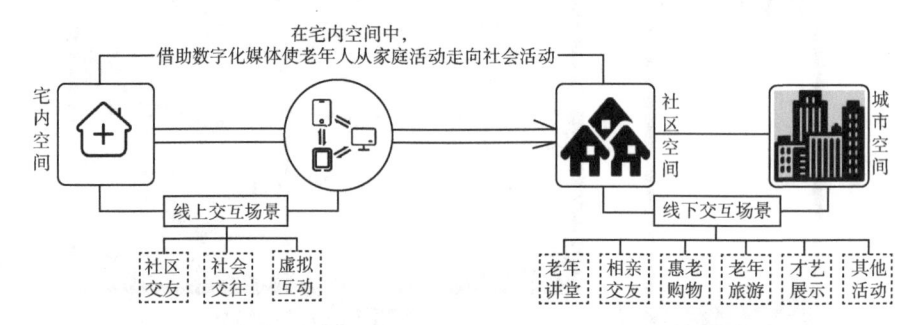

图5-31　基于家庭媒体的居家老人社会活动服务场景

（一）拓展涉老内容服务平台及服务项目

前文调查显示，通过电脑和手机看视频正成为老年人的主要上网活动，满足了老年人在便捷自主、错过了电视播出时间、内容特色等方面的需求，指出相应的网络服务平台仍主要存在适老化不足。因此，基于电视平台的涉老内容媒体应改变单向传播方式，延伸内容的传播渠道，丰富基于网络媒介的传播活动和服务特色，为老年人提供便捷自主的收视途径、互动平台及衍生服务。

首先，涉老内容媒体可以建设自己的网络播出平台或与传统网络媒体、移动网络媒体开展渠道合作，扩大内容播出覆盖地域，让更多的老年人可点播内容。其次，有条件的涉老内容媒体还可进一步丰富其网络服务平台的功能，为老年人提供更多的衍生服务，如搭建线上交流平台，鼓励老年人献计献策、提供线索和贡献内容；拓展与老年人生活有关的其他服务，包括养老信息查询、在线购物、老人交友、活动推介等，本章设计的服务平台如图5-32所示。最后，积极利用以微信、APP为代表的手机平台，完善与老年人的互动形式和交流时效，开展体

第五章 基于宅内空间的数字化媒体适老交互服务场景建构

现移动互联网特色的活动,包括建立微信公众号、建立老年社群、推送惠老资讯和生活服务信息等,本章设计的 APP 平台如图 5-33 所示。

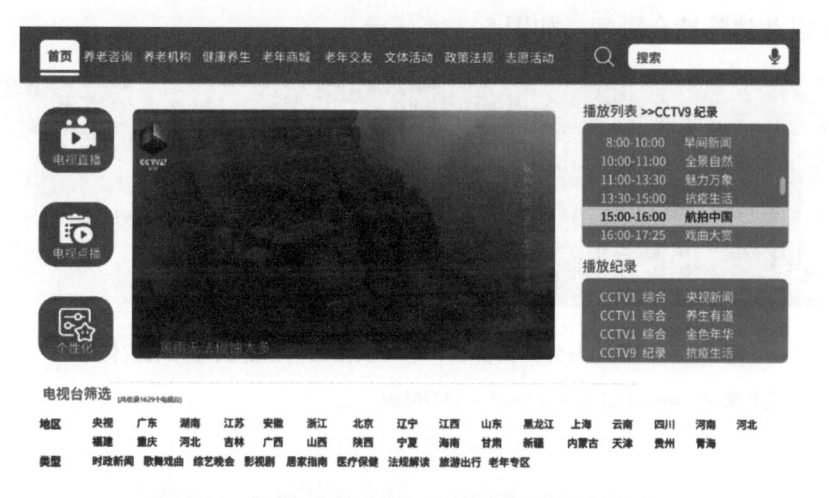

图 5-32 涉老内容媒体的传统互联网服务平台设计

图 5-33 涉老内容媒体的移动互联网服务平台设计

随着元宇宙的流行,涉老内容或服务提供商还可以为居家老人提供基于 VR 终端的线上交往平台和互动体验,使其生活从宅内延伸至新型的虚拟社会空间。例如美国退休人员协会(AARP)已推出了虚拟现实体验"Alcove",让居家老人可通过虚拟现实眼镜"旅行"世界，与朋友和亲人在虚拟的环境中交谈、游戏，并共同设计"未来的家"，旨在加强因为受到疫情影响而被隔离的家庭成员之间的联系，并以此消除社会隔阂，如图5-34所示。

图5-34　美国退休人员协会为老年人推出的家庭式虚拟现实体验
资料来源：www.bilibili.com/read/cv13376880.

（二）通过实体活动提高对老年人的黏合力

前文调查显示，老年人对电视有着较强的媒介依赖，一方面源于其长期对某些节目或频道的"钟情"，另一方面源于他们对电视媒体举办的各类活动的持续关注乃至直接参与。因此，涉老内容媒体还可以积极开展适于老年人参与的多种活动。不仅能丰富内容来源、创新内容形式、扩大传播效果，还可提高对老年人的黏合力，成为提升老年人社会活动水平的新途径。具体而言，可以从实体活动层面、媒介传播层面和互动参与层面三个角度展开。

实体活动是指老年人日常参与的各项社会活动，涵盖了活动本身及场所，也包括围绕老年人的需求而策划的各类电视节目，包括相亲、才艺展示、社会公益等，即演播室成为其社会活动场所，如图5-35所示。考量实体活动时，既要符合老年人兴趣也要尝试有所突破。如老年人分为低龄老人、中龄老人和高龄老人，前者适合"动"，中者适合"动静结合"，后者适合"静"，涉老内容可针对不同年龄段老年人的特点和偏好开展相应的实体活动。除了利用各类媒介、公共空间场所号召，与老龄工作单位、退休职工组织、老年大学、养老社区等合作，也是以固定渠道为依托，持续开展活动的长效途径。

(a) 老年人相亲节目　　　(b) 老年人才艺比赛　　　(c) 关爱老年人公益活动

图5-35　涉老内容媒体组织的多种实体活动

资料来源：（a）baijiahao. baidu. com/s？id = 1722988517445423617&wfr = spider&for = pc；（b）luohe. news. fang. com/2019 - 07 - 26/33010106. htm；（c）http：//news. sina. com. cn/sx/2022 - 07 - 27/detail-imizirav5580835. shtml。

媒介传播层面是指通过老年人日常接触的各类媒介进行活动宣传报道及服务平台的搭建。已拥有一定品牌效应的涉老内容媒体可基于媒介平台与实体活动结合的运作模式，以电视媒介为中心，辅以网络媒介、手机媒介等传播渠道，通过老年观众、老年网民、老年手机用户的共同关注，发挥多媒体联动的活动传播效应，实现活动推广效果和关注程度最大化。互动参与层面是指老年人通过网络媒介对活动的持续跟进，对活动予以在线参与和及时反馈。考虑到传统互联网并不能覆盖所有参与对象，电视平台和手机平台可起到更加广泛的覆盖范围和参与效果，因此，电视、手机平台均可作为活动的持续传播渠道，手机可作为使老年人随时参与活动的互动平台。

（三）推进广电营业厅的数字化适老服务

作为电视服务机构的窗口单位，广电营业厅应优化对于老年人的服务质量和服务项目。一是要加强业务办理的快捷性、费用的经济性，避免开通方式麻烦、资费不合理等因素对老年人造成的负面情绪或使用阻碍，如可以针对老年人开设业务办理的"绿色通道"，给予适当资费优惠。二是应发挥高清视频服务优势，向老年人推介时可推出相关优惠套餐，捆绑合适的收视频道、视频点播、视频回看等服务，发挥收视业务优势合力，促进高清视频和交互式服务在老年人中普及。

◇◆◇ 城市居家老人数字化媒体服务场景建构

三是除了提供清楚的纸质说明，完善老年人自行摸索学习的条件，还可通过上门的方式进行深入的指导，也可通过在社区举办服务推介、开设课程等方式为老年人使用新型电视服务构建多种学习机会，让老年人切身体会到学习的便利和实际效用，尤其是针对年龄稍大、健康状况较差的老年人。四是需倾力打造老年人的线下"生活服务圈"，通过与相关机构和知名品牌合作，为老年人提供综合缴费、商品购买、信息推介、活动组织等一站式生活服务。

如 2021 年以来，浙江华数数字电视传媒集团积极开展各类数字化适老服务，一是通过营业厅的公益课堂、社区主题教育和服务小组，助力解决"数字鸿沟"难题。二是推进营业厅无障碍设施和爱心通道建设，优先接待老年人等特殊群体，简化办理流程，提供快捷、人性化的优质服务。三是推出适合老年人的多种优惠资费方案，包括"老年电视教育"套餐、助老智能家居产品套餐、办理互动套餐赠送"爱爸妈"频道等。四是优先为独居老人、空巢老人、敬老院等上门安装电视及网络宽带，提供网格员上门服务和老年版遥控器。

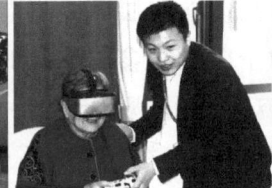

（a）老年人虚拟社交系统　　（b）虚拟现实走进养老社区　　（c）混合现实体验

图 5-36　为老年人提供虚拟现实和混合现实互动体验

资料来源：（a）www.sohu.com/a/340780161_395737；（b）www.sohu.com/a/218521260_643027；（c）baijiahao.baidu.com/s?id=1626818790640874933&wfr=spider&for=pc.

老年人往往由于体力有限、行动不便，外出旅行都是一项对身体负担很大的活动。虚拟现实技术打造的虚拟场景可以给老年人提供新的视听娱乐和社会活动体验。国家卫健委也于 2022 年 3 月在《"十四五"健康老龄化规划》中对虚拟现实技术在老年健康领域的深度集成应用与推广给予支持。未来广电部门实施的数字化适老服务可在营业厅中设置基于VR技术的互动体验供老年人参与，通过合适的推广模式和服务资费帮助老年人进入"元宇宙"，通过虚拟链接创新其居家活动体验，包括虚拟家园体验、休闲游戏体验、世界旅行体验和虚拟交友体验等，将老年人带离只是四面墙围起来的宅内物理空间。

四 基于家庭媒体的智慧养老服务方案

通过优化收视场景，提供适于居家老人的视听娱乐服务；升级家庭媒介场景，为居家老人提供多功能的生活辅助服务；延伸服务场景，支持居家老人虚实结合的社会活动，旨在提升其休闲参与、亲情交流、智慧生活和社会交往水平，三个方面的实施策略已归纳在如图5-37所示框架中，形成了基于家庭媒体的智慧养老服务方案。方案是在保障居家老人安全和休闲娱乐的基础上，还满足了其在家庭交流、社会交互等方面的情感需求和生活支持需求。结合各类可植入宅内空间的智能助老设备，可细分为如图5-38所示的网络配置。

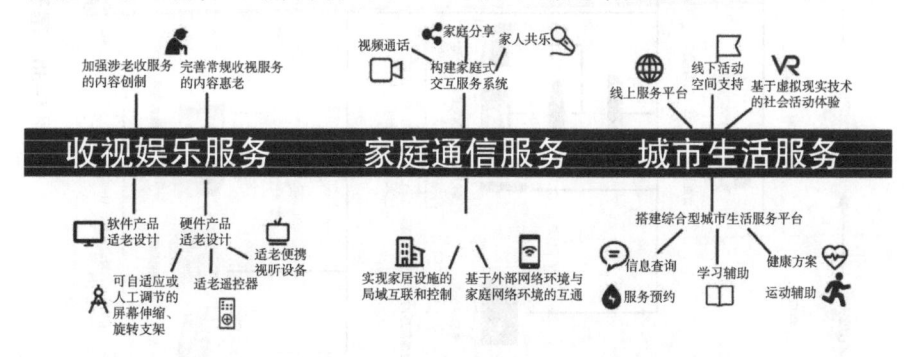

图5-37 宅内空间的家庭媒体适老服务场景构建框架

（一）互联网接入与网关协议的选择

互联网通过光纤入户后，基于路由器为居家老人架设无线Wi-Fi网络，手机、平板电脑等移动媒介通过Wi-Fi作为控制终端，查看整体情况，控制所有智能设备。路由器下联多模无线网关，网关多模保

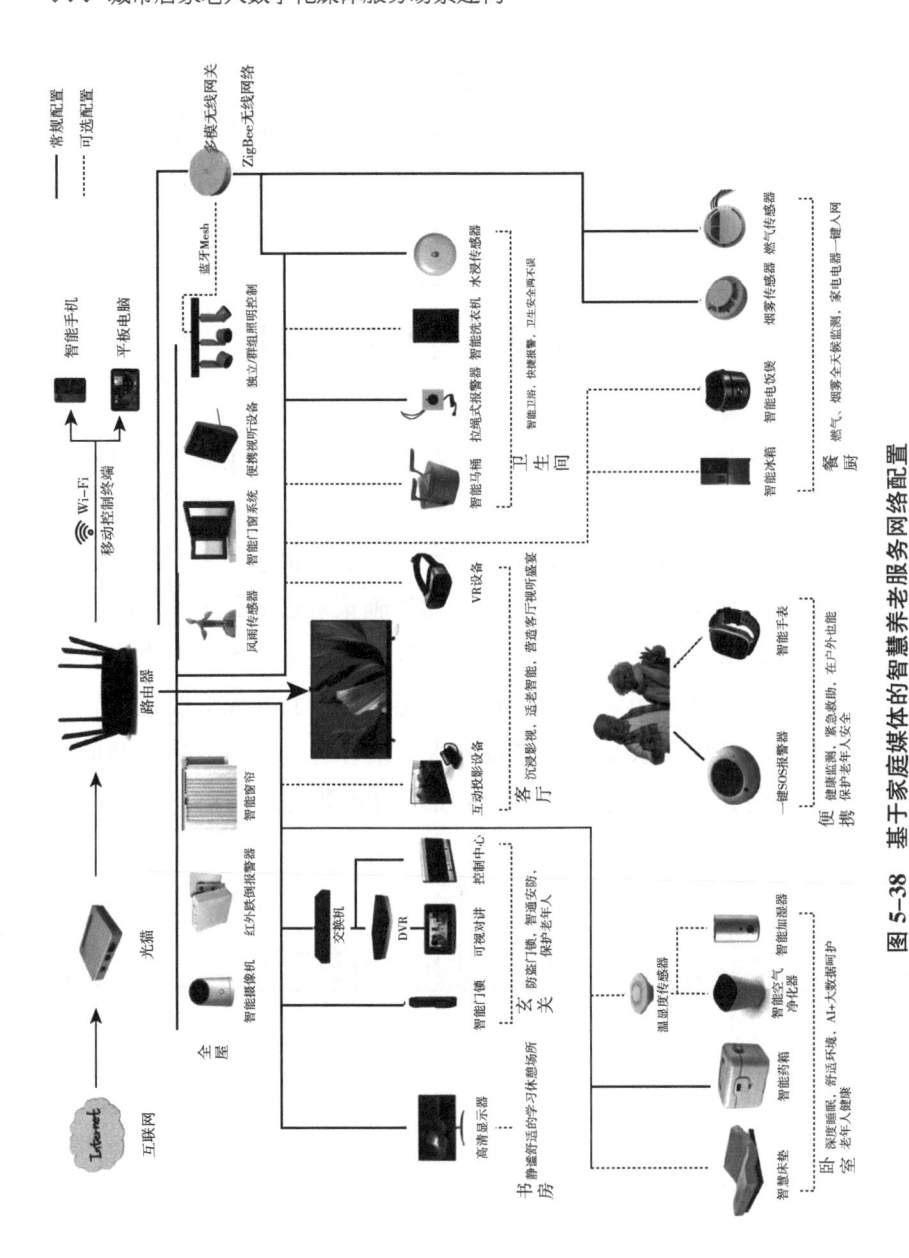

◇◆◇ 城市居家老人数字化媒体服务场景建构

图 5-38 基于家庭媒体的智慧养老服务网络配置

证了无线网关同时支持蓝牙网关、ZigBee 网关，为居家老人配置智能设备时便不用纠结设备是否仅支持一种网络协议。一方面，多模无线网关可向家中各房间独立或群组的照明设施发送蓝牙信号，实现多种照明模式，让家庭照明智能化、风格化、多样化。另一方面，智慧家庭市场传感器种类繁多，通常使用 ZigBee 协议通过多模无线网关传输信号，相比 Wi-Fi 的优点是功耗低、成本低和支持大量节点，适合家用小型传感器这种传输数据量小、电池小、检测地点多、数据传输安全性与稳定性要求高的设备，所以，一般宅内使用电池供电的电器都通过 ZigBee 网关传输信号。Wi-Fi 虽然传输速度快，但功耗很大，所以通常长时间连接电源的家电设施使用 Wi-Fi 传输信号。

（二）全屋环境的智能助老设备配置

服务方案中，部分设备可配置在老年人宅内的各个空间中。这些设备绝大多数是为保障老年人的居家安全，例如通过摄像头或传感器多层次感知声光热物理环境的变化，识别危险场景，从而进行紧急预警或实施救助。这些设备是以智能摄像机为主，还包括红外跌倒报警器、风雨传感器、智能门窗系统等为辅的全屋安保系统。目前，智慧养老市场上几大主流的跌倒报警器都存在着一些问题，如按键与拉绳式的传感器无法主动监测，红外线报警器误报率高，智能手表与吊坠式 SOS 报警器存在洗澡时无法穿戴、易忘记充电或佩戴等问题，因此未来应设计开发能准确识别、保护隐私、误报率低的防跌倒系统。

同时，在宅内空间中，过去老年人习惯使用收音机收听广播节目，这种设备小巧轻盈，随身携带或放在宅内的任何空间都很方便。目前的智慧家庭中，替代收音机的设备需要在满足老年人收听广播节目需求的同时，兼具视觉方面的服务体验，通过这种设备还能与亲属视频聊天，支持语音操控。现在不少商家已推出了针对老年人设计的便携视听设备，能满足上述需求。窗帘是老年人阻挡光线、营造私密空间的常用设施，将通过电机接入控制中心，通过智能电视或移动终端进行控制，包括到时自动开关、实现智能化感应等。

（三）不同房间的智能助老设备配置

相关设备的分布如图 5-39 所示。客厅是居家老人视听娱乐的主要场所，适老的智能电视是常规配置。随着家用投影机与虚拟现实技术的发展，一些互动投影、VR 设备已走进现代家庭，相关软硬件产品和服务内容适老将成为趋势，可作为客厅的可选配置。家用投影机兼顾智能电视的大屏优势，还可以轻松移动，因此一台互动投影设备能给老年人带来更灵活的视听娱乐服务场景。虚拟场景则可打破老年人宅内的"四面围墙"，如 MyndVR 是一家专注于老年人虚拟现实产品研发的公司，主要通过创建庞大的 VR 内容库提供 360 度环绕的全真视频体验，包括旅游景点、海上冲浪、驾驶翱翔伞和太空遨游等。

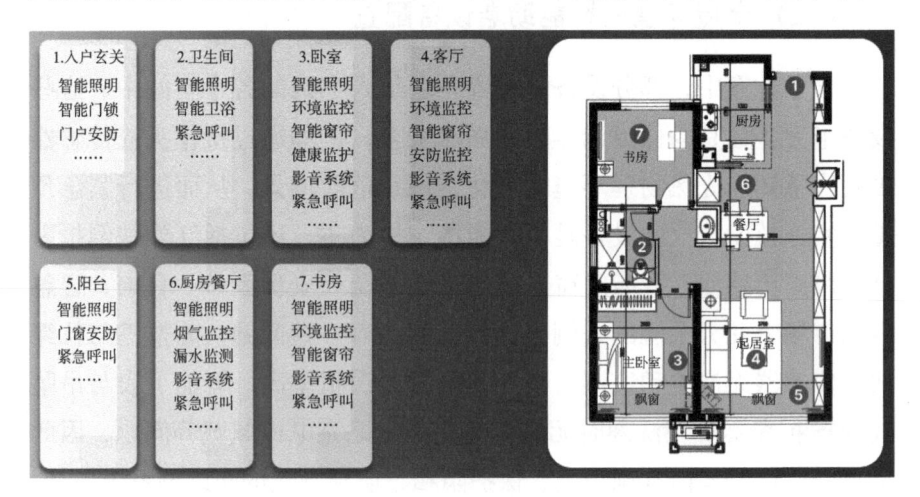

图 5-39　适于老年人宅内空间的智能设备分布示意图

卧室是老年人的私密休憩场所，智能药箱是卧室的常规配置，能够辅助老年人规划用药。为了改善空气质量，还可为老年人安装温湿度传感器，将空气情况反馈给空气净化器和智能加湿器，自动调节空气质量。智能床垫可以记录、监测并改善老年人的睡眠，让其睡眠舒适。书房作为老年人的阅读学习场所，要保证环境静谧，降噪隔音合理，可选配高清大屏的显示器，一是方便移动设备的投屏转接，二是方便老年人看清屏幕，阅读学习舒适。

玄关作为宅内门户，安全性是十分必要，应支持老年人多样化的解锁方式和通过视听终端查看门外环境而不是窄小的猫眼，所以智能门锁是常规配置。还需要在玄关安置固定的控制中心，使老年人能够在 Wi-Fi 断网时控制家庭终端。卫生间首先要必备一个拉绳式报警器，操作简单。因为卫生间瓷砖地面蘸水后会变滑，一个水浸报警器也十分必要。另外，可以选配智能洗衣机、智能卫浴连入控制终端，方便老年人的日常清洁工作。餐厨空间因考虑到火灾、漏气等危险情况，需要常规配置烟雾传感器与燃气传感器。因为部分老年人有吃饭时看电视的习惯，可选配一台适老智能电视。如果老年人希望预约煮饭、远程控制冰箱温度等，可选配智能电饭煲、智能冰箱等厨电设备。

第四节　三网融合驱动的电视平台涉老内容服务策略深化

在本章建构的家庭媒体适老服务场景中，涉老内容服务是重要的组成。我国学术界的以往相关研究一是侧重于从内容创作的角度，论述电视平台的涉老内容服务策略，欠缺结合"积极老龄化"的时代背景和全媒体运营理念提出相关创新举措；二是多通过个案分析，阐释我国电视平台的涉老内容服务经验或现有不足，尚没有全面揭示网络时代涉老内容媒体的发展现状和趋势，尤其是较少解析发达国家的可鉴经验。本节试图弥补这两个方面的不足，作为家庭媒体适老服务场景实施策略在涉老内容服务部分的进一步深化。

一　我国电视平台涉老内容服务的既有模式

本章在"电视猫"网站（www.tvmao.com）对我国电视平台的涉

老内容进行了全面检索，如表5-1所示，发现专门的内容（以老年人节目为代表）共有46档，眷顾型的内容（老年人感兴趣或以老年人为主要表现对象）约有10档，其主要特点体现在以下五个方面。

对于专门的内容，播出地域以上海和山东最多，且多为讲座型，江苏、北京和浙江紧随其后；主要面向所在地播出，仅《开课啦》《金色梦舞台》等个别节目面向全国播出；《我们退休啦》《老年之友》等少数节目还采取同台多频道的异时播出方式，《开课啦》创新采用了手机电视频道同步直播。多数节目的播出时间是每周一次的上午，时长一般不超过30分钟；周播有35档，近1/3在周六或周日首播和重播。在内容类型方面，首先是生活服务类最受青睐，共20档，集中在健康养生题材；其次是社教类，共有13档，主要为老年观众解读相关政策法规或提升其现代生活能力；最后是综合类、新闻类、综艺类节目和"真人秀"，数量较少，多为展现老年人的文艺风采。

眷顾型内容多集中在健康养生题材，以《健康之路》《养生堂》为代表的类似节目有50多档，往往把老年人视为"脆弱群体"加以关爱。近年来亲情孝道题材也受到一定关注，旨在通过展现孝亲敬老的价值观，让"家庭温暖、代际互助"感动全社会。如《非常父母》《天下父母》以两代人的现场沟通或讲述让人感动的家庭故事为手法，《带着爸妈去旅行》《旋风孝子》更以流行的"真人秀"形式掀起两代人的收视热潮，呈现了怀有梦想、积极乐观的老年人生活。另外就是一些老龄化题材电视剧、纪录片，一方面反映了老龄化社会的深远影响，对老龄文化的构建起到了重要意义；另一方面体现了老而多彩、老而多姿、老而多情（镜像语言温情和舒缓）的崭新艺术风格。

（一）运作模式的合作化

近年来，我国电视平台的涉老内容开始注重争取更多社会资源支持。一是选择从事老龄工作的政府单位或组织，如《金色梦舞台》是与河南省委老干部局、敬老助老总会合作，《幸福老年》是与江苏省老龄委、老年关爱协会合作。二是会选择民政福利或教育机构，如

第五章 基于宅内空间的数字化媒体适老交互服务场景建构

表5-1 我国电视平台上惠及老年人的主要内容

序号	内容名称	播出频道	序号	内容名称	播出频道	序号	内容名称	播出频道
1	夕阳红	中央电视台-社会与法	24	老龄好时光	青岛电视台-生活服务	1	健康之路	中央电视台-科教
2	晚晴	北京电视台-科教	25	老来乐	青岛电视台-生活服务	2	养生堂	北京电视台-卫视
3	哨爸哨妈的美好时代	北京电视台-生活	26	人间晚晴	吉林电视台-公共·新闻	3	非常父母	北京电视台-科教
4	精彩老朋友	上海电视台-娱乐	27	开课啦	里龙江电视台/手机电视	4	花样爷爷	上海电视台-卫视
5	我们退休啦	上海电视台-娱乐SITV金色	28	晚霞	江苏电视台-公共·新闻	5	老妈驾到	江苏电视台-卫视
6	老年开放大学		29	老年大学	江苏电视台-公共·学习	6	带着爸妈去旅行	江西电视台-卫视
7	大学老年Pad	上海教育电视台	30	金色舞台	江西教育电视台-综艺	7	风孝子	湖南电视台-卫视
8	老年居家护理		31	幸福老年	江苏教育电视台-教育	8	天下父母	山东电视台-卫视
9	老上海瞬新生活		32	空中老年大学	无锡电视台-公共教育	9	孝行天下	中数传媒-法律服务
10	老年旅游文化		33	老年大学	浙江电视台-公共·生活	10	老爸老妈来欢唱	杭州电视台-西湖明珠
11	现代老年人养生保健指南		34	金秋	杭州电视台-综艺			
12	环保新生活	上海教育电视台	35	健康生活早知道	杭州电视台-综艺			
13	老年人权益保障法解析		36	金色梦舞台	河南电视台-卫视			
14	导引十八式拍和健康生活		37	金秋	河南电视台-新闻			
15	常青树	上海教育电视台	38	幸福来敲门	河南电视台-民生			
16	银龄宝典	上海教育电视台	39	趣活趣来神	湖南电视台-公共			
17	泉映晚霞	济南教育电视台-都市	40	金色舞台	广西电视台-国际			
18	保健按摩教学课堂		41	老年之友	新疆电视台-哈语综艺哈语新闻综合			
19	阳台养殖教学课堂		42	情满夕阳	广州电视台-综合·新闻			
20	家庭电视老年大学	广场舞教学课堂	43	乐龄好时光	深圳电视台-娱乐			
21		拍摄教学课堂	44	金秋	福建电视台-公共			
22		国画教学课堂	45	荆楚夕阳红	湖北电视台-教育			
23		面点汤品教学课堂 书法教学课堂	46	乐龄春秋	武汉电视台-外语			

· 261 ·

"上海开放大学老年教育电视课程"由上海开放大学支持,《银龄宝典》是与上海市教委、残联、民政局等联办。少数节目还会邀请社会专业人士主讲,如《家庭电视老年大学》主讲人是来自保健、摄影、书画等领域的专家。个别节目尝试与商业机构合作,如《我们退休啦》是与日欣文化传播有限公司共同创意制作的。

(二)传播形式的网络化与互动化

近年来,我国电视平台的涉老内容会积极利用网络平台延伸传播渠道。首先,近半数节目已通过所属电视机构的网站或其他网站实现网络直播乃至点播,如《空中老年大学》还通过社区教育播放机、IPTV 等途径播出,《银龄宝典》推出了微信点播服务等。其次,个别节目还完善了自身的网站,如《夕阳红》的网站设有内容推介、播出通告、视频点播、编导手记、线索征集、留言评论等板块,尤其是福建电视台《金秋》的网站已成为专注于老龄事业服务的门户,拥有新闻中心、健康养生、养老机构查询、护理常识、养老模式、老年理财、政策法规、老年维权等板块,还吸纳了很多老年网友采编和发布内容。

部分涉老内容也越来越注重老年观众的参与,加强与老年人的互动。如到场录制,通过语音、短信等形式的场外互动等。基于微博微信的互动是少数节目的新型尝试,如《夕阳红》《越活越来神》《常青树》均开通了微博账号,《泉映晚霞》《荆楚夕阳红》《开课啦》支持微信互动。个别节目还拓展了线下活动和衍生服务,如福建电视台公共频道的《金秋》与福州市老年人服务协会成立了金秋老年文化服务中心,"家庭电视老年大学"会定期组织现场教学、竞赛和演艺活动,《我们退休啦》建立了微信社群"退休俱乐部"等。

(三)内容题材的教育性与正面化

近年来,我国电视平台的涉老内容突出体现了教育性与正面形象宣传结合的选材趋势。一是以"电视课堂"为形式传授文艺、科技,尤其是保健养生、生活技能等知识,促进老年观众的居家学习活动。

二是采取人物故事的手法呈现老而多姿，如《晚晴》主要报道有过突出贡献的老同志生活，《常青树》通过讲述老年人物故事，传播健康养生理念，《精彩老朋友》重温老艺术家的精彩人生。三是为老年人搭建展现风采、养生健体的平台，体现老而多彩，如《金色梦舞台》《乐龄好时光》等，尤其是《咱爸咱妈的美好时代》之《老有才啦》，采取儿女推荐才艺、合作表演、帮助父母圆梦的方式，传递了家庭温暖和"孝亲敬老"的价值观。

（四）制作观念的关爱性与情感化

近年来，我国电视平台的涉老内容在制作观念上呈现了关爱性、情感化趋势。前者旨在依托电视媒体的公信力，选择与老龄化社会相关的话题，通过典型事件或人物，聚焦老龄化社会，关爱老年人生活，维护老年人权益。如《夕阳红》会选取具有典型意义的老年人故事或现象，从社会、法律等多层面给予解析，提高老年观众解决各类疑难问题的能力；《我们退休啦》《开课啦》则提供养生知识、生活指引、老龄社会政策解析、情感疏导等。后者意在满足老年人的情感诉求，让老年人分享人生故事、传递生活经验或提出疑难问题，尤其是通过家庭参与，促进代际沟通和家庭和睦。如《精彩老朋友》《幸福来敲门》为单身老人当"红娘"，《咱爸咱妈的美好时代》不仅会邀请专家、朋友为老年嘉宾答疑解惑，还搭建了两代人的沟通平台，父母用丰富的阅历和豁达的人生态度，子女用积极的心态和社会新观念，相互启发开导，共筑代际和谐。

二 欧美电视平台涉老内容服务的可鉴经验

鉴于我国学者一直以来缺少针对欧美地区，尤其是美国电视机构涉老内容服务实践的关注，本章以 RLTV（Redefine Life TV）为例，揭示其在内容题材、制作理念、运作团队、传播模式等方面，对我国电视平台涉老内容服务的关键启示。RLTV 创办于 2008 年,是美国唯一针对 50 岁以上观众的电视频道。

(一)内容题材与制作观念

如表 5-2 所示,RLTV 共有 34 档内容在播,内容题材与制作理念体现为"起身走""吃得更好""学些新东西""情感关怀""激励自我发展"。

表 5-2　　　　　　RLTV 在播的 34 档专门涉老内容

Marie 玛丽	Fraud Squad 防诈骗小组	What's Next? 接下来干什么?	Stanley On the Go 旅途中的斯坦利	Creepy Cult Classics 令人毛骨悚然的经典邪恶电影	Good Food, Good Deeds 好的食物,好的行为
Healthline 健康热线	Garden Style 花园的风格	Style In Steel 来自钢铁的风格	Weekend Westerns 周末西部电影	Urban American Outdoors 美国城市户外活动	RLTV Special: · To Not Fade Away 不会消失 · Boomers 2.0: A Generation Re-imagined 婴儿潮一代2.0:该被重新认识的一代人 · Rethink 50+ Town Hall 市政厅对于 50 岁以上人群的重新思考
Second Act 第二行动	RLTV Movies RLTV 电影	Quon Dynasty 关先生的王朝	Whole Body Health 全身健康	Taking Care with Joan Lunden 与琼·兰登一起实施照护工作	
Superfoods 超级食物	Growing Bolder 变得勇敢	Taste of History 历史的味道	Wednesday Westerns 周三西部电影	Seeking Solutions with Suzanne 与苏珊娜一起寻求解决方案	
House Calls 房屋的诉求	Books Into Film 从书到电影	The Art of Living 生活的艺术	A New Way to Move 运动的新方式	Money Matters with Jean Chatzky 让简·查兹基来探讨财务问题	
Danger Zone 危险地带	Outlaw In-Laws 法外之法	Grannies on Safar 老奶奶们的游猎	RLTV Documentaries RLTV 纪录片	Who's Cooking with Florence Henderson 谁正在与弗洛伦斯·亨德森下厨	

(1) 起身走。调动老年观众开展居家健身、户外运动、国内外旅行等活动的热情，激励其起身走出家门。如《A New Way to Move》为老年人量身定制的健身节目，引导他们合理利用不同器械加强专项锻炼；《Urban American Outdoors》是指导老年人开展钓鱼、打猎、滑雪、登山、骑马等户外活动；《Stanley On the Go》的老年男性主持人Stanley会带领老年观众游览世界各地的标志景点。较有特色的节目是《Grannies on Safari》，两位老年女性主持人会跟随朋友冒险环游世界，品味当地的文化、艺术、美食等，明显体现了促进"老年女性独立"的意味。

(2) 吃得更好。教会老年观众做出适合、健康、美味的餐食，提高他们烹饪营养美食的能力。如《Good Food, Good Deeds》将告知老年观众如何选购食材和烹制佳肴；《Superfoods》以某种食物为题，讲述对于老年人的主要益处；《Garden Style》与美国家庭的庭院花园文化结合，带领老年观众亲历从种植到烹饪的奇妙过程；《Who's Cooking with Florence Henderson》会邀请名人来分享其钟爱的美食制作过程及背后故事或灵感来源，主持人将告知老年观众如何加入更健康的成分或创造搭配；《Taste of History》主要讲述了美国特色食谱或食材的历史，以培养老年观众成为专业的"家庭厨师"。

(3) 学些新东西。结合老年人在保健、修葺、理财等方面的知识所需而开设。如《Healthline》是以某种老年疾病或不适为话题，邀请患者分享医疗或保健经验，专家将提供补充；《Whole Body Health》会探讨身体、情感和环境等因素与健康的内在联系；《House Calls》拟指导老年观众如何维修居家设施、改善周围环境，还会在周末亲人实际家庭中解决问题；《Money Matters with Jean Chatzky》是让老年观众学习有效理财；《Fraud Squad》会启发老年观众在日常生活中如何发现和避免诈骗，如身份盗窃、传销、保险诈骗、伪慈善募捐。另外还有两档颇具寓教于乐色彩的节目《Style In Steel》将讲述汽车工业发展对工程、设计和历史的影响；《Books Into Film》会带领老年观众一边读书、一边观看据其创作的电影作品。

（4）情感关怀。不仅表现在照顾老年人的怀旧情结，更突出体现了对其家庭关系、日常照护、代际相处、疾病困扰等问题的关注。首先，电影类节目均具有怀旧色彩，如《RLTV Movies》会播出一些评价较高的经典作品；《Wednesday Westerns》专门播出评分较高的美国西部题材。针对老年人生活中的各种难题，《Seeking Solutions with Suzanne》将为其寻求解决方案；《Outlaw In-Laws》专门阐释家庭关系问题和改进建议；《Taking Care with Joan Lunden》关注老年人日常照护的议题，通过收集各地的养老资源和调查数据，为老年人及照护者提供参考信息和选择策略。较有特色的是《Quon Dynasty》《To Not Fade Away》，前者是一档围绕家族餐馆事业展开故事的"真人秀"，表现了一家人如何实现代际和谐，后者是针对一位老年痴呆病人的顽强生活进行纪录片式的连续报道。

（5）激励自我发展。通过鲜活的人物故事，鼓舞老年观众按照自身的需要、愿望和能力，继续参与社会，发挥物质、经验、精神方面的潜力，实现身心健康、自我价值的发展。如《The Art of Living》以纪录片形式展现一个个坚持社会角色追求的老年人物故事，如社会活动家、艺术家、运动员等，证明退休后的老年人仍能有很多承担；《Growing Bolder》报道不同老年人如何挑战自己、实现梦想的诸多励志故事，涉及健康专家、音乐家、慈善家乃至普通人群等，旨在倡导积极的老年生活态度；《Marie》是鼓舞人心的谈话类节目，旨在让老年观众具备跟随潮流、解决困难、改善生活的勇气和能力；《Second Act》旨在鼓励老年观众结合经验和继续学习，重新建立"职业生涯"；《Boomers 2.0：A Generation Re-imagined》关注美国婴儿潮一代人的积极现状，尤其是继续对社会做出的各种贡献；《What's Next？》的主持人及专家团队将对每期老年嘉宾的生活方式实施改造。

（二）运营团队与传播模式

（1）专业化运作团队 RLTV 创始人、执行主席约翰·埃里克森（John Erickson）也是"埃里克森生活"（原名"埃里克森退休社区"）

的创始人、主席和 CEO，是致力于研究及促进"积极老龄化"的专家。他还成立了"埃里克森基金会"，不仅资助与老年人有关的研究和活动，还在巴尔的摩大学设立"埃里克森老龄化研究院"，研讨老龄化的相关议题和培养专门从业人员。他认为，RLTV 的内容不仅要体现娱乐性，更应该发挥教育性和激励性。

除了专业化的管理团队，RLTV 还拥有一批经验丰富、背景知识深厚的明星主持人。如《Who's Cooking with Florence Henderso》的弗洛伦斯·汉德森是知名的电视、电影和百老汇演员，拥有50多年的演艺生涯，长期从事人道主义活动，是美国社会最受尊敬、最受欢迎的人物之一；《Taking Care with Joan Lunden》的琼·兰登已主持《早安美国》近20年，也是美国家庭最认可、最信赖的电视人物之一，热衷于传播健康类信息和帮助女性协调生活；《Money Matters with Jean Chatzky》的简·查兹基是位屡获殊荣的记者、作家和财经编辑，曾因致力于理财教育而获得美国消费者协会的"消费者媒体服务奖"。

RLTV 还拥有来自知名媒体、科研机构、老龄组织的专业顾问团队。如《Boomers 2.0: A Generation Re-imagined》邀请老年学专家 Abramson 博士和麻省理工学院年龄实验室的主任 Coughlin 博士、《AARP》杂志的总编辑 Graham、NBC 环球媒体发展研究部的总监 Jenkins 等人作为顾问。

（2）跨媒体内容合作 为了丰富内容来源，获得相关数据或观点支撑，RLTV 采取"内容伙伴"的形式与两家专业的新闻网站"Next Avenue""Face the Facts USA"合作。前者是美国唯一专门为老年人提供信息服务的全国公共媒体，提供与老龄化有关的重要思想、背景和观点等，涉及健康与幸福、金钱与保障、工作与目标、生活与学习、日常照料等议题，充分满足老年人的信息需求，释放潜能和改善生活方式，与 RLTV 有着相似目标。后者由华盛顿大学的媒体与公共事务学院主办，通过提供与公共政策有关的事实、对话和思考，澄清美国社会的关键问题，帮助人们做出深入思考和决策，涉及税收、工作、经济、教育、基础设施、国家安全、健康护理、社会保障、医疗保险等多个与老年生活相关的内容领域。

（3）陪伴式内容编排 为了兼顾时差，RLTV在美国东部时间早6点至次日凌晨2点播出常规节目（每小时会连续播出两期同档内容），其余4小时均为电视购物内容，工作日和周末的内容安排略有不同。

周一至周五，早6—8点的节目旨在引导老年人树立积极心态，依次播出《The Art of Living》《Stanley on the Go》等。上午8—12点的节目主要让老年人学习知识，如《Healthline》《HouseCalls》等。午间12—14点的节目旨在让老年人"吃得更好"，如《Taste of History》《Who's Cooking with Florence》。下午14—16点的节目旨在激励老年人发展，依次播出《Marie》《Growing Bolder》。傍晚16点至晚20点主要安排饮食和家庭文化类节目，如《Taste of History》《Garden Style》等；晚20—22点注重情感关怀，如周一、周三和周五的电影类节目，周四的《Outlaw In-Laws》《Quon Dynasty》等。深夜22点至次日凌晨2点的节目因日而异，不同类型或题材均会有所涉及。周六和周日，RLTV会采取大时段编排方式，主要播出3类内容题材，早6—9点是以"起身走"类内容为主，上午9点至下午15点以"吃得更好"类内容为主，下午15点至晚19点主要集中播出电影类内容，晚20点至深夜23点以"情感关怀"类内容为主。

（4）多渠道传播实践 除了电视网络，老年观众还可通过RLTV的网站收看节目。网站由各档节目的主页、节目播出时间表、视频库、运营商查询、文章与博客、广告专栏等板块构成，被评为服务于老年人的优秀网站。其成功背后有着较为深刻的原因：第一，网站的宣传口号是"Experience Matters"，即旨在消除老年人对新的事物缺乏兴趣的误解，视老年人为时刻准备接受新知识，凭借经验发挥余热、实现自我价值的群体；第二，视频库涵盖RLTV的所有节目，并配以精选视频、视频检索、视频分享等网络化播出手段；第三，支撑"文章与博客"版块的是一支以专业化编辑、老年博主为核心的内容团队，前者会及时报道与老年人相关的新闻和撰写健康指南、生活小贴士等专题，后者会及时分享保健、旅游、饮食、理财、社会参与等方面的活动或经验；第四，老年观众可通过 Facebook、Twitter 与工作人员、其他观众进行线上交流。

比较值得一提的还有《Growing Bolder》多年来开展的多渠道内容传播和拓展的衍生服务。除了与6家电视台搭建了传统播出网络，还建立了囊括网络视频、电视、播客、杂志和博客等多种媒介终端的内容传播平台，并拓展了以文化衫、DVD、图书等为主的在线商店业务，会定期组织老年观众开展线下活动，不仅提高了对老年人的黏合力，还进一步丰富了内容来源和呈现形式，扩大了影响力，践行着 RLTV 激励老年人再发展的理念。

三 网络时代涉老内容服务实施策略的着力点

（一）RLTV 服务模式的关键启示

RLTV 的发展理念不仅服务于"养老"，更热衷促进老年人的再发展，一方面满足老年人在资讯、保健、休闲、情感等方面的信息需求；另一方面是通过培养参与社会的意识、能力和搭建平台，激励老年人重新思考人生和规划生活，促进其在社会角色、自我价值等方面的发展。由于我国的老龄文化更强调"家的归属与和谐"，导致我国电视平台的涉老内容服务理念更侧重于"养老"，往往把老年人视为"脆弱群体"加以关爱。在"积极老龄化"的时代，我国电视平台的涉老内容应吸取 RLTV 更强调老年人发展权的经验。不仅要关爱老年人，把他们更好地"养"起来，还应激励老年人在自我认知、家庭角色、社会价值等方面的发展，支持老年人能凭借以往经验或继续学习，洞悉社会、参与社会和贡献社会。

（二）涉老内容服务的四个着力点

从前文分析可看出，除了侧重"养老"，我国电视平台的涉老内容还存在播出覆盖和时间有限、内容类型单一、社会力量参与不足、多平台实践不普遍和成熟等问题。可着力从内容定位、传播形式、互动方式、参与主体四方面加以完善，如图5-40所示。一是实施促进老年人发展的内容定位，不仅满足养生、资讯、娱乐等方面的求知求乐诉求，强调服务性、实用性和抚慰性，发挥陪伴性、教育性和关爱性，引导树立自养精神；还要满足心态调整、能力提升、经验传帮带等方面的发展诉求，强调激励性、针对性和正面化，促进老年人通过服务家庭或社会实现自我价值；二是实施跨平台传播，为老年人提供便捷自主的收视途径和互动方式、衍生服务，包括与知名网络媒体合作、自建网络平台和支持多平台参与等；三是开展适于老年人的线上线下活动，丰富内容来源、创新内容形式、塑造媒体品牌，发挥多媒体联动的效应；四是优化主体，争取政府、老龄组织的资源支持，探索与涉老媒体、商业机构的合作，吸收专业的主持人和顾问团队。

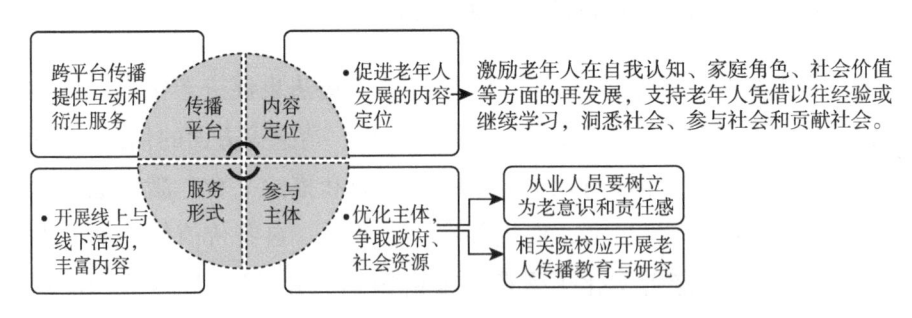

图5-40 网络时代涉老内容服务的着力点与支撑

（三）搭建支撑长远发展的内外环境

我国电视平台的涉老内容服务多面临着"公益性事业、市场化运作"困难，究其主要原因在于相关部门和人员的认识有待提升，社会力量的参与不够，适老传播研究和教育滞后等。涉老内容服务的发展需要相关部门的扶持、机构之间的合作共赢，也需要从业人员素养的提升和专业化力量的注入。

一方面，从业人员要树立为老服务的意识和责任，深刻认识我国未富先老的社会问题，关注老年人的现实生活、精神世界和社会价值。另一方面，相关院校应开展适老传播教育与研究，在叙事传播、视觉传播等方面培养专业化的人才。欧美国家对此早已开始，力图将适老传播作为一个专业指导实践。如路易斯维尔大学的Nuessel教授一直对从事报刊编辑工作的学生讲解老年心理学、老年医学、老年营养学等，提升了学生对老年专栏的写作能力；戴盾大学的Robinson教授、路易斯安那州立大学的Pecchini教授合著的《传播与老龄化》一书从语言学、社会学、生理学、传播学等多学科角度，阐释了适老传播与普通传播的不同，在适老传播研究与教育领域具有较高的学术影响力。

我国的适老传播教育始于中国台湾政治大学的臧国仁教授，已在适老语言传播（叙事）、适老视觉传播等方面培养了诸多人才。我国大陆地区还没有专门开设适老传播教育的院校，也没有培养专业的记者、编辑等从业人员，在一定程度上造成了我国涉老内容服务发展的相对滞后。因此，应该尽快从较早开展适老传播教育的地区吸取相关成果与经验，紧密结合我国涉老内容服务行业的实际情况和需求，从课程内容、课外实践等方面，开展对于相关从业人员的素养或专门技能培育，保障我国涉老内容服务行业的长远发展。

第五节　本章小结

本章基于城市老人媒介使用行为与服务需求的特征及其影响因素分析结果，针对宅内空间的家庭媒体适老交互服务场景建构展开深入研究，提出了服务场景的适老模式、影响要素、网络模型、内容构成和实施策略等举措。

第一，在"三网融合"的驱动下，以新型电视为中心的家庭媒体系统为老年人提供了超越"看电视"的更多可能性，将其合理介入老年人的宅内空间和居家生活已成为必然趋势。对此，本章通过分析调查数据提出了宅内空间的家庭媒体服务适老模式——"家用高清大屏+惠老视听娱乐+居家养老辅助"，新闻类和文娱类节目、涉老内容是核心服务，而视听互动、信息查询、家庭通信等功能是辅助服务。旨在建立联结个人、家庭、城市三个层次的信息交互网络和服务场景，为老年人提供收视娱乐服务、家庭交流服务、生活信息服务和智慧养老服务，助推其在宅内空间中愉悦感、亲情感、安全感的提升。

第二，解析了影响服务场景建构的主体要素、媒介要素、时空要素以及行为要素，论证了通过建构惠老化的收视娱乐场景、多功能的生活辅助场景、虚实结合的社会活动场景，可提升老年人宅内空间的交互活力和情感体验。提出了服务场景的建构目标及服务内容——重塑家庭媒介的空间功能。核心场景是收视服务，服务老年人的视听娱乐；辅助场景是家庭通信和城市生活服务，前者应提供体现家庭场所精神的信息交互服务，后者应实现老年人与城市空间的信息交互，便捷其日常居家生活；相关服务提供商还应为老年人提供线上与线下结合的社交平台支持，为其建立虚实结合的社会活动服务场景。

第三，依据休闲参与、社会活动等养老理论，从三个方面提出了服务场景的实施策略，包括优化收视媒介场景，提供满足老年人需求的收视娱乐服务；升级家庭媒介场景，提供多功能的居家老人生活辅助服务；延伸服务场景，提供虚实结合的老年人社会活动空间，具体包括软硬件产品的适老设计、空间配置，基于"三网融合"的平台功能和服务内容等举措。旨在以电视服务机构为核心，提升老年人的休闲参与、亲情交流、智慧生活和社会交往水平。最后提出了基于家庭媒体系统的智慧养老服务方案，涉及互联网的接入与网关协议选择、全屋环境和具体空间中的智能助老设备配置等问题。

第四，针对涉老内容是服务场景的重要组成，进一步分析了我国电视平台和以 RLTV 为代表欧美电视平台的涉老内容服务策略。我国体现了运作模式合作化、传播形式网络化与互动化、内容题材教育性与正面化、制作观念关爱性与情感化等趋势，RLTV 体现了"起身走"

"吃得更好""学些新东西""情感关怀"和"激励自我发展"的内容理念，专业化运作团队、跨媒体内容合作、陪伴式内容编排、多渠道传播实践的运作模式。结合我国实际情况和促进老年人发展、全媒体运营的可鉴经验，提出了"三网融合"背景下实施涉老内容服务的着力点，包括促进老年人发展的内容定位、实施跨平台传播、开展适于老年人的线上线下活动、优化运营参与主体、培育专业人才等。

第六章 基于社区公共空间的数字化媒体适老交互服务场景建构

社区公共空间是一个复合系统，涉及场所、设施、服务、文化等诸多要素的组织，旨在促进居民交互，建构宜居的生活环境和培育共同体。发展居家养老过程中，社区公共空间不仅要为老年人提供宜居的栖身之处，更应依托社区媒体的空间功能，发挥对居家养老的辅助作用。通过完善社区资讯供给，促进参与社区交往，优化社区资源配置，线上线下联动，满足老年人的媒介化生活需求，助推其充实感、归属感、便利感提升。本章将基于第二章提出的理论框架、第三章和第四章的调查数据及分析结果，论证基于社区公共空间的网络媒介适老服务定位；研究如何以网络化社区媒体为平台，建构满足老年人社区资讯、社区参与、社区生活等需求的交互服务场景；结合相关的适老信息服务理论，提出以社区服务机构为依托的服务场景实施策略。

第一节 基于社区公共空间的网络媒介适老服务定位

近年来，通过网络化社区媒体整合养老资源，提供便捷高效的服务，已成为社区基层组织推进居家养老的趋势。如针对老年人生活赋能是"国安社区"重点打造的服务，主要通过丰富的线上品类、管家式上门服务及组织养生讲堂、健康知识科普、家庭亲子等一系列活动，满足老年人的生活和情感需求；截至2022年3月，北京市已建成1000余家养老驿站，基于"社区媒体+智慧养老"的模式，除了订餐送餐、康复训练等核心服务，还推出了智能呼叫监测系统；老年人每天清晨通过智能终端收听社区广播，系统自动记录收听时间；如果老年人没收听，也没监测到其活动轨迹，工作人员会主动联系或上门查看是否需要帮助。不过，如何基于"三网融合"的网络环境充分发挥社区媒体的空间功能，整合实体资源和信息资源，建立线上线下联动的居家养老服务场景，仍是有待研究的课题。

一 网络化社区媒体的居家养老服务模式分析

（一）人际交流、获取信息和处理事务的新平台

前文调查显示，具体目的是促使老年人使用网络媒介的主要因素。其中使用电脑上网是为了获取新闻资讯、与人联系、学习知识等；使用手机以联系亲友为核心，其次是处理事务、服务作息、休闲娱乐等等。维持家庭和社会关系、获悉时事是老年人生活的重要组成。网络媒介能帮助老年人便捷化人际交流、获取社会信息和学习知识，手机的便携和多功能集成还可随时满足处理事务、服务作息、休闲娱乐等需求。不过，老年人整体的上网水平和手机使用水平不高。一是网络媒介短期内还无法取代老年人对传统媒介的使用习惯；二是欠缺使用能力、已有终端功能局限、担心安全或资费问题是主要阻碍。不过，良好的生活状态、电脑使用能力和经验，亲友支持或影响等因素会提升老年人的上网水平；相对年轻或健康、良好的媒介接触水平、积极的摸索等因素会促进老年人的手机使用水平提升。

（二）获悉时事、学习知识和休闲购物的新渠道

前文调查显示，电脑上网在老年生活中主要发挥学习知识、获取

新闻资讯、查询实用信息、与人保持联系等功用。然而老年人整体的上网满足水平不高,但上网依赖较强。一方面,良好的生活状态和上网能力,为了获取新闻资讯、处理事务、作为休闲爱好、亲友帮助等因素会提升老年人的上网满足水平,尤其是健康状况较差的老年人上网满足水平较高,网络媒介已成为满足其信息服务需求的新工具。另一方面,年轻,将上网作为休闲爱好或常阅读网络新闻、从事网络学习和购物等活动会促进老年人的上网依赖。表明提供合适的新闻服务、学习服务、购物服务和休闲服务,通过亲友帮助提高上网能力,是促进网络媒介对老年人吸引力、黏合度的重要途径。

前文调查显示,手机在老年生活中集中发挥方便与亲友联系的功用,其次是作为生活助手、结交朋友、资讯来源等工具,成为老年人维系亲情、扩展社会关系、辅助日常生活的重要媒介。然而,老年人整体的手机使用满足水平亦不高,集中用于支持家庭交流和社会交往,但使用依赖较强。一方面,良好的媒介接触水平和手机使用水平,为了便于处理事务的目的,亲友支持或影响、易用性等因素会提升老年人的手机使用满足水平;另一方面,良好的手机使用水平等因素会促进老年人的手机使用依赖。表明了除了便捷化老年人的人际交往,提供辅助其处理日常事务的功能应用以及易于其使用的软硬件产品,是提高手机媒介对老年人吸引力、黏合度的重要途径。

二 三网融合为网络媒介带来的惠老服务功能

对于"三网融合"带来的服务便利,前文调查显示,老年人希望电脑提供的主要服务是高速上网、高清电视直播,其次是网上视频通话、高清影视点播等,体现了与新型电视终端融合的视听类服务期待,也印证了本书第五章提出的家庭媒体适老服务场景中应提供电视媒体与网络媒体结合的收视娱乐服务;希望电脑协同其他媒介提供的服务包括便捷缴费、健康监测、家电控制、亲情交流、老年交友、社区服务等。同时，老年人希望手机提供的主要服务是视频通话，其次是高速上网、电视直播等；希望手机协同其他媒介提供的服务包括紧急救助、亲情交流、便捷缴费、家电控制、健康监测等。可以看出，老年人期待"三网融合"为电脑和手机带来的惠老服务功能大致相同，除了影视娱乐和视频通信，还包括便捷缴费、家电控制、亲情交流、健康监测等方面的协同服务，以期为居家养老带来更多便利，电脑终端还包括老年人社交、社区生活等社会化服务，手机终端还包括以紧急救助为代表的安全保障服务。

综上，如图6-1所示，基于网络化社区媒体的居家养老服务可以采取"提供适老信息+建立社会联结+促进便捷安全"的定位。"提供适老信息"为老年人提供社区新闻以及健康养生、生活技能、文化休闲等方面知识学习和活动资讯；"建立社会联结"支持老年人参与社区事务、与其他居民交往；"促进便捷安全"从照护、医疗、休闲、购物等方面为老年人提供线上与线下结合的生活便利，通过与子女亲友、服务人员的实时交互，提供智能化的状态监测和安全保障服务。旨在发挥社区媒体虚实融含的空间功能，为老年人建立信息流、关系流、服务流三个层次的社区交互空间和相应服务场景，通过"线上平台+线下支持"的方式以及不同媒介终端和参与主体的协同服务，实现满足老年人功能性个人生活需求、社会化交互需求的服务场景适配，营建社区交互空间在数字化生存时代的共同体精神体验，助推其充实感、归属感、便利感的提升。

适老服务定位 ＝ 提供适老信息 ＋ 建立社会联结 ＋ 促进便捷安全

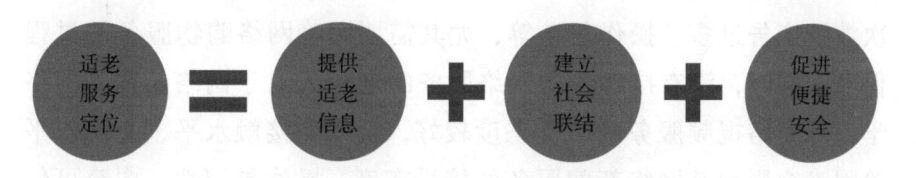

图6-1 基于社区公共空间的网络媒介适老服务定位

三 基于固定终端的老年人服务需求侧重分析

（一）便利的新闻资讯获取、学习知识和视听娱乐

前文调查显示，使用方式的便捷性、自主性，服务内容的特色化、时效性或丰富性等优势，是老年人接触多种网络化服务的主要因素；参与网络社交更具有明确的目的，如联系亲友、求助讨论等。其中，老年人对网络新闻服务的接触频率和功用评价最高，其次是网络学习和网络视频服务；选择时主要注重访问便捷、操作简单、内容丰富、信息准确、更新时效等因素。说明老年人主要是基于资讯获取及视听娱乐的电脑上网行为过程。而省时和不受时空限制、特色商品、相对年轻等因素还会促进部分老年人对网络购物的服务需求；发布消息、组织活动或展示自己，家庭成员多等因素还会促进部分老年人对网络社交的服务需求；说明网络购物正逐步被低龄老人接受，网络社交可成为促进老年人亲情交流、参与社会交往、重塑自我价值的新平台。

（二）信息真实、内容适老、操作简单和购物保障

前文调查显示，老年人认为各类网络服务的主要不足首先体现在内容方面，一是可信性问题，尤其是网络社交和网络购物服务，二是欠缺适老化，尤其是网络新闻、网络视频和网络学习服务；其次涉及广告过多、操作复杂等，尤其需要完善网络购物服务的过程保障。同时，没有接触各类网络服务的老年人对于网络新闻、网络学习和网络视频服务的接受态度较好，且媒介接触水平、上网水平等因素会影响其网络新闻服务的接受态度，操作易用性、内容可信度等因素会影响其网络学习服务的接受态度，电脑使用权、播放流畅性、传统收视习惯等因素会影响其网络视频服务的接受态度，是否掌握使用方法、上网目的等因素会影响其网络购物服务的接受态

度，信息真实、家庭结构、上网目的等因素会影响其网络社交服务的接受态度，体现了各类网络化服务实现适老的具体着力点。

（三）求知求助、展示自我、培养爱好和生活指南

前文调查显示，接触老年人服务网站明显体现了老年人查阅知识、展示自我的目的，咨询求助、宣传自己、相对年轻等因素会促进持续使用意愿。选择网站时，主要注重信息准确、功能简洁、亲友推荐度等因素。不过，老年人对老年人服务网站的功用评价不高，仅发挥了休闲娱乐、学习知识等作用，指出主要问题是内容欠缺丰富性、特色性，知名度和内容的更新速度有待提高，易用性和内容的专业性有待改善等。相比各类网络化服务，老年人对老年人服务网站的接受态度最好，健康满意度、电脑使用权，尤其是为了学习知识的目的、加强网站的宣传推广和内容的贴近性建设等因素会促进其接受意愿，主要偏好保健知识、医疗咨询、生活指南等内容，体现了老年人对老年人服务网站在求知求助、展示自我、培养爱好、生活指南等方面的专门支持需求。

依据上述分析，如图6-2所示，老年人对基于固定终端的传统网络服务侧重"资讯获取+求知求助+休闲娱乐"的需求模式，对老年人服务网站还具有求知求助、展示自我、培养爱好、生活指南等方面的专门需求。其中，获取新闻资讯、学习文化知识、查询实用信息是核心需求，享受休闲娱乐、从事网上消费和投身在线社交是辅助需求，且信息真实、内容适老、操作简单和购物保障是提升其服务体验的重要因素。因此，基于固定终端的网络化社区媒体适老服务可从以上核心需求、辅助需求和专门需求三个层面展开，一方面为老年人提供社区资讯、文化知识和实用信息，并促进老年人的休闲娱乐、缴费购物和社区交友等行为，另一方面要支持老年人获得帮助、参与社会和实现价值。

服务侧重 ＝ 资讯获取 ＋ 求知求助 ＋ 休闲娱乐

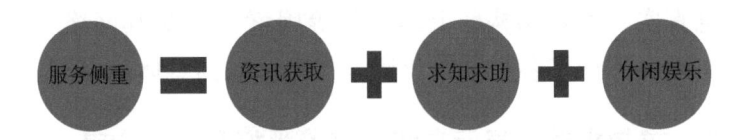

图6-2 基于固定终端的网络化社区媒体适老服务侧重

四 基于移动终端的老年人服务需求侧重分析

（一）便捷的亲友交流、生活辅助和获悉社会时事

前文调查显示，对于无法使用电脑上网的补偿性和便捷性是促使老年人使用手机上网的主要因素，打发时间的目的、手机上网服务的套餐式推广也具有积极影响。老年人使用手机上网主要是为阅读新闻、联系亲友、学习知识、出行导航、查询信息等；认为主要发挥了及时获悉社会时事的作用，其次是辅助生活、休闲娱乐、与亲友交流等；相对健康，为了与亲友交流、辅助生活和处理日常事务等因素会促进老年人的手机上网频率。上述发现，说明便捷化亲友交流、辅助日常生活、获悉社会时事是老年人使用手机上网的主要需求。

另外，老年人认为手机上网存在的主要不足一是在服务资费、操作复杂和网速体验方面，二是缺少适合老年人的手机上网应用（APP）。且服务资费、电脑上网习惯、手机屏幕小、没有掌握方法等因素会阻碍老年人使用手机上网。

（二）直接推送、内容特色和随身陪伴的积极意义

前文调查显示，针对基于手机上网的新闻资讯推送和视频内容观看服务，其服务本身的优势对老年人的使用行为发挥了主要促进作用。前者主要是直接推送的服务方式，后者主要是视频内容的特色，还均涉及使用自主、费用相对经济、打发时间等促进因素。使用两类服务时老年人主要是看中操作便捷、内容编排、内容特色等设计因素。同时，职业经历、性别、收入、健康状况、传统媒体服务满意度、手机

使用水平等因素，会影响老年人对两类服务的使用需求程度。尤其是两类服务已成为低收入老年人或不够健康的老年人日常生活的重要信息工具和休闲娱乐陪伴，且手机视频服务往往是老年人无法观看电视的一种视听娱乐方式替代。另外，传统媒介的使用习惯、没有掌握方法、所用手机的功能局限、上网资费问题等因素会阻碍老年人使用两类服务。

（三）融合新闻、娱乐、交流的 APP 综合服务期待

前文调查显示，老年人对于专属手机上网应用（APP）的服务需求较高，一方面体现了与报刊媒介、电视媒介融合的服务内容期待；另一方面，为方便联系亲友而使用手机或文化程度越高的老年人需求较高，说明了吸引老年人的手机 APP 主要是能够便捷化亲情交流，也体现了老年人对于融合新闻资讯、视听娱乐、亲情交流等功能的专属手机 APP 具有较强烈的服务期待。

依据上述分析，如图 6-3 所示，老年人对基于手机终端的移动网络服务侧重"亲友交流＋辅助生活＋获悉时事"的需求模式。且联络家人与支持社会交往是核心需求，随时获悉社会动态、协助日常生活和享受休闲娱乐是辅助需求，且直接推送的方式、内容特色和作为休闲陪伴，是提升其服务体验的重要因素。同时，老年人对融合新闻资讯、视听娱乐、亲友交流等功能的手机 APP 还有较强烈的综合需求。因此，基于移动终端的网络化社区媒体适老服务可从以上核心需求、辅助需求和综合需求三个层面展开，一方面充分支持老年人的亲情交流和社区交往，并促进其随时获悉社区动态、协助日常生活和休闲娱乐活动，另一方面为其开发集资讯、娱乐、交友等服务的社区 APP。

服务侧重 ＝ 亲友交流 ＋ 生活辅助 ＋ 获悉时事

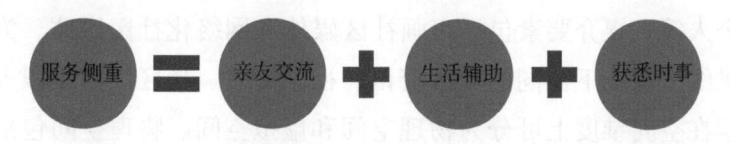

图 6-3　基于移动终端的网络化社区媒体适老服务侧重

第二节 以网络化社区媒体为中心的居家养老服务场景建构

一 服务场景的核心组成要素

本书在第二章论证了支持居家老人空间交互的场景建构要素包括主体要素、时空要素、媒介要素、行为要素。以下先从这四个方面分析影响网络化社区媒体建构居家养老服务场景的主要因素,如图6-4所示。

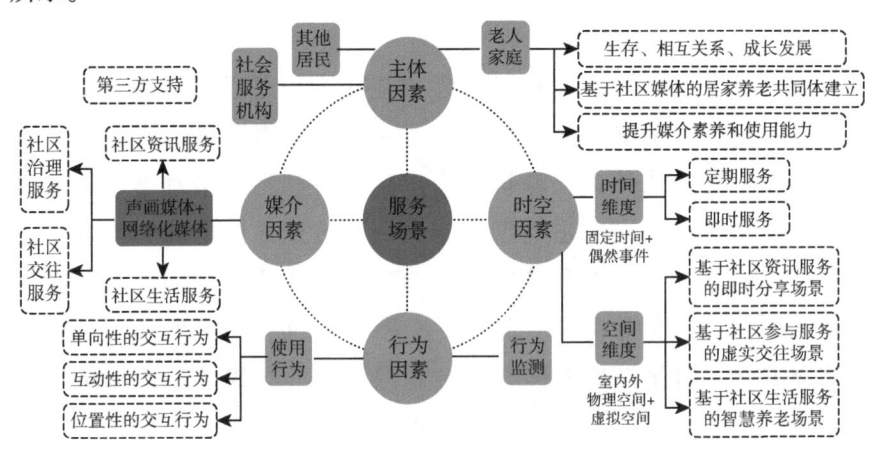

图6-4 影响网络化社区媒体建构居家养老服务场景的主要因素

主体要素包括老年人及家庭成员、社区服务机构、第三方支持单位和个人等。媒介要素包括声画社区媒体和网络化社区媒体,为老年人提供线上与线下协同的社区资讯、社区交往、社区生活等服务。时空要素在空间维度上可分为物理空间和虚拟空间。物理空间包括室内外社区公共空间、老年人的宅内空间等,可以为老年人构建虚实融合、面向社区资讯服务的即时分享场景、社区参与服务的虚实交往场景和

第六章　基于社区公共空间的数字化媒体适老交互服务场景建构　◇◆◇

社区生活服务的智慧养老场景。前文调查显示，老年人的上网时间并不固定，因而，可以将时间维度分为定期服务和即时服务，满足老年人固定时间和偶然事件的服务需求。行为要素一方面涉及老年人使用社区媒体拟达到目的的过程，是服务场景建构的驱动力，本章已在"基于社区公共空间的网络媒介适老服务定位"中进行详细分析，论证了服务场景的核心服务、辅助服务及基于不同终端的服务侧重；另一方面指老年人在社区公共空间中使用各类社区媒体的单向性、互动性和位置性交互行为，例如声画社区媒体是单向性的交互行为，网络化社区媒体是互动性或位置性的交互行为。

同时，如第二章中论证的，基于网络化社区媒体构建的社区交互空间已成为是空间、资源和服务的有机结合体，由信源（社区媒体管理者）、信道（社区媒体）、信宿（社区居民）三个具体环节组成，以下将结合上述四类要素进一步探讨社区服务机构、老年人及家庭成员、社区媒体网络环境的建设。

（一）社区服务机构

作为社区公共空间的"官方"信源和主体要素之一，社区服务机构（如社区活动中心、居家养老服务中心、物业部门等）在服务场景中主要负责运营各类社区媒体，基于不同形式的社区交互空间，将物理空间与虚拟空间的功能属性结合，整合实体资源和信息资源，为老年人便利地获取社区资讯、社区服务，参与社区交往、社区事务和从事各种活动创造条件，着力培育社区居家养老共同体。如图6-5所示，社区服务机构在服务场景中主要完成以下工作。

（1）根据社区实际情况确定社区媒体种类和搭建服务网络，做好顶层设计，如平台依托、功能模块、服务内容、运转机制等，为老年人和其他居民更好地使用社区媒体夯实基础；（2）充分了解社区老年人的总体需求，整合社区内外服务资源，为其筛选和发布信息，提供相应的公共设施、场所场地和服务项目，组织特色惠老活动；（3）为老年人建立数字化信息档案，包括性别年龄、学历职业、个人爱好、健康状况、家庭结构、家属信息等，为不同老年人提供有针对性的线上或线下服务；（4）进行社区媒体的日常运行管理，包括定期向老年人推送信息，及时处理老年人的即时需求及居家生活、户外活动中发生的紧急状况等，必要时需要专业人员介入；（5）与相关互联网企业、服务机构、社会组织、政府部门等单位积极协作，实现服务资源的线上对接和线下共享，组织协调参与服务老年人的居民、志愿者、义工等人员，实施信息化管理；（6）根据信息技术发展、老年人和其他居民的需求变化、社区建设需要等情况，对社区媒体的网络平台、功能模块、服务内容进行维护、更新和升级。

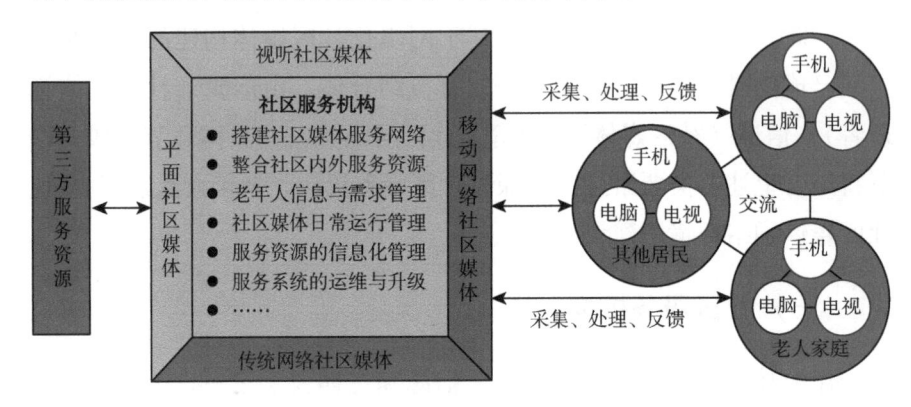

图6-5 社区服务机构作为主体要素的主要职责

社区媒体网络平台的搭建和各项服务内容不可能由社区服务机构完全负责，诸多技术、信息、服务和保障都需要第三方支持。如服务平台的开发需要与互联网企业合作，通过移动终端为老年人推送服务信息需要与网络运营商合作等。尤其在居家养老服务支持方面，社区服务机构主要负责信息的采集、发布和反馈老年人需求，还需要相关公共服务机构、社会组织、政府部门等单位以及工作人员提供的实际服务。因此，社区服务机构要着重与生活照料、医疗保健、文化娱乐、商业服务等领域的养老服务设施合作，基于网络化社区媒体构建的信息交互空间，为老年人提供不同门类、层次和虚实互补的服务资源，形成一个完整、闭环、多方参与的社区居家养老协同服务体系。

第六章　基于社区公共空间的数字化媒体适老交互服务场景建构

（二）老年人及家庭成员

老年人是服务场景的另一主体要素，不仅是信宿，被服务的主要对象，还应促进其参与服务场景的运行，成为信源。因此，要从老年人在社区公共空间中的生存、相关关系、成长发展层面的需求出发，依据其对网络媒介的使用行为需求和社区媒体的主要空间功能，确定服务场景的具体内容构成。

一方面，要以满足老年人对网络媒介的使用需求为中心。如图6-6所示，可基于"提供适老信息+建立社会联结+促进便捷安全"的服务模式以及社区媒体在支持资讯传播、实现公共治理、促进居民交往、提供生活服务等方面的空间功能，完善新闻公告、活动资讯、养老指南等惠老信息供给；促进老年人参与社区议事、社区交友、社区互助和组织活动；在生活照料、医疗康健、精神慰藉等方面提供便捷支持，协同子女、邻居、服务人员提供智能化安全保障。进而通过信息流、关系流、服务流三个层次的社区交互网络，为老年人构建社区资讯、社区参与、社区生活三类服务场景，满足功能性的个人需求和社会化的交互需求，助推归属感、充实感、便利感和安全感提升。

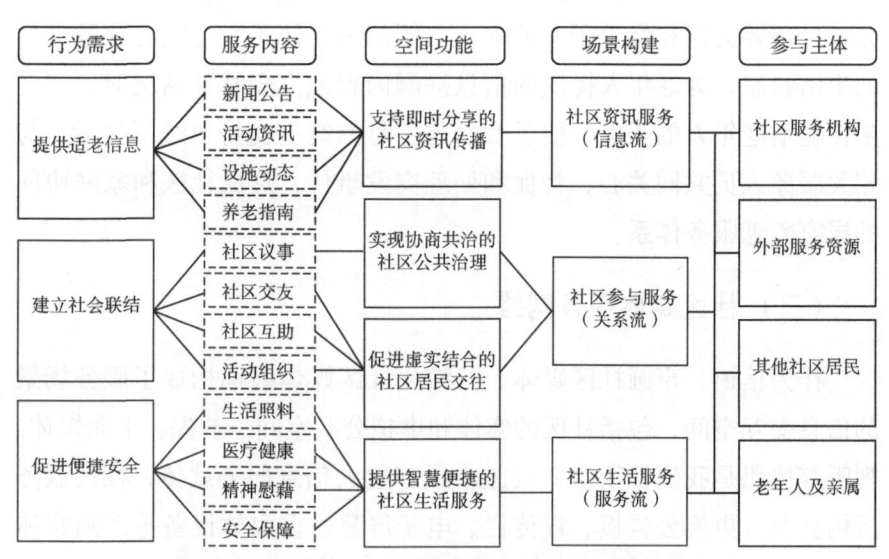

图6-6　基于老年人行为需求的社区媒体服务场景构建

另一方面，要以解决不同老年人的实际问题为重点。例如社区资讯服务中，可以基于不同老年人的数字化信息档案或通过大数据技术分析其使用痕迹，提供个性化的新闻、知识和活动等信息推送；社区治理服务中，可让老年人从事服务平台的运营管理和社区公共事务的一些实际工作，为想要发挥余热、继续做贡献的老年人提供参与社区治理的机会；社区交往服务中，可建立老年人与其他社区居民、社区服务人员、养老服务人员的便捷沟通渠道，促进相互之间日常交流、求助解答、建言献策；社区生活服务中，可以通过移动终端监测老年人的位置及活动轨迹，感知其实时状态及周边环境，分析其行为需求或突发事件，智能化推送服务内容，及时处理紧急状况等。

同时，前文调查显示，很多老年人的媒介素养并不能很好地适应其对网络媒介的使用需求，使用电脑或手机时会时常遇到操作困难，缺少及时指导是主要原因之一；良好的使用能力会提升老年人的上网满足水平和对移动信息服务的需求。因此，通过社区环境支持、亲友和邻里帮助、服务人员指导等层面提升老年人的网络媒介使用能力，才能使服务场景的相关功能和内容得到老年人的充分使用。另外，子女给予父母的精神慰藉和赡养义务并不能被社会化服务完全替代，服务场景还要支持和促进子女的加入。例如为了使子女可随时获悉父母的生活状态，为老年人提供的信息提醒内容或发现特殊情况时，应同步传达给老年人的子女，使子女参与父母的线上支持与线下生活，与相关服务人员共同关心、督促和处理突发事件，形成社区和家庭协同的居家养老服务体系。

（三）社区媒体服务网络

作为信道，声画社区媒体、网络化社区媒体共同构成了服务场景的信息交互空间，包括社区的实体和虚拟公共空间。首先，平面媒体、视听媒体仍是我国社区媒介设施中最普遍的信息服务载体，社区服务机构会及时更换公告板、宣传栏、电子屏幕、多媒体设备等声画媒体的内容，传达最新动态、周边活动、居民求助等信息，也成为政府

第六章 基于社区公共空间的数字化媒体适老交互服务场景建构

部门宣传政策方针、传播文化知识、号召居民响应的窗口，更是很多老年人获取社区信息的习惯方式和重要途径。因此，服务场景中的声画媒体应通过单向性的信息交互行为，满足老年人在社区资讯、社区生活等方面的信息传达需求。

服务场景中的网络化媒体包括以社区网站、公共信息终端为代表的传统网络社区媒体，以微信群、微信公众号、手机 APP 为代表的移动网络社区媒体，将通过互动性和位置性的信息交互行为满足老年人参与交往、获悉时事、辅助生活、亲情交流等方面的信息交互需求。其中，不同的社区媒体既要有共同的服务内容，也要结合自身的媒介优势体现一定的服务差异，如图 6-7 所示。

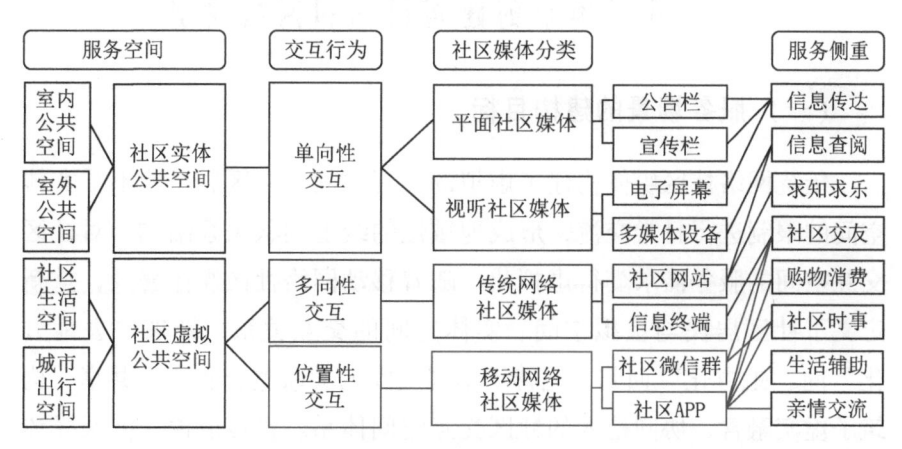

图 6-7 基于不同服务空间的社区媒体分类和惠老服务侧重

依据前文分析，基于固定终端的社区媒体可侧重"资讯获取 + 求知求助 + 休闲娱乐"的服务模式，重点满足老年人对社区资讯的查阅及知识学习、休闲娱乐等需求，兼顾网上消费、在线社交等需求，即强调求知求助、培养爱好、便捷生活、展示自我等方面的综合性定位。基于移动终端的社区媒体可侧重"亲友交流 + 辅助生活 + 获悉时事"的服务模式，重点满足老年人亲情沟通和获悉社区动态的需求，兼顾其社区交往、辅助日常生活等服务需求，即强调及时的信息推送、内容特色的陪伴化定位。有条件的社区服务机构还可推出社区手机

APP，满足老年人在社区资讯、休闲娱乐、社区交往、生活辅助等方面的多种服务需求，兼具服务内容的综合性和服务方式的陪伴性。

综上，以网络化社区媒体为中心的居家养老服务场景建构将依托社区服务机构及多方资源支持，从满足老年人多层次需求和完善社区媒体的适老服务出发，结合老年人对网络媒介的使用需求，发挥社区媒体在社区资讯、社区交往、社区生活等方面的空间功能，构建针对单向性、互动性和位置性交互行为的具体服务场景，建立线上线下结合、虚实融含互补的社区居家养老共同体。

二 服务场景的建构目标和网络模型

（一）服务场景的建构目标

传统网络社区媒体构建了虚拟的交互空间，社区居民能不受实体空间的限制进行日常交流，形成地域性的线上网状关系结构，对社区交互空间的服务需求变得虚拟化。随着移动网络社区媒体普及，重新定义了社区居民与虚拟空间、实体空间的交互关系，带来"去地方化"向"地方化"回归，完善了不同空间的关联整合和资源共享，构筑了虚实融含、协同植入的社区交互空间体系。也可以说，社区媒体的网络化使许多曾因为实体空间而产生的不便迎刃而解，可解决对于社区居家养老服务体系建设来说最重要且相对薄弱的空间与场所需求、设施可及性、服务效率等问题，如图6-8所示。

因此，基于社区媒体的居家养老服务场景建构一方面需要加强社区内部空间和外部空间的功能联系、要素流动，整合不同位置和距离的养老服务设施，实现社区内外服务资源的虚实互补和协同供给，提升服务设施的可及性、服务效率和智能化水平。另一方面需组织更广泛的人力资源，形成一个包含日常交流、互帮互助、亲情关爱等多种支持服务于一体的居家养老共同体。使社区工作者、社区居民、社会志愿者、义工等服务人员可摆脱物理时空的束缚，以线上随时响应与线下服务结合的方式，定期或即时地满足老年人的多种需求。

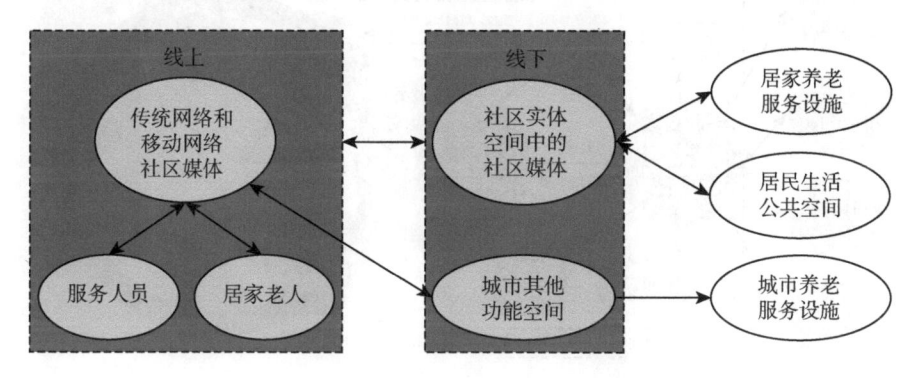

图6-8 基于社区媒体的居家养老服务场景建构目标

（二）服务场景的网络模型

综合上述分析，本章将基于社区媒体的居家养老服务场景分成为社区资讯、社区参与、社区生活三个部分。总体思路是整合社区内外空间的信息资源、实体资源和人力资源，以社区服务机构为依托，以网络化社区媒体为中心、声画社区媒体为辅助，结合"三网融合"的网络环境以及多种媒介终端的线上与线下协同植入，满足老年人功能性、精神性的个人生活和社会交互需求，助推其在社区公共空间中充实感、归属感、便利感和安全感提升，培育数字化生存时代的社区居家养老共同体，如图6-9所示。

首先，社区外部的养老服务设施、其他服务机构或组织、政府部门等将作为第三方的支持，为服务场景提供信息资源、实体资源和人力资源，老年人的子女和亲友也将起到重要的支持作用。

社区服务机构将通过整合社区内外服务资源、统筹各类社区媒体、协调服务人员和社区居民，为老年人提供基于三种交互场景的服务。第一，以平面媒体、视听媒体为代表的声画社区媒体将基于单向性的交互场景，作为老年人接收社区资讯的常规渠道。第二，通信媒体将依托位置性的交互场景，作为社区服务机构与老年人日常联络的便捷工具，尤其以智能手机为代表的移动终端，能为老年人提供各种一键

◇◆◇ 城市居家老人数字化媒体服务场景建构

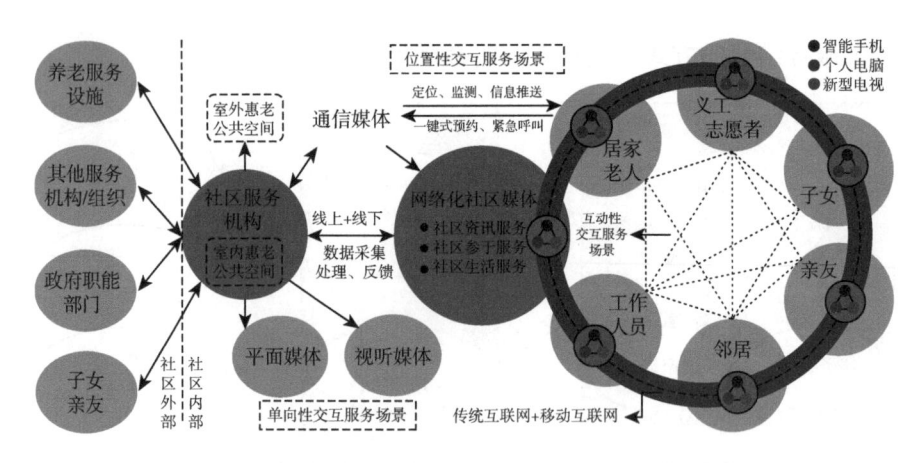

图6-9 基于社区公共空间的社区媒体适老交互服务网络模型

式电话预约服务和紧急呼叫服务，社区服务机构也能随时定位监测老年人实时状况和推送信息。第三，网络化社区媒体将基于互动性的交互场景，通过各种多媒体设施及社区手机 APP 和微信群、智能电视应用等平台，为老年人提供社区资讯、社区参与和社区生活三类服务。基于固定终端的网络平台可强调信息查阅、视听娱乐、在线社交等方面的综合服务，基于移动终端的网络平台可强调便捷沟通交往、获悉社区动态、辅助日常生活等方面的陪伴服务。社区手机 APP 可兼具综合性和陪伴性，满足老年人多元需求。第四，服务场景不仅建立了老年人、子女、亲友、服务人员、社区居民的线上沟通与支持关系，更可以促进他们发展成基于面对面形式的线下支持关系。第五，社区服务机构要为老年人与服务人员、其他社区居民提供开展线下活动的公共空间和交互式服务设施。

"无缝"是一种服务理念，宗旨是为用户提供统一、连贯的服务和连续性的体验；对于网络用户而言，无缝服务是指不需考虑自己所处的位置和网络环境，动态地选择最方便的终端接入各种业务[275]。"三网融合"的网络环境为社区媒体实施"无缝"居家养老服务提供了支持。首先，服务场景主要基于手机、电脑和新型电视运行，并依托不同终端的优势和使用场景形成覆盖固定空间和流动空间的服务体系，老年人可随

第六章 基于社区公共空间的数字化媒体适老交互服务场景建构 ◇◆◇

时随地选用任一终端接受服务。同时，服务场景尽可能地将所有服务内容由某一终端承载，尽量避免老年人因服务需求差异而选择不同的终端；还支持终端之间的信息交互和服务衔接，使老年人可使用不同的终端完成同一项服务。服务场景还支持其他网络设备植入，如可通过引入智能家居设备，为老年人提供实时监测、远程操控、紧急预警等服务。

三 服务场景的主要内容构成

如图6-10所示，服务场景的内容构成是以社区媒体的空间功能为依托，结合老年人的网络媒介使用需求，基于"提供适老信息+建立社会联结+促进便捷安全"的服务模式和不同终端的服务侧重，满足老年人在获取社区资讯，参与社区事务和社区交往，便捷日常生活等方面的服务需求，相比传统的社区媒体，建立虚实融含、多方协同的社区居家养老服务内容支持体系。

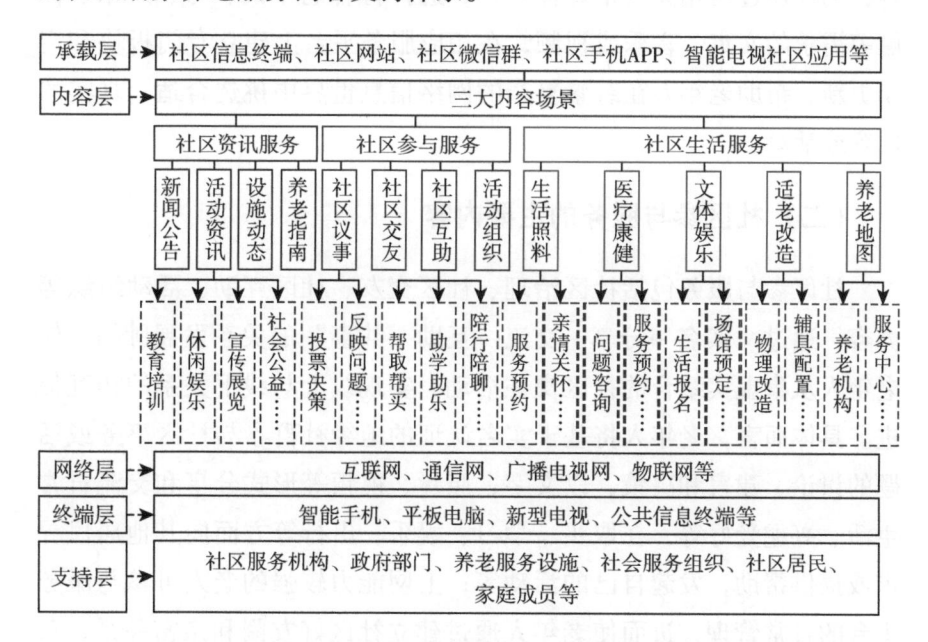

图6-10 基于网络化社区媒体的居家养老服务内容体系构成

（一）社区资讯服务的主要内容

社区资讯服务包括新闻公告、活动资讯、设施动态、养老指南等内容，及时传达与老年人生活相关的社会新闻、社区公告、社区活动、社区内部及周边设施动态、养老指南等信息。一方面在公告栏、楼宇屏幕、社区网站、社区微信公众号、新型电视社区应用等平台发布；另一方面通过手机短信、社区微信群、社区手机 APP 等平台即时推送，包括基于不同老年人生活需求差异的针对性推送。面向老年人的活动资讯是需投入更多精力的服务，也是不同社区可做出特色的部分，由社区老年人的知识水平、文化背景、兴趣爱好等因素决定。一方面，社区服务机构应与卫生、文化、教育等部门或组织合作，定期举办知识性、娱乐性、公益性的活动，提高老年人生活的丰富性和其他居民的参与性，将活动成果进行线上与线下结合的报道，建构"社区记忆"。另一方面，社区服务机构可开发适合自己的特色活动或服务内容，例如通过与相关网络媒体合作，选择符合老年人学习、娱乐、保健等需求的文章、音乐或视频，在相应服务平台上建立专门板块和定期更新，帮助老年人在纷繁复杂的网络信息世界中挑选合适、真实的内容或活动。

（二）社区参与服务的主要内容

社区参与服务包括社区治理、社区交友、社区互助、活动组织等内容，通过"实名→分享→交流→互助→共事"的关系发展脉络，使老年人从事虚实结合的社区交往活动，实现线上与线下关系的相互促进。具体而言，老年人将基于实名认证的地缘社群参与社区事务或话题的讨论、建言和决策，以文字、照片、视频等形式分享和交流日常生活、兴趣爱好等，在取买、学习、娱乐、出行等方面向其他居民寻求或提供帮助，发起自己的活动等；上网能力较强的老人可参与服务平台的日常管理，进而使老年人通过建立社区好友圈和亲密关系，获得来自邻居的帮助和陪伴，通过参与社区事务、提供帮助和组织活动，继续发挥余热。社区互助养老是社区参与服务的重要组成。不同于年轻人群，老年人在日常生活中、使用信息产品时往往需要更多帮助。基于网络化社会媒体的社区互助服务可分为"静态"互助和"动态"互助。"静态"互助是对老年人生活中的常见问题，包括使用信息产品时的困难，在平台上使用简明的文字、图片或视频进行步骤详解。"动态"互助以"点对点"的方式，通过文字、语音、视频形式的线上即时沟通和线下帮助，及时解决老年人遇到的多种问题，满足不同老年人的专门需求。

（三）社区生活服务的主要内容

依据全国老龄办发布的《十城市万名老年人居家养老状况调查》划分的居家养老服务门类和前文调查的老年人的网络媒介服务需求，社区生活服务包括生活照料、医疗护理、文体娱乐、适老改造、求助咨询等内容。拟通过网络平台建立老年人与养老服务设施、社会服务机构、周边商超、社区管理部门等服务人员的日常咨询与支持关系。生活照料板块提供助餐、助洁、助浴等预约服务以及亲情关怀服务，亲情关怀服务可通过老年人自己或子女、服务人员帮助的方式，设定需提醒的内容、时间和次数，届时发送到老年人的终端上；对于关键信息或自理能力较差的老年人，还会推送到子女终端。医疗康健板块提供问题咨询、上门诊疗、线下预约等便捷服务。文体娱乐板块提供活动报名和自发组织活动的场地预订服务。适老化改造板块提供物理环境、辅具配置等方面的设施改造和智能化助老产品的订购服务，支付可由社区服务人员或子女负责，通过将物品订购、支付功能整合到平台，帮助老年人简捷安全地进行费用支付。养老地图板块主要为老年人提供了解和联系周边养老结构、居家养老服务中心的便捷渠道。

服务场景构建的内容体系框架还具有一定普适性和可扩展性。一方面，不同的社区服务机构可根据实际情况进行内容选择，在不具备各方面条件的情况下，服务内容是独自成立的，如社区服务机构可只选择以手机短信或微信群的形式向老年人发送社区资讯、生活提醒等信息。另一方面，用于某社区的服务内容也可移植到其他社区，在一些具有地缘特色的具体内容上加以修改，就能够构建针对另一社区的本地化服务，体现了服务内容的可扩展性。

第三节　以社区服务机构为依托的服务场景实施策略

"积极老龄化"已成为全球应对人口老龄化的基本共识，是指人到老年时为提高生活质量，使健康、参与和保障的机会尽可能发挥最大效益的过程，即强调老年人要继续参与社会、经济、文化、精神和公益事务[276]。本书认为，社区媒体可作为一种有力的调节因素，通过发挥在社区公共空间的主要功能，帮助老年人获得虚实互补的支持性资源，促进"积极老龄化"的实现。即社区媒体不仅能为老年人提供养老指南、惠老活动等方面的信息资讯和生活照料、医疗康健、文体娱乐等方面的服务支持，把老年人更好地"养"起来，还可以为老年人构建参与社区事务、社区交往及互助的服务平台和空间，把他们更好地"用"起来，共同促进老年人在认知、健康、角色等方面的继续发展。以下将结合网络化社区媒体为老年人建构的即时分享场景、虚实交往场景、智慧养老场景，提出以社区服务机构为依托，基于线上平台搭建和线下空间植入的实施策略，促进老年人对社区场所的依赖感、认同感，培育社区居家养老共同体。

一　基于社区资讯服务的即时分享场景建立联系

（一）搭建无缝化的社区资讯惠老传播服务网络

网络时代，社区资讯服务需要整合社区内的多种媒介设施和信息传播平台。社区服务机构可以根据实际情况重点打造两至三类社区媒

第六章　基于社区公共空间的数字化媒体适老交互服务场景建构

体,减少资源浪费,并依托不同社区媒体的服务内容特色及其空间功能优势,构建交融协作的社区资讯传播场景。使声画社区媒体和网络化社区媒体能够共同发挥惠老作用,适应不同老年人的信息接收习惯和活动空间,确保每一位老年人都可以随时随地接收社区资讯,形成"无缝化"的社区资讯惠老传播服务网络,如图 6-11 所示。

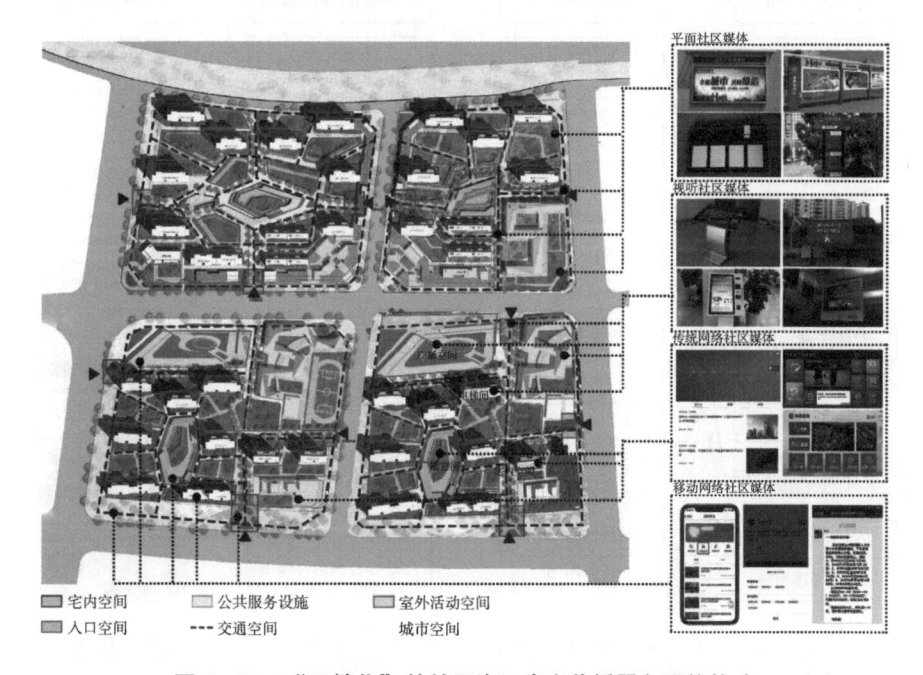

图 6-11　"无缝化"的社区资讯惠老传播服务网络构建

如图 6-12 所示,平面媒体主要布置在入口空间、交通空间、室外活动空间和公共服务设施,承载传统的资讯传达功能和空间美化属性,依据不同环境的特点体现图文设计适老。公告栏主要负责发布重要公告、文化推广、活动通知、设施动态、居民求助等信息,通过标题醒目、字体大、图文并茂等细节体现视觉设计适老。视听媒体主要布置在电梯间、广场空间和公共服务设施,结合活动宣传、成果展示、社会教育、广告推介等目的传播资讯,通过动态化影像体现视听传达适老。网络化社区媒体为老年人提供资讯、学习、娱乐、交往、照料等多种服务。可将社区网站或微信公众号定位于综合的资讯发布与公共信息平台；将社区信息终端定位于多功能的信息查阅与生活辅助设备，主要布置在广场空间和公共服务设施；将社区微信群定位于即时的资讯分享和日常交流渠道；将社区手机 APP 或微信小程序定位于资讯服务的细化与延伸等，智能精准地满足老年人需求。

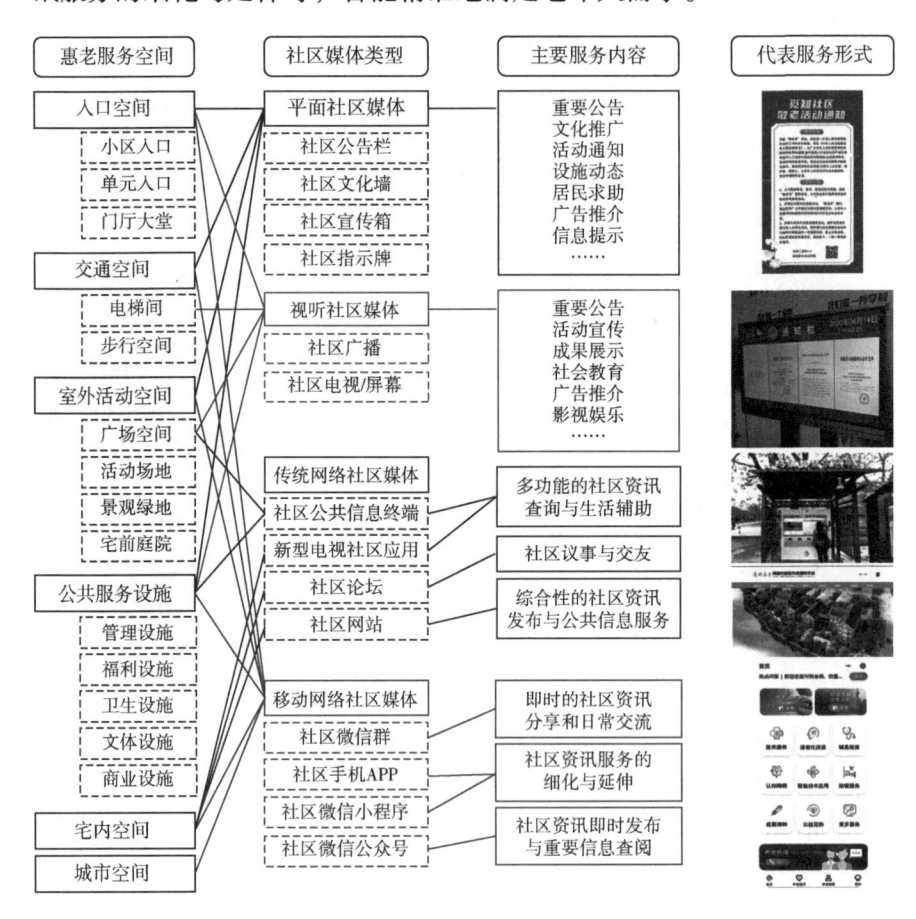

图 6-12　基于不同惠老服务空间的社区媒体植入框架和内容侧重

另外，面向老年人的社区资讯传播也要结合传统的面对面形式。如为了加快社区养老服务的信息化建设，芜湖市汀苑社区集中开展了形式多样的智能化养老服务宣传活动。首先，利用电子滚动屏进行 24 小时播放，在橱窗、宣传栏、社区路口张贴活动通知、服务海报等；其次，工作人员会在人员较密集的地方向过往的行人发放《致全区老人的一封信》，向他们耐心地讲解智能化养老服务的内容、流程、方式及优惠政策，取得了良好的宣传效果。

（二）加强基于手机和公共终端的信息服务适老

近年来，随着智能手机在老年人中普及，使通过移动网络社区媒体实施惠老信息服务已成为必然趋势。前文调查显示，老年人主要表现为以信息获取为主的手机上网需求，以及时获悉新闻资讯为主的内容偏好，以便捷人际交流为目的的关键促进因素。因此，社区服务机构可结合"获悉时事＋亲情交流＋辅助生活"的手机上网适老服务模式，为老年人随时随地获悉和分享社区资讯、参与社区事务和交往、得到社区生活服务支持提供便捷途径。

首先，通过社区微信群为老年人提供便捷的社区资讯接收渠道和沟通交流的途径，成为集资讯分享、日常交流、生活诉求等多功能一体的惠老服务平台。一方面，可通过微信群及时为老年人推送社区通知、养老动态等内容，加强与老年人的随时联系；另一方面，老年人可通过微信群进行信息分享、邻里交往、咨询求助、参与社区事务等活动。如邢台市和阳社区建有8个"百姓议事厅"微信群，重要的社区通知都会在微信群中发布，社区居民也会通过微信群反映社区问题，管理员知晓之后会及时进行协调或处理，包括金阳花园小区的一位老年居民曾在微信群中咨询新冠疫苗的接种问题，微信群群主、和阳社区党支部副书记在群内及时回复，主动请来社区医生提供了上门服务。

更接近移动互联网发展逻辑的是"平台型媒体"，即不是单靠管理者的力量做内容，而是打造一个开放、聚合的平台。因此，有条件的社区服务机构可投放集资讯推送、邻里交往、服务预约等功能于一体的手机社区APP或微信程序，促进老年人线上线下生活的便利融合。经调研，我国网络化社区媒体平台的惠老资讯服务仍以传统网络社区媒体为主，集中以养老服务机构为依托。如图6-13所示，南通市综合为老服务平台是专门为老年人提供多种信息的网站

（www.ntlnr.com），由南通市养老服务指导中心主办，现建有养老资讯、政策文件、多彩金秋等七个板块。养老资讯板块主要提供与老年人相关的新闻快讯、中心动态和公示公告；多彩金秋板块主要提供生活窍门、养生知识、老年人故事等；基于移动网络社区媒体的惠老平台以为老年人提供上门服务预约为主，如"添睦宝"是上海市天目西路街道在其社区微信公众号推出的小程序，通过"量体裁衣"、精准筛选、匹配资源，为居家老人提供了医养康养、辅助租赁、适老化改造、助餐、疫苗接种等多项上门服务的下单。针对我国惠及居家养老的手机社区APP仍相对匮乏，本章将设计一款集资讯、社交、养老等功能于一体的手机社区APP惠老服务平台。

图6－13　南通市综合为老服务网站和添睦宝微信小程序

前文调查显示，老年人主要表现为出于特定目的、以信息获取为主的上网行为，一是及时获取新闻资讯、学习知识、休闲娱乐等目的具有重要的促进作用，二是查阅保健知识、医疗问题求助、培养休闲爱好是接触老年人服务网站的主要目的。为了把老年人更好地"养"起来，社区服务机构提供的资讯除了服务社区居民的日常生活，还应针对老年人在医疗保健、休闲爱好、文化教育、情感疏导、生活技能等方面的特殊需求，以发挥关爱性、抚慰性、解惑性为目标开设专门的老年人服务板块，促进其认知、健康等方面的发展。基于前文提出的服务场景在社区资讯服务中提供的内容，如图6－14所示，本章设计的社区APP惠老服务平台的"资讯"板块拟

第六章 基于社区公共空间的数字化媒体适老交互服务场景建构 ◇◆◇

及时传达与老年人生活相关的新闻公告、社区活动、社区周边、养老指南等。"社区周边"功能用于查询附近管理设施、福利设施、卫生设施和文体设施的位置分布、基本介绍、联系方式、前往路线等信息。

图6-14 手机社区APP惠老服务平台的"资讯"板块设计

有条件的社区服务机构还可以在老年人经常活动的公共空间投放信息终端，提供多种惠老资讯查阅服务，还能够满足"老漂族"融入社区的辅助需求。结合前期调查的老年人对于上网电脑产品的适老化设计需求，本章还设计了一款社区公共信息终端的"长辈"服务模式，如图6-15所示。"社区简介"主要介绍居民构成、文化特色等信息；"社区周边"主要是用于查询附近的管理设施、福利设施、卫生设施、文体设施的分布、介绍、前往路线，并支持地图打印；"社区新闻"主要报道社区近期发生的重要事件；"社区活动"主要推荐教育培训、休闲娱乐、运动健身、宣传展览、社会公益等方面活动，支持直接报名；"社区交友"以找同乡和匹配兴趣爱好两种方式，让老年人能选择加入相应的微信群；"社区服务"提供相关服务部门的办公地点和联系电话；"我要反映""我要求助"和"紧急呼叫"用于老年人参与社区治理和获得及时的帮助。

(a)"首页"模块设计

(b)"社区周边"模块设计

(c)"社区活动"模块设计

(d)"社区交友"模块设计

图6-15　社区公共信息终端的"长辈模式"服务设计

二　基于社区参与服务的虚实交往场景促进交互

（一）促进老年人线上参与社区治理和实际交往

　　社会支持理论启示我们，向老年人提供的信息服务应该包括关心爱护他们的信息、相信自己有尊严和价值的信息、产生归属感的信息。人际交往是老年人生活的重要组成，不仅有助于其获得有价值的信息资源，还能够得到他人尊重、实现自我价值及建立归属感。前文调查显示，与人交流是促进老年人上网行为的重要因素，尤其是为了发布消息、组织活动、展示自己、咨询求助等目的的老年人更会经常从事网络社交活动。因此，除了提供关爱性的惠老社区资讯和活动支持，为了把老年人更好地"用"起来，网络化社区媒体还应促进老年人反映社区问题和参与公共事务的决策，并支持其分享话题、交流爱好、组织活动、咨询求助和帮助他人，为其建立"线上实名交往+线下实

第六章 基于社区公共空间的数字化媒体适老交互服务场景建构 ◇◆◇

际交往"的社区关系促进网络和支持空间，继续实现自我价值和产生地缘归属感。

如图6-16，本章设计的手机社区 APP 惠老服务平台的"参与"板块主要包括"社区交友""邻里活动""活动发起""社区治理""社区互助"五个功能模块。首先，"社区交友"模块以找同乡和匹配兴趣爱好两种方式，让老年人能够在社区 APP 服务平台上结交邻居和加入相关的交流社群，分享见闻、故事和兴趣等信息，管理自己的社区好友和参与的社区活动；"社区治理"模块主要让老年人能够积极参与社区事务和反映社区问题。

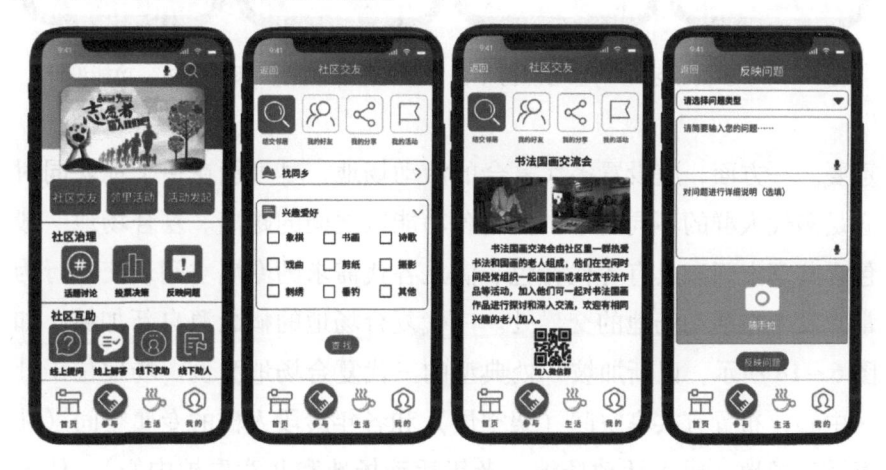

图 6-16 手机社区 APP 惠老服务平台的"参与"板块设计

如图6-17所示，"参与"板块的"邻里活动"模块主要让老年人能够获悉和参加其他居民组织开展的线下活动，包括唱歌跳舞、下棋打牌、艺术交流、运动健身、亲子互动等，同时提供活动的组织者、时间、地点和人员等信息，让老年人可通过参与邻里活动发展自己的线下交往关系；"活动发起"模块主要让老年人发起自己组织的各类线下活动，活动类型与"邻里活动"模块的活动类型相同，需要老年人填写活动的主题、时间、地点、人数等信息。

同时，社区实体空间应通过合理配置公共活动场地和服务设施，促进老年人之间、全龄居民之间交互，其中对于代际交互的促进尤为

◇◆◇ 城市居家老人数字化媒体服务场景建构

图6-17 手机社区APP惠老服务平台"参与"板块的"邻里活动"功能设计

重要。一方面，应设置多代复合的活动场地，尽可能在一个地块同时满足多代人群的不同需求，拉近各功能区之间的距离。复合场地一般包含共享空间和具有各代特色、满足各代需求的专属空间，交互行为常常发生在活动场地的交界处。三代复合场地的概念源自新加坡。如图6-18所示，以新加坡一处典型的三代复合场地为例。场地位于社区中心，布置有共享空间（架空层）和各年龄段人群的专属空间（儿童活动场地、成人活动场地、老年活动场地和儿童看护中心）。研究人员发现，儿童活动场地中家长和儿童会经常发生交互；老年人往往出现于檐廊空间、架空层空间、两块活动场地的中间区域或坐在老年活动场地边缘的休息座椅上，会和场地内的儿童及家长发生代际交往乃至互助行为[277,278]。

另一方面，要通过合理设置代际共享场所，满足各代需求和代际需求。代际共享场所是指多代人群共同接受服务和参加活动项目的公共空间，会通过正式或非正式的代际活动促进多代居民交往。功能可以是公共活动广场，也可以是洗衣房、健身房、娱乐室、阅览室等公共用房。如社区"多代屋"能够有效提升代际交流、增加代际照料、促进代际融合，常见类型主要包括主题会面型、活动型、服务型和互

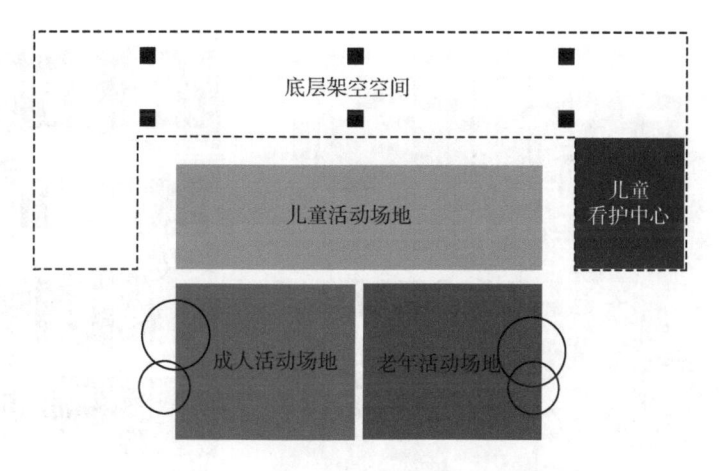

第六章 基于社区公共空间的数字化媒体适老交互服务场景建构 ◇◆◇

图 6-18 新加坡三代复合场地构成示意图[278]

助体验型，但在我国尚处于萌芽阶段[279]。

数字化生存时代，还应在多代复合场地和代际共享场所合理植入各类数字化媒体设备，为老年人和其他居民构建智能化的交互场景，提升社区公共空间在生活服务、医疗保健、休闲娱乐、运动健身等方面的惠老功能，优化老年人的活动体验，促进多代居民交往乃至互助行为发生。如图 6-19 所示，智能储物柜、自动贩卖机等生活服务类媒体设施和智能书柜、朗读亭等宣传学习类媒体设施可布置在主要入口空间、步行空间、广场空间和复合场地边缘；智能急救站宜布置在小区中心位置和生活服务中心、活动中心等代际共享场所；智慧广场舞设备、智慧休息座椅等休息娱乐类媒体设施主要布置在广场空间；智能健身设备、智能跑道等运动健身类媒体设施集中布置在复合场地。

例如，如图 6-20 所示，佛山市南浦公园投入使用的"智慧广舞场"系统采用了声学定向的发声技术，能在保证跳舞区域内音乐饱满的同时不干扰其他区域，实现了科学减噪；侧面配有 U 盘和话筒接口，只有通过微信小程序授权的广场舞领队才能开锁扫码使用；正面的显示屏还可以播放指定内容进行创城宣传。"AR 太极屏"已落地北京、重庆、天津等地的公园，是利用 AR、肢体识别等技术搭建的交互式健身设备；当老年人站在屏幕前和屏幕中的太极师傅学习太极时，

· 303 ·

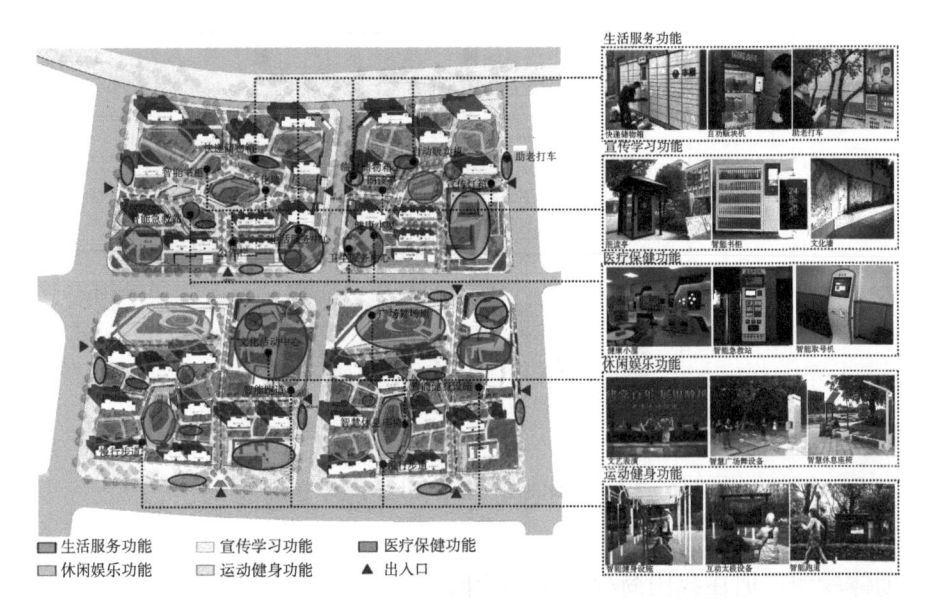

图 6-19　基于不同公共功能空间、促进代际交互的数字化媒体设施植入模式

系统会实时判断其肢体动作并打分，帮助其提高水平；互动结束后可选择 AR 拍照，经由手机与家人朋友分享。智慧休息座椅可提供有线和无线充电、照明等功能，还能为前来休息的人播放影音娱乐内容。

（a）智慧广舞场系统　　（b）AR太极屏　　（c）智慧休息座椅

图 6-20　促进老年人娱乐、健身和休憩活动中交往行为的
数字化媒体交互场景示例

资料来源：（a）baijiahao. baidu. com/s? id = 1641172152695190654&wfr = spider&for = pc；（b）www. mrcjcn. com/business/keji/311701. html；（c）szwyznkj168. b2b. huangye88. com/xinxi/caifkqf88f27a. html.

如图 6-21 所示，上海市方松街道社区卫生服务中心的"智慧健康小屋"配有各种健康采集器械,居民可一次性进行身高、体重、血糖、血压等10多个项目的检查,系统会生成健康干预方案,包括慢性病管理方案、个性化运动方案和饮食方案等;报告打印后还能作为就医凭据或参考。位于西安市城市运动公园的智慧跑道及专用手机APP可根据锻炼者的运动信息,给予个性化运动方案;跑道配有智能语音播报器材,可判断锻炼者的开始、停止状态,进行运动数据分析,计算运动的时间、次数(里程)、热量消耗估算等信息,并将运动信息通过实时显示和语音提示系统播报出来,方便健身者了解到其运动数据,合理地调控运动强度、运动频次,从而科学提高锻炼水平。深圳市滨海社区还针对老年人积极开展"朗读亭"体验活动,工作人员先为老年人演示朗读亭的操作方法和注意事项,详细解答如何将朗读的作品与他人分享,旨在引导老年人养成阅读的良好习惯。

(a)智慧健康小屋　　　(b)智慧跑道　　　(c)朗读亭体验活动

图6-21　促进老年人医疗、运动和学习活动中交往行为的数字化媒体交互场景示例

资料来源:(a) www.sohu.com/a/405725637_680303;(b) www.sohu.com/a/454282160_160914;(c) www.meipian.cn/3bjrf2er.

(二)建立线上与线下结合的社区互助养老网络

近年来,社区互助养老在空间设计、模式借鉴、实施路径等问题上逐渐成为研究热点。旨在将基于非血缘关系的代际互助作为居家养老的重要补充,以鼓励社会组织、社区居民的深度参与[280]。基于"虚拟+实体"的社区关系促进模式,社区媒体为开展社区互助养老提供了长效的服务平台和相关空间支持。通过便利的线上交流，不仅可以使老年人之间、代代之间、老年人与社区工作人员之间的联系越发亲密，还能推动其从虚拟的社区关系网络向现实的社区关系网络延伸，从线上交流转至线下交往，方便建立各取所需、互惠互助的实际帮扶关系，加深相互之间的情感关联，形成真正意义上的社区生活共同体。

如图6-22所示，本章设计的手机社区APP惠老服务平台在"参与"板块拥有"社区互助"功能，采取线上释疑解惑和线下实际帮扶两种模式促进社区互助。线下实际帮扶可分为居家上门帮助和到社区服务机构提供的互助型复合空间接受帮助，旨在满足不同老年人及其他居民日常生活中的多种帮助需求，包括"帮取帮买""助乐助学""陪行陪聊"等项目。参与帮助服务的人员既可以来自社区服务机构的工作人员和社区外部的志愿者、义工组织等单位，也可以由社区居民自发组成，包括发动社区中相对年轻和健康的老年人。

图6-22 手机社区APP惠老服务平台"参与"板块的"社区互助"模块设计

首先，针对志愿者、义工对于老年人的帮扶，平台可根据老年人的需求精准对接，基于不同老年人的数字化信息档案建立用户画像，帮扶人员可以提前制定方案，定期或在老年人需要时提供专业化帮助。针对社区居民之间的帮扶，平台将以无偿积分和有偿的方式由老年人、其他居民自行发布需求，平台将记录帮助人员的信息、帮助过程的相

第六章　基于社区公共空间的数字化媒体适老交互服务场景建构

关数据。旨在构建起社区内部小规模的互助养老服务网络，让有一定能力和条件的居民能利用碎片化的时间为老年人提供力所能及的帮助，形成线上与线下融合、守望相助的社区生活共同体，重点把能够提供帮助服务的老年人组织起来。在积分方面，平台将主要参考"时间银行"形式的激励机制，让曾提供过帮助服务的居民在日后也需要他人帮助时能消费自己的"爱心积分"，进而使社区内的老年人之间以及其他居民之间可形成互补效应，建立自我组织、协作服务、发扬互助精神的社区居家养老模式。

综上，通过在社区公共空间植入促进社区居民交往的网络化社区媒体设施和搭建支持社区居民互助的线上平台，能为老年人构建由信息流、关系流和服务流形成的社区共同体助老网络。如图6-23所示，合理布置在宣传学习、休闲娱乐、运动健身、生活服务、医疗保健等社区公共功能空间的媒体设施为老年人与其他居民发生交往关系、助老行为提供进一步支持；运维人员则通过各类媒体设施为老年人构建了具体的助老交互场景，随时提供网络化的助老服务支持；老年人、其他社区居民、社区工作人员、志愿者和义工一方面可通过网络化社区媒体进行信息分享、日常交流，基于线上交往关系发生即时的线上助老行为，另一方面可通过预约居家上门或选择指定的互助型复合空间，提供线下助老行为。

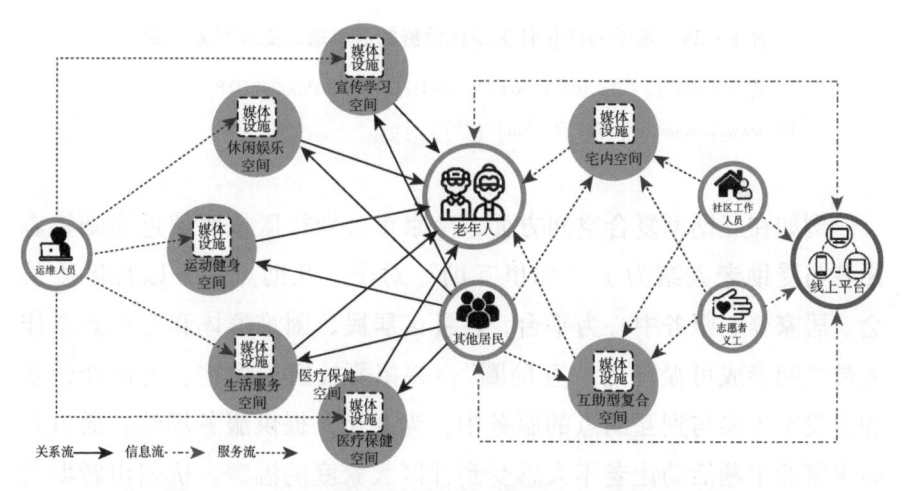

图6-23　基于网络化社区媒体的社区助老服务网络构建

例如在基于生活辅助类和医疗保健类社区媒体设施的线下助老场景中，如图6-24所示，杭州市首批助老打车暖心车站于2021年11月在闸弄口街道启用，使老年人能享受数字化出行服务的便利。老年人通过支付宝或微信扫描暖心车站上的二维码后，会自动进入高德打车小程序的助老模式，暖心车站的位置将被自动设置为叫车起点，终点位置无须输入，可以在上车后与司机沟通和预设一些常用的目的地，老年人还可以选择使用现金支付行程费用。社区急救站是将医疗器械（自动体外除颤仪、轮椅、铲式担架）、急救用品（包扎用品、止血用品、小伤口处理用品）实现免费领取、使用和归还的一套自助式、智能化急救系统，为社区居民提供24小时无间断的全时服务，保证急救物品随时可用。危机发生时，社区居民可通过扫一扫或身份验证迅速获取所需用品。

（a）助老打车暖心车站　　（b）社区急救站

图6-24　基于网络化社区媒体设施的线下助老交互场景示例

资料来源：（a）3g.163.com/tech/article/GOK7NSON00097U7R.html；（b）www.jnnews.tv/p/705790.html.

例如在互助型复合空间方面，南京市公塘社区按照就近原则将志愿者与受助老人结为了"邻里互助"对子。互助点服务以社区委员会、居家养老服务中心为平台，在社区居民、困难群体和互助点工作人员之间形成可循环的"互助圈"，并招募社区内民宿、超市经营者和退役军人参与到互助点的服务中，为老年人提供服务场地，通过开展丰富的主题活动让老年人感受到社区大家庭的温暖。杭州市转塘街道的民生综合体面积为2997平方米，按照"7+X"统筹设计，涵盖助老、健康、活力、教育、治理等7大共性服务空间和X项个性化、特色化服务项目。1楼设置了居家养老服务中心、杭州书房等，杭州书房配有上千册书籍和朗读亭、定点畅听等设备；2楼设置了智慧健康小屋、亲子互动以及陪伴空间、安全教育展厅、音乐室等，并将全息投影技术应用在安全教育领域；3楼设置了健身房、邻里中心、多功能厅、议事厅、慈善基地等，邻里中心能为老年人、青年和家庭提供交友、聚会的互动空间，如图6-25所示。

图6-25 杭州市转塘街道的民生综合体及其数字化功能空间示例

资料来源：www.163.com/dy/article/GM2BFIN205456Z18.html。

（三）营造孝亲敬老与互助互爱的社区文化氛围

社区不仅体现在人们居住在一定的地域范围，也体现了居民共同拥有的社区文化。中国孝文化历史悠久，源远流长。为了更好地开展互助养老工作，首先，社区服务机构要利用社区媒体提倡居民积极提供助老服务，还可以定期组织弘扬孝亲敬老的社区文化活动，营造爱老助老的社区文化生活氛围。例如在重阳节可开展孝文化节，充分考虑到老年人的文化娱乐偏好，以其喜闻乐见的棋牌健身、文艺创作、园艺种植、露天电影等活动为主，同时邀请其他居民欢聚一堂，共度佳节，通过社区媒体加以宣传报道乃至线上参与，见图6-26。

同时，如图6-27所示，社区服务机构还应建立健全社区互助养老服务小组，一方面提供生活互助，如鼓励低龄老人辅助养老服务人员为其他老年人提供日常服务，包括帮助高龄、生活不便的老年人打扫卫生、洗衣、做饭以及提供陪同看病、代购物品等力所能及的服务，解决其日常生活的高频需求；另一方面要提供精神互慰，针对高龄老人、独居老人和"老漂族",可安排社区互助成员轮流上门看望,联络感情,倾听诉求,适时适度做好心理安慰和疏导[281]。

(a) 泉州泉港网络孝文化节　(b) 安徽肥东社区书画会活动　(c) 上海高行镇露天电影进社区

图 6-26　丰富多彩的孝亲敬老社区文化活动

资料来源:(a) wmf.fjsen.com/2019-10/08/content_30010052_0.htm;(b) www.fjshuchi.com/m/news/jdjjhljbbhmeeuh.html;(c) pudong-epaper.shmedia.tech/Article/index/aid/334680.html.

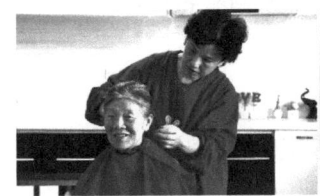

(a) 护工帮助老人理发　(b) "以老助老"服务　(c) 独居老人的志愿者服务

图 6-27　互助互爱的社区居家养老服务小组

资料来源:(a) k.sina.com.cn/article_1737737970_6793c6f202000wn2g.html;(b) baijiahao.baidu.com/s?id=1738348264278486314&wfr=spider&for=pc;(c) m.gmw.cn/2022-03/16/content_1302847375.htm.

三　基于社区生活服务的智慧养场景增进依附

(一) 针对老年人差异提供不同的居家养老服务

2021年12月,住建部发布的《完整居住社区建设指南》指出,一个完整的住区应在适宜步行的范围内拥有完善的基本公共服务设施、

第六章　基于社区公共空间的数字化媒体适老交互服务场景建构

健全的便民商业服务设施、充足的公共活动空间等，强调优先满足老年人和儿童需求，包括建设1个综合服务站、1个卫生服务站、1个托儿所、1个老年服务站等，如可以建设1个建筑面积不小于350平方米的老年人日间照料中心，为生活不能完全自理的老年人提供膳食供应、保健康复、交通接送等日间服务。健全的医疗保健设施、日间照料设施和公共活动设施能增进老年人对社区环境的信任感。社区媒体应基于O2O的服务模式，协同老年服务站、社区卫生服务站和社区文化活动中心等相关实体资源，为老年人提供便利的就近养老服务。

如图6-28所示，不同社区的居民结构和老年人特征差异会影响社区公共空间中的服务设施配置及居家养老服务平台提供的服务项目，旨在合理整合各类养老服务资源，方便老年人选取合适的服务场所和服务内容。如老年居民占比较多的社区，对社区公共空间中养老服务设施的需求会更高，对线上与线下结合的各类服务内容也更加多样化；介助老人和介护老人占比较多的社区，由于他们的生活空间大多在室内，更需要一些居家上门服务和日间照料服务。

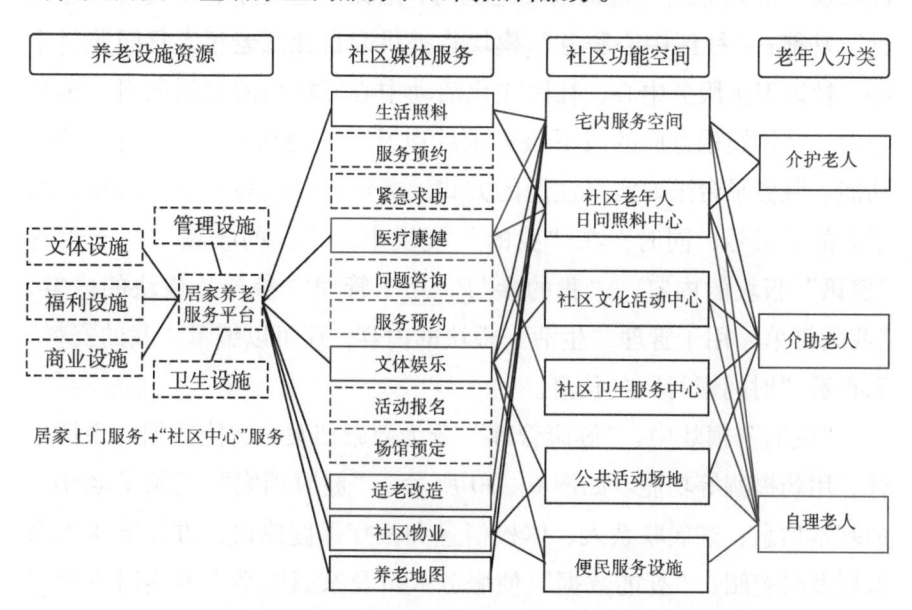

图6-28　基于老年人差异提供不同的居家养老社区媒体服务框架

因此，社区服务机构和社区媒体服务平台需要根据社区中老年人的具体情况提供差异化服务。一方面为特殊老人提供特殊服务，例如针对高龄、介助或介护老人，注重提供以"电话预约＋线下上门"日间照料中心为主的生活照料、医疗康健、精神慰藉等服务，加强以安全保障为核心的智能化服务，包括行为监测、远程定位、一键呼救等，保障其日常生活的便利性和安全性。另一方面为健康老人多提供文体娱乐服务，还要充分调动他们对社区事务、社区交往和互助养老工作的参与度，例如参与社区治理决策、组织社区活动、帮助其他居民等，通过搭建线上线下结合的居家养老交互服务场景，为仍想要发挥余热、体现自身价值的老年人提供参与社区建设的更多机会。

本章设计的手机社区 APP 惠老服务平台在"生活"板块主要包括"居家上门服务""社区中心服务"两个模块。如图 6－29 所示，"居家上门服务"模块将提供在生活照料、医疗康健、适老改造、社区综合服务中心、物业部门等方面的服务预约、问题咨询、产品订购等功能以及"养老地图"查询（养老机构、居家养老服务中心）、"一键求助"功能；"社区中心服务"模块将提供来自社区老年人日间照料中心、社区卫生服务中心、社区文化活动中心等机构的生活照料、医疗康健、文体娱乐方面的线下服务预约以及"一键咨询"（养老顾问）功能。服务平台采取实名注册的方式，老年人可填写一个作为紧急联系人的手机号；同时，在"我的"模块中，"我的收藏"用于管理"资讯"板块的内容，"我的参与"用于管理"参与"板块的内容，"我的订单"用于管理"生活"板块的内容，还可以编辑"我的资料"和查看"时间银行"的信息。

"我的"模块中，"健康管理"分为健康档案、智能数据、亲情关怀、用药提醒等功能。如图 6－30 所示，"健康档案"记录了老年人的基本信息、亲属联系人、体检信息和医疗保健建议，方便老年人及亲属及时查阅；"智能数据"使服务人员及亲属联系人能实时查询老年人位置；"亲情关怀"记录了老年人在照料中心的生活动态，让亲属联系人可随时关注其日常情况；"用药提醒"是日间照料中心根据老年人身体状况设置了用药时间的提醒，以免其忘记服药。

图6-29　手机社区APP惠老服务平台的"生活"板块设计

图6-30　手机社区APP惠老服务平台"生活"板块的"健康管理"模块设计

（二）整合养老资源的居家上门服务筛选与实施

基于网络化社区媒体的居家老人生活服务场景拟通过"线上交互平台+线下资源共享"的O2O模式，支持居家老人与相关服务设施、服务人员之间可便利地进行信息交互。不仅通过联通物理空间和虚拟空间，整合多维度的空间功能，建立多层级复合联动的居家养老上门服务体系，实现各类服务的全面覆盖，还可及时满足居家老人在生活照料、医疗康健等方面的日常咨询、服务预约等需求，提升服务效率和优化过程管理，促进居家老人对服务平台的功能依赖、情感认同和长期使用，增进老年人对社区居住环境的生活依附。

如图6-31所示，本章设计的手机社区APP惠老服务平台"生活"板块中的"居家上门服务"模块主要提供助餐、助洁、助浴、助购等方面的生活照料服务；问题咨询、诊疗预约、康复保健、医疗护理、产品订购等方面的医疗康健服务；地面改造、门改造、卧室改造、卫浴改造、厨房改造、辅具配置等方面的适老化改造服务，可以通过为老年人配备各种智能化的家居设备和助老产品，为其构建安全监护、休闲娱乐、智能相伴的居家养老服务场景，即支持24小时照护的智慧居家养老床位服务。另外，"养老地图"功能为老年人提供了养老机构、居家养老服务中心的查询、导航、介绍和筛选等方面的服务。

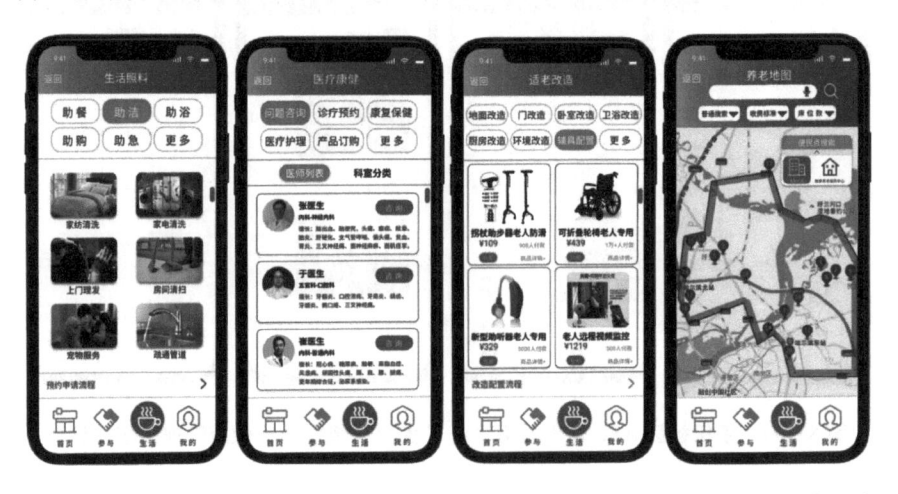

图6-31 手机社区APP惠老服务平台"生活"板块的"居家上门服务"模块设计

本章设计的手机社区APP惠老服务平台在居家养老上门服务方面的流程如图6-32所示。首先，平台会根据老年人实际情况，从社区周边的管理设施、福利设施、卫生设施、文体设施和商业设施筛选合适的项目入驻平台。在此基础上，服务实施的过程如下：1）基于老

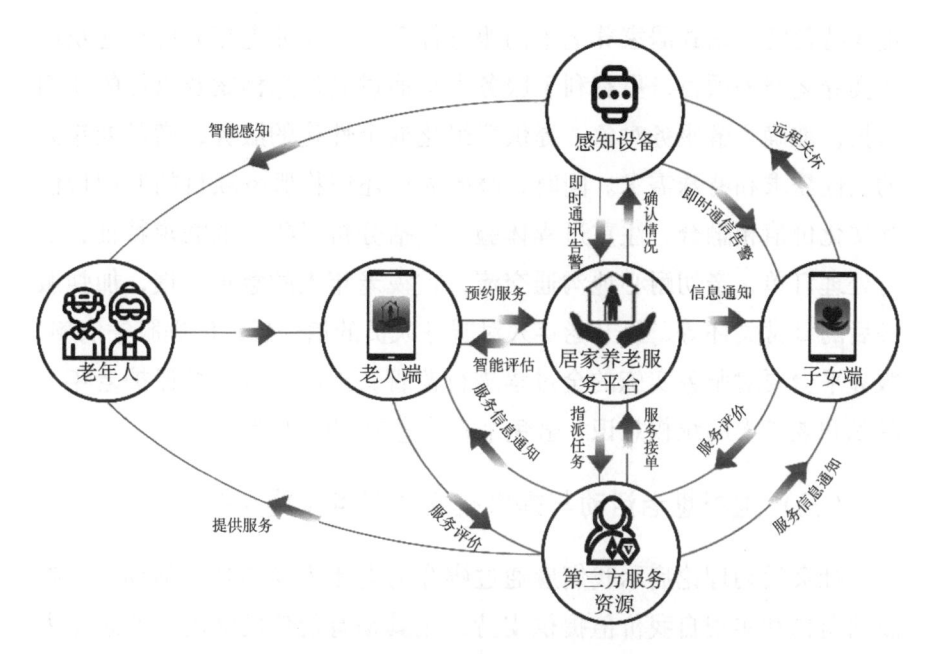

第六章 基于社区公共空间的数字化媒体适老交互服务场景建构 ◇◆◇

图 6-32 整合资源的居家养老上门服务实施流程

年人或亲属（如子女）注册时提供的基本信息、体检信息等数据为老年人建立健康档案，并进行照护等级评估，包括连接必要的智能感知设备（自行购买或平台订购）；2）根据老年人的基本状况、地理位置、照护等级等信息推送合适的服务，老年人或子女通过平台或语音电话提出预约；3）平台根据老年人的需求和地理位置进行服务匹配及派单；4）入驻平台的服务单位接受订单并联系老年人或其子女，派出服务人员实施服务；5）服务完成后，平台会回访老年人及其子女的服务评价；6）平台会收集老年人的服务需求，归纳老年人及其子女对服务的满意度和改进意见，对服务单位评级；7）平台根据评级做好服务单位的准入和退出工作，吸纳新的服务单位，做好服务人员的信息更新和维护。同时，平台需要根据智能感知设备的监测数据及时处理突发情况，通知老年人子女，支持子女端的远程关怀。

总之，基于O2O的服务模式，平台将通过为老年人提供照料、康健、娱乐、适老改造等项目，形成一个订单到服务的流程，建立具有地缘特色的一站式居家养老上门服务体系。不仅使老年人便捷地获取各类养老服务项目，更有利于服务人员通过其信息档案及以往的使用数据，准确了解服务对象，提供群组化或个性化的服务，满足老年人的共性需求和特殊需求。同时，服务人员还应将服务项目的使用价值和文化价值相融合，注重过程体验。包括分析老年人的需求特征，及时处理订单，亲切耐心地沟通交流，重视老年人的意见反馈，加强服务后的日常关怀等，提升老年人对服务人员的信任感，促进服务依赖。服务平台要对服务实施的全过程进行监管，提高服务人员保护老年人隐私和老年人的维权意识，避免个人信息泄露的风险。

（三）组织惠老活动与提供交互式服务设施支持

社会活动理论启示我们应通过媒介为老年人参与各类活动、寻找新的角色和实现自我价值提供支持，尤其是有价值的活动会使老年人有新的追求和生活动力。因此，重点针对自理老人，社区服务机构可通过"线上发布＋线上报名＋线下支持"的方式，定期组织惠及老年人的各类文体休闲活动，牵引老年人走出家门，聚集到实体的社区公共空间，投身多元化的社区文化生活。

首先，本章设计的社区 APP 惠老服务平台在"生活"板块主要提供文体娱乐活动的预约，支持以社区文化活动中心为代表的服务机构实施网络化的惠老服务模式。如图 6-33 所示，功能模块分为"活动预约"和"场馆预定"，"活动预约"可选择活动类别、活动项目和活动日期，填写人员信息；"场馆预定"可选择具体场馆和预约日期，提交申请后由服务人员安排和调配。

同时，以社区文化活动中心为代表的活动场所应注重功能配置的多元化和复合性，通过全龄活动空间的聚合，诱导和容纳社区居民积极参加文教、休闲和体育等多种活动。如图 6-34 所示，社区活动场所可承担的惠老服务功能和交互场景的植入模式包括：1）作为惠老资讯中心，提供图书阅读、宣传展览和老年人的专属服务，成为老年人了解社区、融入社区的公共信息空间；2）作为惠老教育中心，定

第六章 基于社区公共空间的数字化媒体适老交互服务场景建构

图6-33 手机社区APP惠老服务平台"生活"板块的
文体娱乐"活动预约"功能设计

期为老年人组织医疗保健、自我提升、经验分享等方面知识讲座，尤其要为老年人学习上网提供软硬件支持，可结合其具体需求开展专题式教育，建立学习小组，并发挥低龄老人的带动作用；3) 作为惠老活动中心，为老年人参与或组织文体、娱乐、公益等活动提供场所，即通过对多元化活动的包容，培育实体社区交互空间对老年人和其他居民的凝聚力。除了在功能设置上体现活动容纳的灵活可变性，与周边的商业、餐饮、公园、医疗等社区公共设施配合，实现惠老服务功能的有效互补，还应该基于惠及老年人的各类数字化媒体设施，为老年人和其他社区居民在图书借阅、技能学习、观影娱乐、运动健身、亲子互动等方面构建交互服务场景和智能化的活动行为体验。

例如，如图6-35所示，广州市白云区图书馆一是利用了RFID、感应侦测、生物识别等技术，实现了"无感"借还书，读者无须停留，可自动识别读者身份登记借书和还书，让一些不会使用智能手机的老年人能够便利地借书还书；二是采用了微信导航，读者可以在任一书架外侧的智能设备查找图像化的图书索引，选定后，提前绑定的微信会自动导航寻路，当来到对应书架时，图书所在书格会亮起绿灯，提示要找的书就在这个书格中，节省了读者查书的时间；三是会自动

· 317 ·

更新书籍的位置信息，读者把书取出并随手放在其他书格，系统会动态更新图书的位置信息，及时关联到智能屏幕上。上海老年大学钦州书院的"智慧生活体验教室"开设了虚拟驾驶"老年班"，实操上采取了"空驾模拟"的形式，通过引入仿真模拟设备，老年人可借助VR实景在车辆上操作，使学习驾驶的过程更具有安全保障。智能棋桌可以满足老年人双人或单人的棋类活动需求，一般包括中国象棋、围棋、军棋、五子棋、国际跳棋等模块，并具有保存棋局、对战回顾、AI对弈、难度梯度、解残局等功能特色或服务优势。

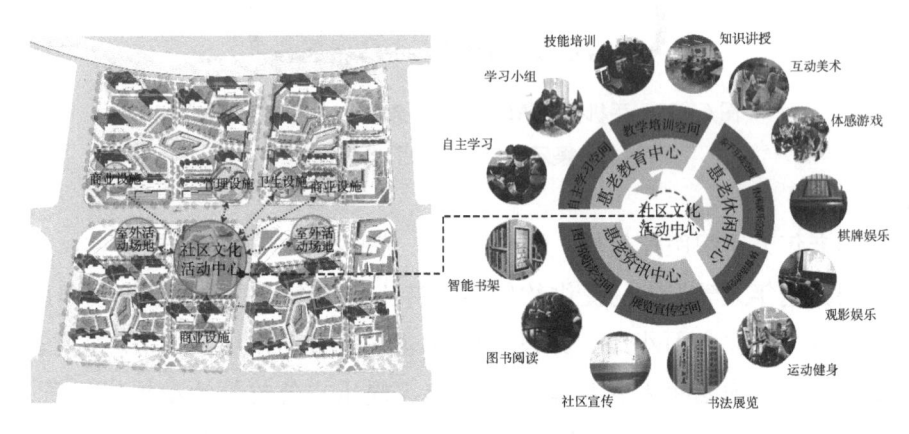

图6-34 社区活动场所的惠老服务功能与交互场景植入模式

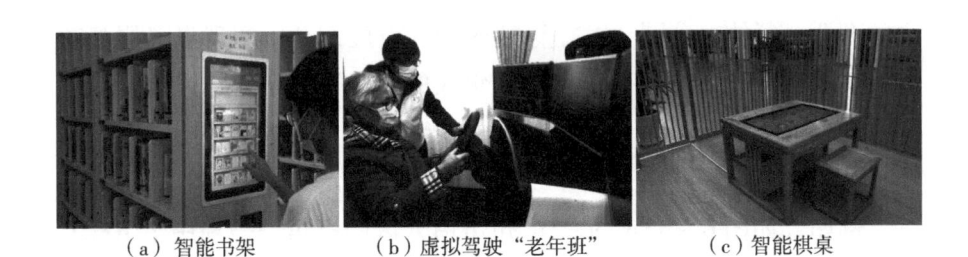

（a）智能书架　　（b）虚拟驾驶"老年班"　　（c）智能棋桌

图6-35 提升老年人图书借阅、技能学习和休闲活动体验的
数字化媒体交互场景示例

资料来源：(a) www.sohu.com/a/492412331_161795；(b) k.sina.com.cn/article_2010666107_77d8547b02001419p.html；(c) www.sohu.com/a/471661324_120417489.

例如，如图6-36所示，上海市宝山区三邻桥体育文化公园的华友银发智慧健身馆采用了适老化的液压式器械和智能化的心电监控系统，可根据运动速度确定健身器材力度，有效达到运动效果且不易造成伤害；并为中老年人群建立了数字化的运动数据档案，通过检测和评估人体机能及成分，制定个性化的运动方案；还可以通过手机、电脑查询锻炼效果，形成闭环式的健身管理模式。加力健康的"互动美术系统"实现了2D作品到3D动画的转变，系统在墙面投影大型的绘画场景，如森林、海洋等，让老年人和孩子可以自由创作或填色涂鸦，完成作品后扫描上传至大屏，就会变成活蹦乱跳的"生物"；系统凭借互动化、沉浸式的绘画模式有利于促进亲子关系，更有纾解老年人心灵的积极意义。长友养老服务集团的"哈哈伯"体感游戏采用了3D动态捕捉技术，支持以实景呈现、多人参与的方式进行游戏，老年人在游戏过程中可实现身体康复和心情愉悦的目的，锻炼到膝盖、大腿、腰腹、手臂等部位，并在第一届"全国乐龄游戏创意设计大赛"中荣获"最佳智能科技专项大奖"。

（a）智慧健身　　　　（b）互动美术系统　　　　（c）康复体感游戏

图6-36　提升老年人运动健身、亲子互动和娱乐活动体验的数字化媒体交互场景示例

资料来源：（a）newsxmwb. xinmin. cn/chengsh/2021/06/21/31978642. html；（b）zhuanlan. zhihu. com/p/408164078；（c）baijiahao. baidu. com/s? id = 1634321800198405403。

（四）提升社区居家养老服务机构的智能化水平

本章设计的手机社区APP惠老服务平台在"社区中心服务"模块主要提供了社区居家养老服务机构的线下服务项目预约功能。服务机

◇◆◇ 城市居家老人数字化媒体服务场景建构

构主要涉及社区老年人日间照料中心、社区文化活动中心、社区卫生服务中心等。由于老年人身体状况各不相同，需要的服务项目也有所不同。对于自理老人来说，养老需求主要是在保持健康的基础上丰富日常生活，数字化媒体可以在相关服务机构为其提供健康管理、文体娱乐、社会交往等方面的智能化互动服务。而介助老人、介护老人的养老需求则各有侧重，主要涉及生活照料、康复护理、安全援助和精神慰藉等，数字化媒体可以在相关服务机构中为其提供智能化的相伴服务。因此，如图 6-37 所示，服务平台主要通过生活照料、医疗康健、文体娱乐、一键咨询四个模块，为老年人提供就餐、洗浴、助洁、康复、保健、护理等方面的线下服务项目预约，包括前文在文体娱乐模块设计的活动预约、场馆预定等功能。而一键咨询（养老顾问）功能将由居家养老服务中心的专门人员负责。

图 6-37　手机社区 APP 惠老服务平台"生活"板块的"社区中心服务"模块设计

针对实体空间中的服务，医疗保障方面，社区卫生服务中心（站）不仅要为老年人提供线上问诊服务和线下预约服务，满足其基本的医疗服务需求，并配合相关社区服务机构提供紧急情况的救援服务，还可以与城市医院合作，构建名医名院的下沉服务机制，促进优质医疗资源向社区流动。如杭州市西兴街道的缤纷社区卫生服务站是

· 320 ·

第六章　基于社区公共空间的数字化媒体适老交互服务场景建构 ◇◆◇

我国首家智慧社区卫生服务站，建筑面积 1768 平方米，1 楼为自助健康中心，2 楼为智慧诊疗中心，3 楼为儿童保健中心，即重点是关注"一老一小"。服务站以家庭医生为纽带，为老年人提供了"家庭 + 社区 + 名医名院"三位一体的医养融合管家式服务。通过智能终端，老年人在家中即可以一键呼叫家庭医生。家庭医生也可以通过 5G 物联网健康设备实时监测其血压，若有异常自动预警，立即进行入户或电视随访，如图 6 - 38 所示。

图 6 - 38　为老年人提供社区医疗服务的智能化交互场景示例

资料来源：xw. qq. com/cmsid/20211110A0DODL00？f = newdc.

生活照料方面，社区老人日间照料中心一方面可采取"线上预约 + 线下支持"的方式，为有需要的老年人提供膳食供应、保健康复、交通接送以及心理咨询等服务，为生活不能完全自理的老年人提供日托服务。另一方面可在不同功能空间植入宅内不便使用的数字化媒体设备，为老年人构建智能互动、智能相伴的交互场景，提升其作为专门养老机构的专业化水平。

如图 6 - 39 所示，照料中心按照空间功能的配置可分为生活用房、文娱与健身用房、康复与医疗用房。生活用房具备膳食、休息、洗浴等功能，可提供个性化营养膳食、智能调节的休息环境、智慧舒适的沐浴环境、智能辅助的清洁设备等。文娱与健身用房要兼顾老年人在文化、娱乐、休闲、健身等方面的"动静"活动需求，可配置多媒体影音、体感游戏或 VR 体验、智能棋牌、智慧运动等设备。康复与医疗用房具备康复、急救等功能，可以配置智能化看护系统和急救设备、交互式多媒体康复设施、网络化的问诊和检查服务等。有条件的机构还可将门厅兼多功能厅，具备信息宣传、生活辅助、休息社交等功能，配置多媒体展示屏、自助业务办理、自动贩卖机、智能座椅等设备。还可以在停车接驳地点配备助老车站和班车信息提示系统，在室外活动场地配置智慧健身器械、智能跑道等。

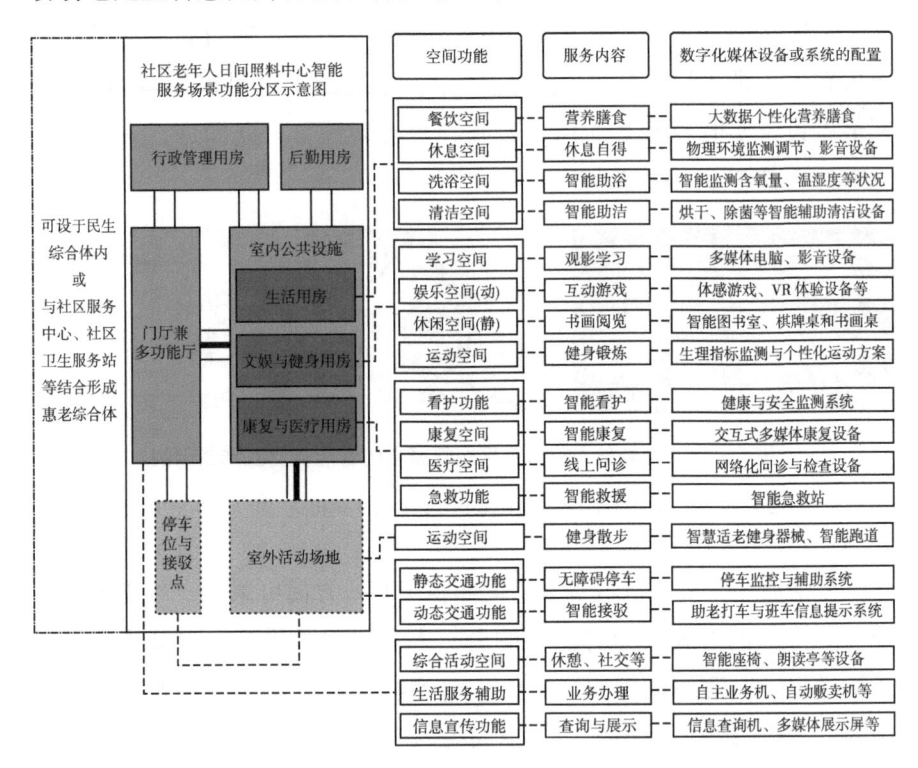

空间功能	服务内容	数字化媒体设备或系统的配置
餐饮空间	营养膳食	大数据个性化营养膳食
休息空间	休息自得	物理环境监测调节、影音设备
洗浴空间	智能助浴	智能监测含氧量、温湿度等状况
清洁空间	智能助洁	烘干、除菌等智能辅助清洁设备
学习空间	观影学习	多媒体电脑、影音设备
娱乐空间(动)	互动游戏	体感游戏、VR体验设备等
休闲空间(静)	书画阅览	智能图书窗、棋牌桌和书画桌
运动空间	健身锻炼	生理指标监测与个性化运动方案
看护功能	智能看护	健康与安全监测系统
康复空间	智能康复	交互式多媒体康复设备
医疗空间	线上问诊	网络化问诊与检查设备
急救空间	智能救援	智能急救站
运动空间	健身散步	智慧适老健身器械、智能跑道
静态交通功能	无障碍停车	停车监控与辅助系统
动态交通功能	智能接驳	助老打车与班车信息提示系统
综合活动空间	休憩、社交等	智能座椅、朗读亭等设备
生活服务辅助	业务办理	自主业务机、自动贩卖机等
信息宣传功能	查询与展示	信息查询机、多媒体展示屏等

图6-39 社区老年人日间照料中心的空间功能分区与智能化交互场景植入模式

例如，如图6-40所示，合肥市方兴社区智慧养老中心配备了互动游戏设备，帮助老年人进行康复训练。老年人不需佩戴任何传感器，系统通过"摄像头+算法"的方式，能对老年人全身25个关节点进行快速识别，分析四肢和躯干关节的活动是否符合康复动作要求，互动游戏还增加了训练的趣味性，丰富了老年人的日常活动内容，更可以缓解康复师短缺和成本较高的问题。上海市静安寺街道启用的"浴管家"设备不仅能够实现智能计时功能，还可以实时检测浴室含氧量、监控温湿度等状况，为老年人提供了智慧、舒适的沐浴环境。日本一桥大学的桧山敦教授近年来在日本横滨市的老年人照料设施中启动了"虚拟旅行"实验。通过让身体功能退化、无法自由外出的老年人佩戴上 VR 眼镜浏览世界各地的全景影像,扩大了其"活动范围",激发他们对于康复训练的积极性;还开发了"VR 吹箭"游戏,用以改善老年人的呼吸功能和空间认知能力。

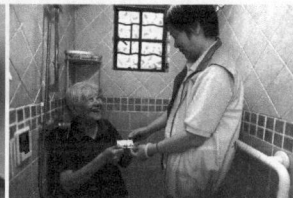

（a）康复游戏　　　　　（b）浴管家　　　　　（c）虚拟疗养

图 6-40　提升老年人康复、洗浴和疗养行为体验的智能化交互场景示例

资料来源：（a）baijiahao. baidu. com/s? id＝1712197101538279240&wfr＝spider&for＝pc；（b）www. sohu. com/a/491513679_ 120044982；（c）www. keguanjp. com/kgjp_ keji/kgjp_ kj_ ict/pt20220527000003. html。

另外，为有特殊状况的老年人配备智能腕表、智能手环等移动设备，在一定程度追踪和限定其活动范围，当超出约定范围时发出预警，可增加其日常活动的安全性。以荷兰的 Hof van Nassau 认知症老人照护中心为例，Tante Louise 公司的核心理念是运动能减缓认知症病情恶化的进程。在保证安全的前提下，他们为老年人提供了尽可能自由的活动空间，让其尽可能自主地生活。设计之初就将养老设施空间分为4 个层级，如图 6-41 所示，不同层级的空间对应不同的活动自由度，根据老年人身体和认知状况界定适合他们的活动范围。在设施内的 1、2、3 层级，通过智能手环、WI-FI 和通信技术实现门禁控制和实时定位。在设施外的第 4 层级，运用 GPS 系统实时定位。当存在风险时会通过手机短信将老年人的信息告知周边的居民，请求其协助[282]。

综上，本章提出的以社区服务机构为依托的网络化社区媒体居家养老服务场景实施策略，一方面是以一款手机社区 APP 惠老服务平台的总体设计为脉络，为老年人构建了"资讯"（首页）、"参与""生活""我的"四个服务板块。如图 6-42 所示，每个服务板块均涉及

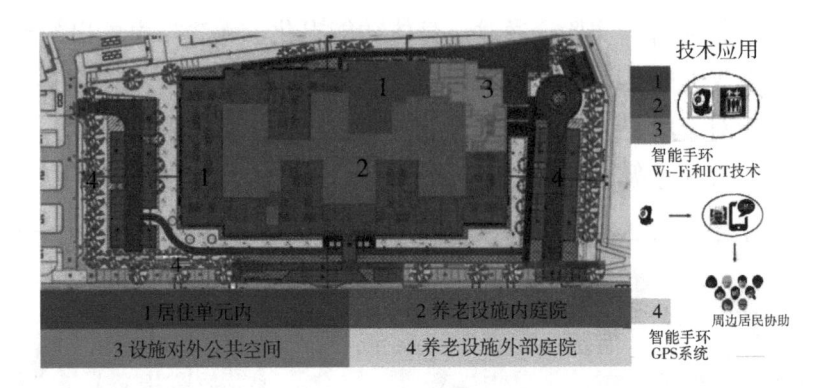

图6-41　Hof van Nassau养老设施的四级自由度与技术应用[278]

具体的功能模块和服务内容方案，尝试建立了较完备、基于线上交互场景的社区居家养老服务平台。其中，"资讯"板块旨在广泛汇聚社区内外的惠老信息服务资源，"参与"板块旨在充分调动以老年人为主、以其他居民和服务人员为辅的社区养老人力资源，"生活"板块旨在有效地整合社区内外空间场所的养老设施服务资源。

另一方面，针对每个线上服务板块中的服务内容重点，基于线下交互场景的构建和实体空间的功能提升，提出了各类数字化媒体设施的植入模式及其服务策略，列举了大量已实际得到应用的案例。包括基于宅内空间、公共服务设施、室外活动空间、入口空间、交通空间等场所的社区资讯传播场景，基于生活辅助、宣传学习、医疗保健、休闲娱乐、运动健身等公共功能空间的代际交往促进场景和互助行为发生场景，基于社区文体活动场所在教育服务、信息服务、休闲服务等方面的交互行为支持场景，基于宅内空间、社区卫生服务站和社区老年人日间照料中心、室外活动空间的智能化照料提供场景。

第四节　本章小结

本章基于城市老人媒介使用行为与服务需求的特征及其影响因素

第六章 基于社区公共空间的数字化媒体适老交互服务场景建构 ◇◆◇

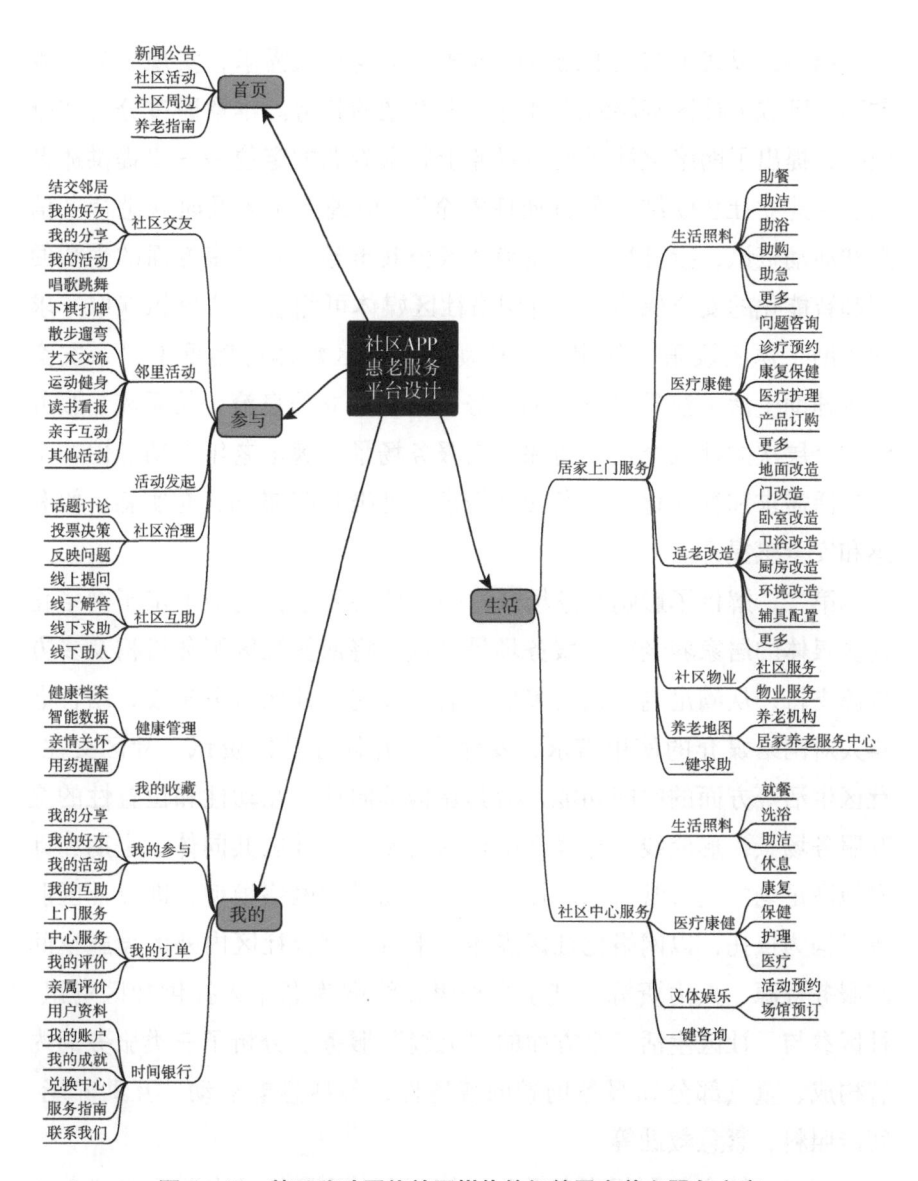

图 6-42 基于移动网络社区媒体的智慧居家养老服务方案

分析结果，就基于社区公共空间的、以网络化社区媒体为中心的适老交互服务场景建构展开了深入研究，提出了服务场景的适老模式、组成要素、建构目标、网络模型、内容构成和线上线下结合的实施策略等关键举措。

第一，以线上与线下结合的方式满足老年人需求，实现服务资源共享，已成为社区基层组织推进居家养老的趋势。本章通过分析调查数据，提出了网络化社区媒体服务于居家养老的定位——"提供适老信息＋建立社会联结＋促进便捷安全"，促进老年人及时获悉社区信息和活动资讯，投身社区交往和社区公共事务，提供多方面的生活便利和智能化的安全保障。传统网络社区媒体可侧重于"资讯获取＋求知求助＋休闲娱乐"的服务，移动网络社区媒体可侧重于"亲友交流＋辅助生活＋获悉时事"的服务。旨在建立信息流、关系流、服务流三个层次的社区交互空间和相应服务场景，满足老年人功能性的个人生活需求和社会化的信息交互需求，助推其归属感、充实感、便利感和安全感提升。

第二，解析了影响服务场景建构的核心要素，论证了基于网络化社区媒体的居家养老交互服务场景构成。将依托社区服务机构及多方资源支持，从满足老年人的多层次需求和完善社区服务出发，结合老年人对网络媒介的使用需求，发挥社区媒体在社区资讯、社区交往、社区生活等方面的空间功能，为其建构单向性、互动性和位置性的交互服务场景，形成线上与线下结合的居家养老社区共同体，定期和即时地满足老年人日常需求。提出了服务场景的网络模型，即以社区服务机构为依托，以网络化社区媒体为平台，整合社区内外的设施空间和服务资源、人力资源，基于多种媒介终端为老年人提供社区资讯、社区参与、社区生活三个方面的"无缝"服务。分析了三类服务的内容构成、重点部分和服务场景的普适性，包括惠老活动、互助养老、智能照料、紧急救助等。

第三，结合"积极老龄化"，论证了社区服务机构可采取"养用结合"的惠老服务理念。提出以社区服务机构为依托的服务场景实施策略。包括基于社区资讯服务的即时分享场景，通过搭建无缝化的社区资讯惠老传播服务网络、加强手机和公共信息终端服务适老，建立老年人与社区空间的联系；基于社区参与服务的虚实交往场景，通过促进老年人可线上参与社区治理和社区交往、建立线上线下结合的社

第六章 基于社区公共空间的数字化媒体适老交互服务场景建构 ◇◆◇

区互助养老网络、营造孝亲敬老与互助互爱的社区文化氛围，促进老年人与社区居民的交互；基于社区生活服务的智慧养老场景，通过针对老年人差异提供不同的居家养老服务、整合养老资源的居家上门服务筛选与实施、组织惠老活动和提供交互服务设施支持、提升社区居家养老服务机构的智能化水平，增进老年人对于社区服务设施的依附。通过线上交互平台和线下交互设备的多维联动，为老年人构建了资讯传播、交往促进、互助发生、活动支持和照料提供共五个方面的数字化媒体交互场景植入模式及服务方案。

参考文献

[1] 李慧、温笑峰、郭宪美:《老年宜居环境规划与建设研究综述》,《建筑科学》2018 年第 9 期。

[2] 王方兵:《城市居家养老老年人居住环境需求研究》,博士学位论文,华东师范大学,2015 年。

[3] 李慧娟、喻国明:《家庭场域的数字化重构:关于移动互联网时代生活空间的功能异化研究》,《现代传播》2016 年第 3 期。

[4] 丁卓菁、沈勤:《城市老年群体的新媒体使用与角色认知》,《当代传播》2013 年第 6 期。

[5] 郭颖、付卫亚男、夏南强:《武汉市城市社区老年人信息需求与获取途径调查分析》,《现代情报》2015 年第 10 期。

[6] Lin, S. H., Chou, W. H., *Bridgingthe Social Media Usage Gap from Old to New: an Elderly Media Interpersonal and Social Research in Taiwan*, in Proceedings of Human Centered Design, Orlando: 2nd International Conference on Human Centered Design, 2011: 547 – 555.

[7] Niemela, R., Huotari, M. L., Kortelainen, T., Enactment and Use of Information and the Media Among Older Adults, *Library & Information Science Research*, 2012, 34 (3): 212 – 219.

[8] 方玲、罗婧:《老年人对电视节目需求偏好不同的原因——以两类电视节目为例》,《青年记者》2012 年第 15 期。

[9] 何建平、李向阳、张薇:《深圳市南山区福利院老人的电视收视

心理及行为研究》,《现代传播》2013 年第 7 期。

[10] Vander Goot M., Beentjes, J. W. J., van Selm M., Meanings of Television in Older Adults' Lives: An Analysis of Change and Continuity in Television Viewing, *Ageing & Society*, 2012, 32: 147 – 168.

[11] 曹晚红:《老年人的收视行为特征与老年节目受众定位》,《中国广播电视学刊》2010 年第 5 期。

[12] Kikuchi, H., Inoue, S., et al., Correlates of Prolonged Television Viewing Time in Older Japanese Men and Women, *BMC Public Health*, 2013, 13.

[13] Lim, C. M., Kim, Y. K., Older Consumers' TV Home Shopping: Loneliness, Parasocial Interaction, and Perceived Convenience, *Psychology & Marketing*, 2011, 28 (8): 763 – 780.

[14] Carmichael, A. R., Evaluating Digital "On-line" Background Noise Suppression: Clarifying Television Dialogue for Older, Hard-of-hearing Viewers, *Neuropsychological Rehabilitation*, 2004, 14 (1 – 2): 241 – 249.

[15] Gordon-Salant, S., Callahan, J. S., The Benefits of Hearing Aids and Closed Captioning for Television Viewing by Older Adults with Hearing Loss, *Ear and Hearing*, 2009, 30 (4): 458 – 465.

[16] 吴信训、丁卓菁:《新媒体优化老年群体生活方式的前景探索——以上海城市老龄群体的新媒体使用情况调查为例》,《新闻记者》2011 年第 3 期。

[17] 俞书伟、肖金花:《老年人网络智能电视机顶盒设计方法研究》,《电视技术》2015 年第 12 期。

[18] 吴丹、李一喆:《老年人网络健康信息检索行为实验研究》,《图书情报工作》2014 年第 12 期。

[19] Xie, B., Multimodal Computer-Mediated Communication and Social Support Among Older Chinese Internet Users, *Journal of Computer-*

Mediated Communication, 2008, 13 (3): 728 - 750.

[20] 洪建中、黄凤、皮忠玲:《老年人网络使用与心理健康》,《华中师范大学学报》(人文社会科学版) 2015 年第 2 期。

[21] 吴欢:《虚拟社区与老年网民的社会参与——对上海老年门户网站"老小孩"的研究》,《新闻大学》2013 年第 6 期。

[22] Sum, S., Mathews, R. M., Hughes, I., Participation of Older Adults in Cyberspace: How Australian Older Adults Use the Internet, *Australasian Journal on Ageing*, 2009, 28 (4): 189 - 193.

[23] Sergy, L., Engaging Older Adults with Modern Technology: Internet Use and Information Access Needs, *Library Journal*, 2012, 137 (18): 89.

[24] Khvorostianov, N., Elias, N., Nimrod, G., "Without it I Am Nothing": The Internet in the Lives of Older Immigrants, *New Media & Society*, 2012, 14 (4): 583 - 599.

[25] Hilt, M. L., Lipschultz, J. H., Elderly Americans and the Internet: E-mail, TV News, Information and Entertainment Websites, *Educational Gerontology*, 2014, 30 (1): 57 - 72.

[26] Dogruel, L., Joeckel, S., Bowman, N. D., Elderly People and Morality in Virtual Worlds: A Cross-Cultural Analysis of Elderly People's Morality in Interactive Media, *New Media & Society*, 2013, 15 (2): 276 - 293.

[27] Flynn, K. E., Smith, M. A., Freese, J., When Do Older Adults Turn to the Internet for Health Information? Findings from the Wisconsin Longitudinal Study, *Journal of General Internal Medicine*, 2010, 21 (12): 1295 - 1301.

[28] Cresci, M. K., Novak, J. M., Information Technologies as Health Management Tools: Urban Elders' Interest and Ability in Using the Internet, *Educational Gerontology*, 2012, 38 (7): 491 - 506.

[29] Miller, L. M. S., Bell, R. A., Online Health Information Seeking:

The Influence of Age, Information Trustworthiness, and Search Challenges, *Journal of Aging and Health*, 2012, 24 (3): 525 – 541.

[30] Meiler, R. C., Freire, O. D., Rubio, R. E., *Seventi: New Approach for Teaching Seniors Basic Skills through Social Media*, in Proceedings of Education and Development, Valencia: 6th International Conference of Technology, 2012: 3503 – 3510.

[31] Pfeil, U., Zaphiris, P., Wilson, S., The Role of Message-Sequences in the Sustainability of an Online Support Community for Older People, *Journal of Computer-Mediated Communication*, 2010, 15 (2): 336 – 363.

[32] Pfeil, U., Svangstu, K, Ang, C. S., et al., Social Roles in an Online Support Community for Older People, *International Journal of Human-Computer Interaction*, 2011, 27 (4): 323 – 347.

[33] Tullis, T. S., *Older Adults and the Web: Lessons Learned from Eye-Tracking*, in Proceedings of Universal Access in Human Computer Interaction: Coping with Diversity, Beijing: 4th International Conference on Universal Access in Human-Computer Interaction held at the HCI International, 2007: 1030 – 1039.

[34] Bergstrom, J. C., Romano, O. E. L, Jans, M. E., Age-related Differences in Eye Tracking and Usability Performance: Website Usability for Older Adults, *International Journal of Human-Computer Interaction*, 2013, 29 (8): 541 – 548.

[35] Pfeil, U., Arjan, R., Zaphiris, P., Age Differences in Online Social Networking-A Study of User Profiles and the Social Capital Divide among Teenagers and Older Users in MySpace, *Computers in Human Behavior*, 2009, 25 (3): 643 – 654.

[36] Siriaraya, P., Tang, C., et al., A Comparison of Empathic Communication Pattern for Teenagers and Older People in Online Support Communities, *Behaviour & Information Technology*, 2011, 30 (5):

617 – 628.

[37] Etcheverry, I., Baccino, T., et al., Age Differences in Information Finding Tasks: Performance and Visual Exploration Strategy with Different Web Page Layouts, *Computers in Human Behavio*, 2012, 28 (5): 1670 – 1680.

[38] Jonson, H., Siverskog, A., Turning Vinegar into Wine: Humorous Self-Presentations among Older GLBTQ Online Daters, *Journal of Aging Studies*, 2012, 26 (1): 55 – 64.

[39] Stephure, R. J., Boon, S. D., et al., Internet Initiated Relationships: Associations Between Age and Involvement in Online Dating, *Journal of Computer-Mediated Communication*, 2009, 14 (3): 658 – 681.

[40] Kuo, H. M., Chen, C. W., Chen, C. W., A Behavioral Model of the Elderly Internet Consumer: A Case Study, *International Journal of Innovative Computing Information and Control*, 2010, 6 (8): 3507 – 3518.

[41] Lee, K. S., Kim, B., *A Study on the Usability of Mobile Phones for the Elderly*, in Proceedings of Aging and Work, Kitakyushu: International Conference on Aging and Work, 2011: 261 – 269.

[42] Kurniawan, S., Older people & mobile phones: A multi-method investigation, *International Journal of Human-Computer Studies*, 2008, 66 (12): 889 – 901.

[43] Plaza, I., Martin, L., Martin, S., et al., Mobile Applications in an Aging Society: Status and Trends, *Journal of Systems and Software*, 2011, 84 (11): 1977 – 1988.

[44] 常言说、华庆一、柏延松:《D-Checklist:一种老年人手机设计方法》,《计算机工程与应用》2012 年第 22 期。

[45] Massimi, M., Baecker, R. M., Wu, M., *Using participatory activities with seniors to critique, build, and evaluate mobile phones*, in Proceedings of the Ninth International ACM SIGACCESS Conference on

Computers and Accessibility, Tempe: 9th International ACM SIGACCESS Conference on Computers and Accessibility, 2007: 155 – 162.

[46] 刘胧、杨瑜、孙涛:《基于人机交互的老年人产品设计》,《工业工程》2010 年第 5 期。

[47] 刘源、李世国:《面向老年人的智能手机场景式界面设计研究》,《包装工程》2015 年第 10 期。

[48] Munezawa, T., *A Proposal of the Friendly Mobile Phone for Senior Citizens*, in Proceedings of the Fourth International Conference on Management of Innovation and Technology, Hangzhou: 4th International Conference on Management of Innovation and Technology, 2014: 785 – 789.

[49] Stamato, C., de Moraes, A., Mobile Phones and Elderly People: A Noisy Communication, *Journal of Prevention Assessment & Rehabilitation*, 2012, 41 (S1): 320 – 327.

[50] Chen, M. L., Lu, T. E., Chen, K. J., et al., A TAM-Based Study on Senior Citizens' Digital Learning and User Behavioral Intention Toward Use of Broadband Network Technology Services Provided via Television, *African Journal of Business Management*, 2011, 5 (16): 7099 – 7110.

[51] Carmichael, A. R., *Interface Assessment: Elderly Users of an Interactive Television System*, in Proceedings of Studies in Health Technology and Informatics, Helsinki: 2nd International Conference on Gerontechnology-A Sustainable Investment in the Future, 1998: 414 – 417.

[52] Boyle, H., Nicolle, C., Maguire, M., et al., *Older Users' Requirements for Interactive Television*, in Proceedings of Designing Accessible Technology, Cambridge: 3rd Cambridge Workshop on Universal Access and Assistive Technology, 2006: 85.

[53] Obrist, M., Bernhaupt, R., Beck, E., et al., *Focusing on Elderly: An ITV Usability Evaluation Study with Eye-Tracking*, in Proceedings of Interactive TV: A Shared Experience, Amsterdam: 5th European Confer-

ence on Interactive Television, 2007: 66.

[54] 郭晓芳:《"银色浪潮"下的网络媒体》,《新闻爱好者》2011年第9期。

[55] 吴玉韶、王莉莉:《人口老龄化与信息无障碍》,《兰州学刊》2013年第11期。

[56] 张硕:《中国城市老年人电脑/互联网使用影响因素研究:基于北京市朝阳区的调查》,《国际新闻界》2013年第7期。

[57] Yang, H. H., Yu, C., Huang, C. H., et al., *Elder Participation in Information Technology: A Qualitative Analysis of Taiwan Retirees*, in Proceedings of New Aspects of Applied Informatics, Biomedical Electronics and Informatics and Communication, Taipei: 10th WSEAS International Conference on Applied Informatics and Communications, 2010: 306.

[58] 吴欢:《虚拟社区内的认同——以中国内地老年门户网站"老小孩"为例》,《新闻与传播研究》2013年第5期。

[59] Xie, B., Watkins, I., Golbeck, J., et al., Understanding and Changing Older Adults' Perceptions and Learning of Social Media, *Educational Gerontology*, 2012, 38 (4): 282 - 296.

[60] 刘满成、石卫星、李晓慧:《为老服务网站用户需求及影响因素分析》,《求索》2014年第10期。

[61] 张硕、陈功:《中国城市老年人新媒体使用影响因素研究——基于北京市朝阳区的调查》,《南方人口》2013年第4期。

[62] 刘炜:《基于扩展 TTF 和 UTAUT 模型的老年用户社会化网络服务采纳行为研究》,《软科学》2015年第3期。

[63] 宫晓东:《老年人群人机特征研究述评——基于信息科技产品使用》,《北京理工大学学报》(社会科学版) 2015年第5期。

[64] 吴丹、李一喆:《老年人网络健康信息检索行为实验研究》,《图书情报工作》2014年第12期。

[65] 刘勋勋、左美云、刘满成:《基于期望确认理论的老年人互联网

应用持续使用实证分析》,《管理评论》2012 年第 5 期。

[66] Loges, W. E., Jung, J. Y., Exploring the Digital Divide-Internet Connectedness and age, *Communication Research*, 2001, 28 (4): 536 – 562.

[67] Wicks, D. A., Building bridges for seniors: older adults and the digital divide, *Canadian Journal of Information and Library Science*, 2003, 27 (3): 146.

[68] Tomczyk, L., *Trends and Contexts on Education of Senior in the Range of Information Technology in Poland. in Proceedings of Anywhere, Anytime-Education on Demand*, Vol. II, Bucharest: 7th International Scientific Conference eLearning and Software for Education, 2011: 121 – 126.

[69] Choudrie, J., Ghinea, G., Songonuga, V. N., Silver Surfers, E-Government and the Digital Divide: An Exploratory Study of UK Local Authority Websites and Older Citizens, *Interacting with Computers*, 2013, 25 (6): 417 – 442.

[70] Gilleard, C., Higgs, P., Internet Use and the Digital Divide in the English Longitudinal Study of Ageing, *European Journal of Ageing*, 2008, 5 (3): 233 – 239.

[71] Olphert, W., Amodaran, L., Older people and Digital Disengagement: A Fourth Digital Divide, *Gerontology*, 2013, 59 (6): 564 – 570.

[72] Voelker, R., Seniors Seeking Health Information Need Help Crossing "Digital Divide", *Journal of the American Medical Association*, 2005, 293 (11): 1310 – 1312.

[73] Chou, C. C., Chang, C. P., Lee, T. T., Technology Acceptance and Quality of Life of the Elderly in A Telecare Program, *CIN-Computers Informatics Nursing*, 2013, 31 (7): 335 – 342.

[74] Cresci, M. K., Yarandi, H. N., Morrell, R. W., The Digital Di-

vide and Urban Older Adults, *Computers Informatics Nursing*, 2010, 28 (2): 88-94.

[75] Jung, Y., Peng, W., Moran, M., et al., Low-Income Minority Seniors' Enrollment in A Cybercafe: Psychological Barriers to Crossing the Digital Divide, *Educational Gerontology*, 2010, 36 (3): 193-212.

[76] Choi, N. G., DiNitto, D. M., The Digital Divide Among Low-Income Homebound Older Adults: Internet Use Patterns, eHealth Literacy, and Attitudes toward Computer/Internet Use, *Journal of Medical Internet Research*, 2013, 15 (5).

[77] Nayak, L. U. S., Priest, L., White, A. P., An Application of the Technology Acceptance Model to the Level of Internet Usage by Older Adults, *Universal Access in the Information Society*, 2010, 9 (4): 367-374.

[78] Van Biljon J., Renaud, K., *A Qualitative Study of the Applicability of Technology Acceptance Models to Senior Mobile Phone Users*, in *Proceedings of Advances in Conceptual Modeling-Challenges and Opportunities*, Barcelona: ER 2008 Workshops held in Conjunction with 27th International Conference on Conceptual Modeling, 2008: 228.

[79] Conci, M., Pianesi, F., Zancanaro, M., *Useful, Social and Enjoyable: Mobile Phone Adoption by Older People*, in Proceedings of Human-Computer Interaction-Interact, Uppsala: 12th IFIP International Conference on Human-Computer Interaction, 2009: 63-76.

[80] Parker, S. J., Jessel, S., Richardson, J. E., et al., Older Adults are Mobile Too! Identifying the Barriers and Facilitators to Older Adults Use of mHealth for Pain Management, *BMC Geriatrics*, 2013, 13.

[81] Mori, M., Horino, S., Cellular Phone Considering Elderly People's Demands, *International Journal of Psychology*, 2004, 39 (5-6): S497.

[82] Hashizume, A., Yamanaka, T., Kurosu, M., *Regional Difference in Problems During the Use of the Cell Phone by Senior Users*, in Proceedings of IEEE 13th International Symposium on Consumer Electronics, Kyoto: 13th IEEE International Symposium on Consumer Electronics, 2009: 60.

[83] Xue, L. S., Yen, C. C., Chang, L., et al., An Exploratory Study of Ageing Women's Perception on Access to Health Informatics via a Mobile Phone-Based Intervention, *International Journal of Medical Informatics*, 2012, 81 (9): 637-648.

[84] Guo, X. T., Sun, Y. Q., Wang, N., et al., The Dark Side of Elderly Acceptance of Preventive Mobile Health Services in China, *Electronic Markets*, 2013, 23 (1): 49-61.

[85] 皋琴、丹尼尔、饶培伦等：《老年人在线社交平台开发的调查研究》，《中国老年学杂志》2011年第2期。

[86] Polat, U., Sterkin, A., Yehezkel, O., et al., Perceptual Learning Overcomes the Effect of Aging Eyes Using Mobile Devices, *Clinical and Experimental Ophthalmology*, 2012, 40 (S1): 128.

[87] Ziefle, M., Bay, S., How Older Adults Meet Complexity: Aging Effects on the Usability of Different Mobile Phones, *Behaviour & Information Technology*, 2005, 24 (5): 375-389.

[88] Leung, R., McGrenere, J., Graf, P., Age-Related Differences in the Initial Usability of Mobile Device Icons, *Behaviour & Information Technology*, 2011, 30 (5): 629-642.

[89] 吕彬：《可变与交互："互联网+"时代的建筑空间初探》，硕士学位论文，东南大学，2017年。

[90] 张若诗、庄惟敏：《信息时代人与建成环境交互问题研究及破解分析》，《建筑学报》2017年第11期。

[91] 王瑞、徐雷：《数字媒介介入的建筑环境认知再诠释》，《建筑与文化》2020年第11期。

[92] 于文婷:《既有住区老年人生活品质提升的实证分析与策略研究》,博士学位论文,大连理工大学,2021 年。

[93] 章光日:《信息时代人类生活空间图式研究》,《城市规划》2005 年第 10 期。

[94] 翟青:《基于居民活动的城市虚——实空间关联研究与评价》,博士学位论文,南京大学,2015 年。

[95] 汪靖:《信息网络时代对住宅空间变化的探索》,硕士学位论文,湖南大学,2014 年。

[96] Leon, L. F. A., Making Sense of the Internet's Social Impacts. Society and the Internet. How Networks of Information and Communication are Changing Our Lives, *Environmentand Planning B-Urban Analytics and City Science*, 2017, 44 (2): 388 – 389.

[97] Assano, C., Gaeta, M., Piciocchi, P., Spohrer, J. C., Learning the Models of Customer Behavior: From Television Advertising to Online Marketing, *International Journal of Electronic Commerce*, 2017, 21 (4): 572 – 604.

[98] Michaud-Trevinal, A., Stenger, T., For a Renewal of the Situation Concept: The Situation of Home Online Shopping, *Recherche et Applications en Marketing-English Edition*, 2018, 33 (4): 24 – 45.

[99] Daniel, E., Di Domenico, M., Nunan, D., Virtual Mobility and the Lonely Cloud: Theorizing the Mobility-Isolation Paradox for Self-Employed Knowledge-Workers in the Online Home-Based Business Context, *Journal of Management Studies*, 2018, 55 (1): 174 – 203.

[100] Kozhemyakin, E., Mediatised Home: Using Semiotic Repertoires in Online Workplace Communications, *Communication Today*, 2021, 12 (2): 58 – 66.

[101] Liu, H. H., Ye, Y. C., Jiang, H. L., Self-efficacy in Home-based Online Learning Environments, *Journal of Internet Technology*, 2021, 22 (3): 557 – 567.

[102] Scheerder, A. J., van Deursen A. J. A. M., van Dijk J. A. G. M., Negative Outcomes of Internet Use: A Qualitative Analysis in the Homes of Families with Different Educational Backgrounds, *Information Society*, 2019, 35 (5): 286 – 298.

[103] Ashapkina, M. S., Alpatov, A. V., Sablina, V. A., *Online System for Involving Patients in Home-Base Rehabilitation Programs for the Knee Joint. in Proceedings of 9th Mediterranean Conference on Embedded Computing*, Budva: 9th Mediterranean Conference on Embedded Computing, 2020: 725 – 728.

[104] Dekker-van Weering, M. G. H., Jansen-Kosterink, S., Tabak, M., *The Implementation, Actual Use and User Experience of an Online Home Exercise Program That Fits the Needs of Older Adults with Mild Cognitive Impairments, in Proceedings of 5th International Conference on Information and Communication Technologies for Ageing Well and E-Health*, Heraklion: 5th International Conference on Information and Communication Technologies for Ageing Well and e-Health, 2019: 189 – 196.

[105] Puura, A., Silm, S., Ahas, R., The Relationship between Social Networks and Spatial Mobility: A Mobile-Phone-Based Study in Estonia, *Journalof Urban Technology*, 2018, 25 (2): 7 – 25.

[106] Herminingrum, S., *Mobile Life, Communication Technology, and Disreputable Literacy, in Proceedings of Urban Studies: Border and Mobility*, Surabaya: 4th International Conference on Urban Studies-Borders and Mobility, 2019: 353 – 358.

[107] Wu, Y. M., Wang, L., Fan, L. H., et al., Comparison of the Spatiotemporal Mobility Patterns among Typical Subgroups of the Actual Population with Mobile Phone Data: A Case Study of Beijing, *Cities*, 2020, 100.

[108] Yin, L., Lin, N., Zhao, Z. Y., Mining Daily Activity Chains from Large-Scale Mobile Phone Location Data, *Cities*, 2021, 109.

[109] Peng, Z. H. , Bai, G. K. , Wu, H. , et al. , Travel Mode Recognition of Urban Residents Using Mobile Phone Data and MAPAPI, *Environment and Planning B-Urban Analytics and City Science*, 2021, 48 (9): 2574 – 2589.

[110] 周亚东:《何以为家:社会化媒体时代的新家庭空间》,《青年记者》2020 年第 2 期。

[111] 百度百科:智能家居, https://baike.baidu.com/item/智能家居/686345? fr = aladdin, 2022 年 6 月 11 日。

[112] Kidd, C. D. , Orr, R. , et al. , *The Aware Home: A Living Laboratory for Ubiquitous Computing Research*, in Proceedings of Cooperative Buildings, Pittsburgh: 2nd International Workshop on Cooperative Buildings-Integrating Information, Organizations and Architecture, 1999.

[113] Bonner, S. , *Assisted Interactive Dwelling House-Edinvar Housing Association Smart Technology Demonstrator and Evaluation Site*, in Proceedings of Assistive Technology on the Threshold of the New Millennium, Germany: 5th Biennial European Conference for the Advancement of Assistive Technology in Europe, 1999.

[114] Dowdall, A. , Perry, M. , *The Millennium Home: Domestic Technology to Support Independent-living Older People*, in Proceedings of 1st Equator IRC Workshop on Ubiquitous Computing in Domestic Environments, Nottingham: 1st Equator IRC Workshop on Ubiquitous Computing in Domestic Environments, 2001.

[115] Tamura, T. , Kawarada, A. , et al. , E-Healthcare at an Experimental Welfare Techno House in Japan, *Open Medical Informatics Journal*, 2007, 1: 1 – 7.

[116] Demiris, G. , Hensel, B. K. , Technologies for an Aging Society: A Systematic Review of "Smart Home" Applications, *Yearbook of Medical Informatics*, 2008: 33 – 40.

[117] Blaschke, C. M., Freddolino, P. P., Mullen, E. E., Ageing and Technology: A Review of the Research Literature, *British Journal of Social Work*, 2009, 39 (4): 641-656.

[118] Frischer, R., Krejcar, O., et al., Commercial ICT Smart Solutions for the Elderly: State of the Art and Future Challenges in the Smart Furniture Sector, *Electronics*, 2020, 9 (1).

[119] Rocher, P. O., Bouchard, B., Bouzouane, A., A New Platform to Easily Experiment Activity Recognition Systems based on Passive RFID Tags: Experimentation with Data Mining Algorithms, *International Journal of Smart Home*, 2012, 6 (2): 7-24.

[120] Portet, F., Vacher, M., et al., Design and Evaluation of a Smart Home Voice Interface for the Elderly: Acceptability and Objection Aspects, *Personal & Ubiquitous Computing*, 2013, 17 (1): 127-144.

[121] Vacher, M., Portet, F., et al., *Development of Automatic Speech Recognition Techniques for Elderly Home Support: Applications and Challenges*, in Proceedings of Human Aspects of IT for the Aged Population: Design for Everyday Life, Los Angeles: 1st International Conference on Human Aspects of IT for the Aged Population (ITAP), 2015.

[122] Suryadevara, N. K., Mukhopadhyay, S. C., et al., Forecasting the Behavior of an Elderly Using Wireless Sensors Data in a Smart Home, *Engineering Applications of Artificial Intelligence*, 2013, 26 (10): 2641-2652.

[123] 王春彧、周燕珉：《养老设施智能化系统的现存问题与设计要点》，《建筑技艺》2020年第8期。

[124] 陈玉婷、梅洪元：《基于IOT技术的智慧养老建筑体系研究——以日本为例》，《建筑学报》2020年第S2期。

[125] 许晓云、田静：《适用于老年人的无障碍智能家居产品设计研究》，《设计》2013年第6期。

[126] 卜霞：《信息时代的城市老年居住空间研究》，硕士学位论文，

长春工业大学，2016年。

［127］邢晨、刘敏等：《论居家养老模式下的适老化智能家居空间设计》，《艺术品鉴》2018年第14期。

［128］孙小翔：《智慧居家养老模式下老年人住宅环境优化研究》，硕士学位论文，大连理工大学，2020年。

［129］Cabrer, M. R., Redondo, R. P. D., et al., Controlling the Smart Home from TV, *IEEE Transactions on Consumer Electronics*, 2006, 52 (2): 421-429.

［130］Hu, C. L., Lin, H. C., et al., A P2P-to-UPnP Proxy Gateway Architecture for Home Multimedia Content Distribution, *KSII Transactions on Internet and Information Systems*, 2012, 6 (1): 406-425.

［131］邓继球：《浅谈数字电视在三网融合中的地位》，《科技与企业》2012年第13期。

［132］叶娟：《基于云视频构建智慧家庭多屏互动环境探索》，《科技管理研究》2013年第16期。

［133］张茫茫、王秋惠：《家庭数字媒体中心产品的开发设计》，《机械设计》2013年第5期。

［134］金桦、陈才：《我国智慧家庭多媒体发展现状与趋势》，《电视技术》2014年第S1期。

［135］Kim, J., Jung, E. S., et al., Home Appliance Control Framework Based on Smart TV Set-top Box, *IEEE Transactions on Consumer Electronics*, 2015, 61 (3): 279-285.

［136］Kang, S., Kim, S., How to Obtain Common Criteria Certification of Smart TV for Home IoT Security and Reliability, *Symmetry-Basel*, 2017, 9 (10).

［137］Jalal, L., Anedda, M., et al., *Internet of Things for Enabling Multi Sensorial TV in Smart Home*, in Proceedings of 2018 *IEEE Broadcast Symposium*, Arlington: 68th Annual IEEE Broadcast Symposium and Exhibits, 2018.

[138] Jawad, N., Salih, M., et al., Smart Television Services Using NFV/SDN Network Management, *IEEE Transactions on Broadcasting*, 2019, 65 (2): 404-413.

[139] Ahmed, B. S., Bures, M., EvoCreeper: Automated Black-Box Model Generation for Smart TV Applications, *IEEE Transactions on Consumer Electronics*, 2019, 65 (2): 160-169.

[140] 卢迪、邱子欣、孟祥东：《终端入口抢占先机 布局5G家庭视听应用新生态》，《电视研究》2019年第4期。

[141] 雷尚仲：《面向空巢老人居家养老的智能电视系统交互设计研究》，硕士学位论文，华南理工大学，2017年。

[142] Chen, Y. J., Li, M. Z., *Smart TV Terminal Interface Design for the Elderly Based on User Experience*, in Proceedings of 7th International Forum on Industrial Design, Luoyang: 7th International Forum on Industrial Design, 2019.

[143] Dou, J. H., Qin, J. Y., et al., Identification of Usability Problems and Requirements of Elderly Chinese Users for Smart TV Interactions, *Behaviour & Information Technology*, 2019, 38 (7): 664-677.

[144] 焦泽栋：《居家养老智能产品系统设计研究与实践》，硕士学位论文，北京工业大学，2020年。

[145] Dragic, L., Piljic, I., et al., *Home Health Smart TV-platform for accessing multimedia e-health content*, in Proceedings of ELMAR-2015 57th International Symposium ELMAR-2015, Zadar: 57th ELMAR International Symposium, 2015.

[146] Macis, S., Loi, D., et al., *A TV-based ICT Platform for Active Ageing, Tele-care and Social Networking*, in Proceedings of International Conference on Information and Communication Technologies for Ageing Well and E-Health, Lisbon: 1st International Conference on Information and Communication Technologies for Ageing Well and

E-Health, 2015: 219-227.

[147] Gusev, M. P., Shushma, T. J., *Architecture of a System for Stimulating Intellectual Activity with Adaptive Environment SMILE*, in *Proceedings of 25th Telecommunication Forum*, Belgrade: 25th Telecommunication Forum, 2017: 872-875.

[148] Abreu, J., Oliveira, R., et al., *TV Interaction as a Non-Invasive Sensor for Monitoring Elderly Well-Being at Home*, *Sensors*, 2021, 21 (20).

[149] Gavrila, C., Popescu, V., et al., *TV-Centric Health Monitoring Leveraging the HBBTV Architecture in a Smart Home Environment*, in *Proceedings of IEEE International Symposium on Broadband Multimedia Systems and Broadcasting*, Electr Network: 16th IEEE International Symposium on Broadband Multimedia Systems and Broadcasting, 2021.

[150] 赵曙光:《传统电视的社会化媒体转型:内容、社交与过程》,《清华大学学报》(哲学社会科学版)2016年第1期。

[151] 祁媛:《移动多屏时代电视家居化的逆向思考》,《新闻知识》2017年第4期。

[152] 李素艳、徐驰:《5G互联时代电视媒体创新方向探析》,《电视研究》2018年第12期。

[153] 谭辉煌:《从报纸到手机:媒介场景范式危机及其转换》,《中国广播电视学刊》2019年第4期。

[154] 邓向阳、荆亚萍:《从OTT TV看电视业的家庭客厅时代》,《电视研究》2015年第9期。

[155] 冯哲辉:《电视场景化传播的生态变革与文化变迁》,《中国电视》2017年第11期。

[156] 杨明品:《智能终端与家庭互联:广电的重要主战场》,《传媒》2018年第4期。

[157] 李岭涛、李扬:《电视媒体的发展空间:基于社交属性的思考》,

《现代传播》2019年第6期。

［158］蔡良娃：《信息化空间观念与信息化城市的空间发展趋势研究》，博士学位论文，天津大学，2006年。

［159］胡玉佳：《信息时代社区交往空间研究》，硕士学位论文，北京建筑大学，2015年。

［160］尹子潇：《网络社会背景下的城市居住区空间研究》，硕士学位论文，清华大学，2016年。

［161］丁盼：《网络服务影响下的社区级商业服务设施空间布局特征研究》，硕士学位论文，合肥工业大学，2020年。

［162］尹秋怡：《信息化背景下城市社区服务居民使用的影响机制研究——以南京市为例》，硕士学位论文，南京大学，2018年。

［163］陈卉：《社区信息平台对于社区满意度的影响路径研究》，硕士学位论文，南京大学，2018年。

［164］牛强、易帅等：《面向线上线下社区生活圈的服务设施配套新理念新方法——以武汉市为例》，《城市规划学刊》2019年第6期。

［165］刘思、路旭、李古月：《沈阳市智慧社区发展评价与智慧管理策略》，《规划师》2017年第5期。

［166］申悦、柴彦威、马修军：《人本导向的智慧社区的概念、模式与架构》，《现代城市研究》2014年第10期。

［167］王瑞芳：《基于信息技术的互助式社区养老设施规划设计研究》，硕士学位论文，郑州大学，2014年。

［168］张旭：《基于老年人行为模式的居住环境建构研究》，博士学位论文，天津大学，2016年。

［169］邢健：《社区居家养老设施与智能化研究》，硕士学位论文，合肥工业大学，2017年。

［170］王芳、张雯、惠劼：《模块构建，网络植入——城市社区居家养老服务设施现状及配置模式》，《新建筑》2017年第1期。

［171］李佳维、万艳华：《智慧社区目标导向下老旧社区适老化改造研究》，《2019中国城市规划年会论文集》，2019中国城市规划

年会，2019 年。

［172］陈卉、甄峰：《信息通讯技术对老年人的社区满意度影响路径——以南京市锁金社区为例》，《地理科学进展》2016 年第 9 期。

［173］Katherine, A. M., Kasey, L. B., Satisfaction with Your New Home: Advantages and Disadvantages to Living in a CCRC, *Seniors Housing & Care Journal*, 2011 (1): 83 - 96.

［174］Susan, B. G., Risks and Re-wards of Moving to a CCRC, *Kiplinger's Retirement Report*, 2012 (11): 2 - 5.

［175］Jeste, D. V., Blazer, D. G., et al., Age-Friendly Communities Initiative: Public Health Approach to Promoting Successful Aging, *American Journal of Geriatric Psychiatry*, 2016, 24 (12): 1158 - 1170.

［176］李媛媛：《基于适老化社区支持体系的社区更新路径研究》，硕士学位论文，天津大学，2020 年。

［177］Lin, C. C., Chiu, M. J., et al., Wireless Health Care Service System for Elderly with Dementia, *IEEE Transactions on Information Technology in Biomedicine*, 2006, 10 (4): 696 - 704.

［178］Van Hoof J., Kort, H. S. M., Ageing-in-place with the use of ambient intelligence technology: Perspectives of older users, *International Journal of Medical Informatics*, 2011, 80 (5): 310 - 331.

［179］Hussain, M., Afzal, M., et al., *Clinical Decision Support Service for Elderly People in Smart Home Environment*, in Proceedings of International Conference on Control Automation Robotics and Vision, Guangzhou: 12th International Conference on Control, Automation, Robotics and Vision, 2012.

［180］Lemlouma, T., Laborie, S., Roose, P., *Toward a context-aware and automatic evaluation of elderly dependency in smart homes and cities*, in Proceedings of IEEE 14th International Symposium on a World of Wireless, Mobile and Multimedia Networks, Madrid: IEEE 14th International Symposium on a World of Wireless, Mobile and Multimedia Networks, 2013.

［181］ Nugent, C. D., McClean, S. I., et al., Sensor Technology for a Safe and Smart Living Environment for the Aged and Infirm at Home, *Comprehensive Materials Processing*, 2014, 13: 459 – 472.

［182］ Hussain, A., Wenbi, R., et al., Health and emergency-care platform for the elderly and disabled people in the Smart City, *Journal of Systems and Software*, 2015, 110: 253 – 263.

［183］ Sun, T. L., Huang, C. H., Interactive Visualization to Assist Fall-risk Assessment of Community-Dwelling Elderly People, *Information Visualization*, Jan 2019, 18 (1): 33 – 44.

［184］ 常恩予、甄峰：《智慧社区的实践反思及社会建构策略——以江苏省国家智慧城市试点为例》，《现代城市研究》2017年第5期。

［185］ 郑世宝：《物联网与智慧养老》，《电视技术》2014年第22期。

［186］ 陈玉婷、张宇：《基于云服务的智慧型社区适老化设计探析》，《2016年全国建筑院系建筑数字技术教学研讨会论文集》，2016年全国建筑院系建筑数字技术教学研讨会，2016年。

［187］ 何平、刘萍：《养老项目绿色建筑智能化系统的设计与研究》，《2018国际绿色建筑与建筑节能大会论文集》，第十四届国际绿色建筑与建筑节能大会暨新技术与产品博览会，2018年。

［188］ 王波、卢佩莹、曹彦芹、甄峰：《中国养老政策的演进及智慧社会下居家养老的发展》，《科技导报》2019年第6期。

［189］ Ganesan, B., Gowda, T., et al., Ambient Assisted Living Technologies for Older Adults with Cognitive and Physical Impairments: A Review, *European Review for Medical and Pharmacological Sciences*, 2019, 23 (23): 470 – 481.

［190］ Dasgupta, D., Reeves, K. G., et al., *ESeniorCare: Technology for Promoting Well-Being of Older Adults in Independent Living Facilities*, in Proceedings of IEEE International Conference on Healthcare Informatics, Chicago: IEEE International Conference on Healthcare

Informatics, 2016: 461 - 472.

[191] Monteriu, A., Prist, M. R., et al., A Smart Sensing Architecture for Domestic Monitoring: Methodological Approach and Experimental Validation, *Sensors*, 2018, 18 (7).

[192] Chansophonkul, T., Dusenge, J., et al., *Conceptualization of WE-CARE: A Community-based Platform for Minimizing Consequences of Fall in Elderly People*, in Proceedings of 12th International Joint Conference on Biomedical Engineering Systems and Technologies, Prague: 12th International Joint Conference on Biomedical Engineering Systems and Technologies, 2019: 587 - 594.

[193] Li, L., Huang, Y. X., *Research on the Smart Home-care services System of Chengdu Community based on "Internet plus"*, in Proceedings of 12th International Symposium on Computational Intelligence and Design, Hangzhou: 12th International Symposium on Computational Intelligence and Design, 2019.

[194] Mincolelli, G., Marchi, M., et al., *UCD, Ergonomics and Inclusive Design: The HABITAT Project*. in Proceedings of 20th Congress of the International Ergonomics Association, Vol. VII, Florence: 20th Congress of the International-Ergonomics-Association, 2019: 1191 - 1202.

[195] Kim, M. J., Cho, M. E., Chae, H. H., A Smart Community for Placemaking in Housing Complexes, *Journal of Asian Architecture and Building Engineering*, 2014, 13 (3): 539 - 546.

[196] 雷潇楚:《基于SAPAD的"老漂族"社区信息服务终端设计研究》,硕士学位论文,广东工业大学,2018年。

[197] 刘和山、董雪、范志君、李普红:《智慧居家养老服务系统设计研究》,《包装工程》2020年第8期。

[198] Godfrey, M., Johnson, O., Digital circles of support: Meeting the information needs of older people, *Computers in Human Behav-*

ior, 2009, 25 (3): 633 – 642.

[199] Epelde, G., Valencia, X., et al., Providing universally accessible interactive services through TV sets: implementation and validation with elderly users, *Multimedia Tools & Applications*, 2013, 67 (2): 497 – 528.

[200] Silva, T., Abreu, J., et al., +TV4E: Interactive Television as a support to push information about social services to the elderly, in Proceedings of International Conference on Health and Social Care Information Systems and Technologies, *Porto: CENTERIS/ProjMAN/HCist*, 2016.

[201] Ordonez-Ordonez, J. O., Bravo-Torres, J. F., et al., *Stimulating Social Interaction among Elderly People through Sporadic Social Networks*, in *Proceedings of 2017 International Caribbean Conference on Devices, Circuits and Systems*, Mexico: 10th International Caribbean Conference on Devices, Circuits and Systems, 2017: 97 – 100.

[202] Wannatrong, N., Yoannok, S., Srisuk, K., *The Development of Online Community Model to Promote the Life Quality Level of the Elderly in Urban Society*, in Proceedings of 16th International Conference on ICT and Knowledge Engineering, Bangkok: 16th IEEE International Conference on ICT and Knowledge Engineering, 2018: 31 – 36.

[203] Wannatrong, N., Yoannok, S., *The Development of Online Community Model to Promote the Life Quality Level of the Elderly in Urban Society*, in Proceedings of 16th International Conference on ICT and Knowledge Engineering, Bangkok: 16th International Conference on ICT and Knowledge Engineering, 2018.

[204] Viel, C. C., Rodrigues, K. R. H., et al., *Elderly Vloggers: Authoring and Sharing Stories with Mobile Media and DTV Using the Ghost Writer Service*, in Proceedings of 25th Brazillian Symposium on

Multimedia and the Web, Rio de Janeiro: 25th Brazillian Symposium on Multimedia and the Web, 2019: 185-192.

[205] Giles, L. C., Glonek, G. F. V., et al., Effect of Social Networks on 10 Year Survival in Very Old Australians: Australian Longitudinal Study of Aging, *Journal of Epidemiology and Community Health*, 2005, 59 (7): 574-579.

[206] Embarak, F., Ismail, N. A., Othman, S., A Systematic Literature Review: The Role of Assistive Technology in Supporting Elderly Social Interaction with Their Online Community, *Journal of Ambient Intelligence and Humanized Computing*, 2021, 12 (7): 7427-7440.

[207] Syeda, M. Z., Kwon, Y. M., *Photo Alive! Application and Method for Intergenerational Social Communication*, in Proceedings of 19th International Conference on Advanced Communications Technology-Opening New Era of Smart Society, Pyeongchang: 19th International Conference on Advanced Communication Technology, 2017: 326-332.

[208] Coelho, J., Rito, F., Duarte, C., "You, me & TV" -Fighting Social Isolation of Older Adults with Facebook, TV and Multimodality, *International Journal of Human-Computer Studies*, 2017, 98: 38-50.

[209] 张艳红:《我国城市化进程中的社区传媒应用研究——以广东省为例》,博士学位论文,武汉大学,2011年。

[210] 陈红:《当代城市社区新媒体的实践探索与研究——以武汉百步亭社区为例》,硕士学位论文,南昌大学,2018年。

[211] 蔡鑫钰:《中国社区传播研究(2003—2018)回顾与趋势展望》,博士学位论文,南昌大学,2019年。

[212] 王胜源、李程程:《老年健康社区传播的内生逻辑与实践路径》,《视听》2018年第1期。

[213] 李金娟:《运用新媒体搭建社区为老服务平台》,《青年记者》2015年第11期。

[214] 张丹、徐文进:《智慧养老社区新媒体作用研究》,《传媒》2018年第23期。

[215] 王慧博、范佳瑜:《城市老人晚年生活质量满意度研究》,《河南社会科学》2016年第4期。

[216] 周绍斌:《老年人的精神需求及其社会政策意义》,《市场与人口分析》2005年第6期。

[217] 明艳:《老年人精神需求"差序格局"》,《南方人口》2000年第2期。

[218] Neal, K., Elaine, B. C., Clarifying the Functions of Social Support in Later Life, *Research on Aging*, 1994 (16): 251-252.

[219] Amy, L., Spiritual Well-Being, Spiritual Growth, and Spiritual Care for the Aged: A Cross-faith and Interdisciplinary Effort, *Journal of Religious Gerontology*, 2000 (2): 3-28.

[220] 曲宝琪:《基于空间场景化建构的商业综合体建筑设计探索》,《城市住宅》2020年第12期。

[221] 武法提、黄石华、殷宝媛:《场景化:学习服务设计的新思路》,《电化教育研究》2018年第12期。

[222] 郜书锴:《场景理论的内容框架与困境对策》,《当代传播》2015年第4期。

[223] 梁琨:《超越的空间:梅洛维茨媒介场景理论的空间观》,《卫星电视与宽带多媒体》2020年第2期。

[224] 约书亚·梅罗维茨:《消失的地域:电子媒介对社会行为的影响》,清华大学出版社2002年版。

[225] 许加彪、李亘:《5G技术特征、传播场景和媒介环境学审视》,《当代传播》2020年第4期。

[226] 佘云峰、夏冬梅:《位置媒体重构媒介生态》,《视听》2018年第8期。

[227] 喻国明、梁爽:《移动互联时代:场景的凸显及其价值分析》,《当代传播》2017年第1期。

[228] Maslow, A. H., A Theory of Human Motivation, *Psychological Review*, (50): 370-396.

[229] MBA 智库百科: 奥尔德弗 ERG 需要理论, https://wiki.mbalib.com/wiki/ERG 理论, 2022 年 6 月 11 日。

[230] 李华君、张婉宁:《媒介融合背景下移动新闻客户端的发展——基于青年群体的使用与满足》,《北京理工大学学报》(社会科学版) 2018 年第 1 期。

[231] 郭庆光:《传播学教程》, 中国人民大学出版社 1999 年版。

[232] 李弋:《休闲视域下的电视休闲功能研究》, 硕士学位论文, 四川大学, 2012 年。

[233] Smock, A. D., Ellison, N. B., et al., Facebook as a Toolkit: A Uses and Gratification Approach to Unbundling Feature Use, *Computers in Human Behavior*, 2011, 27 (6): 2322-2329.

[234] Sundar, S. S., Limperos, A. M., Uses and Grats 2.0: New Gratifications for New Media, *Journal of Broadcasting & Electronic Media*, 2013, 57 (4): 504-525.

[235] Malik, A., Dhir, A., Nieminen, M., Uses and Gratifications of Digital Photo Sharing on Facebook, *Telematics and Informatics*, 2016, 33 (1): 129-138.

[236] Joshua Meyrowitz, *Using Contextual Analysis to Bridge the Study of Mediatedand Unmediated Behavior*, Brent, D. R., Leah, A. L. (Eds), Mediation, Information, and Communication. Publisher: Transaction Publishers, 1990: 67-94.

[237] Joshua Meyrowitz, The Rise of Glocality: New Senses of Place and Identity in the Global Village, http://www.hunfi.hu/mobil/Passagen_engl4_Meyrowitz.pdf.

[238] 陆伟晶:《媒介、场景、人——微信使用对人际关系的影响研究》, 硕士学位论文, 南京师范大学, 2019 年。

[239] 彭兰:《场景: 移动时代媒体的新要素》,《新闻记者》2015 年

第 3 期。

[240] 阎峰：《"场景"即生活世界——媒介化社会视野中的"场景"传播研究》，博士学位论文，上海师范大学，2018 年。

[241] ［美］罗伯特·斯考伯、［美］谢尔·伊斯雷尔：《即将到来的场景时代》，北京联合出版公司 2014 年版。

[242] 孙玮：《微信：中国人的"在世存有"》，《学术月刊》2015 年第 12 期。

[243] 祝铭：《数字化场所营造研究与设计》，硕士学位论文，中央美术学院，2017 年。

[244] 冯琮亮：《居住区场所感的营造初探》，硕士学位论文，华南理工大学，2012 年。

[245] 齐文：《空间，场所与认同——我国 20 世纪 50、60 年代的工人新村》，博士学位论文，中国美术学院，2017 年。

[246] 李九全、张中华、王兴中：《场所理论应用于社区研究的思考》，《国际城市规划》2007 年第 6 期。

[247] Tuan, Y. F., Place: An Experiential Perspective, *Geographical review*, 1975, 65 (2): 151 – 165.

[248] 汤子馨：《数字人文视野下基于空间交互的场所营造》，《室内设计与装修》2021 年第 1 期。

[249] Martin Tomitsch, *Communities, Spectacles and Infrastructures: Three Approaches to Digital Placemaking*, Susa Pop, Tanya Toft, Nerea Calvillo, Mark Wright (Eds), What Urban Media Art Can Do. Publisher: AV Edition, 2016: 339 – 347.

[250] 张恩嘉、龙瀛：《空间干预、场所营造与数字创新：颠覆性技术作用下的设计转变》，《规划师》2020 年第 21 期。

[251] 党行：《基于家庭生命周期的城市居民居住环境需求研究》，硕士学位论文，哈尔滨工业大学，2017 年。

[252] 戴烽：《家庭空间与公共空间》，《青海社会科学》2007 年第 6 期。

[253] 马鹏:《城市规划对大城市近郊社区空间影响的研究》,博士学位论文,同济大学,2008年。

[254] 宋言奇、马桂萍:《社区的本质:由场所到场域——有感于梅尔霍夫的〈社区设计〉》,《城市问题》2007年第12期。

[255] 曾兴:《新媒体背景下城市社区媒体研究》,中国传媒大学出版社2014年版。

[256] 穆光宗:《有品质的养老:新生代城市老人的新追求》,《人民论坛》2019年第13期。

[257] Alam, I., Khusro, S., Naeem, M., *A Review of Smart TV: Past, Present, and Future, in Proceedings of International Conference on Open Source Systems & Technologies*, Lahore: International Conference on Open Source Systems and Technologies, 2017: 35-41.

[258] 徐静、陈秀万:《基于信息空间理论的智慧城市模型构建》,《科技导报》2013年第22期。

[259] 雷鸣:《位置媒介:移动传播与地理媒介的新业态》,《科教导刊》(上旬刊)2018年第13期。

[260] McGill, M., Williamson, J. H., Brewster, S. A., A Review of Collocated Multi-UserTV Examining the Changing Role of the TV in the Multi-Viewer, Multi-Screen Home, *Personal and Ubiquitous Computing*, 2015, 19 (5-6): 743-759.

[261] 邹英、高杉:《孤独围城的制造:电子媒介对现代家庭的影响》,《长春市委党校学报》2009年第1期。

[262] 陈雪薇:《移动场景与共同在场——家族微信群对新时代家庭的重构和关系维系》,《北方传媒研究》2018年第1期。

[263] 王蔚、曹银玲、赵晓涵:《我国农民的休闲趋势研究》,《中共济南市委党校学报》2012年第3期。

[264] Nash, J. B., *Philosophy of Recreation and Leisure*, Dubuque, Iowa: William C. Brown Company, 1953: 89.

[265] 张岩:《城市老年人休闲生活影响因素调查研究》,硕士学位论

文，吉林农业大学，2015年。

[266] 李菲:《城市老年人信息需求与服务保障研究》，博士学位论文，华中师范大学，2015年。

[267] 汪剑琴:《老年人心理特点与老年工作策略思考》，《管理观察》2009年第7期。

[268] 梅陈玉婵、齐铱、徐永德:《老年社会工作》（第二版），格致出版社2017年版。

[269] 王瑾、张瑞军等:《基于信息匹配的老年人休闲娱乐平台的分析与设计》，《信息通信》2016年第5期。

[270] 朱瑜晖:《老人"衣食足而需安抚"》，《中国社会工作》2018年第15期。

[271] 李蓉:《城市老年人娱乐活动参与对精神生活满意度的影响研究——以长沙市为例》，硕士学位论文，中南大学，2012年。

[272] 马歇尔·麦克卢汉:《理解媒介：论人的延伸》，译林出版社2011年版。

[273] 李彬、关琮严:《空间媒介化与媒介空间化——论媒介进化及其研究的空间转向》，《国际新闻界》2012年第5期。

[274] 左美云、刘勍勍、刘方:《老年人信息需求模型的构建与应用》，《管理评论》2009年第10期。

[275] 陈月华、盖龙涛、刘洋:《基于视听觉的社区媒体精神养老服务模型构建》，《山东社会科学》2011年第11期。

[276] 熊必俊:《世界老龄大会聚焦老年资源开发与可持续发展》，《国际学术动态》2003年第1期。

[277] Thang, L. L., Kaplan, M. S., *Intergenerational pathways for building relational spaces and places*, Environmental gerontology, 2013: 225–251.

[278] 张宇、方佳曦:《居家养老视角下住区空间智慧化趋势》，《科技导报》2021年第8期。

[279] 黎晗:《促进代际融合的城市集合住居空间环境优化设计研究》，

博士学位论文，哈尔滨工业大学，2019年。

［280］彭伊侬、周素红、文萍：《德国多代互助社区养老模式及其启示》，《上海城市规划》2021年第3期。

［281］温海红、王怡欢：《基于个体差异的"互联网+"居家社区养老服务需求分析》，《社会保障研究》2019年第2期。

［282］周燕珉：《新冠疫情后，养老设施有哪些设计方向?》，https：//www.sohu.com/a/398543246_653061，2022年6月11日。

附　录

附录1　城市老人电视使用情况调查问卷

填答指南

1. 请在符合自己情况的答案序号"[1]、[2]、[3]……"打钩，或者在"__"处填上适当的内容。

2. 若没有特殊说明，每个问题只能选择一个答案；若可以选择多项答案，问题后都会注明"（可多选）"的提示字样，您可以选择多个选项。

答题示例：

（1）单选题

您目前的工作情况如何？

[1] 赋闲在家　　[2] 仍然从事工作

（2）多选题

您平时获取信息的主要途径是什么？（可多选）

[1] 报刊　　[2] 广播　　[3] 电视　　[4] 互联网　　[5] 手机

[6] 其他：_____

下面开始正式答题，请您耐心答题，我们会非常感谢您的合作！

首先，需要您填写一下基本信息：

今天是_____年____月____日，您的年龄是____周岁，性别是____，您所在的地区是_____省（自治区）_____市（县）_____区。

一　个人基本情况

1. 您的文化程度如何？

　　［1］小学及以下　　［2］初中　　［3］高中/高职　　［4］本科/大专

　　［5］硕士及以上

2. 您目前的工作情况如何？

　　［1］赋闲在家　　［2］仍在从事工作

3. 您曾经从事的主要职业是什么？

　　［1］企事业单位管理人员　　［2］党政机关干部

　　［3］教师、医生等专业技术人员　　［4］外资或私企管理人员

　　［5］个体经营者　　［6］机关事业单位一般工作人员

　　［7］个体雇员　　［8］国有企业工人　　［9］外资或私企一般工作人员

　　［10］军人　　［11］农民　　［12］其他：_____

4. 您目前与谁一起居住？

　　［1］独自居住　　［2］与配偶两人同住

　　［3］长期或经常与子女同住　　［4］其他：_____

5. 您每个月可以支配的生活费用大约是多少？

　　［1］2000元及以下　　［2］2000—4000元　　［3］4000—6000元

　　［4］6000元以上

6. 您对自己目前的健康状况满意吗？

　　［1］很满意　　［2］比较满意　　［3］一般满意　　［4］不太满意

[5] 很不满意

7. 您打算怎样度过自己的晚年生活？（可多选）

[1] 照顾子女孩子　　[2] 在家修身养性　　[3] 休闲娱乐

[4] 培养/从事艺术爱好　　[5] 学习文化知识　　[6] 参加公益活动

[7] 参加工作　　[8] 和亲友一起出行游玩　　[9] 参与社交活动

[10] 加强锻炼保健　　[11] 其他：_____

8. 您平时获取信息的主要途径是什么？（可多选）

[1] 报刊　　[2] 广播　　[3] 电视　　[4] 互联网　　[5] 手机

[6] 其他：_____

9. 您对目前传统媒体（如广播、电视、报刊等）为您所提供的服务满意吗？

[1] 很满意　　[2] 比较满意　　[3] 一般满意　　[4] 不太满意

[5] 很不满意

10. 您使用"新型电视"大概有多久了？

[1] 刚刚开始使用　　[2] 使用好几个月了　　[3] 1—2 年

[4] 2—3 年　　[5] 3—4 年　　[6] 4—5 年　　[7] 5 年以上

二　新型电视的使用与需求情况

（一）基本使用与需求情况

1. 与其他媒介相比，您选择使用新型电视的主要原因有哪些？（可多选）

[1] 接通容易，收视方便　　[2] 只会使用新型电视

[3] 钟情某些节目/频道　　[4] 身边没有其他媒介

[5] 多年来的使用习惯　　[6] 信息权威，可信度高

[7] 陪伴亲友，交流感受　　[8] 画面清晰，音效好

[9] 好奇新功能，尝试新事物　　[10] 操作简单易学

[11] 相关费用经济实惠　　[12] 想学习使用高科技产品

　　　　［13］学习/工作的需要　　　［14］内容丰富，质量高

　　　　［15］其他：_____

2. 您所使用的新型电视是如何获得的？

　　　　［1］自己购买　　［2］亲友馈赠　　［3］儿女淘汰　　［4］家人共用

　　　　［5］其他：_____

3. 您学习使用新型电视的主要途径是什么？（可多选）

　　　　［1］学校课程　　［2］业务人员　　［3］自行摸索　　［4］亲友帮助

　　　　［5］说明书　　［6］其他：_____

4. 对于您所使用的新型电视，您是否拥有自主使用权？

　　　　［1］完全拥有　　［2］有时拥有　　［3］偶尔拥有　　［4］从不拥有

5. 您使用新型电视所从事的主要活动有哪些？（可多选）

　　　　［1］单纯地收看视频　　　　［2］使用视频点播服务

　　　　［3］唱电视卡拉OK/播放DVD……　　［4］使用视频回看服务

　　　　［5］查询政务信息　　［6］查询便民资讯（生活百事通）

　　　　［7］收看高清付费频道　　［8］收看普通付费频道

　　　　［9］使用缴费/购物等特色服务　　［10］收听数字广播

　　　　［11］通过新型电视上网　　［12］使用遥控器玩电视中的游戏

　　　　［13］查看股票资讯　　［14］录制电视内容

　　　　［15］其他：_____

6. 您平均每天使用新型电视多长时间？

　　　　［1］30分钟以内　　［2］30—60分钟　　［3］1—2小时

　　　　［4］2—4小时　　［5］4—6小时　　［6］6—8小时　　［7］8小时以上

7. 您一般会在什么时段使用新型电视？（可多选）

　　　　［1］上午8点以前　　　［2］上午8点—中午11点

　　　　［3］中午11点—下午1点　　［4］下午1点—下午5点

　　　　［5］下午5点—晚7点　　［6］晚7点—晚8点

　　　　［7］晚8点—晚10点　　［8］晚10点以后　　［9］不定时，看具体情况

8. 在您的日常生活中，新型电视主要发挥了哪些重要作用？（可多选）

　　　　［1］资讯来源　　［2］生活助手　　［3］学习知识/技能

[4] 方便与人交流　　[5] 结交朋友　　[6] 打发时间

　　　[7] 寻求帮助/答疑解惑　　[8] 娱乐休闲/放松

　　　[9] 培养/发展兴趣爱好　　[10] 缓解孤独　　[11] 陪伴亲友

　　　[12] 指导/帮助消费　　[13] 其他：_____

9. 如果不再让您使用新型电视，会对您的生活产生影响吗？

　　　[1] 影响很大　　[2] 有些影响　　[3] 影响不大　　[4] 没有影响

10. 您认为新型电视在哪些方面对您的生活产生了比较大的影响？（可多选）

　　　[1] 资讯获取工具　　[2] 生活方式　　[3] 心理情感

　　　[4] 消费观念　　[5] 社会关系　　[6] 问题咨询途径

　　　[7] 学习途径　　[8] 亲子关系　　[9] 家庭关系　　[10] 生活技能

　　　[11] 个人形象塑造　　[12] 娱乐方式　　[13] 其他：_____

11. 在使用新型电视的过程中，您是否会遇到困难？

　　　[1] 经常遇到　　[2] 有时遇到　　[3] 偶尔遇到　　[4] 从没遇到

12. 在使用新型电视的过程中，您经常会遇到以下哪些方面的困难？（可多选）

　　　[1] 遇到问题时无人请教　　[2] 看不清遥控器的按键

　　　[3] 看不清操作菜单的信息　　[4] 机顶盒/遥控器的操作

　　　[5] 频道/服务的查找切换　　[6] 新增服务/功能的开通

　　　[7] 点播/回看功能的使用　　[8] 缴费/支付功能的使用

　　　[9] 付费频道/内容的开通　　[10] 信息查询服务的使用

　　　[11] 看不清服务内容信息　　[12] 对所喜爱频道的收藏

　　　[13] 按错按键时无法返回　　[14] 其他：_____

13. 对于您目前所使用的新型电视，在功能和操作方面感觉满意吗？

　　　[1] 非常满意　　[2] 比较满意　　[3] 一般满意　　[4] 不太满意

　　　[5] 很不满意

14. 您觉得有必要根据老年人的特点和操作习惯，定制新型电视服务系统吗？

　　　[1] 很有必要　　[2] 有些必要　　[3] 无所谓　　[4] 没有必要

15. 对于新型电视的服务系统设计，您觉得比较重要的一个方面是什么？
　　［1］内容质量：提供内容简介、操作指导、点播方法和业务费用等信息
　　［2］易用性：功能清晰、操作简单，很容易学会使用
　　［3］个性定制：收藏喜爱的频道，预约视频内容，按照喜好设置菜单的功能等
　　［4］操作体验：操作过程能够激发使用兴趣，进而不断尝试新的功能和服务
16. 您觉得有必要根据老年人的特点和操作习惯，定制遥控器吗？
　　［1］很有必要　　［2］有些必要　　［3］无所谓　　［4］没有必要
17. 对于遥控器的设计，您觉得比较重要的方面有哪些？（可多选）
　　［1］按键数量少　　［2］布局分明　　［3］手感较好
　　［4］符号易理解　　［5］按键数量多　　［6］按键文字大
　　［7］反应灵敏　　［8］按键大　　［9］光线暗的情况下易识别和操作
　　［10］一键通功能　　［11］其他：＿＿＿＿＿＿

（二）基本收视行为与需求情况

1. 与其他收视工具相比，您选择使用新型电视收看视频的原因有哪些？（可多选）
　　［1］画面清晰，音效好　　［2］只会用电视来收看
　　［3］可以和家人朋友一同观看　　［4］收视费用经济实惠
　　［5］服务接通方式便捷　　［6］电子菜单/遥控器容易操作
　　［7］适合自己的内容多　　［8］信息权威真实
　　［9］内容丰富，形式多样　　［10］内容更新快　　［11］内容本地化
　　［12］频道丰富，分类清晰　　［13］亲友的推荐/影响
　　［14］多年形成的习惯　　［15］内容互动性/参与性强
　　［16］内容定期/时播放　　［17］内容质量/品位高
　　［18］没有可替代的收视工具　　［19］主持人有吸引力
　　［20］其他：＿＿＿＿＿＿

2. 在选择视频内容的过程中,您比较注重的因素有哪些?(可多选)

   [1] 亲友的推荐度　　[2] 画面声音的清晰度

   [3] 是否符合自己的内容偏好　　[4] 媒体的推荐度

   [5] 内容的热点性　　[6] 对内容所在频道的良好印象

   [7] 内容品位/质量　　[8] 内容参与性/互动性

   [9] 内容是否可以成为谈资　　[10] 主持人的魅力

   [11] 内容的新鲜感　　[12] 内容是否与自己有关

   [13] 收视费用合理　　[14] 内容形式的创新性

   [15] 是否适合同家人一起观看　　[16] 插播广告较少

   [17] 播出时间的合理性　　[18] 其他:＿＿＿＿

3. 您对目前新型电视的视频内容感到满意吗?

   [1] 很满意　　[2] 比较满意　　[3] 一般满意　　[4] 不太满意

   [5] 很不满意

4. 您觉得目前新型电视的视频收看服务存在哪些问题?(可多选)

   [1] 内容千篇一律　　[2] 缺少对老年人的关注

   [3] 付费频道的收视费较高　　[4] 内容文化品位较低

   [5] 适合自己的内容较少　　[6] 画面/声音清晰度不够

   [7] 内容形式不够新颖　　[8] 内容缺少互动参与性

   [9] 电子菜单操作不太方便　　[10] 基本收视费较高

   [11] 业务办理/缴费不便　　[12] 其他:＿＿＿＿

5. "数字高清视频"是新型电视服务的发展方向之一,您对此感兴趣吗?

   [1] 感兴趣,愿意付费　　[2] 感兴趣,不愿意付费

   [3] 不感兴趣

6. 您平时是否收看新闻类视频内容?

   [1] 经常收看　　[2] 有时收看　　[3] 偶尔收看　　[4] 从不收看

   　　　　　　上题如果选择"[4]",请直接跳至"8 题"作答

7. 新闻类视频内容对于您生活的有用性如何?

   [1] 作用很大　　[2] 有些作用　　[3] 作用不大　　[4] 没有作用

8. 您平时是否收看文娱类视频内容？

　　［1］经常观看　　［2］有时观看　　［3］偶尔观看　　［4］从不观看

　　　　　　上题如果选择"［4］"，请直接跳至"10 题"作答

9. 文娱类视频内容对于您生活的有用性如何？

　　［1］作用很大　　［2］有些作用　　［3］作用不大　　［4］没有作用

10. 您平时是否观看生活服务类视频内容？

　　［1］经常观看　　［2］有时观看　　［3］偶尔观看　　［4］从不观看

　　　　　　上题如果选择"［4］"，请直接跳至"12 题"作答

11. 生活服务类视频内容对于您生活的有用性如何？

　　［1］作用很大　　［2］有些作用　　［3］作用不大　　［4］没有作用

12. 您平时是否观看知识教育类视频内容？

　　［1］经常观看　　［2］有时观看　　［3］偶尔观看　　［4］从不观看

　　　　　　上题如果选择"［4］"，请直接跳至"14 题"作答

13. 知识教育类视频内容对于您的有用性如何？

　　［1］作用很大　　［2］有些作用　　［3］作用不大　　［4］没有作用

14. 您是否观看专门的涉老视频内容（老年人节目）？

　　［1］经常观看　　［2］有时观看　　［3］偶尔观看　　［4］从不观看

　　　　　　上题如果选择"［4］"，请直接跳至"17 题"作答

15. 涉老视频内容在您的生活中主要发挥了哪个方面的功能？

　　［1］学习知识/技能　　　［2］娱乐休闲/放松

　　［3］寻求帮助/答疑解惑　　［4］培养/发展爱好

　　［5］指导/帮助消费　　［6］资讯来源　　［7］结交朋友

　　［8］打发时间　　［9］其他：＿＿＿＿＿＿

16. 您觉得目前涉老视频内容存在哪些问题？（可多选）

　　［1］感兴趣的内容少　　［2］内容形式单调　　［3］商业/低级趣味

　　［4］内容缺少特色　　［5］播出时段不合理　　［6］新闻类内容少

　　［7］服务类内容少　　［8］教育类内容少　　［9］内容参与性不够

　　［10］文娱类内容少　　［11］情感类内容少　　［12］内容更新慢

　　［13］内容信息量不足　　［14］播出时长短　　［15］不适合子女看

　　　　[16] 加插广告多　　[17] 主持人缺少魅力　　[18] 内容宣传不够
　　　　[19] 其他：_____

　　　　　　　　　上题答完，请直接跳至"19题"作答

17. 您不观看涉老视频内容的主要原因是什么？（可多选）
　　　　[1] 感兴趣的内容少　　[2] 内容形式单调　　[3] 商业/低级趣味
　　　　[4] 内容缺少特色　　[5] 播出时段不合理　　[6] 内容不够丰富
　　　　[7] 主持人缺少魅力　　[8] 播出时长短　　[9] 内容信息量不足
　　　　[10] 内容更新慢　　[11] 内容宣传不够　　[12] 加插广告多
　　　　[13] 内容参与性不够　　[14] 不适合子女看　　[15] 其他：_____

18. 如果以上情况有所改善，您会观看涉老视频内容吗？
　　　　[1] 非常愿意　　[2] 比较愿意　　[3] 一般愿意　　[4] 不太愿意
　　　　[5] 很不愿意

19. 您比较关注电视中提及的哪些涉老内容？（可多选）
　　　　[1] 衣食住行等生活服务　　[2] 知识技能的学习
　　　　[3] 兴趣爱好/文艺情趣的培养　　[4] 社会参与和人际交往
　　　　[5] 健康和养生常识　　[6] 对子女/孙子女的教育方式
　　　　[7] 低龄老人的就业问题　　[8] 养老保障和政策
　　　　[9] 与晚辈相互理解沟通的途径　　[10] 经典怀旧的文娱内容
　　　　[11] 老年名人轶事　　[12] 其他：_____

20. 您觉得有必要为老年人开设专业的"老年人频道"吗？
　　　　[1] 很有必要　　[2] 有些必要　　[3] 一般必要　　[4] 不太必要
　　　　[5] 很不必要

（三）新型服务的使用与需求情况

1. 您是否使用新型电视提供的新型服务？（点播、回看、信息查询……）
　　　　[1] 经常使用　　[2] 有时使用　　[3] 偶尔使用　　[4] 从不使用
　　　　　　　上题如果选择"[4]"，请您直接跳至"7题"作答

2. 您选择使用新型电视提供的新型服务的主要原因是什么？（可多选）
　　　　[1] 体验新鲜事物　　[2] 促销活动/免费试用

[3] 感觉有用，满足日常使用需求　　[4] 陪伴亲友使用

[5] 跟随潮流/避免落伍　　[6] 弥补传统收视的互动性不足

[7] 亲友推荐/影响　　[8] 没好看内容时使用

[9] 提高新型电视的操作技能　　[10] 媒体广告宣传

[11] 操作简单方便　　[12] 其他：_____

3. 在选择和使用新型服务的过程中，您比较看重的因素是什么？（可多选）

[1] 开通方式是否方便　　[2] 服务内容是否实用

[3] 服务内容的视听呈现效果　　[4] 服务费用是否合理

[5] 操作过程是否简便　　[6] 服务内容是否新颖/有特色

[7] 亲友推荐度/评价　　[8] 操作响应速度快慢

[9] 服务的使用说明/售后服务　　[10] 信息种类和数量

[11] 服务是否量身定做　　[12] 其他：_____

4. 您觉得新型电视提供的新型服务对您有用吗？

[1] 作用很大　　[2] 有些作用　　[3] 作用不大　　[4] 没有作用

5. 您觉得目前新型电视提供的新型服务存在哪些问题？（可多选）

[1] 服务种类不够丰富　　[2] 服务开通方式不便

[3] 服务内容不够关注老年群体　　[4] 服务内容不太实用

[5] 服务费用不太合理　　[6] 互动方式简单，效果简陋

[7] 操作过程比较复杂　　[8] 操作响应速度较慢　　[9] 其他：_____

6. 您是否愿意长期使用新型电视提供的新型服务？

[1] 非常愿意　　[2] 比较愿意　　[3] 一般愿意　　[4] 不太愿意

[5] 很不愿意

上题答完，请直接跳至"9题"作答

7. 您没有使用新型电视提供的新型服务的主要原因是什么？（可多选）

[1] 操作响应速度慢　　[2] 服务开通比较麻烦

[3] 对服务内容/项目表示怀疑　　[4] 遥控器容易按错

[5] 没有掌握使用方法　　[6] 收看传统视频已经能满足要求

[7] 操作菜单较复杂　　[8] 服务资费不太合理

［9］服务内容/项目缺乏吸引力　　［10］不知道如何开通

　　［11］现有设备不支持　　［12］对服务内容/项目缺乏了解

　　［13］有其他更好选择　　［14］其他：＿＿＿＿＿＿

8. 如果以上问题得到解决，您愿意使用新型电视提供的新型服务吗？

　　［1］非常愿意　　［2］比较愿意　　［3］一般愿意　　［4］不太愿意

　　［5］很不愿意

9. 对于新型电视提供的新型服务，您比较喜欢哪些？（可多选）

　　［1］视频点播　　［2］电视卡拉 OK　　［3］电视投票/竞猜

　　［4］电视（远程）教育　　［5］视频回看　　［6］便民信息查询

　　［7］电视（远程）医疗　　［8］电视证券/股票　　［9］电视购物

　　［10］政务信息查询　　［11］频道搜索/收藏　　［12］支付/缴费

　　［13］社区服务　　［14］通知提醒　　［15］电子游戏

　　［16］家庭安防　　［17］可视电话　　［18］其他：＿＿＿＿＿＿

10. 对于新型电视提供的信息查询服务，您比较喜欢哪些内容？（可多选）

　　［1］天气信息　　［2］旅游度假　　［3］交通指南　　［4］便民电话

　　［5］物价信息　　［6］票务订购　　［7］求医问药　　［8］家政服务

　　［9］装饰维修　　［10］金融保险　　［11］求职招聘

　　［12］商品打折　　［13］家居建材　　［14］婚庆婚介

　　［15］超市导购　　［16］美食天地　　［17］健身美容

　　［18］酒店宾馆　　［19］家电通讯　　［20］知识竞猜

　　［21］法律援助　　［22］教育培训　　［23］房产信息

　　［24］政务公开　　［25］社区医疗　　［26］社区购物

　　［27］社区交通　　［28］社区事务　　［29］其他：＿＿＿＿＿＿

三　关于"三网融合"的态度与需求

1. "三网融合"后，您希望家中电视为您提供以下哪些服务？（可多选）

　　［1］高清视频　　［2］视频点播　　［3］收发信息

［4］生活缴费服务　　［5］视频电话　　［6］视频回看

［7］信息查询　　［8］网络购物　　［9］高速电视上网

［10］数字广播　　［11］互动游戏　　［12］其他：＿＿＿＿

2. 您希望电视协同互联网、手机等媒介，为您提供哪些新服务？（可多选）

　　［1］家电控制功能　　［2］紧急求助服务　　［3］资讯定制服务

　　［4］家用设施安全报警系统　　［5］信息化社区服务

　　［6］家政服务查询　　［7］家庭医生服务　［8］与亲友便捷通信/交流

　　［9］日常缴费服务　　［10］测量健康状况　　［11］求助咨询服务

　　［12］家庭视频监控系统　　［13］情感疏导平台　　［14］学习教育平台

　　［15］老年交友平台　　［16］老年人再就业平台

　　［17］其他：＿＿＿＿

3. 如果您办理"三网融合"的相关服务，最有可能的原因是什么？

　　［1］工作人员帮助解决疑难问题

　　［2］亲友认为很有价值，推荐我使用

　　［3］亲友已开始使用，很感兴趣

　　［4］服务很有用不在乎价格，尽快享受

　　［5］价格实惠，先试用再做决定

　　［6］已广泛使用，我不能落后

　　［7］其他：＿＿＿＿

附录2　城市老人电脑上网情况调查问卷

填答指南

1. 请在符合自己情况的答案序号"[1]、[2]、[3]……"打钩，或者在"＿"处填上适当的内容。

2. 若没有特殊说明，每个问题只能选择一个答案；若可以选择多项答案，问题后都会注明"（可多选）"的提示字样，您可以选择多个选项。

答题示例：

（1）单选题

您目前的工作情况如何？

[1] 赋闲在家　　[2] 仍然从事工作

（2）多选题

您平时获取信息的主要途径是什么？（可多选）

[1] 报刊　　[2] 广播　　[3] 电视　　[4] 互联网　　[5] 手机

[6] 其他：＿＿＿＿

下面开始正式答题，请您耐心答题，我们会非常感谢您的合作！

首先，需要您填写一下基本信息：

今天是＿＿＿＿年＿＿月＿＿日，您的年龄是＿＿周岁，性别是＿＿，您所在的地区是＿＿＿＿省（自治区）＿＿＿＿市（县）＿＿＿＿＿＿＿区。

一 个人基本情况

1. 您的文化程度如何？
   [1] 小学及以下　　[2] 初中　　[3] 高中/高职　　[4] 本科/大专
   [5] 硕士及以上

2. 您目前的工作情况如何？
   [1] 赋闲在家　　[2] 仍在从事工作

3. 您曾经从事的主要职业是什么？
   [1] 企事业单位管理人员　　[2] 党政机关干部
   [3] 教师、医生等专业技术人员　　[4] 外资或私企管理人员
   [5] 个体经营者　　[6] 机关事业单位一般工作人员　　[7] 个体雇员
   [8] 国有企业工人　　[9] 外资或私企一般工作人员　　[10] 军人
   [11] 农民　　[12] 其他：＿＿＿＿＿＿＿

4. 您目前与谁一起居住？
   [1] 独自居住　　[2] 与配偶两人同住　　[3] 长期或经常与子女同住
   [4] 其他：＿＿＿＿＿＿＿

5. 您每个月可以支配的生活费用大约是多少？
   [1] 2000元及以下　　[2] 2000—4000元　　[3] 4000—6000元
   [4] 6000元以上

6. 您对自己目前的健康状况满意吗？
   [1] 很满意　　[2] 比较满意　　[3] 一般满意　　[4] 不太满意
   [5] 很不满意

7. 您打算怎样度过自己的晚年生活？（可多选）
   [1] 照顾子女孩子　　[2] 在家修身养性　　[3] 休闲娱乐
   [4] 培养/从事艺术爱好　　[5] 学习文化知识　　[6] 参加公益活动
   [7] 参加工作　　[8] 和亲友一起出行游玩　　[9] 参与社交活动
   [10] 加强锻炼保健　　[11] 其他：＿＿＿＿＿＿＿

8. 您平时获取信息的主要途径是什么？（可多选）

   [1] 报刊　　[2] 广播　　[3] 电视　　[4] 互联网　　[5] 手机

   [6] 其他：_____

9. 您对目前传统媒体（如广播、电视、报刊等）为您所提供的服务满意吗？

   [1] 很满意　　[2] 比较满意　　[3] 一般满意　　[4] 不太满意

   [5] 很不满意

10. 您使用"电脑上网"大概有多久了？

    [1] 刚刚开始使用　　[2] 使用好几个月了　　[3] 1—2 年

    [4] 2—3 年　　[5] 3—4 年　　[6] 4—5 年　　[7] 5 年以上

二　电脑上网的使用与需求情况

（一）基本使用与需求情况

1. 与其他媒介相比，您选择使用电脑上网的主要原因有哪些？（可多选）

   [1] 接通容易，使用方便　　[2] 亲友的影响/鼓励

   [3] 有其他媒体没有的功能/内容　　[4] 打发时间，休闲娱乐

   [5] 学习/工作的需要　　[6] 喜欢学习使用高科技产品

   [7] 跟随潮流，避免落伍　　[8] 减小与子女的代沟

   [9] 把上网作为一种兴趣爱好　　[10] 与人联系或交流

   [11] 尝试新事物/好奇　　[12] 服务实惠，如免费影视剧

   [13] 及时获得各类信息　　[14] 操作简单、易学

   [15] 其他：_____

2. 您经常用来上网的电脑是如何获得的？

   [1] 自己购买　　[2] 亲友馈赠　　[3] 儿女淘汰　　[4] 家人共用

   [5] 网吧临时租用　　[6] 办公配置　　[7] 子女借用

   [8] 老年大学或社区中心公用　　[9] 其他：_____

3. 您学习使用电脑上网的主要途径是什么？（可多选）

　　[1] 学校课程　　[2] 业务人员　　[3] 自己摸索　　[4] 书籍杂志

　　[5] 亲友帮助　　[6] 其他：_____

4. 对于您用来上网的电脑，您是否拥有自主使用权？

　　[1] 完全拥有　　[2] 有时拥有　　[3] 偶尔拥有　　[4] 从不拥有

5. 您上网从事的主要活动有哪些？（可多选）

　　[1] 查询信息/资料　　[2] 下载网络资源

　　[3] 浏览或参与社区/论坛讨论　　[4] 阅读新闻资讯

　　[5] 与亲友保持联系　　[6] 收发电子邮件

　　[7] 维护博客/微博/个人主页　　[8] 学习各类知识

　　[9] 阅读文学作品　　[10] 玩网络游戏

　　[11] 看电影/电视剧/视频节目　　[12] 结识新朋友

　　[13] 阅读报纸/杂志　　[14] 听音乐/广播

　　[15] 网络购物/缴费/订票　　[16] 网络炒股　　[17] 网络创业

　　[18] 其他：_____

6. 您平均每天使用电脑上网多长时间？

　　[1] 30分钟以内　　[2] 30—60分钟　　[3] 1—3小时

　　[4] 3—5小时　　[5] 5—7小时　　[6] 7小时以上

7. 您一般会在什么时段使用电脑上网？（可多选）

　　[1] 上午9点以前　　[2] 上午9点—中午12点

　　[3] 中午12点—下午2点　　[4] 下午2点—下午5点

　　[5] 下午5点—晚7点　　[6] 晚7点—晚8点

　　[7] 晚8点—晚10点　　[8] 晚10点以后　　[9] 不定时，看具体情况

8. 在您的日常生活中，使用电脑上网主要发挥了哪些重要作用？（可多选）

　　[1] 资讯来源　　[2] 生活助手　　[3] 学习知识/技能

　　[4] 方便与人联系　　[5] 结交朋友　　[6] 打发时间

　　[7] 寻求帮助/答疑解惑　　[8] 娱乐休闲/放松　　[9] 陪伴亲友

　　[10] 缓解孤独　　[11] 培养/发展兴趣爱好　　[12] 指导/帮助消费

［13］其他：_____

9. 如果不再让您使用电脑上网，会对您的生活产生影响吗？

　　［1］影响很大　　［2］有些影响　　［3］影响不大　　［4］没有影响

10. 您认为网络在哪些方面对您产生了比较大的影响？（可多选）

　　［1］资讯获取工具　　［2］生活方式　　［3］心理情感

　　［4］消费观念　　［5］社会关系　　［6］问题咨询途径

　　［7］学习途径　　［8］亲子关系　　［9］家庭关系　　［10］生活技能

　　［11］个人形象塑造　　［12］娱乐方式　　［13］其他：_____

11. 在使用电脑上网的过程中，您是否会遇到困难？

　　［1］经常遇到　　［2］有时遇到　　［3］偶尔遇到　　［4］从没遇到

12. 在使用电脑上网的过程中，您经常会遇到以下哪些方面的困难？（可多选）

　　［1］遇到问题时无人可请教　　［2］网页浏览器的使用

　　［3］打字输入缓慢　　［4］键盘鼠标或软件的操作

　　［5］病毒查杀/软件升级　　［6］搜索/下载网络资源

　　［7］看/听不清网页上的内容　　［8］按错键时无法返回

　　［9］其他：_____

13. 对于网站或软件的页面设计，您认为以下哪些因素比较重要？（可多选）

　　［1］字体大小　　［2］色彩搭配　　［3］页面功能　　［4］页面导航

　　［5］操作效果　　［6］内容布局　　［7］图标设计　　［8］内容形式

　　［9］其他：_____

14. 在使用网站或软件的过程中，以下哪些因素会影响您有效获取信息？（可多选）

　　［1］页面打开时间较长　　［2］页面广告较多

　　［3］内容的表现形式缺乏吸引力　　［4］页面导航不太明确

　　［5］页面内容杂乱　　［6］进入目标页面的点选次数较多

　　［7］图标不易理解含义　　［8］缺少操作提示

　　［9］其他：_____

15. 对于您目前使用的电脑,在功能和操作方面您感觉满意吗?

　　[1] 非常满意　　[2] 比较满意　　[3] 一般满意　　[4] 不太满意　　[5] 很不满意

16. 您觉得有必要根据老年人的操作习惯和需求,进行电脑产品的定制吗?

　　[1] 很有必要　　[2] 比较必要　　[3] 无所谓　　[4] 没有必要

17. 您觉得适合老年人上网使用的电脑产品,应该具备哪些特点?(可多选)

　　[1] 价格实惠　　[2] 功能丰富先进　　[3] 功能简单实用
　　[4] 操作简便快捷　　[5] 屏幕大　　[6] 音效好　　[7] 画面效果好
　　[8] 内容文字大　　[9] 高速上网　　[10] 结实耐用
　　[11] 售后服务好　　[12] 移动携带方便　　[13] 手写输入功能
　　[14] 外形时尚　　[15] 语音控制功能　　[16] 自带实用书籍
　　[17] 自带多种游戏　　[18] 可以高清拍照　　[19] 自带丰富影音作品
　　[20] 自带多种实用软件　　[21] 其他:_____

(二)网络服务的使用与需求情况

网络新闻服务

1. 您是否在网上阅读新闻资讯?

　　[1] 经常阅读　　[2] 有时阅读　　[3] 偶尔阅读　　[4] 从不阅读

　　　　上题如果选择"[4]",请直接跳至"6题"作答

2. 与其他渠道相比,您选择在网上阅读新闻的主要原因是什么?(可多选)

　　[1] 亲友影响或推荐　　[2] 可自由发表意见
　　[3] 传统媒体新闻的补充　　[4] 内容种类丰富
　　[5] 可自行挑选内容　　[6] 报道详实深入
　　[7] 没有阅读时间的限制　　[8] 报道形式多样
　　[9] 有很多特色报道　　[10] 信息更新快
　　[11] 可查找相关信息继续了解　　[12] 经济实惠

　　　　[13] 内容可信度高　　[14] 跟随潮流　　[15] 其他：_____
3. 对于用来阅读新闻的网站，您主要的选择标准是什么？（可多选）
　　　　[1] 页面美观　　[2] 内容分类丰富　　[3] 亲友推荐度
　　　　[4] 品牌/权威性　　[5] 网址易记　　[6] 特色报道多
　　　　[7] 内容更新快　　[8] 多方观点评论　　[9] 网站功能丰富
　　　　[10] 报道深入　　[11] 操作便捷　　[12] 其他：_____
4. 阅读网络新闻，对于您的有用性如何？
　　　　[1] 作用很大　　[2] 有些作用　　[3] 作用不大　　[4] 没有作用
5. 您觉得目前网络新闻服务还存在哪些问题？（可多选）
　　　　[1] 涉老报道少　　[2] 报道不够深入　　[3] 内容分类杂乱
　　　　[4] 操作复杂　　[5] 虚假信息多　　[6] 适合自己的内容少
　　　　[7] 内容缺少特色　　[8] 内容不够权威　　[9] 报道形式单一
　　　　[10] 其他：_____

　　　　　　　　上题答完，请直接跳至"8题"作答

6. 您不在网上阅读新闻的主要原因是什么？（可多选）
　　　　[1] 对内容缺乏信任　　[2] 传统媒体已满足需求
　　　　[3] 内容杂乱，查阅不便　　[5] 没有掌握方法
　　　　[4] 适合自己的内容少　　[6] 其他：_____
7. 如果以上情况有所改善，您愿意在网上阅读新闻吗？
　　　　[1] 非常愿意　　[2] 比较愿意　　[3] 一般愿意　　[4] 不太愿意

　　　　　　　　　　　　网络学习服务

8. 您是否在网上学习知识？
　　　　[1] 经常从事　　[2] 有时从事　　[3] 偶尔从事　　[4] 从不从事

　　　　　　上题如果选择"[4]"，请直接跳至"13题"作答

9. 与传统学习方式相比，您选择在网上学习知识的主要原因是什么？（可多选）
　　　　[1] 可自由自主学习　　[2] 亲友影响/建议
　　　　[3] 传统途径的知识补充　　[4] 内容更新快
　　　　[5] 知识查找方便快捷　　[6] 经济实惠　　[7] 讲解方式浅显易懂

　　　　[8] 讲解形式多样　　　[9] 满足特殊知识需求　　　[10] 知识种类丰富

　　　　[11] 可与他人互助学习　　　[12] 其他：_____

10. 在选择网上学习途径（网站/软件）时，您比较看重的因素有哪些？（可多选）

　　　　[1] 网址易记/登录方便　　　[2] 内容专业/权威　　　[3] 知识丰富

　　　　[4] 特色知识/功能　　　[5] 版块清晰/易于查找　　　[6] 操作简单便捷

　　　　[7] 亲友推荐　　　[8] 内容形式多样　　　[9] 讲解翔实深入

　　　　[10] 讲解浅显易懂　　　[11] 内容更新快　　　[12] 页面广告少

　　　　[13] 广告推荐　　　[14] 品牌/知名度　　　[15] 其他：_____

11. 从事网络学习，对于您的有用性如何？

　　　　[1] 作用很大　　　[2] 有些作用　　　[3] 作用不大　　　[4] 没有作用

12. 您觉得目前网络学习服务还存在哪些不足之处？（可多选）

　　　　[1] 知识不够齐全　　　[2] 内容不够权威　　　[3] 知识缺少特色

　　　　[4] 适合自己的知识少　　　[5] 讲解不够翔实　　　[6] 讲解不够浅显

　　　　[7] 网友互助不足　　　[8] 知识繁杂，难查阅　　　[9] 知识更新慢

　　　　[10] 广告过多　　　[11] 内容形式单调　　　[12] 其他：_____

　　　　　　上题答完，请直接跳至"15题"作答

13. 您不在网上学习知识的主要原因是什么？（可多选）

　　　　[1] 对内容缺乏信任　　　[2] 书籍可满足需求

　　　　[3] 电视/报纸可满足需求　　　[4] 适合自己的知识少

　　　　[5] 内容不够深入　　　[6] 内容缺乏吸引力

　　　　[7] 内容杂乱，难以查阅　　　[8] 操作麻烦

　　　　[9] 没有这方面需求　　　[10] 内容更新缓慢

　　　　[11] 没有掌握方法/途径　　　[12] 其他：_____

14. 如果以上情况有所改善，您愿意在网上学习知识吗？

　　　　[1] 非常愿意　　　[2] 比较愿意　　　[3] 一般愿意　　　[4] 不太愿意

　　　　　　　　　　　　网络视频服务

15. 您是否在网上观看视频？

　　　　[1] 经常观看　　　[2] 有时观看　　　[3] 偶尔观看　　　[4] 从不观看

上题如果选择"［4］",请直接跳至"20 题"作答

16. 与其他收视渠道相比,您选择观看网络视频的主要原因有哪些?(可多选)

［1］收看时间自由　　［2］内容更新快　　［3］观看原创视频

［4］可看到在电视上错过的内容　　［5］可下载和存储

［6］插播广告少　　［7］内容丰富　　［8］能看到电视上看不到的内容

［9］广告推荐　　［10］跟随潮流　　［11］可自主控制播放

［12］可实现内容分享和交流　　［13］亲友影响　　［14］好奇心

［15］其他:＿＿＿＿＿＿＿

17. 在选择网络视频时,您比较看重的因素有哪些?(可多选)

［1］固有内容喜好　　［2］收视费经济　　［3］社会热点

［4］电视上错过的内容　　［5］参与性/互动性

［6］与自己相关　　［7］画面清晰度　　［8］无法在电视上看到的

［9］广告推荐度　　［10］亲友推荐度　　［11］内容新鲜感

［12］其他:＿＿＿＿＿＿＿

18. 观看网络视频,对于您的有用性如何?

［1］作用很大　　［2］有些作用　　［3］作用不大　　［4］没有作用

19. 您觉得目前网络视频服务还存在哪些不足之处?(可多选)

［1］内容不够齐全　　［2］内容比较老旧　　［3］播放/下载速度慢

［4］加插广告多　　［5］内容缺乏特色　　［6］内容品位不高

［7］适合自己的内容少　　［8］内容更新慢　　［9］功能操作复杂

［10］打开方式麻烦　　［11］画面/音质不清晰　　［12］其他:＿＿＿＿＿

上题答完,请直接跳至"22 题"作答

20. 请问您没有观看网络视频的主要原因是什么?(可多选)

［1］喜欢看电视　　［2］亲友不推荐　　［3］内容品位不高

［4］不会操作　　［5］广告太多　　［6］不知道可上网看视频

［7］画面不清晰　　［8］内容更新慢　　［9］没有收视需求

［10］内容缺乏吸引力/特色　　［11］内容杂乱　　［12］操作麻烦

［13］播放速度慢　　［14］音效差　　［15］其他:＿＿＿＿＿＿＿

21. 如果以上情况有所改善，您愿意观看网络视频吗？

　　［1］非常愿意　　［2］比较愿意　　［3］一般愿意　　［4］不太愿意

网络购物服务

22. 您是否在网上购买商品？

　　［1］经常购买　　［2］有时购买　　［3］偶尔购买　　［4］从不购买

上题如果选择"［4］"，请直接跳至"27题"作答

23. 您进行网络购物的主要原因是什么？（可多选）

　　［1］交易便捷，省时省力　　［2］有些商品只在网上可买到

　　［3］可选择的商品较多　　［4］广告宣传　　［5］不便去商场或专卖店

　　［6］购物不受时间和地点限制　　［7］亲友的建议/影响

　　［8］价格合理　　［9］好奇　　［10］跟随潮流　　［11］其他：＿＿＿＿

24. 当决定在网上购买某种商品时，您比较看重的因素有哪些？（可多选）

　　［1］样式美观　　［2］价格实惠　　［3］卖家信誉　　［4］亲友推荐度

　　［5］网站知名度　　［6］销售量　　［7］卖家态度　　［8］交易便捷

　　［9］售后保障　　［10］广告推荐度　　［11］交易安全

　　［12］好评率　　［13］商品品牌　　［14］其他：＿＿＿＿＿

25. 进行网络购物，对于您的有用性如何？

　　［1］作用很大　　［2］有些作用　　［3］作用不大　　［4］没有作用

26. 您认为目前网络购物还存在哪些问题？（可多选）

　　［1］商家信誉差　　［2］支付操作复杂　　［3］商品质量没保障

　　［4］安全性不够　　［5］售后服务差　　［6］退换货不便

　　［7］商品常与预期不符　　［8］价格不够实惠　　［9］送货速度慢

　　［10］邮递费用贵　　［13］商品种类繁杂　　［11］商品质量差

　　［14］购买贵重商品时风险较大　　［12］无法试用/试穿

　　［15］其他：＿＿＿＿＿

上题答完，请直接跳至"29题"作答

27. 您不进行网络购物的主要原因是什么？（可多选）

　　［1］担心交易安全性　　［2］担心商品质量保障

　　［3］喜欢传统购物方式　　［4］亲友不建议　　［5］没有掌握方法

[6] 找不到想买的商品　[7] 无法便捷的支付　[8] 喜欢电视购物

[9] 购物操作太麻烦　[10] 没有网购需求　[11] 有亲友受过欺骗

[12] 其他：_____

28. 如果以上情况有所改善，您愿意进行网络购物吗？

[1] 非常愿意　[2] 比较愿意　[3] 一般愿意　[4] 不太愿意

网络社交服务（聊天/论坛/博客……）

29. 您是否参与网络社交活动？

[1] 经常参与　[2] 有时参与　[3] 偶尔参与　[4] 从不参与

上题选择"[4]"，请直接跳至"34题"作答

30. 您参与网络社交活动的主要原因是什么？（可多选）

[1] 和朋友交流　[2] 与子女联系　[3] 交流学习/讨论问题

[4] 排解孤独　[5] 结识新朋友　[6] 展示/推广自己

[7] 分享生活/倾诉情感　[8] 休闲娱乐　[9] 亲友推荐

[10] 学习/工作需要　[11] 发布信息/组织活动

[12] 打发时间　[13] 跟随潮流　[14] 其他：_____

31. 在选择网络社交平台时，您比较看重的因素有哪些？（可多选）

[1] 页面美观　[2] 品牌/权威性　[3] 功能简单

[4] 用户信息真实性　[5] 亲友使用率　[6] 操作舒适

[7] 已有用户数量　[8] 功能丰富　[9] 网址易记/登录方便

[10] 亲友推荐　[11] 其他：_____

32. 参与网络社交，对于您的有用性如何？

[1] 作用很大　[2] 有些作用　[3] 作用不大　[4] 没有作用

33. 您觉得目前网络社交平台还存在哪些问题？（可多选）

[1] 操作复杂　[2] 功能不够丰富　[3] 功能太多

[4] 用户信息真实性低　[5] 广告多　[6] 虚假信息多

[7] 寻找朋友较难　[8] 其他：_____

上题答完，请直接跳至"36题"作答

34. 您没有参与网络社交活动的主要原因是什么？（可多选）

[1] 没听说过　[2] 缺乏吸引力　[3] 亲友没有使用

[4] 操作麻烦　　　[5] 没有时间　　　[6] 没有需求

[7] 不会使用　　　[8] 用户真实性低　　　[9] 其他：_____

35. 如果以上情况有所改善，您愿意参与网络社交活动吗？

[1] 非常愿意　　　[2] 比较愿意　　　[3] 一般愿意　　　[4] 不太愿意

老年人服务网站（中华老年网、乐龄网、晚霞网等）

36. 您是否接触老年人服务网站？

[1] 经常接触　　　[2] 有时接触　　　[3] 偶尔接触　　　[4] 从不接触

上题如果选择"[4]"，请直接跳至"42题"作答

37. 您接触老年人服务网站的主要原因是什么？（可多选）

[1] 学习知识　　　[2] 咨询问题　　　[3] 查阅所需特殊信息

[4] 参与话题讨论　　　[5] 休闲娱乐　　　[6] 聊天/交友

[7] 亲友的影响/建议　　　[8] 宣传/推广自己　　　[9] 跟随潮流

[10] 广告推荐　　　[11] 培养业余爱好　　　[12] 获取新闻资讯

[13] 好奇　　　[14] 打发时间　　　[15] 其他：_____

38. 请写出您经常接触的三个老年服务网站的名称？（至少写一个）

_____

39. 在选择老年人服务网站时，您比较看重的因素有哪些？（可多选）

[1] 操作便捷　　　[2] 内容更新快　　　[3] 信息真实准确

[4] 特色内容/功能服务　　　[5] 广告推荐度　　　[6] 功能简单

[7] 功能丰富　　　[8] 品牌/权威性　　　[9] 网址易记/登录方便

[10] 亲友推荐度　　　[11] 内容丰富　　　[12] 页面美观

[13] 内容专业性　　　[14] 版块清晰，易查阅　　　[15] 页面广告少

[16] 其他：_____

40. 老年人服务网站在您的日常生活中主要发挥了哪个方面的功能？

[1] 学习知识/提高技能　　　[2] 娱乐休闲/放松　　　[3] 资讯来源

[4] 生活助手　　　[5] 结交朋友　　　[6] 寻求帮助/答疑解惑

[7] 指导/帮助消费　　　[8] 打发时间　　　[9] 培养/发展兴趣爱好

[10] 其他：_____

41. 您觉得目前老年人服务网站还存在哪些不足之处？（可多选）

　　　［1］内容不够丰富　　　［2］缺少特色/创新　　　［3］内容更新慢

　　　［4］内容不够实用　　　［5］内容不够专业　　　［6］内容分类杂乱

　　　［7］功能不够丰富　　　［8］页面广告多　　　　［9］功能不够实用

　　　［10］知名度不高　　　［11］页面不够美观　　　［12］操作不够简单

　　　［13］缺少互动性　　　［14］其他：_____

上题答完，请直接跳至"44题"作答

42. 您没有接触老年人服务网站的主要原因是什么？（可多选）

　　　［1］内容缺少特色　　　［2］缺少适合自己的内容

　　　［3］不知道有老年服务网站　　［4］内容更新慢　　　［5］内容不够专业

　　　［6］功能简单，缺少优势　　　［7］其他网站已满足需求

　　　［8］身边没有人接触　　　［9］其他：_____

43. 如果以上情况有所改善，您愿意使用老年人服务网站吗？

　　　［1］非常愿意　　［2］比较愿意　　［3］一般愿意　　［4］不太愿意

44. 您希望老年人服务网站提供哪些信息或功能？（可多选）

　　　［1］衣食住行信息　　［2］医疗咨询　　　［3］保健知识

　　　［4］涉老新闻　　　　［5］法律咨询　　　［6］教育培训信息

　　　［7］理财咨询　　　　［8］科普知识　　　［9］招聘信息　　　［10］网络文学

　　　［11］文化艺术鉴赏　　［12］交友平台　　［13］亲子交流

　　　［14］休闲游戏　　　　［15］影视娱乐　　［16］休闲爱好知识

　　　［17］心理咨询　　　　［18］音乐戏曲　　［19］个人博客

　　　［20］网络购物　　　　［21］养老政策法规　　［22］团体活动

　　　［23］旅游信息　　　　［24］其他：_____

三　关于"三网融合"的态度与需求

1. "三网融合"后，您希望家中电脑为您提供以下哪些服务？（可多选）

　　　［1］高速上网　　　［2］高清电视直播　　　［3］网上视频通话

［4］高清影视娱乐　　　［5］网络广播服务　　　［6］各类休闲游戏

［7］网络报刊服务　　　［8］其他：_____

2. 您希望家中电脑协同手机、新型电视等媒介，为您提供哪些新服务？（可多选）

［1］家电控制功能　　　［2］紧急求助服务　　　［3］资讯定制服务

［4］便捷缴费服务　　　［5］信息化社区服务　　　［6］家政预约服务

［7］家庭医生服务　　　［8］与亲友便捷地交流　　［9］测量健康状况

［10］热线咨询服务　　　［11］情感疏导平台　　　［12］家用设施报警系统

［13］学习交流平台　　　［14］老人交友平台　　　［15］家庭视频监控

［16］其他：_____

3. 如果您办理"三网融合"的相关服务，最有可能的原因是什么？

［1］工作人员帮助我解决疑难问题

［2］亲友认为很有价值，推荐我使用

［3］亲友已开始使用，我很感兴趣

［4］亲友已开始使用，我不能落后

［5］价格实惠，先试用，再做决定

［6］服务很有用，不在乎价格，尽快享受

［7］其他：_____

附录3 城市老人手机使用情况调查问卷

填答指南

1. 请在符合自己情况的答案序号"[1]、[2]、[3]……"打钩，或者在"＿"处填上适当的内容。

2. 若没有特殊说明，每个问题只能选择一个答案；若可以选择多项答案，问题后都会注明"（可多选）"的提示字样，您可以选择多个选项。

答题示例：

（1）单选题

您目前的工作情况如何？

[1] 赋闲在家 [2] 仍然从事工作

（2）多选题

您平时获取信息的主要途径是什么？（可多选）

[1] 报刊 [2] 广播 [3] 电视 [4] 互联网 [5] 手机
[6] 其他：＿＿＿＿

下面开始正式答题，请您耐心答题，我们会非常感谢您的合作！

首先，需要您填写一下基本信息：

今天是＿＿＿＿年＿＿月＿＿日，您的年龄是＿＿周岁，性别是＿＿，您所在的地区是＿＿＿＿省（自治区）＿＿＿＿市（县）＿＿＿＿区。

一 个人基本情况

1. 您的文化程度如何？

   [1] 小学及以下　　[2] 初中　　[3] 高中/高职　　[4] 本科/大专

   [5] 硕士及以上

2. 您目前的工作情况如何？

   [1] 赋闲在家　　[2] 仍在从事工作

3. 您曾经从事的主要职业是什么？

   [1] 企事业单位管理人员　　[2] 党政机关干部

   [3] 教师、医生等专业技术人员　　[4] 外资或私企管理人员

   [5] 个体经营者　　[6] 机关事业单位一般工作人员

   [7] 个体雇员　　[8] 国有企业工人　　[9] 外资或私企一般工作人员

   [10] 军人　　[11] 农民　　[12] 其他：＿＿＿＿

4. 您目前与谁一起居住？

   [1] 独自居住　　[2] 与配偶两人同住

   [3] 长期或经常与子女同住　　[4] 其他：＿＿＿＿

5. 您每个月可以支配的生活费用大约是多少？

   [1] 2000元及以下　　[2] 2000—4000元　　[3] 4000—6000元

   [4] 6000元以上

6. 您对自己目前的健康状况满意吗？

   [1] 很满意　　[2] 比较满意　　[3] 一般满意　　[4] 不太满意

   [5] 很不满意

7. 您打算怎样度过自己的晚年生活？（可多选）

   [1] 照顾子女孩子　　[2] 在家修身养性　　[3] 休闲娱乐

   [4] 培养/从事艺术爱好　　[5] 学习文化知识　　[6] 参加公益活动

   [7] 参加工作　　[8] 和亲友一起出行游玩　　[9] 参与社交活动

   [10] 加强锻炼保健　　[11] 其他：＿＿＿＿

8. 您平时获取信息的主要途径是什么？（可多选）

　　[1] 报刊　　[2] 广播　　[3] 电视　　[4] 互联网　　[5] 手机

　　[6] 其他：＿＿＿＿＿＿

9. 您对目前传统媒体（如广播、电视、报刊等）为您所提供的服务满意吗？

　　[1] 很满意　　[2] 比较满意　　[3] 一般满意　　[4] 不太满意

　　[5] 很不满意

10. 您使用"手机"大概有多久了？

　　[1] 刚刚开始使用　　[2] 使用好几个月了　　[3] 1—2 年

　　[4] 2—3 年　　[5] 3—4 年　　[6] 4—5 年　　[7] 5 年以上

二　手机的使用与需求情况

（一）基本使用与需求情况

1. 与其他媒介相比，您选择使用手机的主要原因是什么？（可多选）

　　[1] 亲友影响/推荐　　[2] 方便与亲友联系　　[3] 使用方便

　　[4] 学习使用高科技产品

　　[5] 喜欢某些贴心功能（紧急呼叫/地图……）

　　[6] 喜欢生活服务类功能（时间/计算器……）

　　[7] 喜欢多媒体功能（拍照/摄像、游戏……）

　　[8] 喜欢媒介融合型服务（手机报/上网……）　　[9] 业务办理快捷

　　[10] 尝试新鲜事物　　[11] 工作需要　　[12] 跟随潮流

　　[13] 经济实用　　[14] 操作简单　　[15] 其他：＿＿＿＿＿＿

2. 您经常使用的手机是如何获得的？

　　[1] 自己购买　　[2] 亲友馈赠　　[3] 儿女淘汰　　[4] 家人共用

　　[5] 子女借用　　[6] 办公配置　　[7] 其他：＿＿＿＿＿＿

3. 您了解和学会使用手机的主要途径是什么？（可多选）

　　[1] 学校课程　　[2] 业务人员　　[3] 自行摸索　　[4] 书籍杂志

[5] 亲友帮助　　[6] 其他：_____

4. 对于您所使用的手机，您是否拥有自主使用权？

　　[1] 完全拥有　　[2] 有时拥有　　[3] 偶尔拥有　　[4] 从不拥有

5. 您经常使用的手机功能或操作有哪些？（可多选）

　　[1] 接打电话　　[2] 收发短信　　[3] 日历/备忘录　　[4] 时间/闹钟

　　[5] 手机上网　　[6] 手机游戏　　[7] 拍照/摄像　　[8] 手机彩铃

　　[9] 计算器/词典　　[10] 语音拨号　　[11] 听广播　　[12] 收发彩信

　　[13] 视频通话　　[14] 手机邮箱　　[15] 电子书　　[16] 手机支付

　　[17] 听音乐　　[18] 手机地图

　　[19] 通信助理（未开机时的未接电话通知）　　[20] 新闻客户端

　　[21] 紧急呼叫（SOS）　　[22] 视频节目客户端

　　[23] 手机咨询（12580/118114……）　　[24] 其他：_____

6. 在您的日常生活中，手机主要发挥了哪些重要作用？（可多选）

　　[1] 资讯来源　　[2] 生活助手　　[3] 学习知识/技能

　　[4] 方便与人联系　　[5] 结交朋友　　[6] 打发时间

　　[7] 寻求帮助/答疑解惑　　[8] 娱乐休闲/放松　　[9] 陪伴亲友

　　[10] 缓解孤独　　[11] 培养/发展兴趣爱好

　　[12] 指导/帮助消费　　[13] 其他：_____

7. 您使用手机的频率如何？

　　[1] 经常使用　　[2] 有时使用　　[3] 偶尔使用

8. 如果不再让您使用手机，会对您的生活产生影响吗？

　　[1] 影响很大　　[2] 有些影响　　[3] 影响很小　　[4] 没有影响

9. 您认为手机在哪些方面对您产生了比较大的影响？（可多选）

　　[1] 资讯获取工具　　[2] 生活方式　　[3] 心理情感

　　[4] 消费观念　　[5] 社会关系　　[6] 问题咨询途径

　　[7] 学习途径　　[8] 亲子关系　　[9] 家庭关系　　[10] 生活技能

　　[11] 个人形象塑造　　[12] 娱乐方式　　[13] 其他：_____

10. 在使用手机的过程中，您是否会遇到困难？

　　[1] 经常遇到　　[2] 有时遇到　　[3] 偶尔遇到　　[4] 从不遇到

11. 在使用手机的过程中，您经常会遇到以下哪些方面的困难？（可多选）

   ［1］键盘/触屏与软件配合操作　　［2］查找通信对象

   ［3］查找相关功能或软件　　［4］设置常用功能或相关软件

   ［5］打字输入缓慢　　［6］图标多，看着不舒服

   ［7］看不清屏幕/按键上的文字　　［8］看不懂图标符号

   ［9］按错按键时无法返回　　［10］遇到问题时无人可请教

   ［11］其他：_____

12. 对于您目前所使用的手机，在功能和操作方面您感觉满意吗？

   ［1］非常满意　　［2］比较满意　　［3］一般满意　　［4］不太满意

   ［5］很不满意

13. 对于手机软件的页面设计，您认为以下哪些因素比较重要？（可多选）

   ［1］字体大小　　［2］色彩搭配　　［3］操作过程/步骤

   ［4］页面功能　　［5］操作效果　　［6］内容布局

   ［7］图标设计　　［8］内容表现形式（文字/图片/视频）

   ［9］其他：_____

14. 在使用手机软件的过程中，以下哪些因素会影响您的使用兴趣？（可多选）

   ［1］按键反应不灵敏　　［2］信息量大/内容过多

   ［3］信息/内容分类不清　　［4］操作步骤不明确

   ［5］内容表现形式单调　　［6］信息/内容看不清

   ［7］缺少操作提示　　［8］图标不易理解含义

   ［9］操作烦琐/点选次数多　　［10］其他：_____

15. 您觉得有必要根据老年人的操作习惯和需求，进行手机产品的定制吗？

   ［1］很有必要　　［2］比较必要　　［3］无所谓　　［4］没有必要

16. 您觉得适合老年人使用的手机应该具备哪些特点？（可多选）

   ［1］价格低廉　　［2］功能全面　　［3］功能简单

［4］操作简便快捷　　［5］高清拍照　　［6］结实耐用

［7］紧急呼叫　　［8］听音乐/看视频　　［9］手感好/不打滑

［10］外形朴素　　［11］外观时尚　　［12］文字大

［13］售后服务好　　［14］体积小/轻便　　［15］游戏功能

［16］手写输入　　［17］屏幕亮度高　　［18］画面效果好

［19］待机时间长　　［20］语音拨号　　［21］屏幕大

［22］定位功能　　［23］助听耳机　　［24］高速上网

［25］视频通话　　［26］音效好　　［27］体积大/有重量感

［28］能与多种数码设备连接　　［29］可安装各种软件

［30］其他：_____

（二）主要服务的使用与需求情况

手机上网服务

1. 您是否使用手机上网？

　　［1］经常使用　　［2］有时使用　　［3］偶尔使用　　［4］从不使用

　　上题如果选择"［4］"，请直接跳至"13题"作答

2. 您选择使用手机上网的主要原因是什么？（可多选）

　　［1］可随时随地上网　　［2］无法用电脑时使用　　［3］套餐/赠送

　　［4］亲友影响/推荐　　［5］打发闲暇时间　　［6］提高手机使用技能

　　［7］跟随潮流　　［8］体验新鲜事物　　［9］有人帮助时使用

　　［10］娱乐休闲方式　　［11］钟情某些网站或手机上网软件

　　［12］广告推荐　　［13］工作/学习的需要

　　［14］其他：_____

3. 您比较喜欢的手机上网操作有哪些？（可多选）

　　［1］收发电子邮件　　［2］搜索生活信息　　［3］观看网络视频

　　［4］下载网络资源　　［5］地图查询/导航　　［6］维护博客/微博

　　［7］阅读书籍/小说　　［8］学习各类知识　　［9］阅读新闻资讯

　　［10］手机支付　　［11］聊天/交友　　［12］玩网络游戏

　　［13］参与论坛讨论　　［14］其他：_____

4. 您使用手机上网多久了？

　　[1] 刚开始使用　　[2] 使用好几个月了　　[3] 1—2 年

　　[4] 2—4 年　　[5] 4 年以上

5. 您平均每天使用手机上网多长时间？

　　[1] 10 分钟以内　　[2] 10—30 分钟　　[3] 30—60 分钟

　　[4] 1—2 小时　　[5] 2 小时以上

6. 手机上网服务对您是否发挥了获悉时事的功能？

　　[1] 作用很大　　[2] 有些作用　　[3] 作用不大　　[4] 没有作用

7. 手机上网服务对您是否发挥了学习知识的功能？

　　[1] 作用很大　　[2] 有些作用　　[3] 作用不大　　[4] 没有作用

8. 手机上网服务对您是否发挥了与人交流的功能？

　　[1] 作用很大　　[2] 有些作用　　[3] 作用不大　　[4] 没有作用

9. 手机上网服务对您是否发挥了方便生活（衣食住行）的功能？

　　[1] 作用很大　　[2] 有些作用　　[3] 作用不大　　[4] 没有作用

10. 手机上网服务对您是否发挥了休闲娱乐的功能？

　　[1] 作用很大　　[2] 有些作用　　[3] 作用不大　　[4] 没有作用

11. 手机上网服务对您是否发挥了打发时间的功能？

　　[1] 作用很大　　[2] 有些作用　　[3] 作用不大　　[4] 没有作用

12. 您觉得"手机上网"服务还应该在哪些方面进行改进？（可多选）

　　[1] 丰富的服务内容　　[2] 易用的上网软件/网站

　　[3] 具有上网功能手机的普及　　[4] 丰富的上网软件

　　[5] 便捷的上网接入方式　　[6] 特色/个性化的网络服务

　　[7] 流畅稳定的网速　　[8] 合理的手机上网资费

　　[9] 上网软件/网站页面美观　　[10] 其他：＿＿＿＿＿

　　　　　　上题答完，请直接跳至"15 题"作答

13. 您没有使用手机上网的主要原因是什么？（可多选）

　　[1] 上网资费较高　　[2] 服务内容不吸引人

　　[3] 不知道可用手机上网　　[4] 习惯用电脑上网

　　[5] 网速较慢或不稳定　　[6] 没有使用上网的需求

[7] 屏幕小/不便查看　　　[8] 不知如何开通业务

[9] 手机网站/上网软件数量少　　　[10] 所用手机不支持

[11] 没有掌握上网方法　　　[12] 上网找不到所需要的信息

[13] 看不清网页内容　　　[14] 其他：_____

14. 如果以上情况有所改善，您愿意使用手机上网吗？

[1] 非常愿意　　[2] 比较愿意　　[3] 一般愿意　　[4] 不太愿意

15. 如果为老年人设计一些专门的手机上网软件，您感兴趣吗？

[1] 感兴趣，愿意付费　　　[2] 感兴趣，不愿意付费

[3] 不感兴趣

手机新闻推送服务

16. 您是否通过手机阅读新闻资讯？

[1] 经常阅读　　[2] 有时阅读　　[3] 偶尔阅读　　[4] 从不阅读

上题如果选择"[4]"，请直接跳至"21题"作答

17. 与其他渠道相比，您选择通过手机阅读新闻资讯的主要原因是什么？（可多选）

[1] 免费/赠阅　　　[2] 亲友影响　　　[3] 阅读时间/地点自由

[4] 及时获知社会时事　　[5] 打发时间　　[6] 广告宣传

[7] 接收便捷/操作方便　　　[8] 新闻标题条目清晰

[9] 子女帮忙　　　[10] 好奇心　　　[11] 有较多特色报道

[12] 内容言简意赅　　　[13] 跟随潮流　　　[14] 经济实惠

[15] 内容更新快　　　[16] 其他：_____

18. 在阅读手机新闻资讯的过程中，您比较注重的因素有哪些？（可多选）

[1] 新闻条目清晰　　　[2] 操作便捷　　　[3] 信息丰富

[4] 内容表现多样（图片/文字……）　　　[5] 报道言简意赅

[6] 信息时效　　　[7] 内容特色　　　[8] 资讯内容是否与自己相关

[9] 报道详细深入　　　[10] 字体大小　　　[11] 读者互动

[12] 其他：_____

19. 通过手机阅读新闻资讯，对于您的有用性如何？

[1] 作用很大　　[2] 有些作用　　[3] 作用不大　　[4] 没有作用

20. 您觉得目前手机新闻资讯服务还存在哪些问题？（可多选）
　　［1］内容缺少吸引力　　［2］看不清文字　　［3］报道不够深入
　　［4］内容表现形式单一　　［5］适合自己的内容少　　［6］信息量不足
　　［7］资费不太合理　　［8］操作不太便捷　　［9］缺少与读者互动
　　［10］其他：_____

　　　　　　　　上题答完，请直接跳至"23题"作答

21. 请问您没有通过手机阅读新闻资讯的主要原因是什么？（可多选）
　　［1］喜欢其他渠道　　［2］不知道有手机新闻服务
　　［3］手机不支持　　［4］相关资费不合理
　　［5］所获信息已足够充实，不需要阅读　　［6］软件安装麻烦
　　［7］没有阅读新闻的兴趣　　［8］阅读操作不便
　　［9］没有掌握开通方法　　［10］信息量较少　　［11］看不清内容文字
　　［12］内容形式简略　　［13］内容缺少特色　　［14］其他：_____

22. 如果以上情况有所改善，您愿意通过手机阅读新闻资讯吗？
　　［1］非常愿意　　［2］比较愿意　　［3］一般愿意　　［4］不太愿意

23. 如果为老年人开办手机新闻推送服务，您感兴趣吗？
　　［1］感兴趣，愿意付费　　［2］感兴趣，不愿意付费
　　［3］不感兴趣

　　　　　　　　　　手机视频观看服务

24. 您是否通过手机观看视频？
　　［1］经常观看　　［2］有时观看　　［3］偶尔观看　　［4］从不观看

　　　　　　　　上题如果选择"［4］"，请直接跳至"30题"作答

25. 您通过手机观看视频的主要原因是什么？（可多选）
　　［1］喜欢播出的内容　　［2］亲友影响/推荐　　［3］跟随潮流
　　［4］无法观看电视时会选择　　［5］有人在身旁帮助
　　［6］体验新鲜事物　　［7］广告推介　　［8］打发外出时的闲暇时间
　　［9］可随时随地观看　　［10］免费/赠送　　［11］其他：_____

26. 通过手机观看视频，对于您的有用性如何？
　　［1］很有用　　［2］有些用　　［3］一般有用　　［4］没有用

27. 在通过手机观看视频的过程中，您比较注重的因素有哪些？（可多选）
   ［1］内容时间短　　［2］操作便捷　　［3］播放流畅
   ［4］内容时效　　［5］在电视上错过的内容　　［6］媒体推荐度
   ［7］收视费用　　［8］画质/音效　　［9］内容特色
   ［10］内容参与性/互动性　　［11］亲友推荐度
   ［12］满足固有内容偏好　　［13］内容与自己相关
   ［14］可随时随地观看　　［15］其他：＿＿＿＿＿＿＿

28. 您觉得手机视频观看服务还应该在哪些方面进行改进？（可多选）
   ［1］收视费用　　［2］手机价格合理　　［3］操作简易性
   ［4］内容参与性/互动性　　［5］内容特色　　［6］播放流畅
   ［7］手机屏幕尺寸　　［8］接收便捷性　　［9］画面质量/声音效果
   ［10］电池时长　　［11］其他：＿＿＿＿＿＿＿

   上题答完，请直接跳至"31题"作答

29. 您没有通过手机观看视频的主要原因是什么？（可多选）
   ［1］不知道手机视频服务　　［2］手机不支持　　［3］费用较高
   ［4］不知如何开通　　［5］内容和电视差不多　　［6］手机屏幕小
   ［7］不会操作　　［8］开通流程麻烦　　［9］画面/声音效果不佳
   ［10］身边没人看　　［11］缺少兴趣　　［12］可看的内容少
   ［13］观看时电池消耗快　　［14］没有必要　　［15］其他：＿＿＿＿＿＿＿

30. 如果以上情况有所改善，您愿意通过手机观看视频吗？
   ［1］非常愿意　　［2］比较愿意　　［3］一般愿意　　［4］不太愿意

31. 如果为老年人开办手机视频观看服务，您感兴趣吗？
   ［1］感兴趣，愿意付费　　［2］感兴趣，不愿意付费　　［3］不感兴趣

三　关于"三网融合"的态度与需求

1. "三网融合"后，您希望个人手机为您提供以下哪些服务？（可多选）
   ［1］手机视频通话　　［2］高速上网　　［3］高清网络视频

［4］多种游戏　　［5］高清电视直播　　［6］手机报纸/杂志

　　［7］手机广播　　［8］手机支付/购物　　［9］其他：_____

2. 您希望手机协同互联网、新型电视等媒介，为您提供哪些新服务？（可多选）

　　［1］家电控制功能　　［2］紧急求助服务

　　［3］资讯定制服务（新闻/生活……）　　［4］日常缴费服务

　　［5］信息化社区服务　　［6］与亲友便捷地通信/交流

　　［7］家政服务查询　　［8］智能家庭医生

　　［9］家用设施安全自检报警系统　　［10］测量健康状况

　　［11］热线咨询服务　　［12］家庭安全视频监控系统

　　［13］情感疏导平台　　［14］学习交流平台

　　［15］老年人创业或再就业平台　　［16］远程看病平台

　　［17］老人交友平台　　［18］其他：_____

3. 如果您办理"三网融合"的相关服务，最有可能的原因是什么？

　　［1］工作人员帮助我解决疑难问题

　　［2］亲友认为很有价值，推荐我使用

　　［3］亲友已开始使用，我很感兴趣

　　［4］亲友已开始使用，我不能落后

　　［5］价格实惠，先试用，再做决定

　　［6］服务很有用，不在乎价格，尽快享受

　　［7］其他：_____